青神年鉴

QINGSHEN YEARBOOK 2023

青神县党史和县志编纂中心　编

方志出版社
Publishing House of Local Records

2022年1月17日，中国共产党青神县第十五届委员会第二次全体会议暨县委经济工作会议召开 （县融媒体中心供图）

2022年1月19—20日，青神县第十八届人民代表大会第二次会议召开 （县融媒体中心供图）

重要会议

2022年12月25日，青神县传达学习党的二十大精神大会召开　（县融媒体中心供图）

2022年6月11日，中共青神县委十五届常务委员会第三十六次（扩大）会议召开，专题传达学习习近平总书记来川视察重要指示精神　（县融媒体中心供图）

2022年1月18—19日，中国人民政治协商会议第十届青神县委员会第二次会议召开　　（县融媒体中心供图）

2022年7月31日，2022年县政府第三次全体会议召开　　（县融媒体中心供图）

2022年5月，青神县青竹街道光辉村高标准种植基地　（县现代农业示范园区供图）

2022年1月，青神县柑橘现代农业园区被四川省人民政府命名为四川省四星级现代农业园区　（县融媒体中心供图）

2022年12月25日，虎渡溪航电枢纽工程施工现场鸟瞰图　　（县融媒体中心供图）

2022年3月12日，牯牛山220千伏变电站投运　　（县融媒体中心供图）

城乡建设

青神县滨江新区 （县融媒体中心供图）

青神县青竹街道兰沟村 （徐彬森供图）

青神县唤鱼公园 （县融媒体中心供图）

青神县兰沟村人居环境整治成果 （县融媒体中心供图）

青神县苏母祠 （县融媒体中心供图）

青神县四好农村路建设——青关路段 （县融媒体中心供图）

文化建设

2022年8月22日，竹里萤光艺术馆　　（县融媒体中心供图）

2022年11月10日，四川省第二届乡村文化振兴魅力竞演大赛眉山赛区活动在青神县开赛　　（县融媒体中心供图）

2022年10月13日，青神县书画摄影艺术展在中岩文苑开展　（县融媒体中心供图）

2022年3月26日，“青衣夜话”第二期“苏东坡与青神”在青衣社区开讲　（县融媒体中心供图）

2022年8月11日，“百家家风 乡村讲堂——传承三苏家风 润泽美丽乡村”公益讲堂在高台镇百家池村开讲　　（县融媒体中心供图）

2022年8月25日，青竹街道程家嘴村——苏母家风绘上墙　　（县融媒体中心供图）

2022年5月12日，青神县2022年防汛（超标准洪水）地震地质灾害应急抢险救援演练举行
（县融媒体中心供图）

社会建设

2022年8月，青神县学道街小学校舍改扩建项目建成投用 （县教体局供图）

2022年12月，眉山市养老服务中心青神区域中心主体落成 （县融媒体中心供图）

2022年11月20日，青神中学女子橄榄球队夺得“民丰银行”杯全国青少年U系列英式7人制橄榄球冠军赛女子学校俱乐部冠军（县教体局供图）

2023年5月，青神县人民医院与青竹街道黑龙中心卫生院开展远程会诊 （县卫健局供图）

2022年9月1日，青神县城乡公交一体化项目正式运营 （县交通运输局供图）

青神县开展治安巡逻防控　　（县公安局供图）

青神县兰溪小区加装电梯工程　　（县融媒体中心供图）

青神县瑞峰镇尖山村日出美景 （县融媒体中心供图）

青神县高台镇境内沙溪河蜿蜒流淌 （黄举洪供图）

青神汉阳湖 · 忆村　　（县融媒体中心供图）

青神县高台镇百家池村生态田园　　（县融媒体中心供图）

目　录

青神县情

中共青神县委员会

青神县人民政府

政协青神县委员会

纪检监察

综合经济管理

农业农村

工信产业

竹艺竹业

商贸业

旅游业

金融业

交通·邮政

城乡建设与管理

教育·科学技术

文化·体育

社会民生

生态环保

乡镇·街道

索　引

CONTENTS

Qingshen County Situation

Qingshen County Committee of the Communist Party of China

Qingshen County People's Congress

Qingshen County People's Government

Qingshen County Committee of the Chinese People's Political Consultative Conference

Discipline Inspection and Supervision

Mass organizations

Rule of law

Military

Comprehensive Economic Management

Agriculture and Rural Areas

Industrial and Information Industry

Bamboo Art and Industry

Commerce

Tourism industry

Finance

Transportation and Postal Service

Urban and Rural Construction and Management

Education Science and Technology

Culture and Sports

Health and Hygiene

Social Livelihood

Ecological and Environmental Protection

Township Street

Special Records

Chronicles of Events

Appendix

INDEX

青神县情

政区人口

【建置沿革】青神建政，始于南北朝时期的西魏废帝二年（553）。初立为郡，继而置县。其间3度省并，共计68年，终以县制确立，迄今已有1400余年。

建政之前，青神在两汉时期属于犍为郡南安县（今乐山市）地。西晋永安元年（304），李雄据蜀，建立成汉，三世而传至李寿，纵使僚人北徙，造成社会动荡，官守都废，达200余年。南朝齐建武三年（496），于犍为郡武阳县南遥置齐通左郡，开眉山建政之始而定青神建政之基。南朝梁普通时期（520—527），改齐通左郡称齐通郡；太清二年（548），复于齐通郡上设立青州，以州治郡，州郡同治。

西魏废帝二年（553），平蜀，改青州为眉州，并设置青城郡，此为青神建政之始。恭帝二年（555），魏恭帝于青城郡立青衣县，同治思蒙水口，临青衣江。

西魏恭帝三年至北周初（557），蜀中郡县，多所变更。北周保定二年（562）于青城郡治南五十步移置青城县，郡县同名。北周大成元年（579），又改青城称青神，依然郡县同名。

隋开皇三年（583），废郡存州，以州统县。青神郡因之以罢，徙县治居郡里，隶属嘉州。大业二年（606），改嘉州为眉州。大业八年（612）又改眉州为眉山郡，领县八，青神是其中之一。唐武德元年（618），眉州郡改为嘉州。次年，又分嘉州置眉州，治齐通（今眉山），青神属之。

两宋，青神县名又别称青城或眉州青城。

元代，至正二十二年（1362），明玉珍据重庆，建立夏国，青神受其统治前后达9年。

明洪武四年（1371），定蜀。洪武九年（1376）四月，降眉州为眉县。次年五月，青神并入眉县，隶属嘉定州。洪武十三年（1380）十一月，眉县复为州，青神复置县。

清康熙六年（1667），青神县再次省并入眉州，长达61年。青雍正六年（1728），复置县，隶眉州直隶州，先后属建昌道上南道及上川南道。

民国2年（1913），眉州改为眉山县，青神与之解除隶属关系，直属上川南道，次年又改属建昌道。民国24年（1935），川政统一，省政府划全川为2个市、18个行政督察区，青神为第四行政督察区眉山专属，直至解放。

中华人民共和国成立初期，四川省划为4个行政区，下设专区。青神隶属川西行政区眉山专区。1953年，眉山专区撤销，青神划归乐山专区管辖。1959年3月，青神并入眉山县，成为一个区，1962年10月恢复县制，仍归乐山专区管辖。1968年乐山专区改称为乐山地区，1985年又改为省属乐山市，青神与之保持隶属关系。1997年8月，眉山从乐山市分出，另设眉山地区，青神隶属眉山地区。2000年7月，撤销眉山地区设立眉山市，青神亦随之隶属眉山市至今。

（王　燕）

【人口·民族】2022年，青神县常住人口16.79万人，城镇化率48.18%，其中城镇人口8.09万人、乡村人口8.7万人。户籍总户数68214户，户籍总人口18.81万人。

（王露萍）

自然地理

【地理位置】青神县位于川西平原西南边缘，属川西平原与川西丘陵接壤的过渡带。地处北纬29° 42 ' 30"~29° 55 ' 33"、东经103° 41 ' ~103° 59 '，北接眉山，南靠乐山，西与夹江接壤，东与井研连界，是眉山市南向的重要门户。青神县属于成德眉资同城化核心区，也处于成都都市圈副中心南部区域，是连接川南的独特区域和西部陆海新通道的重要节点。

【地形地貌】青神县地貌以县城为中心，呈盆地状，有明显的坝丘之分。东部以龙泉山脉为主体，山岭连绵起伏，称为“东山”；西部以眉山向斜南东翼延伸部分为主体，丘陵逶迤相续，称为“西山”。“两山”隔江环峙，形成盆周。中部为岷江冲积平坝，地势平坦开阔。县内江河纵横、溪流交错，有“一江五河三十二溪流”。

【矿产资源】青神县已发现的矿种有砂金、建筑用砂石、砖瓦用页岩和砖瓦用砂岩4种，均已开采利用。

砂金：砂金含储在河床流沙中，主要产于县内岷江、思蒙河河床，储量甚少。

砂石：砂石主要分布在岷江流域，县内共有砂石产地6处，即青竹街道、高台镇、白果乡、瑞峰镇、汉阳镇、罗波乡对应的岷江河道。

页岩：县内矿产资源较为贫乏，全县矿产勘查程度不高，截至2022年底，发现和开发的矿种都为非金属，包括砖瓦用页岩和砖瓦用砂岩两种。全县由中小型矿山企业开采，缺乏规模效应。根据“十三五”规划，县内设置有2个集中开采区：青神黑龙—罗湾集中开采区，面积88.23平方公里；青神西龙集中开采区，面积82.92平方公里。开采区内设有7宗矿业权、1宗砖瓦用砂岩和6宗砖瓦用页岩矿。县内查明的资源储量约为32.8万立方米。

（鲁　艳）

【野生动植物资源】 青神县森林植被分布有平坝区的村舍慈竹林盘，路渠旁有桉树、桤木、水杉林带，丘坡（阶地）丘顶有巨桉、马尾松、白马、枫杨、杉木、楝树、青冈、柑橘、茶、桑、椪柑、李、桃、梨和柚林。境内木本类植物有150余种，其中，主要品种有90余种，包括用材林木46种、经济林木25种、灌木20余种；竹类植物有多个品种，如慈竹、水竹、楠竹等。有藤本15种和草本类若干种。苔、藻类有叶苔、团藻等。自然菌类主要有鸡枞菌、罶潭香菌等。境内野生动物种类繁多，有野兔、野猫、果子狸等近10种兽类；家燕、白鹭、竹鸡等近30种鸟类；黄颡鱼、白鲫鱼、乌鳢等近20种鱼类；还有近40种昆虫及其他动物。

（李　松）

【水资源】 地表水：2022年，青神区域年平均降雨量995.5毫米，年降水总量3.85亿立方米，天然地表流量2.23亿立方米，全县水利工程拦蓄地表水总量0.338亿立方米，占全年地表水径流总量的15.1 %。

地下水：青神地下水储量较丰富，总量约有4200余万立方米，主要蕴藏于中部平坝区孔隙潜水层、岷江河东西两岸部分浅丘地层、岷江河东深丘厚层砂岩之中。中部平项区属近代河流冲积层，结构疏松、孔隙较大，底部有黏土和页岩，饱含地下水。此地区地下水一般离地表10~15米。年采量246.62万立方米，可满足平坝区人民生产生活用水需要。岷江河东西两部分浅丘地层主要是红壤土和黄色黏土，孔隙较小，透水性较差，属贫水层。此地区含地下水较少，枯水季节人民生产生活用水时有不足。岷江河东深丘地区地质多厚层砂岩，孔隙大、造水性强，含有丰富的地下水，泉眼大、泉水多、水质较好。

江河水：青神境内有“一江五河三十二溪流”，江河水量丰富，总量约150亿立方米。岷江在县境内流长40公里，流域面积128.8平方公里，河面宽150~300米，水深2~5米，多年平均流量为每秒450立方米。

思蒙河从县内西龙镇入境，到青竹街道与瑞峰镇交界处汇入岷江。县内流长21公里，流域面积95平方公里，多年平均流量为每秒10立方米。

金牛河在县内罗波乡入境并汇入岷江。县内流长6公里，流域面积31平方公里，多年平均流量为每秒6立方米。

粤江河从仁寿县发源，在县内高台镇入境并汇入岷江。县内流长7公里，流域面积30平方公里，多年平均流量为每秒7立方米。沙溪河发源于仁寿县，在县内高台镇入境，途经白果乡后再从高台镇汇入岷江，县内流长14公里，流域面积68平方公里，多年平均流量为每秒2.3立方米。

简车河发源于井研县，在县内白果乡象鼻寺汇入岷江。县内流长10公里，流域面积33平方公里，多年平均流量为每秒0.8立方米。

除“一江五河”外，县内还有32条较大的溪流，总长约205公里。

水库水：全县共有水库23座，其中中型水库2座、小（一）型1座、小（二）型20座。其中复兴水库（又名神海）属中型水库、官厅水库（又名仙姑湖）属中型水库、高台镇的青龙水库属小（一）型水库。

（胡思敏）

【旅游资源】 青神旅游特色鲜明，青神文旅以岷江旅游经济带为统揽，走“竹旅、文旅、农旅”融合发展之路。拥有国家AAAA级旅游景区国际竹艺城、江湾神木园，国家AAA级旅游景区汉阳湖景区、中岩文物风景名胜区，国家级重点文物保护单位中岩摩崖造像、瑞峰崖墓群。竹编、东坡、蚕丛、佛教、红色文化等众多文旅资源，有国、省保单位6处，省级风景名胜区1处，各级非物质文化遗产35项，三级以上优质资源204处，省级竹林小镇2个，省级森林小镇3个。青神特色竹编小镇被评为四川省首批特色小镇，兰沟村、中岩村被评为省级乡村旅游重点村。青神生态本底优良，全年空气优良天数达341天，优良率在眉山市排名第一，“蓝天、碧水、净土”引来萤火虫到青神共享绿色生态家园，成为新晋网红打卡地。

（罗　琪）

【气象状况】 青神县属于亚热带季风气候区，主要气候特点是：气候温和，雨量充沛，四季分明，冬迟春早，无霜期长。多年年平均气温17.4℃，日照1077.5小时，夏季平均气温25.6℃，冬季平均气温8.1℃，春秋两季平均气温18.0℃，年无霜期平均为313天。全年平均降雨量1050.7毫米。降水量时空分布不均匀，夏季占年降水量的57.3%，其中7—8月为降水集中期。秋季占19.1%，冬季占3.9%，春季占19.7%。2022年，青神县气温偏高，降水偏少，日照偏多。年内影响全县的气象灾害主要为高温、干旱、暴雨、霜冻等。年平均气温18.6℃，较历史平均气温17.4偏高1.2℃；年极端最高气温41.3℃，较多年极端最高气温39.3 ℃偏高2℃；年极端最低气温0.3℃，较多年极端最低气温-3.6℃偏高3.9℃。年总降雨量995.5毫米，较多年平均1050.4毫米偏少5%。年总日照数

1169.9 小时，较多年平均 1074 小时偏多 8.9%。

（付红霞）

【交通状况】 2022 年，青神县境内规划有高速公路 2 条、铁路 2 条和岷江航道。全县有国道 1 条、省道 3 条、县道 13 条、乡道 39 条，境内公路总里程 779.72 公里，形成“七纵两横三连一环”的干线交通路网和“畅通乡镇、衔接村社”的农村公路网。其中，“七纵”为已建成的成绵乐城际铁路、成乐高速，部分建成的 S103 线、G245 黑龙段至 S307 罗波段，开工建设的天眉乐高速（青神段），规划的成眉市域铁路 S16 线和岷江航道（青神段）；“两横”为部分建成的 S307 河坝子段至 G245 桂花段、S401 线；“三连”为已建成的成乐高速连接线，规划的天眉乐高速连接线、港区铁路专线；“一环”为规划的国省道绕城段组成的城市外环线。全县公路网密度为每百平方公里 230 公里，境内公路、水泥路纵横交错，乡村社水泥路通户率 100%。

（李　倩）

历史文化

【人文历史】 青神，因古蜀王蚕丛氏“着青衣教民农桑，民皆神之”而得名，是苏轼求学、初恋之地，哺育了苏轼、苏辙之母程夫人，清官良吏陈希亮，明代长城之父余子俊、和平老人邵从恩等历史人物。历代文人黄庭坚、陆游、范成大、余承勋、杨升庵等流连于此，留下大量人文古迹。新民主主义革命时期，青神建立上川南第一个地下党组织，并发动“西山红军武装起义”，成为眉山市唯一的四川省革命老区县。2022 年，全县有不可移动文物 142 处。中岩寺摩崖造像、瑞峰崖墓群为国家级文物保护单位；坛罐窑遗址、蜂耳洞崖墓群、八角洞崖墓群、牛屁股山崖墓群为省级文物保护单位；有市级文物保护单位 15 处，县级文物保护单位 43 处，未定级不可移动文物点 78 处。馆藏文物共有 364 件（套），其中二级文物 13 件（套）、三级文物 121 件（套）。

【非遗与民间工艺】 2022 年，青神县保存有非物质文化遗产项目 40 个。其中青神竹编为国家级非遗项目；青神捻条画艺术、瑞峰端午龙舟节为省级非遗项目；青神牛儿灯、青神传统杆秤制作技艺等 37 项为市县级非遗项目。全县有非遗代表性传承人 60 人。其中，国家级项目代表性传承人 1 人（陈云华），省级代表性传承人 4 人（殷超、吴践堂、张德明、陈岚），市县级代表性传承人 55 人。

【地方特产】 青神县是“中国椪柑之乡”“中国竹编艺术之乡”，旅游商品独具特色。青神椪柑以其个大、皮薄、汁多、核少、脆甜、易化渣的独特品质享誉市场。2022 年，品种有中岩早椪柑、新生系 3 号、台湾椪柑、岩溪晚芦、马克斗、默科特、清见橘橙、不知火、爱媛 38 号、青神红、春见橘橙、南瓜柑、皇帝柑、口之津、纽荷尔、太田椪柑。不同的品种有着独有的特性和口味、口感。青神竹编是流传千百年的传统工艺，其历史悠久、工艺精湛，分为平面竹编、立体竹编、混合竹编等 6 大类、8 大系列、3000 多种产品体系，以其新、奇、特、绝的神韵而艺甲天下，与丝绸、蜀绣并称四川旅游商品“蜀中三宝”，是中国民间艺术的一朵奇葩，多次作为国礼，成为青神的文化符号、地方支柱产业和四川省“五大特色”农业产业之一。除此之外，青神还有汉阳棒棒鸡、青神枕头粑、青神老腊肉、汉阳花生、青神咸鸭蛋、青神米花糖、青神阴米、茶叶等地方特产。

（罗　琪）

国民经济和社会状况

【概况】 2022 年，面对复杂严峻的宏观经济形势、疫情散发多发、极端高温天气等超预期因素影响，青神县认真贯彻落实中央、省、市决策部署，按照“疫情要防住、经济要稳住、发展要安全”的要求，高效统筹疫情防控和经济社会发展，全力以赴拼经济搞建设，坚定应对各类风险挑战，全年经济稳定回升，持续发展，经济社会和谐稳定。全年全县地区生产总值 103.02 亿元，增长 2.8%。其中，第一产业增加值 13.35 亿元，增长 4.7%；第二产业增加值 43.5 亿元，增长 2.7%；第三产业增加值 46.17 亿元，增长 2.4%。三次产业对地区 GDP 增长的贡献率分别为 22.5%、39.5%、38%，分别拉动地区 GDP 增长 0.6 个、1.1 个、1.1 个百分点，三次产业结构调整为 13 ∶ 42.2 ∶ 44.8。全年民营经济增加值 60.43 亿元，增长 2.8%，占地区 GDP 比重 58.7%，对地区 GDP 的贡献率 55.8%，拉动地区生产总值增长 1.6 个百分点。年末，工商登记个体工商户 12560 户、私营企业 1929 家。民间投资增长 29.8%，占全社会固定资产投资比重 70.1%。

【农业】 全年农作物总播种面积 25.65 万亩，增长 2.1%。其中，粮食作物播种面积 14.29 万亩，增长 2.0%；油料作物播种面积 5.97 万亩，增长 0.9%；中药材播种面积 0.16 万亩，增长 6%；蔬菜及食用菌播种面积 3.82 万亩，增长 6.4%。全年粮食产量 6.38

万吨，下降1.4%。其中，小春粮食产量0.13万吨，增长7.0%；大春粮食产量6.25万吨，下降1.5%。经济作物中，油菜籽产量6898吨，增长4.5%；茶叶产量742吨，增长2.3%；水果产量84934吨，增长6.5%。全年肉类总产量1.84万吨，增长8.8%。其中，猪肉产量12751吨，增长0.4%；牛肉产量535吨，增长62.1%；羊肉产量164吨，增长42.3%。牛奶产量5796吨，下降0.2%。禽蛋产量5375吨，增长14.5%。生猪存栏下降4.9%，生猪出栏增长7.1%，羊出栏增长41.0%，家禽出栏增长28.6%。年末已建成高标准农田10.53万亩，农业机械总动力18.38万千瓦，机耕作业面积1.4万公顷，主要农作物耕种收综合机械化水平89.1%。维修改造提灌机械数173台次，维修改造提灌机械总动力2330千瓦。全年农业生产燃油消耗865吨。

【工业和建筑业】 2022年，青神县共有规模以上工业企业56家，规模以上工业增加值增长3.2%。规模以上工业产销率94.64%，实现营业收入93.32亿元，增长5.1%；实现利润总额4.45亿元，增长2%。全年建筑业增加值8.74亿元，增长3.9%，建筑业总产值增长9.4%。年末，具有资质等级的建筑企业在库16家，增长23.1%；新签合同额66.7亿元，增长71%。房屋建筑施工面积140万平方米，增长16.0%。房屋建筑竣工面积75.1万平方米，增长21.5%。

【交通、通信和邮电】 全年累计完成旅客运输总量695.39万人次，旅客运输周转量26737.99万人公里；年末境内公路总里程779.716公里，等级公路754.697公里，高速公路2.8公里，乡、村级公路492.875公里。机动车保有量6.97万辆，其中大型车952辆、小型车2.65万辆、新能源汽车保有量22辆。全年电信业务总量1.68亿元，增长5.5%。固定电话用户4.48万户，增长5.7%。移动电话用户21.63万户，增长13.8%。宽带用户7.94万户，增长10%。全年邮政业务总量8957.14万元，增长27.8%。快递业务量766.09万件，增长32.6%；快递业务收入3639.71万元，增长53.1%。

【社会保障】 全年参加城乡基本养老保险9.28万人，工伤保险2.38万人，失业保险1.34万人，城乡居民基本医疗保险15.35万人，城镇职工基本医疗保险1.58万人。发放养老金6.8亿元、失业金1150.43万元，支出城乡居民基本医疗保险待遇1.06亿元、城镇职工基本医疗保险待遇0.53亿元。全年城镇新增就业0.23万人，失业人员实现再就业489人，就业困难人员实现就业340人，城镇登记失业率3%。组织各类就业、创业培训1166人次，发放小额担保贷款1015万元。年末，城乡低保保障人数6331人，支出保障金0.24亿元。城乡特困供养人员1336人，集中供养率23.8%。每千名老年人口养老床位数27张。有老年学校1所。社区服务设施20个，农村社区综合服务设施覆盖率100%，城市社区综合服务设施覆盖率100%。全年销售福利彩票0.12亿元。

【资源、环境和安全生产】 全年水资源总量2.35亿立方米。水库总数23座。水利建设总投资2.22亿元。年末，森林面积1.89万公顷，森林覆盖率48.8%。全年空气质量优良天数330天，城市空气质量达标率90.4%。PM_{10}年平均浓度52.7微克/立方米，$PM_{2.5}$年平均浓度30.9微克/立方米。全年各类生产经营性事故4起，死亡4人。其中，工矿商贸事故死亡1人。全年产品质量合格率93.3%。

（罗　娇）

中共青神县委员会

重要会议

【概况】 2022年，中共青神县委主要召开中共青神县委十五届全体会议3次、中共青神县委十五届常务委员会（扩大）会议11次、县委工作会议和领导干部大会15次。

【县委全体会议】 中共青神县委十五届二次全体会议暨县委经济工作会议坚定以习近平新时代中国特色社会主义思想为指导，深入学习贯彻党的十九届六中全会、省委十一届十次全会、市委五届二次全会精神和中央、省委、市委经济工作会议精神，听取和讨论了刘今朝代表县委常委会作的工作报告和党建工作报告；审议通过了《中共青神县委关于深入学习贯彻党的十九届六中全会精神巩固党史学习教育成果的决定》和《中共青神县委关于以“双碳”战略为引领推进特色产业绿色低碳高质量发展的决定》。中共青神县委十五届三次全体会议审议通过青神县出席党的二十大和省第十二次党代会代表候选人推荐人选。中共青神县委十五届四次全体会议深入学习贯彻习近平总书记来川视察重要指示精神，认真落实省第十二次党代会、省委工作会议和市第五次党代会、市委工作会议决策部署，审议通过《中共青神县委关于深入贯彻习近平总书记来川视察重要指示精神建设新时代更高水平“天府粮仓”特色示范区的决定》《中共青神县委关于深入贯彻习近平总书记来川视察重要指示精神弘扬东坡文化推动文旅融合发展的决定》。

【县委常委会（扩大）会议】 中共青神县委十五届常务委员会第二十四次（扩大）会议专题传达学习省委书记彭清华到青神调研指示精神、市委常委会（扩大）会议精神，研究贯彻意见。中共青神县委十五届常务委员会第二十八次（扩大）会议专题传达学习全国安全生产电视电话会议、省安委会2022年第二次全体成员会议暨第二季度全省安全生产会议和市委常委会（扩大）会议精神，研究贯彻意见。中共青神县委十五届常务委员会第三十二次（扩大）会议专题传达学习中央、省委、市委农村工作会议精神和全市耕地和林业资源保护大会、市委常委会（扩大）会议暨市委理论学习中心组学习专题学习会议精神，研究贯彻意见。中共青神县委十五届常务委员会第三十三次（扩大）会议传达学习中央、全省、全市庆祝中国共产主义青年团成立100周年会议和市委常委会会议精神，研究贯彻意见；传达学习4月29日中共中央政治局会议精神和中央财经委员会第十一次会议精神，研究贯彻意见；传达学习5月5日中央政治局常务委员会会议精神，研究贯彻意见；传达学习全省领导干部会议、市委常委会（扩大）会议精神和省委书记王晓晖对进一步加强省委常委班子自身建设的要求精神、市委常委会会议精神，研究贯彻意见。中共青神县委十五届常务委员会第三十四次（扩大）会议专题传达学习省第十二次党代会精神、省委十二届一次全会精神和眉山市传达贯彻省第十二次党代会精神大会精神，研究贯彻意见。中共青神县委十五届常务委员会第三十六次（扩大）会议专题传达学习习近平总书记来川视察重要指示精神、省委常委会（扩大）会议精神、市委常委会（扩大）会议精神，研究贯彻意见。中共青神县委十五届常务委员会第四十一次（扩大）会议专题传达学习省委工作会议精神，研究贯彻意见。中共青神县委十五届常务委员会第四十三次（扩大）会议专题传达学习省委书记王晓晖莅眉调研指示精神、市委常委会（扩大）会议精神，研究贯彻意见。中共青神县委十五届常务委员会第四十五次（扩大）会议专题传达学习市委五届五次全会会议精神，研究贯彻意见。中共青神县委十五届常务委员会第五十一次（扩大）会议传达学习党的二十大报告、中央纪委工作报告、党章修正案精神和习近平总书记在党的二十大闭幕会上的重要讲话精神、在二十届中共中央政治局常委同中外记者见面会上的重要讲话精神、二十届一中全会精神、十九届七中全会精神、二十届中央纪委一次全会精神、栗战书参加四川代表团讨论时的讲话精神，研究贯彻意见；传达学习二十届中央政治局第一次集体学习会议精神，研究贯彻意见。中共青神县委十五届常务委员会第五十五次（扩大）会议专题传达学习省委十二届二次全会精神和市委常委会（扩大）会议精神，研究贯彻意见。

【县委工作会议和领导干部大会】 2022年，青神县委召开县委工作会议、县委经济工作会议、县委农村工作会议暨两项改革“后半篇”文章工作推进会议、县委人才工作会议暨创建全省人才工作先行区推进会、县林长制全体会议、县“转企升规”工作推进会、全县耕地保护工作推进会议暨2022年县田长制全体会议、青神县落实稳住经济大盘工作会议、青神县2022年第二季度经济运行暨对上争取工作会议、全县“决战四季度、大干一百天”现场推进会暨工业提升攻坚工作会议，召开干部大会5次。

【县委专题会议】 2022年，青神县委举办县级领导干部和科级主要负责人读书班、2022年青神县新任科级领导干部培训班、干部招商引资能力提升专题培训班；召开县委理论学习中心组（扩大）学习会，听取涂勇宣讲习近平总书记来川视察重要指示精神和省第十二次党代会精神；召开2021年第四季度环委会暨国家生态文明建设示范区创建工作总结表扬会议；召开全县基层治理攻坚大会，全面部署青神县城乡基层治理攻坚工作；召开2021年度市管领导班子和领导干部年度考核述职会暨县委干部选拔任用工作“一报告两评议”会议；召开县委常委会（扩大）会议暨2021年度各乡镇（街道）党（工）委书记和县级部门党（工）委（党组）书记抓基层党建工作述职评议会议；召开县委应对新冠肺炎疫情工作领导小组会议、研究疫情防控工作专题会议；召开2022年县委政法工作暨政法队伍教育整顿总结会、2022年全国两会期间全县信访工作会、全县禁毒工作暨创建全国禁毒示范城市迎检工作会；召开青神县2022年第一季度环委会暨“蓝天保卫战”誓师大会、2022年秋冬季大气污染防治攻坚专项行动暨流域治理专项行动工作推进会；召开省级全域旅游示范区暨天府旅游名县候选县创建动员大会；召开县“奋进新征程、建功新时代”大学习大实践大提升活动总结大会；召开县委农村工作领导小组2022年第一次全体会议、第二次全体会议；召开十五届县委财经委员会第二、三次会议；召开县国土空间规划委员会第一、二、三、四次会议；召开县委平安青神建设领导小组办公室2022年第一次全体会议暨市域社会治理现代化试点工作领导小组会议；召开县食品安全委员会办公室联席会议、落实食品安全“两个责任”推进会、食品安全攻坚行动推进会、食品安全党政同责考核推进会；召开安全生产、森林防灭火、防汛抗旱等议事协调机构会议19次；召开研究全县安全生产工作专题会议；召开研究全县信访工作专题会议，听取全县信访工作有关情况汇报；召开学习贯彻党的二十大精神省委宣讲团报告会，听取省委宣讲团成员、省社科院副院长、教授李中锋作党的二十大精神宣讲报告；召开全县“决战四季度、大干一百天”冲刺推进会，研究部署全县深入推进“九拼”攻坚行动，锻长补短、精准聚焦，奋力冲刺四季度，实现全年决胜收官；召开青神县传达贯彻省第十二次党代会精神大会，安排部署青神县贯彻落实措施；召开全县党史学习教育总结会议，深入学习贯彻习近平新时代中国特色社会主义思想，学习贯彻党的十九届六中全会精神和中央、省委和市委党史学习教育总结会议精神，全面总结全县党史学习教育工作成效和经验做法巩固党史学习教育成果；召开县委人大工作会议；召开县委议军会暨县人民武装委员会会议，深入分析全县党管武装工作形势，研究解决国防动员后备力量建设有关问题；召开2022中国国际竹产业交易博览会工作培训会暨安排部署会。

重要决策

【概况】 2022年1月17日，中国共产党青神县第十五届委员会第二次全体会议举行，会议审议通过《中共青神县委关于深入学习贯彻党的十九届六中全会精神巩固党史学习教育成果的决定》《中共青神县委关于以“双碳”战略为引领推进特色产业绿色低碳高质量发展的决定》。2022年9月29日，中国共产党青神县第十五届委员会第四次全体会议举行，会议审议通过《中共青神县委关于深入贯彻习近平总书记来川视察重要指示精神建设新时代更高水平“天府粮仓”特色示范区的决定》《中共青神县委关于深入贯彻习近平总书记来川视察重要指示精神弘扬东坡文化推动文旅融合发展的决定》。

【深入学习贯彻党的十九届六中全会精神巩固党史学习教育成果】 为全面贯彻党的十九届六中全会特别是习近平总书记重要讲话精神，县委十五届二次全会出台《中共青神县委关于深入学习贯彻党的十九届六中全会精神巩固党史学习教育成果的决定》，对巩固党史学习教育成果进行部署，共有5个部分内容。决定提出深刻领会党的十九届六中全会的重大意义，从中共百年奋斗重大成就和历史经验中汲取智慧力量；坚守初心使命，坚定理想信念，切实巩固党史学习教育成果；切实提高政治能力，坚定维护中共团结统一，凝聚奋进新征程的磅礴力量；追求卓越，真抓实干，奋力建设高质量发展的国际竹艺名城；坚决扛起政治责任，确保党的十九届六中全会各项决策部署落地见效。

【以“双碳”战略为引领推进特色产业绿色低碳高质量发展】 着眼推动竹产业、机械产业绿色低碳高质量发展的现实需要和未来前景，县委十五届二次全会出台《中共青神县委关于以“双碳”战略为引领推进特色产业绿色低碳高质量发展的决定》，提出了建成全国特色竹产业高质量发展示范区、全国特色先进机械制造产业聚集区的发展定位。综合考虑服务全市发展大局及青神县未来经济社会发展需要，适应“双碳”目标对结构调整的要求，重点对2025年、2030年、2035年青神县单位生产总值能耗、二氧化碳排放、竹产业和机械产业营业收入占规模以上工业比重等提出发展目标。目标既有总量增长要求，也有结构优化要求，兼顾了现实需要和发展可能，对引导经济社会发展全面绿色转型、支撑制造强县建设具有重要意义。

【建设新时代更高水平“天府粮仓”特色示范区】 县委十五届四次全会召开，出台《中共青神县委关于深入贯彻习近平总书记来川视察重要指示精神建设新时代更高水平“天府粮仓”特色示范区的决定》。决定要求要坚持科学规划，着力构建“一园两区三片”的粮食生产格局；聚焦重点任务，在彰显特色和示范带动上体现更高水平；加强组织保障，凝聚新时代更高水平“天府粮仓”特色示范区建设强大合力。计划到2025年，以粮食为核心的现代农业产业体系、生产体系、经营体系基本建立，粮食播种面积、产量和效益稳步提升，在智慧粮田建设、粮经复合种植、经营主体多元、农旅融合发展、深化农村改革上形成青神特色。基本建成“良田万顷、旱涝保收、绿色高效”的新时代更高水平“天府粮仓”特色示范区。到2030年，以粮食为核心的农业现代化基本实现，让种粮成为有奔头的产业，让农民成为有吸引力的职业，让田园成为令人向往的家园。

【弘扬东坡文化　推动文旅融合发展】 县委十五届四次全会召开，出台《中共青神县委关于深入贯彻习近平总书记来川视察重要指示精神弘扬东坡文化推动文旅融合发展的决定》。决定要求要以弘扬东坡文化为核心，以推动文旅融合发展为路径，坚持以文化人、以文促旅、以旅兴业，切实把文化资源优势转化为发展优势，打造新时代文化旅游强县，把青神建设成为东坡文化重要承载地、岷江文旅融合示范带、成都都市圈和大峨眉旅游环线重要节点，全面构建“一带引领、六区串联、全域推进”文旅融合发展新格局，不断提升文旅供给力、吸引力、竞争力、影响力。计划到2026年，东坡文化“青神载体”全面呈现，文旅融合发展迈上新台阶，新增省级旅游度假区1个、省级生态旅游示范区1个、国家AAAA级旅游景区达到4个以上，成功创建省级全域旅游示范区、国家生态旅游示范区。

（宋思思）

县委巡察

【概况】 2022年，中共青神县委巡察办围绕中心工作，坚守政治定位，坚决扛牢县委巡察工作主体责任。高标准制定新一届县委巡察工作五年规划，高质量开启县委第一、二轮巡察，以务实的举措推进全面从严治党在青神落地见效。

【巡察组织】 县委常委会、县委巡察工作领导小组会专题学习全国巡视巡察工作会议精神，进一步明确政治责任，强化政治担当，全面落实从严治党主体责任。县委常委会定期听取巡察工作汇报，并以常委会议定事项形式移交督办巡察意见建议。县纪委书记、县委组织部部长分别带队反馈县委巡察意见，分管县领导到会表态发言，高位推动巡察整改。科学制定《2022年巡察工作要点》《2022年巡察工作方案》，修订和完善《青神县委纪委监委与巡察工作协调配合工作机制》《县委强化巡察整改和成果运用等8个责任清单》等35个制度，印发《中共青神县第十五届委员会巡察工作规划（2022—2026年）》，在十五届县委任期内，突出重点，统筹使用各种组织形式，实现对县委管理的部门、乡镇（街道）、村（社区）、县属国有企事业单位党组织巡察全覆盖。

【巡察情况】 中共青神县委巡察办组织开展一、二轮常规巡察。3—7月开展首轮巡察，对涉及营商环境的县财政局、县文广旅局等8个部门开展常规巡察，共发现3个方面90个问题，问题线索7条，及时发现青神县在深化“放管服”改革、优化营商环境、项目建设、干部作风、基层组织建设等方面存在的主要矛盾、突出问题和薄弱环节，借力借势，推动解决体制机制等方面的深层次问题。9—12月，将村（社区）巡察纳入二轮巡察重点，将县规自局纳入交叉巡察，对县政府办、县农业农村局、县统计局开展常规巡察，开展意识形态和选人用人工作专项检查，共发现问题123个，问题线索18条，移交其他职能部门办理的重点问题4个。全年完成本届县委巡察任务的24%。4月，由县委点题，成立3个巡察组，由3名县级领导担任机动巡察组组

2022年3月11日，青神县召开2022年巡察工作动员部署会　（县巡察办供图）

长，对18个县级部门、3个园区、7个乡镇（街道）开展安全生产机动巡察，走访点位782余个，发现问题783个，向相关部门发出交办函68份，移交问题线索6条，督促被巡察单位自查自纠问题1988个，为县委、县政府提出可行性意见建议4条，推动安全生产十五条硬措施在全县落地落实，有效防范和遏制各类事故发生。1—12月，对省市县重点项目开展专项巡察，聚焦项目牵头单位主体责任落实情况、聚焦项目建设具体实施情况、聚焦相关责任单位在服务项目中的作风和腐败问题，发现存在项目设计、审批、资金拨付、政策落实等方面的问题203个，移交问题线索7条，县委书记约谈分管副县长3人，县纪委书记和县委组织部部长约谈部门“一把手”8人，推动行政执法部门罚款51.7万元、立案查处3人，向县委、县政府和有关单位提出合理化建议23条，推动县委、县政府及时修订《青神县政府投资项目实施与管理办法》，制定青神县项目管理实用操作手册，推动全县项目建设健康有序运行。

【巡察整改】 青神县以巡察促改革、促发展，推动粮食购销领域“三三制”体制机制改革；县委书记刘今朝主持召开县委常委会、县委常委班子专题民主生活会，研究细化整改措施，做到“四个亲自”；县政府县长邱磊安排部署全县粮食购销领域系统治理，县政府班子成员履行“一岗双责”，落实分管领域整改任务，推动全县粮食收购、销售、储存环节健康有序发展；系统构建巡察整改和成果运用制度体系，压实巡察整改主体责任和监督责任，开展对第二轮被巡党组织集中整改情况“四方会审”，建立干部群众参与评议机制，定期开展巡察整改“回头看”，做实巡察“后半篇文章”。

【规范化建设】 青神县落实县纪委班子成员担任巡察办主任要求，选优配强巡察组组长、副组长，畅通晋升、交流渠道，树立良好用人导向。中共青神县委巡察办开展“干部作风整治年”行动，着力整治巡察干部作风顽疾，构建“五型五化”干部队伍；找准制约青神巡察工作发展的困难和问题，对照市委巡察指导督导组指出的38个问题，立行立改，推动巡察机构工作规范化运行；加快巡察工作网络平台建设和单机系统运用，加强信息数据动态管理、汇总分析，有序推动巡察与其他监督共享信息数据，提升信息化工作水平，推进县委巡察工作高质量发展。

（黄　韦）

县委事务

【概况】 2022年，在中共青神县委的坚强领导下，中共青神县委办公室坚定以习近平新时代中国特色社会主义思想为指导，深入学习贯彻党的二十大精神、习近平总书记来川视察重要指示精神、省委十二届二次全会精神和市委五届六次全会精神，认真落实中央、省委、市委、县委决策部署，以“奋进新征程、建功新时代”为主题开展“大学习大实践大提升”暨“干部作风整治年”活动，围绕县委“一名城三示范”目标任务，大力弘扬“追求卓越、做小巨人”的新时代青神精神，充分发挥综合协调和参谋助手职能作用，不断完善服务理念，全面提升服务水平，圆满完成全年各项工作任务。

【信息调研】 中共青神县委办公室围绕县委中心工作，设计编排信息公开栏18期，编发《青神信息》51期，提炼上报信息300余条。其中，被省委办《每日要情》采用10条，《青神国家“非遗”青神竹编带动孵育60亿元竹产业》单条信息获省政协主席、党组书记田向利肯定性批示；被市委《眉山要情》等刊物采用100余条，《工作交流》专报信息上稿5条，信息考核总分全市第一。

【统筹协调】 中共青神县委办公室紧扣县委各项决策部署，充分发挥统筹协调职能，既牵头抓总当好“总

2022年10月16日，县委办党员干部认真收听收看党的二十大开幕会

调度”，又上下沟通当好“总协调”。以“快、准、严、细、实”的工作作风，协调处理好县委领导安排的各项工作，扎实做好县委全会、县委常委会会议、党政周例会等重要会议和各项重大活动的组织筹备工作，确保各项工作高效协调运转。

【目标和绩效管理】 中共青神县委办公室发挥目标绩效管理“指挥棒”“风向标”作用，督促各级各部门锚定目标任务、兑现发展承诺、实现圆满收官。围绕重要指标、重大项目、重点工作，科学制定考评指标体系，鲜明年度考评重点及方向。逐项细化分解市下达的93项指标、主要经济指标和九拼考核指标，将安全生产、生态环境保护等6项党政同责重点工作纳入综合目标绩效考核。结合青神实际制定内容具体、导向明确的考评细则，压紧压实目标推进责任。召开县委督效领导小组工作会3次，定期分析研判市定目标任务完成及排位情况。制发目标绩效考评工作和指标推进等情况报告向县委常委会、县政府常务会作专题汇报3次，提出工作建议10余条。坚持评优责末，每年开展1次综合目标绩效考评，评选2021年全县目标绩效管理先进单位29个，末位单位4个，由县级分管领导对序列排名末位的单位进行约谈提醒。拟定《目标绩效过程管理制度》《目标绩效通报提醒制度》《目标绩效加分责任制度》，强化过程考核管理。及时修订《青神县目标绩效管理办法》，指导各责任单位研究掌握考核规则和市上最新考评办法，对照各项目标任务，锻长补短，主动汇报，争取市级对口部门认可和支持。青神县在2021年综合目标考核中以区县（新区、园区）排名第一名的优异成绩获全市一等奖。高质量完成全省街道（乡镇）评议县职能部门第二批试点工作。精心编印《青神创新与亮点（2021）》，并印发全县各单位学习。

【督查督办】 中共青神县委办公室聚焦中心、服务大局，发挥督查利剑作用，推动重大决策部署落地落实。及时印发《青神县2022年县级督查检查考核年度计划》《2022年县委督查工作要点》，聚焦党委中心大局提出37项督查计划。全年累计完成各类督查180余次，印发《督查专报》10期。坚持把推动党的二十大精神以及习近平总书记来川莅眉的殷殷嘱托在青神落地生根作为督查首要政治责任和政治任务。按照分工方案和具体措施开展督查89次，督促整改问题469个。完成市委主要领导会议讲话督查督办台账督办29次，县委书记批交办事项督办32次，县委常委会议定事项督办17次，均按时限、按要求办结，办结率100%。深入贯彻落实省委、市委工作会议精神，围绕招商引资、主要经济指标等开展专项督查，招商引资“春季攻势”和“百日攻坚”第二季行动目标任务超额完成。紧盯重点项目“红黑旗”开展监督检查，青神经开区成功扩区，斑布健康竹产业园、西南表面处理循环经济产业园（一期）、成眉绿色铸造智慧产业园（一期）建成投产。18个省市重点项目年度投资完成率138%，三季度省市重点项目推进获全市红榜。整合纪委、组织、政府、人大等监督力量，以问题为导向，深入一线查实情、摸实底，坚持每周督查、每周通报、每周调度，制发督查通报5期，督促整改、协调解决六大类70余个问题。常态化开展疫情防控督促检查，坚持每周深入一线开展2轮督查，全年累计开展疫情防控督查30余次、派出督查人员83人次、督促解决具体问题80余个。

【公共服务】 青神县公务服务中心接待安排各类政务活动120批次，指导和协助部门各类接待50余批次。其中，接待副省级以上领导14批、17人次，正厅级领导17批、52人次，全年接待正厅级领导总数较2021年同比增长67%，创青神有史以来年度接待重宾数量之最；高标准完成2022中国国际竹产业交易博览会、四川省政协地方政协联络委员会2022年全体会议、眉山市制造业发展大会和全县两会等省市县重要会议后勤服务保障；大力弘扬“追求卓越、做小巨人”的新时代青神精神，圆满安全完成习近平总书记到四川莅眉视察系列竹产品物料保障、完成时任四川省委书记彭清华到青神视察调研重要任务接待；紧紧围绕“东坡初恋地·国际竹艺城”这张靓丽名片，以竹为媒、以竹会友、以竹聚力，斑布竹纸巾、竹予山泉、汉阳花生、青神柑橘等特色产品在全县各部门推广，常态化使用展示，并以青神“六个最大”特色亮点为基础，对接待手册进行更新完善，让开放发展、特色发展的青神形象在接待“第一窗口”进一步充分展示；严格按照“节俭安全、服务优质、展示充分、来宾满意”基本要求，坚持土菜精做、土菜细做，挖掘制作橘香粉蒸肉、桑叶玉米粑、竹筒青豆花、竹乡糯米蛋、艾蒿煎饼等多道青神传统菜和特色菜，生态健康鲜香美味的土菜，让宾客赞不绝口。

【办文办会】 中共青神县委办公室按照“快、准、严、细、实”的工作要求，持续开办全县“文会事”实务办理小讲堂2期，邀请秘书工作、政策法规等专家、领导，围绕公文流转、信息写作、办会等重点内容授课。聚焦精文减会，全年召开会议59场，较2021年减少28%，印发规范性文件102件，较2021年减少4.7%。指导3个党内规范性文件直报点高质量完成试点工作。起草县委主要领导讲话、汇报、专题报告等材料150篇30

万字，高标准制作展示汇报 PPT14 篇。筹备召开书记专题会 7 次、县委常委会会议 42 次、党政周例会 40 次，高标准筹办县委全会 3 次，助推县委各项决策部署落地落实。举全办之力高效完成 2022 中国国际竹产业交易博览会综合协调、会务组织、嘉宾接待、后勤保障等工作。

【后勤服务管理】 中共青神县委办公室严格贯彻落实《四川省厉行节约制止餐饮浪费行为行动方案》，把好源头、制作、监管 3 个关口，积极改建规范化、标准化食堂。全年开展食品安全培训 2 次，联合组织部、政府办开展菜品监督询价 6 次，让干部吃得放心、吃得舒心。按照节俭实用、满足基本需求的原则，精细化运行领导周转房，用心用情做好异地到青神任职领导住房保障工作，解决领导后顾之忧。严格落实公务用车管理规定和疫情防控要求，全年出车 312 辆次，确保县领导、办公室公务用车随用随到，有序安全。

【机关党建】 中共青神县委办公室坚持把学习贯彻习近平新时代中国特色社会主义思想作为主线贯穿始终，重点围绕党的二十大和习近平总书记来川莅眉视察重要指示精神开展专题学习，不断增强“四个意识”、坚定“四个自信”、拥护“两个确立”、做到“两个维护”。持续深化“365”党建品牌，常态化开展“三会一课”、主题党日活动，全年召开理论学习中心组学习会 6 次、机关党委会 14 次。强化正面宣传，在共产党员新闻网、“学习强国”学习平台、《四川日报》等媒体上稿 65 篇，网评工作排名全县前列。常态化做好疫情防控、防灾减灾、创文创卫、脱贫攻坚、乡村振兴和直联包保等工作，抽派干部 800 余人次，解决群众问题 38 个。机关三支部成功创建五星级党组织。坚持大型会议、大型材料年轻干部全员参与筹办、学习、讨论，采取“一对一”“一对多”的方式“以老带新”，下任务、压担子、提要求，传授经验、提升能力，确保业务不脱节、工作不断档。严格执行中层干部选拔任用规定，通过竞聘上岗、民主测评、集体谈话的模式，充实办公室中坚力量，以任职仪式感激发干事创业情怀。全年推荐提拔和职级晋升 14 人，交流和进一步使用 7 人，新任股级干部 4 人，发展党员 3 名。选派 3 名年轻干部到省市重要部门跟班锻炼、3 名年轻干部到村任职，推荐 6 人参加“兴眉优培”和蹲苗培养计划，帮助年轻干部增强适应新时代发展要求的本领和能力。

【制度建设】 中共青神县委办公室整理完善《中共青神县委办公室工作规则》《中共青神县委工作手册》等制度汇编，明确工作目标、规范运行规则、强化内部管理。严格执行公务员平时考核制度和党员积分管理办法，每季度开展党员积分考核，强化考核结果运用，营造见贤思齐、比学赶超的良好氛围。深入推进“节约型”机关建设，完成中共青神县委机关老年活动室建设、机关食堂改造。

（宋思思）

组织建设

【概况】 2022 年，青神县组织工作坚持以习近平新时代中国特色社会主义思想为指导，深入学习贯彻党的二十大精神和习近平总书记来川莅眉视察重要指示精神，聚焦主责主业，主动担当作为，为全县经济社会高质量发展提供坚强组织保证。青神县被确定为全省组织工作基层调研联系点，被授予四川省博士后智力服务示范基地称号；全省扶持壮大村级集体经济工作(成都片区)推进会莅青参观；“人才引进＋绿色发展”做法被《新闻联播》报道，人才工作先行区做法在党建引领·天府论坛和全省人才工作先行区建设工作推进会上作经验交流。

【思想政治建设】 青神县着眼换届后领导班子思想政治建设，开展“奋进新征程、建功新时代”大学习大实践大提升活动，以学习贯彻党的二十大、习近平总书记来川莅眉视察重要指示精神为主线，县级领导干部带头讲专题党课 27 场次，举办专题培训班 9 期，组织全县 2000 余名干部到永丰村、三苏祠现场教育学习，开展“万场微党课进支部”活动。开展“干部作风整治年”行动。全覆盖开展班子运行分析，全面自查自纠，动真碰硬处理问题干部，全年纪律处分 75 人，调整作风不实干部 16 人，对 32 名“不在状态”的干部开展集中整治培训，以“快准严细实”代替“庸懒散浮拖”。严肃政治生活，建立党组织书记组织生活责任清单，完善组织生活制度规程 7 项和工作流程 14 个，实行组织生活质量评估，推进党建工作年度述职查摆问题整改，全面清查整治党务突出问题 30 个，系统推进组织生活清单式明责、程序化开展、严肃性落实。

【领导班子建设】 中共青神县委组织部结合“干部作风整治年”行动要求，对全县59个单位开展全覆盖班子运行分析，先后谈话1200人次，全方位、多角度、立体式了解干部，形成3张清单，发现优秀干部180人次；加强结果运用，2022年调整干部12批次，提拔重用干部85人，交流调整119人。年末，全县有35岁以下科干189人，占38.1%，比2021年提高5个百分点，全日制本科以上学历占比提高19.4个百分点；“90后”科级领导干部68人，占13.7%，其中90后正科6人；乡镇（街道）班子成员中“90后”31人，“95后”7人，选调生19人。

【干部教育培训】 中共青神县委组织部组织召开县级领导干部和科级主要负责人学习读书班，培训科级以上领导干部162人；全覆盖开展贯彻习近平总书记到四川视察重要指示精神及省第十二次党代会精神轮训班；将党性教育作为各类重点培训班的“必修课”，将习近平新时代中国特色社会主义思想贯穿始终，课程占比不低于30%。开展各类专题培训班15期，培训干部1000余人次；配合中央、省、市开展干部调训18期，培训干部100余人次；开展网络调训7期，培训干部5000余人。

【干部管理监督】 中共青神县委组织部召开2021年度县委选人用人“一报告两评议”工作会，评议干部22名；组织全县37名县级领导集中开展个人有关事项填报，指导2名领导干部做好个人有关事项及时报告表的上报；从严换届监督检查，印发《关于进一步严肃党的二十大和省十二次党代会代表选举纪律的通知》，抽调精干力量组成3个指导组，深入基层党组织开展工作指导和培训；制发《青神县领导干部因私出国（境）管理、兼职管理及档案管理专项整治实施方案》，发现因私出国（境）违规问题6起，问题档案72份，全部整改到位；依托“干部作风整治年”行动，对班子运行分析中反映的3名干部开展函询；配合县委巡察工作，对县经信局、县住建局等13个单位开展选人用人专项检查；委托县审计局，对4人开展领导干部经济责任审计、自然资源资产审计工作，对新提拔任用干部任前公示共475人次，公示期间接到“12380”电话举报1起。

【基层党组织建设】 青神县印发《中共青神县委〈关于认真学习宣传贯彻党的二十大精神〉的通知》，推动全县各级党组织和党员深入学习宣传贯彻党的二十大精神、习近平总书记到四川视察重要指示精神，推动各级党组织专题学习140余场次，教育培训4500余人次，引导全县各级党员干部坚决拥护“两个确立”、坚决做到“两个维护”；实施基层组织建设三年行动计划，修订11个领域的党组织标准306项；推进乡村振兴和城乡融合发展，加快“天府粮仓”特色示范区建设，成功争取2022年全国农村综合性改革试点试验项目，荣获全国村庄清洁行动先进县等国省荣誉16项；开展2022年度五星级基层党组织评选工作，通过党（工）委推荐和实地走访、查阅资料，评选出青竹街道党工委等40个五星级基层党组织。

2022年3月24日，青神县组织工作会议召开 （县委组织部供图）

【农村党组织建设】 青神县成立镇级片区联合党委2个、村级片区联合党委12个，统筹整合各方资源力量推进乡村振兴。中共青神县委组织部实施党的基层组织建设三年行动计划，兰沟村、百家池村获评2021年度市级（AAAA）先进村党组织；落实“四个一”整顿措施，整顿软弱涣散基层党组织3个；全覆盖开展10个中省财政集体经济扶持村项目综合评估，完成2022年5个扶持村项目建设，11个行政村集体经济收益达10万元以上，官厅坝村获评省级村级集体经济融合发展先进村，全省扶持壮大村级集体经济工作（成都片区）推进会参会人员到青神调研参观；开展乡村干部年度政治体检，鼓励支持67名村（社区）“两委”干部参加学历提升计划，开展村（社区）党组织书记乡村振兴“擂台比武”，7名村（社区）党组织书记讲解亮点工作经验，组织村（社区）党组织书记到彭山区、仁寿县现场交流学习；持续选派驻村帮扶干部39名，细化管理实施办法，完善驻村帮扶县乡两级和派出单位管理制度，季度专题研究推进帮扶工作，落实保障激励措施；探索创新“一领四微”乡村治理模式，“创新‘一领四微’模式，构建共建共治共享乡村治理格局”入选全国第六届基层党建创新典型案例展示；推进“1+N”村级党群服务阵地体系建设和“四微”项目建设，完成3个乡镇（街道）便民服务中心、25个村（社区）便民服务站标准化规范化便利化建设；推广乡村治理片长制，51个村（社区）划分片区1058个，县、乡、村、组、片五级治理体系初步形成，推动实现资源、服务下沉基层一线。

【“两新”党组织建设】 中共

青神县委组织部印发《关于全县两新组织认真学习宣传贯彻党的二十大精神的通知》，引导两新组织党员原原本本学、逐字逐句学，两新组织开展各类交流研讨326次；持续推进“两个覆盖”动态清零，2022年新建两新组织党支部23个；印发《关于加强新业态新就业群体党建工作“1+3”方案的通知》，切实加强网约出行、快递物流和外卖行业党建工作；打造“青运驿站”党群服务中心，将47名流动党员纳入组织有效管理；强化党建带群建功能，四川环龙新材料有限公司“建立‘四共’机制，凝聚党群合力”经验做法获评全省两新组织党建带群建创新案例，四川德恩精工科技股份有限公司获评全省两新组织党建带群建示范单位；选树培育四川立白“松柏成长计划”全市两新党建示范项目，四川众鑫盛农牧机械有限公司获评“眉山市第三批两新组织党建示范单位”；培训党组织书记、党务工作者220余人次，发展两新组织党员28名，新培育国家级“专精特新”“小巨人”1家、高新技术企业5家。

【基层治理】 青神县理顺基层治理体系，优化设置县乡城乡基层治理领导机构，为每个乡镇增加1名、街道增加2名事业编制专责推进基层治理；优化城市楼栋“微网格”1180个，推行乡村治理“片长制”，构建“镇街、村（社区）、居民小组（网格）、片长（楼栋长）”治理体系；提升环境品质，聚焦人的感受，加强小区治理攻坚，持续推动185个老旧小区改造；统筹示范建设，建设6个市级、5个县级示范点位；优化服务供给，聚焦“一老一小”，优化布局82个养老服务站点，爱邻厨房、长者食堂被《人民日报》、新华社等媒体关注；加强社会主体培育，发展社区社会企业2家，2个乡镇、2个社区获评全省基层治理示范单位。

【党员队伍管理】 截至2022年12月31日，青神县共有党员11052名。其中，女党员3411名，占比30.9%；流出党员910名，占比8.2%；35岁及以下党员2041名，占比18.5%；大专及以上学历党员4328名，占比39.2%。全县全年发展新党员110名，其中发展两新组织党员29名，发展农牧渔民党员29名。中共青神县委组织部牵头，采取专题党课、专题宣讲、专题培训、民主生活会和组织生活会的形式，推动全县党员深入学习贯彻党的二十大精神和习近平总书记到四川视察重要指示精神；加强流动党员管理，印发《关于推行外出流动党员学习教育“一卡通”制度的通知》，加强和改进外出流动党员经常性教育，将流动党员的学习教育管理纳入规范化“轨道”；严格落实“街道吹哨、部门报道”机制、包保工作要求，常态化开展志愿服务等活动，组织2600余名党员干部和职工分赴联系乡镇（街道）、村（社区）、驻地企业开展风险人员排查、防疫政策宣传、交通卡点值守、物资配送等工作；开展走访慰问生活困难党员、老党员、老干部和烈士遗属、因公殉职党员干部家属活动，向109名党龄达50年以上且表现良好的老党员颁发“光荣在党50年”纪念章。

【创建全省人才工作先行区】 青神县坚持高位推进人才工作先行区建设，县委全会部署任务，县委常委会、领导小组会研究人才工作7次，党政主要负责人带队赴知名高校开展招才引智活动6场，出席人才活动17次；深化与清华大学、中国农业大学等合作，引进“浙江省千人计划青年人才”，包括博士9人、硕士116人，同比2021年增长1.3倍，提拔选调生和事业高层次人才25名，新入选四川“天府青城计划”1人；实体化运行机械产业研究院、竹产业研究院，探索“带编入企”，推行协议工资制、年薪制、项目工资制等模式；新培育国家级“专精特新”“小巨人”企业1家、高新技术企业5家，入选省“贡嘎培优”企业1家；建立党委联系服务专家人才制度，26名县领导联系专家人才230名，出台“人才8条”，配套制定教育、卫生等专项政策9个，高标准建设人才公寓，举办“青春遇见·礼遇人才”活动，发放“优才卡”，营造浓厚爱才氛围。青神县“人才引进+绿色发展”做法被《新闻联播》报道，先行区做法在党建引领·天府论坛和全省推进会上作经验交流，青神县被授予四川省博士后智力服务示范基地称号。

（张　志　郑宇宸）

2022年5月17日，眉山市城乡基层治理攻坚启动大会在青神以电视电话会议形式召开　（县委组织部供图）

宣传工作

【概况】 2022年，中共青神县委宣传部紧紧围绕重大主题，持续推进主线宣传，壮大主流舆论。挖掘东坡文化，邀请网络大V实地探访宣传；宣传“天府粮仓”典型案例，多次受到重量级媒体关注；探索文旅融合路径，青神萤火虫登上央视《新闻联播》，时长2分13秒，突破纪录；央视节目组多次到青神拍摄乡村振兴主题片，扩大青神对外知名度和影响力，其中《山水间的家》是青神在CCTV-1亮相时长最长、参与人数最多、规模最大、影响力最广的外宣产品；打造竹博会全方位宣传新矩阵，树立青神竹品牌和青神国际国内形象。

【理论学习和研究】 2022年，青神县把学习习近平新时代中国特色社会主义思想作为理论学习的首要政治任务，全县各级党委（党组）理论学习中心组开展党的二十大精神、习近平总书记来川视察重要指示精神、省第十二次党代会精神等专题学习470余场次，其中县委理论学习中心组开展专题学习9场。发放《习近平谈治国理政》第四卷、《党的二十大报告辅导读本》、《习近平在浙江》等学习资料近7000册，激励引导广大党员干部进一步深刻领悟“两个确立”的决定性意义，增强“四个意识”、坚定“四个自信”、做到“两个维护”。在全县抽调各级领导干部组成县委宣讲团，到乡镇（街道）、部门、村社、学校、企业等宣讲习近平总书记来川视察重要指示精神、党的十九届六中全会精神、党的二十大精神、省第十二次党代会精神宣讲70余场次，覆盖党员群众20000余人次。竹娘子文艺宣讲队、各乡镇（街道）、县级各部门开展各种形式的宣讲千余场次，推动党的创新理论进万家进一步坚定广大人民群众对党的信赖和忠诚的思想基础。围绕“全面推进乡村振兴、加快农业农村现代化”等9个方面，深入基层调查研究，完成《关于探索全面推进乡村振兴和县域内城乡融合发展青神路径的课题研究报告》《关于坚定文化自信加快建设文化强县的课题研究报告》等调研报告20篇，提出推动青神高质量发展的建议意见100余条。《青神县红色资源在党性教育中的开发与利用》《青神县践行“两山”理论做实生态资源优势转化机制的案例研究》《传承弘扬苏母家风 强化党员干部家风建设助推新时代全面从严治党向纵深发展》《促进乡村产业振兴的眉山实践研究》《探索“两山”转化路径 建设竹产业高质量发展示范区》5个研究课题，在眉山市2022年社会科学研究课题和规划专项课题中成功结项，为建设现代化国际竹艺名城提供智力支持。

（余　涛）

【对外宣传】 中共青神县委宣传部在央级、省级媒体上稿1700余条。其中，《人民日报》10次，《光明日报》3次，《经济日报》2次，中央电视台报道16次，新华社14次，《四川日报》62次，四川卫视报道47次。创造了青神县外宣工作的四个“最”：《新闻联播》《焦点访谈》10天内连续三次报道青神县农业工作，是青神县被CCTV-1关注最密集的一次；CCTV-1《新闻联播》关注萤火虫经济和生态保护，时长2分13秒，是青神县在《新闻联播》播出时长最长的单条；CCTV-1献礼党的二十大重点栏目《山水间的家》播出青神篇，时长90分钟，是青神县在CCTV-1献礼党的二十大重点栏目亮相时长最长、参与人数最多、规模最大的外宣产品；2022中国国际竹产业交易竹博会海外宣传产品获“一带一路”绿色发展国际研究院联合主席、国际竹藤组织前总干事、中国外交官曹毅、中国驻大阪总领事薛剑等点赞转发，是青神县影响最广的竹博会宣传。

（曹祎苓）

【网络安全管理】 中共青神县委宣传部持续推进网络综合治理体系建设，组织开展网络安全检查3次，开展“清朗”“打假治敲”等专项整治行动20余次；加强属地重点网站、自媒体等网络新媒体日常管理，规范网络传播秩序；召开县委网信委第四次会议，扎实推动网络安全和信息化工作；建立60余人的网络文明监督志愿者队伍。

（吕艳玲）

【新闻出版】 中共青神县委宣传部完成版权作品登记481件，完成3家出版物发行单位年度核验、11种内部资料性出版物准印证申请；全县农村电影公益放映552场；以政府机关为重点，纵深推进政府机关软件正版化工作；为全县38个书屋更新书籍2508册；坚持把“扫黄打非”工作与落实意识形态、精神文明建设、基层综治工作相结合，开展“扫黄打非”、保护知识产权宣传活动周、校园周边文化环境整治等系列专项行动，全年出动执法人员100余人次，检查各类出版物经营场所180家次，在封堵查缴非法出版物、扫除淫秽色情文化垃圾、加强网络监管、净化社会文化环境和打击侵权盗版行为等方面取得明显成效。

（张　莹）

2022 年在省级以上报刊、电视台、电台发表新闻情况表

表 1

序号	媒体名称	新闻标题	发表日期	作 者
1	《人民日报》(海外版)	汉阳古镇，从历史走来	2022.02.24	蒲光树
2	《人民日报》(海外版)	今年全国两会，代表委员关注哪些事儿	2022.03.02	李　贞
3	《人民日报》	四川眉山　聚力制造强市、开放兴市、品质立市　奋力建设成都都市圈高质量发展新兴城市	2022.03.28	市　宣
4	《人民日报》	用脱贫攻坚"金钥匙"　开乡村振兴致富门（我们的新时代）	2022.04.07	常　钦　李晓晴
5	《人民日报》	探索绿色合作新机遇	2022.11.11	朱玥颖　李晓晴
6	《人民日报》	废弃农药瓶，这样回收处置（人民眼·农业绿色发展）	2022.11.25	王永战
7	《人民日报》(海外版)	中国与国际竹藤组织共同发起"以竹代塑"倡议——治理塑料污染，中国提出好"竹"意	2022.11.30	刘乐艺
8	《人民日报》(海外版)	打开竹编新天地（新国潮）	2022.12.12	苗　春
9	《人民日报》	乡村振兴这一年	2022.12.23	顾仲阳　常　钦
10	《人民日报》(海外版)	乡村振兴这一年	2022.12.23	顾仲阳　常　钦
11	《经济日报》	产销对接　保供稳价	2022.01.26	姚永亮
12	《经济日报》	图片新闻	2022.04.28	姚永亮
13	《光明日报》	正风肃纪　激浊扬清——新时代纪检监察工作高质量发展之"作风篇"	2022.01.14	高蕾
14	《光明日报》	四川眉山普查收录二百余个非遗项目	2022.06.09	周洪双　姚永亮
15	《光明日报》	【中国好手艺 49】青神竹编	2022.08.20	李晓东　姚永亮
16	《新华每日电讯》	正风肃纪　激浊扬清——新时代纪检监察工作高质量发展之"作风篇"	2022.01.14	高蕾
17	《新华每日电讯》	确保"菜篮子"拎得稳：我国加强重要农产品生产供应	2022.11.27	于文静
18	《经济参考报》	4458 亩"草坪田"是如何还粮的？——四川青神县依法依规实施"退草还粮"	2022.05.24	王曦
19	《农民日报》	四川青神县百家池村："百家"共筑振兴路	2022.01.11	辛凯　古良驹　熊莉　张艳玲
20	《农民日报》	四川"橘园种豆模式"调查	2022.02.14	张艳玲
21	《农民日报》	贯彻新理念　重塑新机制	2022.02.24	刘海华　丁乐坤
22	《中国旅游报》	四川眉山：推进文旅高质量发展　擦亮"好耍在眉山"名片	2022.02.17	伍小花　白骅
23	《中国旅游报》	眉山推出百余项文旅产品	2022.04.29	白骅
24	《中国旅游报》	眉山"神"竹	2022.05.31	刘友洪
25	《中国旅游报》	"三苏"往事	2022.10.25	刘友洪
26	《中国教育报》	"三心"同聚　筑梦远航——四川省眉山市青神县实验小学校党建品牌建设剪影	2022.03.15	艾永红　郭燕萍
27	《中国教育报》	"东坡故里"传出教育新声	2022.06.25	葛仁鑫
28	《中国妇女报》	抢抓农时　扩面增产	2022.04.20	王曦
29	《中国妇女报》	传承三苏文化，筑牢好家风底色——习近平总书记在四川眉山市三苏祠考察回访记	2022.06.13	任然
30	《文汇报》	一篇朴实的乡土散文，一趟暖心的归家之旅	2022.11.08	潘鲁生
31	《精神文明报》	眉山以"新"换"心"　纵深推进城镇老旧小区改造	2022.11.10	眉文
32	《精神文明报》	眉山市召开深化拓展新时代文明实践中心建设工作现场推进会	2022.11.22	眉文
33	《人民法院报》	全国人大代表　王晓梅	2022.03.10	王珊珊
34	《学习时报》	眉山：但愿人长久，千里共婵娟	2022.07.15	胡元坤
35	《中国消费者报》	四川"两年行动"首战告捷	2022.10.13	刘铭
36	《中国商报》	"文旅局长说文旅"的温度和感染	2022.10.20	邓静

续表 1

序号	媒体名称	新闻标题	发表日期	作　者
37	《中国县域经济报》	机械化为春耕“加速”	2022.03.24	戚原　王清　陈梦颖
38	《中国县域经济报》	竹为媒　文旅兴	2022.05.12	戚原　赵会
39	《中国县域经济报》	“大美青神”多绮丽	2022.05.26	戚原　古良驹
40	《中国县域经济报》	竹海探富路　流萤引客来？——四川青神特色竹产业推动县域经济高质量发展	2022.06.06	戚原　青宣
41	《中国县域经济报》	“云·数·智”托起“青神制造”	2022.07.14	戚原
42	《中国县域经济报》	青神“智”造入佳境	2022.08.08	戚原　王丽
43	《中国县域经济报》	最美创客开启“柑”甜生活	2022.10.31	戚原　陈甜　韩明越
44	《中国县域经济报》	四川青神花园社区上榜全国示范性老年友好型社区	2022.11.07	戚原
45	《中国县域经济报》	万竹博览　文化大观	2022.11.24	戚原　张进卫
46	《中国县域经济报》	锚定“专精特新”　招大引强培优——四川青神加快建设先进机械制造产业聚集区	2022.11.28	戚原　古良驹
47	《团结报》	定向招录残疾人公务员的导向意义	2022.04.02	张淳艺
48	《团结报》	川台青年　研习创新创业	2022.06.30	刘忠俊
49	央视 1 套	四川 100 个项目集中开工建设	2022.01.04	
50	央视 1 套	春耕备耕由南向北陆续展开	2022.01.17	
51	央视 1 套	抓好春耕备耕　守好保障国家粮食安全底线	2022.02.27	
52	央视 1 套	四川：特色产业点亮乡村经济	2022.04.09	
53	央视 1 套	一号文件：稳住农业基本盘	2022.02.23	
54	央视 1 套	“中国竹编第一村”兰沟村	2022.10.29	
55	央视 1 套	建基地强加工　小泡菜撬动大产业	2022.09.28	
56	央视 2 套	川味之乡厨	2022.01.25	
57	央视 3 套	“为爱而歌”主持人周宇现场学习钩针小技巧	2022.01.18	
58	央视 3 套	“为爱而歌”云朵献唱《一盏灯》	2022.01.18	
59	央视 10 套	《味道》　原味乡间·青神篇	2022.12.17	
60	央视 10 套	下饭菜·青神篇	2022.12.18	
61	央视 13 套	抓好春耕备耕　守好保障国家粮食安全底线　强化现代农业基础支撑　抓好粮食生产	2022.02.28	
62	央视 13 套	四川青神　萤火虫迎来观赏期　绿色产业带动农民增收	2022.04.07	
63	央视 13 套	2022 中国国际竹产业交易博览会　精美竹编吸引观众　非遗展区成热点	2022.12.11	
64	央视 13 套	四川青神　“中国竹编第一村”用竹子编出美好生活	2022.12.23	
65	央视 14 套	走近青神竹编	2022.03.17	
66	央视 17 套	种粮大户春耕忙	2022.03.20	
67	央视 17 套	四川青神：萤火虫“星海”点亮夜空	2022.04.05	
68	央视 17 套	巧手编织致富路	2022.09.06	
69	央视 17 套	四川青神：竹编织就共富路	2022.11.08	
70	中国国际频道 CGTN	青神县高台镇诸葛村的长者食堂	2022.05.31	
71	中国国际频道 CGTN	端午节——成都粽子街琳琅满目的粽子	2022.06.04	
72	中国国际频道 CGTN	*Live: International Bamboo Industry Fair in China's Sichuan Province*（《中国国际竹博会今日在眉山青神开幕》）	2022.12.09	
73	中国国际频道 CGTN	*Saving the Environment: International Bamboo Industry Fair*（《节约环境：国际竹产业博览会》）	2022.12.11	

续表 1

序号	媒体名称	新闻标题	发表日期	作　者
74	央视网	“大美 V 视”报道《四川青神，邀您共赏春光》	2022.03.01	
75	央视网	大美中国·春丨四川青神	2022.04.21	
76	央视网	“大美 V 视”像千年水墨画卷的地方，你可见过？	2022.07.28	
77	新华社	新华全媒 +丨四川青神县 4458 亩“草坪田”全部“还粮”	2022.05.12	杨三军　陈健
78	半月谈网	减负见实招：代表委员话“双减”	2022.03.09	翟濯
79	央广网	特色竹产业　推动眉山青神县域经济高质量发展	2022.06.01	
80	央广网	中国国际竹博会将于 12 月 8 日在眉山青神启幕	2022.12.01	
81	央广网	中国国际竹博会今日在眉山青神开幕	2022.12.09	青宣
82	央视频	共同守“沪”！青神县价值 500 万斑布健康生活用纸援助上海方舱医院！	2022.04.11	罗宇豪　吴敏
83	央视频	“草田”变“稻田”：退草还耕，青神端稳粮食“铁饭碗”，	2022.04.11	青宣
84	央视频	《山水间的家》第四期即将播出！一起探访“村美、人美、情美”的美丽乡村	2022.10.27	
85	央视频	“竹子联通世界　创享低碳未来”2022 中国国际竹产业交易博览会盛大开幕	2022.12.10	
86	央视频	“味”播先知丨四川青神人好会吃，肥肠混搭泡菜？给回锅肉做“汗蒸”？	2022.12.14	
87	央视频	“味”播先知丨这条视频越看越“香”！超上瘾	2022.12.14	
88	央视频	“味”播先知丨竹菌如何烹出海参味儿？柑橘搭配鱼会有啥新奇滋味？	2022.12.14	
89	央视频	“味”播先知丨“竹海参”和“橘香东坡鱼”？这些名字听起来就很好“吃”！	2022.12.14	
90	中新社	四川眉山：成乐高速公路青神北收费站开通运行	2022.01.15	古良驹
91	中新社	四川青神：规模化种植优质萝卜供应春节市场	2022.01.24	姚永亮
92	中新社	四川青神：年俗活动迎虎年新春	2022.01.24	古良驹
93	中新社	四川青神：大豆玉米复合种植助粮农增产增收	2022.03.05	古良驹
94	中新社	四川青神：乡村“老年食堂”温暖老人心	2022.03.17	姚永亮
95	中新社	四川青神建乡村老年食堂	2022.03.22	姚永亮
96	中新社	四川青神：草坪变良田　保护耕地守护粮食安全	2022.03.24	古良驹
97	中新社	四川青神：樱桃丰产又丰收	2022.04.13	古良驹
98	中新社	四川青神：大豆玉米带状复合种植基地管理忙	2022.04.19	姚永亮
99	中新社	四川青神：斑布健康竹产业园项目即将投产	2022.04.26	姚永亮
100	中新社	四川青神：春萝卜丰收　供应节日市场	2022.04.26	姚永亮
101	中新社	四川青神：“退草还耕”耕地开始插秧	2022.04.29	古良驹
102	中新社	四川青神：稻香农业公园绿意盎然	2022.07.04	刘国兴
103	中新社	四川青神：竹林湿地公园	2022.07.10	刘国兴
104	中新社	四川青神：茉莉花种植促增收	2022.08.04	姚永亮
105	中新社	四川青神：小山村水稻丰收在望	2022.08.04	姚永亮
106	中新社	四川青神：昔日“草坪田”“还粮”喜丰收	2022.08.28	姚永亮
107	中新社	四川青神：晚熟柑橘进入成熟期	2022.10.17	古良驹
108	中新社	四川眉山：“小泡菜”做成大产业	2022.11.01	古良驹
109	中新社	四川青神：合作社白萝卜喜丰收	2022.11.18	姚永亮
110	中新社	四川青神：冬至节气近　白萝卜俏	2022.12.21	姚永亮
111	人民图片	四川青神：季时坝村萝卜大丰收	2022.01.23	姚永亮

续表 1

序号	媒体名称	新闻标题	发表日期	作　者
112	人民图片	四川青神：乡村老年食堂　实惠又暖心	2022.03.22	姚永亮
113	人民图片	四川青神：中岩景区风光秀丽	2022.07.05	
114	人民图片	四川青神：采摘茉莉花	2022.08.04	姚永亮
115	人民图片	四川青神：“草坪田”全部“还粮”喜丰收	2022.08.28	姚永亮
116	人民图片	四川青神：沙土地上种菜忙	2022.09.16	
117	人民图片	四川青神：合作社白萝卜喜丰收	2022.11.18	姚永亮
118	光明网	四川青神：抢抓农时　扩面增产	2022.04.19	王曦
119	光明网	四川青神：玉米大豆带状复合种植实现增产增收	2022.06.20	陈甜　陈梦颖
120	光明网	青神：生态美景入画来	2022.07.14	余文
121	光明网	【大美Ｖ视】像千年水墨画卷的地方，你可见过？	2022.07.28	
122	中国新闻网	北京冬奥颁奖花束中的 600 多片月桂叶片，出自她们之手	2022.01.30	刘忠俊　古良驹
123	中国新闻网	四川青神：600 多片手工钩织月桂叶片入选北京冬奥会	2022.01.30	刘忠俊　余文　古良驹
124	中国新闻网	川台青年在川研习创新创业：考察机遇　携手并进	2022.06.27	刘忠俊
125	中国新闻网	青竹如何变“小鱼”？ 48 名外籍师生“探秘”非遗青神竹编	2022.07.17	岳依桐　陈选斌　杨予頔
126	中国新闻网	眉山市：十年生态环境质量大幅改善	2022.10.10	刘忠俊
127	中国新闻网	岷江虎渡溪航电枢纽工程接入主网　首台机组即将发电	2022.10.12	刘忠俊
128	中国新闻网	2022 中国国际竹产业交易博览会即将在眉山青神举办	2022.12.01	刘忠俊
129	中国新闻网	2022 中国国际竹产业交易博览会在四川青神启幕	2022.12.09	青宣
130	中国新闻网	打开竹编新天地	2022.12.12	苗　春
131	中国新闻网	乡村振兴这一年	2022.12.23	顾仲阳　常钦
132	中国新闻网	青神供电：首创“百强县”迎来“满堂红”	2022.12.27	刘忠俊　张世杰　敖洋
133	人民日报客户端	四川青神：精细服务暖民心　精准治理通末梢	2022.02.23	刘鸥　夏雨婷
134	人民日报客户端	四川青神：“良田”如何“粮用”？　近 5000 亩草坪退还为良田	2022.03.12	陈文君
135	人民日报客户端	四川眉山　聚力制造强市、开放兴市、品质立市　奋力建设成都都市圈高质量发展新兴城市	2022.03.28	市宣
136	人民日报客户端	四川青神爱心企业捐赠 500 万元物资驰援上海	2022.04.11	罗宇豪　吴敏
137	人民日报客户端	四川青神：稳住经济大盘　优势企业加速跑	2022.06.16	王永战　古良驹
138	人民日报客户端	青神：大豆迎来丰收　农户采收忙	2022.10.21	李凯旋
139	人民日报客户端	废弃农药瓶，这样回收处置（人民眼·农业绿色发展）	2022.11.25	王永战
140	人民日报客户端	2022 中国国际竹产业交易博览会将在眉山青神举办	2022.12.04	王明峰
141	人民日报客户端	2022 中国国际竹产业交易博览会在眉山青神开幕	2022.12.10	青宣
142	新华社客户端	四川青神：乡村老年食堂送餐到家	2022.03.20	杨华　　古良驹
143	新华社客户端	四川青神：抢抓农时　扩面增产	2022.04.19	王曦
144	新华社客户端	中国这十年　｜　端稳“饭碗”守牢底线：中国保障粮食安全	2022.06.07	王曦
145	新华社客户端	四川青神：退草还耕农田陆续收割	2022.08.29	姚永亮
146	新华社客户端	冬菜收获忙	2022.11.19	姚永亮
147	新华社客户端	瞭望丨舌尖上的幸福晚年	2022.11.21	
148	新华社客户端	小雪时节农事忙	2022.11.22	姚永亮
149	新华社客户端	确保“菜篮子”拎得稳——我国加强重要农产品生产供应	2022.11.26	于文静

续表 1

序号	媒体名称	新闻标题	发表日期	作　者
150	新华社客户端	新华视点丨多样生物　多彩四川	2022.12.10	杨华
151	经济日报客户端	2022 中国国际竹产业交易博览会将在四川眉山举办	2022.12.01	青宣
152	经济日报客户端	2022 中国国际竹产业交易博览会在四川眉山举行	2022.12.09	青宣
153	新华网客户端	四川青神：抢抓农时　扩面增产	2022.04.19	王曦
154	新华网客户端	四川青神：良田粮用　乡村大地绘美卷振兴路上奔小康	2022.05.06	
155	《中国日报》中文网	竹子联通世界　创享低碳未来	2022.12.09	青宣
156	文旅中国	产业丨 2022 中国国际竹产业交易博览会在四川眉山青神开幕	2022.12.09	青宣
157	国际在线日语新闻客户端	四川省·蘭溝村　竹細工で貧しい田舎が大变身	2022.12.07	
158	中国共产党新闻网	乡村振兴这一年	2022.12.23	顾仲阳　常　钦
159	中国经济网	青神县兰沟村："网红打卡地"背后的乡村振兴进行曲	2022.03.02	邓世平　陈梦颖　童欣瑶
160	中国经济网	眉山青神："长者食堂"暖胃暖心　精细化服务推动基层治理水平大提升	2022.03.18	余文　王清
161	中国经济网	四川青神：党群联动促整治　凝心聚力美乡村	2022.04.11	余文　王清
162	中国经济网	四川青神：保护生态环境　助力乡村振兴	2022.04.13	张进卫
163	中国经济网	四川青神县 4458 亩"草坪田"是如何还粮的？	2022.05.24	王曦
164	中国经济网	眉山青神：小小公交卡刷出城乡发展大变化见证民生大幸福	2022.06.16	余文　刘晓静
165	中国经济网	青神县：农业专家田间授课　抓好夏管助力增收	2022.07.08	张进卫　周鹏飞
166	中国经济网	生态入框　美景入画　记录光影里的青神	2022.07.13	余文　刘晓静
167	中国经济网	"老"居民过上"新"生活！青神县基层治理以用心换民心	2022.07.26	余文　刘晓静
168	中国经济网	青神县：茉莉花飘香　花农采摘忙	2022.08.03	陈梦颖　王清
169	中国经济网	四川青神：践行绿色发展理念　高质量发展竹产业	2022.10.24	陈甜
170	中国经济网	四川青神县开展 2022 年机械行业职工技能大赛	2022.11.02	韩明越
171	中国经济网	引人才　促创新　四川青神县工业步入"智"造轨道	2022.11.09	韩明越　吴敏
172	改革网	四川青神：节后复工复产按下"加速键"	2022.02.10	孟林艳　何广丙
173	改革网	猜灯谜吃汤圆　欢欢喜喜闹元宵	2022.02.15	青蓉　何广丙
174	改革网	道路畅通解民忧　民生工程暖民心	2022.02.18	
175	改革网	青神新政出炉　就业创业何必去远方	2022.02.25	黄张翔　何广丙
176	改革网	四川省唯一！青神做法入选全国农业绿色发展	2022.02.27	何广丙
177	改革网	四川青神县斑布健康竹产业园预计 4 月投入使用	2022.02.28	吴敏　何广丙
178	改革网	春笋寒露节节高　乡村振兴步步升	2022.03.28	何广丙
179	改革网	四川青神爱心企业捐赠 500 万元物资驰援上海	2022.04.11	罗宇豪　吴敏　何广丙
180	改革网	"疫"不容辞！青神爱心市民捐款 100 万元助力疫情防控	2022.04.20	王丽　何广丙
181	改革网	建设高标准农田　保障粮食安全	2022.04.24	余文　何广丙
182	改革网	青神，非来不可的理由	2022.04.26	何广丙
183	改革网	大数据平台赋能　为乡村发展插上腾飞的翅膀	2022.05.08	陈文君　何广丙
184	改革网	眉山青神"西南表处产业园"一期工程竣工倒计时	2022.05.13	何广丙
185	改革网	推广林下种豆新模式　鼓起农民"钱袋子"	2022.05.19	张进卫　何广丙
186	改革网	眉山青神县斑布健康竹产业园正式投产	2022.05.26	古良驹　何广丙
187	改革网	眉山青神：推动县域经济高质量发展"绿色崛起"	2022.06.01	余文　何广丙

续表 1

序号	媒体名称	新闻标题	发表日期	作 者
188	改革网	建设航电枢纽　促进经济发展	2022.06.06	余文　何广丙
189	改革网	753 名考生“赶考”　直击青神县高考第一天	2022.06.07	张进卫　何广丙
190	改革网	深化校企合作机制　携手共建双赢模式	2022.06.07	王清　何广丙
191	改革网	全力推进项目建设　稳中提质强“引擎”	2022.06.13	青宣　何广丙
192	改革网	稳住经济大盘　优势企业加速跑	2022.06.15	古良驹　何广丙
193	改革网	多措并举　让优秀人才“引得进、育得好、留得住”	2022.06.22	王清　吴敏　何广丙
194	改革网	最大降雨量 179.7 毫米　青神县做好强降雨防御应对	2022.06.23	何广丙
195	改革网	开展直播带货 PK 赛　助力乡村振兴	2022.06.24	何广丙
196	改革网	读懂青神的城市魅力	2022.06.25	何广丙
197	改革网	青神县被授予“中国晚熟柑橘出口示范区”称号	2022.06.29	何广丙
198	改革网	用好“党建引领”　点燃乡村振兴“红色引擎”	2022.06.29	张世兰　何广丙
199	改革网	守好家风建设之“根”　涵养新时代文明新风尚	2022.06.29	何广丙
200	改革网	发展体育产业　激发经济活力	2022.08.08	张进卫　何广丙
201	改革网	汇聚青春力量　绽放志愿风采	2022.08.12	张志勤　何广丙
202	改革网	青神县兰沟村荣获第三批全国乡村旅游重点村称号	2022.08.25	何广丙
203	改革网	抗旱保电勇担当“绿光计划”志愿行	2022.08.25	敖洋　何广丙
204	改革网	“助学成才、圆梦大学”青神 35 名困难学生共获 5 万元助学金	2022.08.26	周鹏飞　何广丙
205	改革网	“竹引清风”徐徐来　廉政文化入电企	2022.08.30	余华文　周叶　吴敏　何广丙
206	改革网	全力筑牢疫情防线　青神开展全员免费核酸检测	2022.09.05	周鹏飞　何广丙
207	改革网	厚植文化底蕴　提升城市品味	2022.09.06	余文　何广丙
208	改革网	用好用活“土办法”筑牢疫情防控“铜墙铁壁”	2022.09.06	周智顺　何广丙
209	改革网	防疫情抓生产　青神县确保企业、项目复工复产	2022.09.09	邓世平　何广丙
210	改革网	赶进度抢速度拼争全年胜	2022.09.15	古良驹　何广丙
211	改革网	助企纾困解难题激发产业新动能	2022.09.16	何广丙
212	改革网	喜讯！青神县又一企业荣获全国专精特新“小巨人”企业	2022.09.21	何广丙
213	改革网	凝心聚力抗疫情共克时艰勇担当	2022.10.03	何广丙　青宣
214	改革网	“青”尽全力守牢抗疫保电阵地	2022.10.05	何广丙
215	改革网	四川眉山：十年巨变　绘就生态文明建设新画卷	2022.10.10	何广丙
216	改革网	眉山青神高质量建设最美竹林生态风景线	2022.10.17	何广丙
217	改革网	30 名机械能手同台竞技！眉山青神开展 2022 年机械行业职工技能大赛	2022.11.03	何广丙
218	改革网	引人才　促创新　青神工业步入“智”造轨道	2022.11.07	何广丙
219	改革网	提升人居环境“颜值”　擦亮乡村振兴“底色”	2022.11.22	何广丙
220	改革网	2022 中国国际竹产业交易博览会将在眉山青神举办	2022.12.01	何广丙
221	改革网	四川青神：探索“两山”转化路径　推动竹产业高质量发展	2022.12.04	何广丙
222	改革网	国企示范带领　竹里巷子发展突飞猛进	2022.12.05	何广丙
223	改革网	竹子联通世界　青神因竹美好——聚焦 2022 中国国际竹产业交易博览会	2022.12.08	余文　何广丙
224	改革网	中国竹产业峰会在四川眉山市青神县召开	2022.12.11	何广丙
225	改革网	点赞！青神县司法局青竹司法所入选第三批省级“枫桥式司法所”	2022.12.27	何广丙
226	中国商务新闻网	2022 中国国际竹产业交易博览会开幕	2022.12.09	邓元睿

续表 1

序号	媒体名称	新闻标题	发表日期	作 者
227	法制网	探索推行“押金制、有偿制、积分制”，农药包装废弃物无害化回收处置率超过 85%	2022.11.25	王永战
228	中国网［中国国情］	绿意青神，亲近自然亲近生活	2022.06.01	邓世平
229	中国网客户端	四川省青神县，非来不可的理由	2022.04.26	晴轩
230	中国网客户端	四川青神中学与四川大学携手共建“优质生源基地”	2022.05.11	黄举洪
231	中国网客户端	“5・18”国际博物馆日来了！走起，去逛青神的博物馆	2022.05.18	
232	中国网客户端	四川省青神县：蓝莓采摘正当时　农旅融合促发展	2022.05.26	吴敏
233	中国网客户端	四川青神：打卡网红地　感受乡村振兴之变	2022.06.06	曹祎苓
234	中国网客户端	四川青神：建设航电枢纽　促进经济发展	2022.06.06	陈甜　王清
235	中国网客户端	753 名考生“赶考”　直击四川省青神县高考第一天	2022.06.07	张进卫
236	中国网客户端	四川德恩云智造科技有限公司与 6 家企业签订 MRO 共享仓协议	2022.06.10	
237	中国网客户端	四川省青神县：全力推进项目建设　稳中提质强“引擎”	2022.06.13	青宣　古良驹
238	中国网客户端	四川省青神县：激发市场活力　补贴购房显效	2022.06.13	陈甜
239	中国网客户端	四川省高台镇：以画为媒开展文化交流活动　让艺术赋能乡村振兴	2022.06.14	张进卫
240	中国网客户端	四川省青神县：稳住经济大盘　优势企业加速跑	2022.06.16	古良驹
241	中国网客户端	首季丰收！四川青神玉米大豆带状复合种植增产增收　成效显著	2022.06.21	陈甜　陈梦颖
242	中国网客户端	四川省青神县：小快板讲大精神　文艺宣讲接地气	2022.06.21	余文
243	中国网客户端	四川省青神县首家公办托育中心即将投用	2022.06.22	陈甜
244	中国网客户端	读懂四川省青神县的城市魅力	2022.06.27	青宣
245	中国网客户端	四川省青神：以书画为媒　喜迎党的二十大	2022.06.28	杨欢
246	中国网客户端	喜讯！四川省青神县被授予“中国晚熟柑橘出口示范区”称号	2022.06.29	
247	中国网客户端	四川青神瑞峰：用好“党建引领”　点燃乡村振兴“红色引擎”	2022.06.29	张世兰
248	中国网客户端	四川青神：形式多样欢庆“七一”　异彩纷呈歌颂党恩	2022.07.01	青宣
249	中国网客户端	宜居青神　向美而行	2022.07.05	古良驹
250	中国网客户端	纵深推进市域社会治理现代化试点的青神实践	2022.07.07	何容　王鹏
251	中国网客户端	夏日送清凉　关怀沁人心	2022.07.08	张进卫
252	中国网客户端	四川青神：传承好家风　培养好品德	2022.07.11	吴敏
253	中国网客户端	四川省青神县：“岗编分离　县招乡用”　助推人才向乡村振兴一线聚集	2022.07.20	黄张翔
254	中国网客户端	惠民暖心！七旬老人失散多年的孩子被四川省青神乡镇干部找回了	2022.07.22	吴敏
255	中国网客户端	四川省青神：打造地方文化品牌　弘扬优秀传统文化	2022.07.27	古良驹
256	中国网客户端	四川省青神县：茉莉花飘香　花农采摘忙	2022.08.03	陈梦颖　王清
257	中国网客户端	四川省青神：发展体育产业　激发经济活力	2022.08.08	张进卫
258	中国网客户端	四川省青神县：关注儿童成长　守护祖国花朵	2022.08.10	
259	中国网客户端	四川青神中学促使“全民健身”深入人心	2022.08.11	黄举洪
260	中国网客户端	四川省青神竹编大师陈云华获评第八届中国工艺美术大师	2022.08.19	青宣
261	中国网客户端	四川省青神：助企纾困再发力　稳住经济促发展	2022.08.23	余文　王清
262	中国网客户端	四川省青神县市场监管局开展药品专项抽检行动	2022.08.23	吴晓梅
263	中国网客户端	早计划、早安排　四川青神中学多举措做好开学筹备工作	2022.08.30	黄举洪
264	中国网客户端	逆行出征　共同战“疫”——四川省青神县 10 名医务人员驰援阿坝藏族羌族自治州疫情防控	2022.08.31	

续表 1

序号	媒体名称	新闻标题	发表日期	作　者
265	中国网客户端	青神：开展全员免费核酸检测　全力筑牢疫情防线	2022.09.05	周鹏飞　韩明越
266	中国网客户端	青神文韵：厚植文化底蕴　提升城市品味	2022.09.06	余文
267	中国网客户端	青神税务：立足党建“三原色”　打造新时代“红色枫桥”	2022.09.08	黄婷
268	中国网客户端	李建兴副市长督导青神县“惠企稳岗”攻坚行动和“万名干部上门、万户企业暖心”专项行动	2022.09.15	
269	中国网客户端	四川省青神县市场监管局开展水产品专项检查	2022.09.15	艾继腾
270	中国网客户端	四川省青神：基层治理提档升级　推动构建美好家园	2022.09.23	古良驹
271	中国网客户端	四川省青神县举办“庆丰收，迎盛会”活动　尽享丰收喜悦	2022.09.26	周鹏飞
272	中国网客户端	四川省青神：因地制宜，打造独具特色的廉洁文化示范点	2022.09.26	吴敏
273	中国网客户端	四川省青神县：“有声图书馆”让阅读更加“声”动	2022.09.29	陈梦颖
274	中国网客户端	喜迎二十大　四川青神：昔日“臭河沟”　变身城市“绿腰带”	2022.10.09	吴敏　周鹏飞
275	中国网客户端	“生态文明建设·眉山十年”新闻发布会今日召开	2022.10.10	
276	中国网客户端	青神：生活品质大提升！一起来看老居民眼中的新面貌	2022.10.12	余文
277	中国网客户端	青神公交十年：从无到有　开到群众家门口	2022.10.15	张进卫
278	中国网客户端	四川省青神县：推进城乡融合　提升幸福指数	2022.10.25	古良驹
279	中国网客户端	《山水间的家》探访青神县兰沟村之美，你“截屏”了吗？	2022.11.01	邓世平
280	中国网客户端	传统电商转型升级　四川省青神县“双十一”网络销售成绩亮眼	2022.11.16	陈甜　周鹏飞
281	中国网客户端	青神：文旅融合迎客来　八十里岷江之美因东坡文化重新绽放	2022.11.18	
282	中国网客户端	冠军！冠军！青神中学女子橄榄球队再次勇夺全国冠军	2022.11.21	
283	中国网客户端	竹林湿地“才貌皆备”　青神生态保护显成效	2022.11.23	张进卫
284	中国网客户端	谷粒归仓　丰收到手——四川省青神县做好秋粮收购　保障粮食安全	2022.11.28	王清　吴敏
285	中国网客户端	“竹子联通世界　创享低碳未来”2022 中国国际竹产业交易博览会将在眉山青神举办	2022.12.01	
286	中国网客户端	做美竹林　做强竹纸　做特竹艺　做精竹会四川省青神县积极探索“两山”转化路径推进竹产业高质量发展	2022.12.02	
287	中国网客户端	竹子联通世界　青神因竹美好——聚焦 2022 中国国际竹产业交易博览会	2022.12.08	余文
288	中国网客户端	以竹代塑　脉通四海 l2022 中国国际竹产业交易博览会·进出口企业交流会在青神县召开	2022.12.13	韩明越
289	中国网客户端	四川省青神：送医上门　守护老人健康	2022.12.27	王清
290	中国青年网	多样生物　多彩四川	2022.12.11	杨华
291	中国青年网	2022 中国国际竹产业交易博览会在青神开幕	2022.12.12	青宣
292	中国旅游新闻网	眉山“神”竹	2022.05.31	刘友洪
293	中国农网	2022 中国国际竹产业交易博览会将于 12 月 8—12 日在四川省青神县举办	2022.12.01	张艳玲
294	中国农网	2022 中国国际竹产业交易博览会在四川青神开幕	2022.12.10	张艳玲
295	《四川日报》	全省 485 万亩柑橘中，有 230 万亩为晚熟柑橘，居全国第一晚熟柑橘发展中的“争”与“不争”	2022.01.12	
296	《四川日报》	图片新闻	2022.01.29	姚永亮
297	《四川日报》	全国人大代表王晓梅：为基层呼吁“一直在路上”	2022.02.24	樊邦平
298	《四川日报》	青神加强基层纪检监察工作规范化建设	2022.02.24	樊邦平
299	《四川日报》	苏东坡与他种下的竹	2022.04.16	范学清
300	《四川日报》	青神县分层分类开展廉政警示教育	2022.04.27	
301	《四川日报》	这个镇的端午节为何与别处不同时？	2022.05.26	张蒙

续表 1

序号	媒体名称	新闻标题	发表日期	作者
302	《四川日报》	镇长现场求高招	2022.05.29	陈碧红
303	《四川日报》	青神将新增“文化地标”	2022.07.25	
304	《四川日报》	青神居民饮水安全有“双保险”	2022.08.25	
305	《四川日报》	“竹与熊猫”和少年亮相卡塔尔世界杯	2022.11.21	薛剑
306	《四川日报》	青神：加“竹”马力　建设高质量发展的国际竹艺名城	2022.12.09	清竹
307	《华西都市报》	眉山青神兰沟村跑出乡村振兴加速度	2022.12.05	王越欣　李庆
308	《成都商报》	四川青神　一根竹丝编出“绿水青山时尚圈”：一端连着巧手匠心　一端连着世界大门	2022.12.08	王丽　蒋麟
309	《四川法治报》	三部门联合检查　筑牢寄递行业“防火墙”	2022.03.09	余悦
310	《四川法治报》	以“三抓三建”为引领　创青神公安尖刀班	2022.03.30	李佳俊　熊勇
311	《四川法治报》	10 万元工程为何扯出百万劳务费　犯虚假诉讼罪，青神一公司被处罚金 80 万元	2022.03.31	熊勇
312	《四川法治报》	青神县检察院“爱源”未检工作室：以爱之名　“未”你护航	2022.04.14	余悦
313	《四川法治报》	踏遍青山人未老　践行初心勇担当——青神县人民检察院第三检察部副主任吴斌援建工作纪实	2022.12.29	余悦
314	《四川经济日报》	青神：农技人员果园支招　18 万亩柑橘安全过冬	2022.01.05	王清　常坚
315	《四川经济日报》	青神县探索出柑橘产业健康发展新路子	2022.01.10	黄晓庆　刘婕
316	《四川经济日报》	青神县：抓项目冲刺工业经济“开门红”	2022.01.18	余文　王清　常坚
317	《四川经济日报》	方便群众办事　青神县政务服务再升级	2022.01.20	吴敏　常坚
318	《四川经济日报》	国网青神供电公司　线路抢修“电亮”除夕夜	2022.02.10	张力川　吴华羽　常坚
319	《四川经济日报》	当好“电管家”　国网青神供电全力服务“青神造”	2022.02.18	岳帅錡　吴华羽　常坚
320	《四川经济日报》	青神供电公司　电力抢修温暖老人心	2022.02.28	肖燕梅　吴华羽　常坚
321	《四川经济日报》	眉山供电公司：稳字当头助力重点项目“加速跑”	2022.02.28	牟雯雯　胡吉　常坚
322	《四川经济日报》	青神县首座 220 千伏智能变电站投运	2022.03.15	赵星俨　赖金鑫　牟雯雯　常坚
323	《四川经济日报》	青神县聚英才谋发展	2022.03.22	吴敏　常坚
324	《四川经济日报》	国网青神供电公司　暖心服务解民忧	2022.04.08	肖燕梅　吴华羽　常坚
325	《四川经济日报》	苏东坡与他种下的竹	2022.06.08	范学清
326	《四川经济日报》	青神县多举措强化服务民营经济企业力度	2022.06.15	青宣　常坚
327	《四川经济日报》	眉山青神县　购房补贴为房产市场增活力	2022.06.15	陈甜　常坚
328	《四川经济日报》	从柴桑河到海棠竹里	2022.07.19	叶梅
329	《四川经济日报》	眉山青神县　复兴水库供水工程正式通水	2022.08.09	王清　周鹏飞　常坚
330	《四川经济日报》	青神县　提升群众防汛减灾自救能力	2022.08.18	张进卫　常坚
331	《四川经济日报》	2022 中国国际竹博会将于 8—12 日在青神举办	2022.12.02	常艰
332	《四川农村日报》	“椪柑之乡”创新机制促增收	2022.01.07	周金泉　杨都　聂姚
333	《四川农村日报》	青神建好乡村老年食堂实惠又暖心	2022.03.29	姚永亮
334	《四川农村日报》	稻田为伴　青神萤火虫与村民共舞	2022.04.13	张立峰
335	《四川农村日报》	青神：4458　亩“草坪田”全部“还粮”	2022.05.13	杨三军　陈健
336	《四川农村日报》	青神　产业兴　乡村美　农民富	2022.05.30	刘佳
337	《四川农村日报》	青神斑布健康竹产业园正式投产	2022.05.31	古良驹　刘佳
338	《四川农村日报》	青神开展探寻村庄活动	2022.06.01	张进卫　刘佳
339	《四川农村日报》	青神渔民上岸　捕获新生活	2022.07.05	邓世平　洪瑜

续表 1

序号	媒体名称	新闻标题	发表日期	作　者
340	《四川农村日报》	青神香肠　主播全力备战　预计销量同比翻番	2022.11.10	陈甜　张进卫　刘佳
341	《四川农村日报》	从事竹编 60 余载他成为“中国工艺美术大师”	2022.11.16	丛雨萌　徐玮毅
342	《四川农村日报》	2022 中国国际竹博会在眉山开幕	2022.12.10	刘佳
343	《四川农村日报》	“熊猫 + 竹编”闪耀竹博会亮相世界杯	2022.12.12	刘佳
344	《四川科技报》	青神县司法局多措并举根治欠薪难题	2022.01.19	汤莉　苏文保
345	《四川科技报》	青神县司法局积极探索“三连三新”机制	2022.03.02	汤莉　苏文保
346	《四川科技报》	青神县出台人才新政激励创新创业	2022.03.04	黄张翔　苏文保
347	《四川科技报》	青神县抢前抓早忙生产	2022.03.09	余文　王清　苏文保
348	《四川科技报》	青神县司法局绘就乡村振兴法治底色	2022.03.09	吴秀梅　苏文保
349	《四川科技报》	青神县司法局推动作风整治走深走实	2022.03.16	胡玉　苏文保
350	《四川科技报》	青神县获评“全国村庄清洁行动先进县”	2022.03.18	苏文保
351	《四川科技报》	“长者食堂”暖人心	2022.03.18	余文　王清　苏文保
352	《四川科技报》	兰沟村：传播“竹”文化，拉动“竹”经济	2022.03.18	邓世平　陈梦颖　童欣瑶　苏文保
353	《四川科技报》	青神县司法局为群众送法治文化“大餐”	2022.03.23	周子婷　苏文保
354	《四川科技报》	白果乡破解鲜果储存难题	2022.03.25	余文　苏文保
355	《四川科技报》	青神县司法局全面深化从严管党治党	2022.03.30	胡玉　苏文保
356	《四川科技报》	青神县西龙茶叶现代农业园区获评市级园区	2022.04.01	苏文保
357	《四川科技报》	瑞峰镇荒山变“金山”　村民得福利	2022.04.01	吴敏　罗宇豪　苏文保
358	《四川科技报》	青神县多举措保障退捕渔民再就业	2022.04.08	王清　苏文保
359	《四川科技报》	青神县“法治宣传月”活动落地见效	2022.04.13	汤莉　苏文保
360	《四川科技报》	青神县爱心企业捐赠物资驰援上海	2022.04.20	吴敏　罗宇豪　苏文保
361	《四川科技报》	青神县扎实开展“大学习大实践大提升”活动	2022.04.20	胡玉　汤莉　苏文保
362	《四川科技报》	青神县老科协召开成立大会	2022.04.29	苏文保
363	《四川科技报》	青神县司法局多举措彰显司法行政温度	2022.05.18	汤莉　苏文保
364	《四川科技报》	橄榄球队教练晏晓萍：振兴体育事业，实现强国梦想	2022.06.01	张进卫　苏文保
365	《四川科技报》	青神县扎实做好退捕渔民安置工作	2022.06.01	古良驹　苏文保
366	《四川科技报》	以绿为底，青神县奋力打造特色竹产业发展高地	2022.06.17	余文　苏文保
367	《四川科技报》	青神县打造城乡公交一体化　小小公交卡刷出暖暖民生情	2022.06.22	余文　苏文保
368	《四川科技报》	青神县稳字当头　助重点项目“加速跑”	2022.06.24	古良驹　苏文保
369	《四川科技报》	青神县打好人才工作高质量发展组合拳	2022.07.01	王清　吴敏　苏文保
370	《四川科技报》	青神县荣获“中国晚熟柑橘出口示范区”称号	2022.07.06	苏文保
371	《四川科技报》	高温天气不停工　青神虎渡溪航电枢纽工程项目建设迎“烤”验	2022.07.13	邓世平　苏文保
372	《四川科技报》	青神县新技术助力柑橘产业提质增效	2022.07.13	邹文雨　苏文保
373	《四川科技报》	青神县创新人才建设管理机制	2022.07.27	黄张翔　苏文保
374	《四川科技报》	青神县多举措丰富学生暑期生活	2022.08.03	宋超文
375	《四川科技报》	青神县抢抓水库扩建工程	2022.08.03	王清　苏文保
376	《四川科技报》	青神县“金秋助学”助困难学子圆大学梦	2022.08.10	张进卫　苏文保
377	《四川科技报》	高台镇百家池村完善水利设施建设	2022.08.12	张进卫　苏文保

续表 1

序号	媒体名称	新闻标题	发表日期	作　者
378	《四川科技报》	青神县多举措保障儿童健康成长	2022.08.17	苏文保
379	《四川科技报》	“真金白银”稳大盘　贴心服务促发展　青神县实施大规模增值税留抵退税政策	2022.08.17	陈梦颖　苏文保
380	《四川科技报》	瑞峰镇建设“竹廉”文化教育阵地	2022.08.17	吴敏　苏文保
381	《四川科技报》	青神县竹编大师陈云华获评“中国工艺美术大师”	2022.08.24	苏文保
382	《四川科技报》	西龙镇举办消防安全培训及防火演练	2022.08.31	苏文保
383	《四川科技报》	青神县兰沟村获评全国乡村旅游重点村	2022.09.02	苏文保
384	《四川科技报》	青神县共同体办学促城乡教育均衡发展	2022.09.21	吴敏　马子烨　苏文保
385	《四川科技报》	青神县高质高效推进项目建设	2022.09.21	古良驹　苏文保
386	《四川科技报》	扮靓“面子”　做实“里子”青神县倾力打造文明和谐宜居之城	2022.09.23	余文　苏文保
387	《四川科技报》	“青城机械”入选国家级专精特新“小巨人”企业	2022.09.28	陈甜　苏文保
388	《四川科技报》	青神县有声图书馆让阅读更“声”动	2022.10.12	陈梦颖　苏文保
389	《四川科技报》	美生态　促发展　惠民生　青神县以水土保持守护绿水青山	2022.10.19	苏文保
390	《四川科技报》	青神县司法局关心关爱社区矫正对象	2022.10.26	苏文保
391	《四川科技报》	立足自身优势　突出创新引领　青神县三大特色产业站上新高地	2022.11.04	古良驹　苏文保
392	《四川科技报》	青神县以城乡融合发展促群众幸福指数提升	2022.11.04	古良驹　苏文保
393	《四川科技报》	四川铸造年会暨协会四届三次会员大会在青神召开	2022.11.16	张进卫　苏文保
394	《四川科技报》	青神县司法局开展主题演讲比赛	2022.11.16	胡玉　苏文保
395	《四川科技报》	青神县爱媛鲜果成熟上市	2022.11.18	青融　苏文保
396	《四川科技报》	青神县打通小微企业危废处理“最后一公里”	2022.11.23	周鹏飞　苏文保
397	《四川科技报》	司法部普法与依法治理局赴青神县调研“全国民主法治示范村”创建工作	2022.11.23	周子婷　苏文保
398	《四川科技报》	“田秀才”彭鸿旗：研学柑橘修剪技术，助力农业高质量发展	2022.12.09	陈梦颖　苏文保
399	《四川科技报》	青神县美丽乡村焕新颜	2022.12.09	吴敏　苏文保
400	《四川科技报》	竹子联通世界　创享低碳未来——2022 中国国际竹产业交易博览会在青神县举行	2022.12.14	苏文保
401	《四川科技报》	青神县司法局“一把手”促服务再提升	2022.12.14	彭可　苏文保
402	《四川科技报》	青神县司法局多形式开展宪法宣传活动	2022.12.21	黄雨晴　苏文保
403	《四川科技报》	青神教师曾进权：“让农村学校的孩子在求学的道路上走得更远”	2022.12.28	吴敏　苏文保
404	《四川工人日报》	青神竹编　指尖上的传承	2022.06.01	王丽　刘聪
405	《四川工人日报》	创新促发展　服务惠职工　青神县总工会 2021 年亮点工作回眸	2022.01.12	刘聪
406	《四川工人日报》	青神县总工会学习宣传贯彻党的二十大精神	2022.11.17	沈劲廷
407	《四川工人日报》	宣讲党的二十大精神到基层　青神	2022.11.29	刘岗
408	《四川工人日报》	中国国际竹产业交易博览会将在眉山青神举办	2022.12.07	刘聪
409	《四川工人日报》	青神县总搭鹊桥　职工联谊忆童年	2022.12.20	李莉
410	《重庆法治报》	四川眉山：点点萤火照夜空	2022.04.25	伍小花　何军林
411	《重庆法治报》	四川眉山：走进青神“全域旅游新城”	2022.05.25	伍小花　何军林
412	《重庆法治报》	四川青神：聚力打造岷江文化旅游示范带	2022.06.29	黄莉　何军林
413	《成都日报》	四川非遗工艺品亮相世界杯	2022.11.29	陈方耀
414	四川卫视	开好局起好步　产业项目加速发展	2022.01.03	
415	四川卫视	暖暖腊八粥　香甜年味浓	2022.01.10	

续表 1

序号	媒体名称	新闻标题	发表日期	作　者
416	四川卫视	“走读四川”精彩纷呈　四川文化“圈粉”国际友人	2022.01.15	
417	四川卫视	眉山青神：构建一体化机制　探索城乡融合发展新路径	2022.01.23	
418	四川卫视	喜迎新春年味浓	2022.01.31	
419	四川卫视	我省重点项目“生龙活虎”开新局	2022.02.08	
420	四川卫视	欢喜闹元宵　团圆庆佳节	2022.02.15	
421	四川卫视	种下活力竹　绿色底火旺	2022.02.20	
422	四川卫视	彭清华在眉山内江调研时强调抓好常态化疫情防控全力冲刺“开门红”确保“稳”的基础更牢靠“进”的动能更强劲	2022.02.23	
423	四川卫视	落实 2022 年中央一号文件　四川怎么干？	2022.02.23	
424	四川卫视	今年全省力争扩种大豆 310 万亩	2022.02.24	
425	四川卫视	“春风”送岗来　就业家门口	2022.02.24	
426	四川卫视	新的赶考路上　携手奋进向未来	2022.03.05	
427	四川卫视	“川”越千里　“沪”你平安	2022.04.16	
428	四川卫视	特色产业点亮乡村经济	2022.04.17	
429	四川卫视	谷雨时节　天府大地春耕忙	2022.04.23	
430	四川卫视	“十四五”末　全省竹产业综合产值力争达 1200 亿元	2022.05.09	
431	四川卫视	眉山青神：下“竹”功夫　践行“两山”理念	2022.05.22	
432	四川卫视	坚定文化自信　引领巴蜀文脉传承	2022.06.10	
433	四川卫视	科学组织　重点项目建设在“烤”验中有序推进	2022.07.15	
434	四川卫视	特色种植好“钱”景　产业发展促振兴	2022.08.10	
435	四川卫视	传统中秋味　浓浓家国情	2022.09.10	
436	四川卫视	绘就上游画卷　添彩美丽中国	2022.10.19	
437	四川卫视	抢抓农时忙秋收　确保颗粒归仓	2022.10.23	
438	四川卫视	四川打响高标准农田建设“百日会战”	2022.10.31	
439	四川卫视	抓“双 11”节点　直播带货川味川果火	2022.11.11	
440	四川卫视	创新驱动　四川“智造”扬帆出海拓市场	2022.11.12	
441	四川卫视	眉山青神：点“竹”成金　一片翠竹带富一方人	2022.12.07	
442	四川卫视	2022 中国国际竹产业交易博览会在眉山青神开幕	2022.12.09	
443	四川卫视	藏粮于地　高标准农田筑牢“巴蜀粮仓”	2022.03.30	
444	四川电视台新闻频道	寒假公益托管班　家长安心孩子开心	2022.01.13	
445	四川电视台新闻频道	期待！青神手工将登上北京冬奥颁奖台	2022.01.29	
446	四川电视台新闻频道	四川姑娘手工编织月桂叶　组成北京冬奥会颁奖花束	2022.02.10	
447	四川电视台新闻频道	汉阳古镇：于自然里　归园田居品味生活	2022.07.24	
448	四川电视台四川乡村频道	春橘合作社又分红咯！20 万“新年红包”发起来	2022.01.03	
449	四川电视台四川乡村频道	聚焦四川农业农村改革优秀案例——眉山青神：构建一体化机制　探索城乡融合发展新路径	2022.01.08	
450	四川电视台四川乡村频道	苏东坡诞辰 985 周年——眉山青神：东坡初恋地　国际竹艺城	2022.01.08	
451	四川电视台四川乡村频道	问您所向：旧物换新颜　村民转观念	2022.01.15	

续表 1

序号	媒体名称	新闻标题	发表日期	作者
452	四川电视台四川乡村频道	眉山青神：看表演　猜灯谜　吃汤圆	2022.01.15	
453	四川电视台四川乡村频道	媒体团走进青神　探寻“产业＋文旅”发展密码	2022.06.02	
454	四川电视台四川乡村频道	眉山青神：四川青神玉米大豆带状复合种植迎来首季丰收	2022.06.20	
455	四川电视台四川乡村频道	四川：深化农业农村改革　助推乡村全面振兴	2022.06.27	
456	四川电视台四川乡村频道	绿色农业——眉山青神：晚熟柑橘之乡　推广绿色防控技术	2022.07.15	
457	四川电视台四川乡村频道	推进农业现代化——眉山青神：机械运输，智慧果园，绿色发展	2022.07.27	
458	四川电视台四川乡村频道	因竹闻名　依竹而兴——竹编第一村兰沟村	2022.10.09	
459	四川电视台四川乡村频道	四川：培育川果产业　构建多元食物供给体系	2022.11.24	
460	四川电视台四川乡村频道	眉山青神：点“竹”成金　一片翠竹带富一方人	2022.12.13	
461	四川观察	以竹为情　国际友人走进青神县	2022.01.11	
462	四川观察	好闹热！青神古镇牛儿灯巡街拜年咯	2022.01.22	
463	四川观察	冬奥会的青神元素：市民巧手编织的获奖花束美出圈了	2022.01.28	
464	四川观察	直通会场王晓梅：持续助力“双减”落地生花	2022.03.05	
465	四川观察	竹编版“蓉宝宝”　你值得拥有	2022.04.22	
466	四川观察	媒体团走进青神　看当地如何“神”气十“竹”	2022.05.31	江欢　石有界
467	四川观察	媒体团走进青神　看观观如何“唤鱼”而来	2022.06.01	江欢　石有界
468	四川观察	“眉”想到你那么美丨中岩：情深之地　求学之路	2022.07.12	王璇　潘猛
469	四川观察	“丰”景如画　青神 10 万亩水稻开始收割	2022.08.17	王清
470	四川观察	盛会云直通·连线②践行“两山”理念　眉山这样下“竹”功夫	2022.10.22	张震　罗敦　刘圆梦
471	四川新闻网首页	期待！青神手工将登上北京冬奥颁奖台！	2022.01.28	余文　李田
472	四川新闻网首页	四川省重点项目斑布健康竹产业园预计 4 月投入使用	2022.03.01	吴敏　罗宇豪
473	四川新闻网首页	青神竹里巷子：“网红打卡地”背后的乡村振兴进行曲	2022.03.02	邓世平　陈梦颖　童欣瑶
474	四川新闻网首页	“锦芙蓉”网络星秀短视频大赛暨“遇见·青神”青神分会场活动正式拉开帷幕！	2022.03.14	李田
475	四川新闻网首页	青神：千亩柑橘喜迎丰收　集体经济助力销售	2022.03.15	余文　王清
476	四川新闻网首页	青神县：荒山变“宝地”　花开促振兴	2022.03.17	吴敏　罗宇豪
477	四川新闻网首页	青神：文旅＋农旅　乡村旅游入画来	2022.05.10	赵会
478	四川新闻网首页	【2022 中国国际竹产业交易博览会】精品旅游线路一：东坡竹文化研学之旅	2022.12.07	
479	封面新闻	总投资超 6.4 亿元　四川青神县 2021 年完成这 10 件民生实事	2022.01.20	王丽　王越欣　李庆
480	封面新闻	丰收了！四川青神村民在田野上用萝卜拼成“2022”迎新春	2022.01.20	彭林　王越欣　李庆
481	封面新闻	30 秒丨 10 天完成 600 余片月桂叶　四川青神 20 余人参与编织北京冬奥会颁奖花束	2022.01.28	王越欣
482	封面新闻	30 秒丨“群虎”迎新春！四川青神竹编大师历时 1 年多编了这幅画表达新年祝福	2022.01.31	王越欣　吴敏
483	封面新闻	绿纸风行　四川青神 16 万包竹纸走上冬奥会开幕式	2022.02.05	王丽　曾丽丽　王越欣　李庆
484	封面新闻	全国人大代表王晓梅：建议电力部门继续发挥行业优势　服务群众助力乡村振兴丨代表在这里	2022.03.08	王越欣
485	封面新闻	布局成都都市圈唯一绿色表面处理园区　四川青神专注机械及高端装备制造“久久为功”	2022.03.16	王磊　王越欣　李庆

续表 1

序号	媒体名称	新闻标题	发表日期	作　者
486	封面新闻	30 秒丨四川青神爱心市民向家乡捐款百万　将用于防疫隔离点建设	2022.04.20	王越欣
487	封面新闻	四川青神县斑布健康竹产业园正式投产	2022.05.27	古良驹　蒋麟
488	封面新闻	眉山青神县高台镇镇长徐俊：从对口帮扶到服务家乡　开启乡村振兴新征程丨党代表风采	2022.05.30	王越欣　李庆
489	封面新闻	吸引 12 万人次打卡　四川青神小乡村变身网红打卡地	2022.06.01	王越欣　李庆
490	封面新闻	全国首单“柑橘溯源保”落地眉山青神县	2022.06.14	董天刚
491	封面新闻	乘客写信感谢四川青神公交车司乘人员：你们这个举动太暖心	2022.10.06	陈甜　张进卫
492	封面新闻	四川熊猫和青神竹编组“CP”　即将亮相 2022 卡塔尔世界杯	2022.10.31	王越欣
493	封面新闻	引领低碳生活　12 月 8 日起中国国际竹博会在眉山青神举办	2022.12.01	李庆
494	封面新闻	从“烂沟村”变身“中国竹编第一村”　四川青神兰沟村跑出乡村振兴加速度丨新时代新征程新伟业	2022.12.02	王越欣
495	封面新闻	世界杯同款亮相　中国国际竹博会在四川青神开幕	2022.12.09	王越欣　李庆
496	封面新闻	2022 四川年度非遗年度人物新鲜出炉	2022.12.29	刘可欣
497	红星新闻	奖金超 5 万！“苏东坡初恋的地方”邀你来“拍一拍”	2022.01.17	
498	红星新闻	四川青神 18 岁姑娘手工编织上百片月桂叶　组成北京冬奥会颁奖花束	2022.02.07	王丽　古良驹　蒋麟
499	红星新闻	四川青神：人才首次落户千元奖励，本科生可获 5 万元购房补贴	2022.02.24	黄张翔　蒋麟
500	红星新闻	四川青神发出邀请！在这里遇见“诗和远方”	2022.02.25	罗天　王丽
501	红星新闻	青神县是怎样炼成“全国村庄清洁行动先进县”的？	2022.03.10	罗天　彭成
502	红星新闻	端午节来打卡！民宿、茶饮、咖啡馆……小村落成“中国竹编第一村”	2022.05.31	王丽　蒋麟
503	红星新闻	青神县：稳住经济大盘　优势企业加速跑	2022.06.16	罗天　彭成　古良驹
504	红星新闻	成都女子青神夜遇暖心事：交通不便公交车[illegible]“专车”	2022.10.06	陈甜　张进卫
505	红星新闻	青神县：提升城市品质　擦亮城市名片	2022.10.25	古良驹
506	红星新闻	好样的！四川这支女子橄榄球队拿下全国比赛冠军	2022.11.21	[illegible]
507	红星新闻	2022 竹博会将在四川青神举行，设 13 大展区	2022.12.01	王丽　蒋麟　古良驹
508	红星新闻	一根竹丝如何编出“时尚朋友圈”？找答案就来四川青神！	2022.12.08	王丽　蒋麟
509	红星新闻	红星观察丨“年轻而国际”的竹子：数千上[illegible]元的文玩扇，超一半买家是80、90 后	2022.12.10	高扬　王丽　蒋麟
510	澎湃新闻	2022 中国国际竹产业交易博览会将在眉山青神举办	2022.12.02	
511	亚旅卫视	“走读四川”第二站——椪柑汁里竹飘香	2022.01.12	
512	川观新闻	青神：抓项目强服务　全力冲刺“开门红”	2022.01.17	余文　王清　邹钰　王青山
513	川观新闻	抢抓黄金期！青神县虎渡溪航电枢纽工程建设火热	2022.02.11	青宣　邹钰　王青山
514	川观新闻	乡村旅游助力乡村振兴——青神县兰沟村蜕变记	2022.03.01	邓世平　陈梦颖　童欣瑶
515	川观新闻	青神：竹为笔　廉为纸　绘就竹廉文化画卷	2022.08.10	唐东海
516	川观新闻	听见青神：嘘～这“竹”意听起来不错！	2022.12.09	
517	川观新闻	青神：一根生态竹　绿色大产业	2022.12.21	邹钰
518	四川发布	眉山青神：冬奥会上，那片绿叶背后的故事	2022.02.07	王丽　古良驹
519	四川发布	荒山变“宝地”　眉山青神漫山开满“振兴花”	2022.03.18	
520	四川发布	省政府批复同意四川青神经济开发区扩区	2022.11.18	

精神文明建设

【概况】 2022年，青神县精神文明建设以习近平新时代中国特色社会主义思想和习近平总书记对四川工作系列重要指示精神为指导，认真贯彻落实《新时代公民道德建设实施纲要》《新时代爱国主义教育实施纲要》，广泛培育和践行社会主义核心价值观，统筹推动文明创建、文明实践、文明培育，全面巩固提升文明城市创建成果，推进城乡精神文明建设融合发展，着力提高群众文明素养和社会文明程度，丰富人民精神文化生活。

【保持四川省文明城市荣誉称号】 中共青神县委宣传部推进城市建设、基层治理与文明城市创建同频共振、相融互促，召开青神县保持省级文明城市荣誉称号推进会，精准安排网报资料，精细抓好点位建设，精美做好氛围营造；针对创建的难点、重点问题，对重点部门进行调研指导，了解创建工作进展情况，研究创建工作举措；广泛宣传动员，通过线上线下，加强社会主义核心价值观宣传阐释，在“掌上青神”App刊播公益广告、公益微视频作品100余条，在小区、广场、公园等地新设置景观小品20多个、户外公益广告5000多面，设置小喇叭800余个，出动宣传车1000余辆，常态化通过LED刊播公益标语，营造浓厚创建氛围。11月，青神县顺利通过省级文明城市年度测评。

【群众性精神文明创建】 根据《青神县群众性精神文明创建活动管理办法》《青神县群众性精神文明创建发展规划（2021—2023年）》，中共青神县委宣传部做好2021—2023年市级以上文明村镇、文明单位、文明家庭、文明校园创建推荐申报和复查验收，利用眉山市精神文明创建管理平台强化动态管理；开展青神县文明家庭评选活动，评出县级文明家庭15户、推荐上榜市级文明家庭3户；利用新时代文明实践中心（所、站）等阵地，组织开展文明家庭先进事迹巡讲、展示活动。

【公民思想道德建设】 青神县推动理想信念教育常态化制度化，广泛开展道德模范、青神“民星”（身边好人）、新时代好少年等先进典型创评活动，评选各类先进典型300余个，推荐上榜年度眉山好人2人、四川好人1人；组织开展“百家家风 润泽乡里”“弘扬雷锋精神 共建大爱青神”“我们的节日”等60余场活动；利用公共文化设施、学校等阵地，开展社会主义核心价值观主题教育活动40余场次；开展14个“青神力量”先进典型事迹线上展播、道德模范基层巡讲、集中展览等活动，受众超5万人次。

【未成年人思想道德建设】 中共青神县委宣传部组织“童心向党”“向国旗敬礼”“强国复兴有我”等系列主题教育实践活动，推荐上榜2名2022年眉山市“新时代好少年”，推荐10个优秀童谣作品获奖；整合青神县学道街小学等5个乡村学校少年宫、青竹街道兰沟村等9个新时代文明实践站，提档升级建设乡村“复兴少年宫”，为青少年的发展提供良好的社会文化环境；加强家校社共育，着力解决留守儿童、困境儿童的学习生活困难，持续开展“青春微力量”“公益托管”“青苗乐园”“梦想小屋”等项目，惠及全县农村留守儿童、困境儿童、职工子女。

【新时代文明实践中心建设】 青神县建立新时代文明实践联席会议制度，印发《青神县全面深化拓展新时代文明实践中心建设工作实施方案的通知》《青神县新时代文明实践中心办公室关于成立青神县志愿服务总队的通知》等系列文件，明确中心（所、站）职能职责、重点任务清单等；对标“有场所、有队伍、有活动、有项目、有机制”的标准，充分利用和开发辖区具备条件的场地与设施，构建“1+7+58+3+N”阵地体系（1个新时代文明实践中心，7个新时代文明实践所，58个新时代文明实践站，3个新时代文明实践基地，N个新时代文明实践点），建设新时代文明实践所7个、站58个，全覆盖实现挂牌运行；打造“青衣夜话”“邻里百家”“爱在邻里”“诸葛村长者食堂”等文明实践品牌；围绕重点任务，组织开展学习实践科学理论、宣传宣讲党的政策、培育践行主流价值、丰富活跃文化生活、持续深入移风易俗等新时代

2022年9月29日，青神县开展志愿服务联合会第一届第一次会员代表大会召开，图为代表合影 （县委宣传部供图）

文明实践活动1080余场次，服务群众8万余人次。

【志愿服务】青神县印发《2022年青神县志愿服务工作方案》，召开志愿服务工作座谈会，开展线上知识竞赛活动，表扬优秀志愿者10人，推荐市级志愿服务先进典型4个；广泛开展志愿服务，以“新时代文明实践”“我为群众办实事”为重点，依托新时代文明实践中心（所、站）、红色西山研学基地、社区家长学校、道德讲堂等平台阵地，开展疫情防控、医疗卫生、养老助老等志愿服务；构建“政府+社会”志愿服务队伍体系，通过“街道吹哨、部门报道”机制动员全县党员干部下沉社区开展志愿服务1000余次，同时以“社会组织+社工+招募志愿者”形式常态化开展志愿服务。

（吴　婷）

统一战线

【概况】2022年，青神县统一战线坚定以习近平新时代中国特色社会主义思想和习近平总书记对四川工作系列重要指示精神为指导，坚持省委统战部“4321”工作法，深入学习宣传贯彻党的二十大、省委十二届二次全会精神，最大限度地凝聚共识、智慧和力量。省委常委、统战部部长赵俊民到青神调研，对青神统战工作予以肯定。中共青神县委统战部被推荐为省委统战部表彰“先进集体”。

【思想政治引领】青神县统一战线将学习宣传贯彻党的二十大精神作为当前和今后一个时期的首要政治任务，召开青神县各界代表人士学习宣传贯彻党的二十大精神座谈会和统战系统宣讲会，指导统战团体做好党的二十大精神宣讲，承办眉山市党外知识分子联谊会“喜迎二十大 同心跟党走”主题教育活动，引导广大统战对象深刻把握“两个确立”的决定性意义，进一步增强“四个意识”、坚定“四个自信”、做到“两个维护”；在宗教界持续开展“四史”学习教育和“爱国爱教爱家乡”“爱党爱国爱社会主义”主题教育活动，开展“党的二十大精神进寺庙”活动，建学习宣传专栏16个，组织宗教场所在重大节日、节点集体升国旗；以多种形式向在青神港澳台侨界人士宣传上级重要会议精神，并通过他们向在外亲属传递党委、政府关心关怀，宣传青神发展巨变，增强思想认同、情感认同。

【民主协商】青神县制定《2022年政党协商（会议协商）计划》，以“喜迎二十大　同心跟党走”为主题，聚焦“制造强县突破年”，召开青神县党外干部座谈会；以“凝聚新力量、筑梦新时代”为主题，召开青神县各界代表人士学习宣传贯彻党的二十大精神座谈会，引导党外干部和社会各界代表人士围绕学习宣传贯彻党的二十大精神和县委、县政府中心工作积极建言献策，收集建议意见23条。

【党外代表人士队伍建设工作】中共青神县委统战部健全完善32名科级以上党外干部数据库，组织5名党外领导干部参加“眉山市党外干部能力提升班”培训，推荐1名党外领导干部到市外挂职，推荐40名优秀党外人士进入全市无党派人士数据库，新增补市政协委员1名、县政协委员5名。党外人士陈云华被授予国家级“工艺美术大师”称号，黄涛被市委、市政府表扬为“2022年优秀种粮大户”。

【民族工作】中共青神县委统战部（青神县民宗局）组织开展民族团结进步宣传教育和社会主义核心价值观主题教育活动10余次、民族团结进步教育调研座谈3次，打造民族团结宣传小广场2个、民族团结教育基地1个，推动成艺大学成功创建省级民族团结进步示范学校。

【宗教工作】中共青神县委统战部健全宗教团体和宗教活动场所管理制度，落实人员、活动、财务规范管理；开展非法宗教活动排查和苗头性治理30余场次；制发全县宗教活动场所安全责任清单，建立部门、乡镇（街道）联动排查机制，常态化安

2022年7月13日，青神县获“四川党外知识分子乡村振兴共建示范基地”授牌　（县委统战部供图）

全排查90余次，开展全县宗教活动场所应急演练暨消防培训2次，督导完成宗教建筑、消防安全整治5处；落实常态化疫情防控措施，完成德云寺(眉山市百年首次)大型水陆法会安全保障工作；探索宗教中国化实践创新课题，《探索宗教中国化眉山实践青神路径—德云寺示范宗教活动场所建设案例》被省委统战部评为全省统战工作实践创新优秀成果。

【非公有制经济领域统战工作】 中共青神县委统战部助企纾困，走访服务企业80余家，帮助企业申请贷款1亿元，成功调解企业矛盾纠纷20余件，解决企业诉求和问题受理率100%，青神县商会人民调解委员会获评省级商会调解组织示范点，并积极申报“眉山市枫桥式商会”。组织民营企业家代表30余人，赴信利、万华化学、通威太阳能、永丰村等企业及地区参观学习，查找差距，提振信心；指导企业争取专利资金参与专利评比，众鑫盛、环龙新材料、德恩精工获2022年省级知识产权专项资金项目申报220万元，环龙新材料获四川专利奖一等奖，德恩精工获第22届中国专利奖。指导7个乡镇（街道）商会完成登记注册，并同步成立乡镇商会党支部；指导川青农旅发起成立青神县粮食商会，挂牌成立西藏眉山商会青神分会，筛选37家企业加入眉山市竹产业商会，推荐4名青年企业家进入眉山市青年企业家商会领导班子。推进“民企乡村共兴行动”，针对24家重点企业和24个重点村，制定“一企一村一方案”，项目总投资1850万元，解决321人就业问题。《青神“三四三”助力乡村振兴取得成效——“万企兴万村”行动与“川竹兴千村”行动推进综述》受到省、市工商联领导肯定和周边区县工商联观摩学习。

2022年3月17日，青神县召开基层统战工作高质量发展推进会 （县委统战部供图）

【新的社会阶层人士统战工作】 中共青神县委统战部推动县新联会、县知联会完成阵地建设，组织开展外出学习交流、“三下乡”、“同心筑梦庆七一”、调研走访、学习宣传贯彻党的二十大精神座谈会等活动。省知联会第四届五次会长会在青神县召开，青神县获“四川党外知识分子乡村振兴共建示范基地”授牌。县知联会会员章晓斌《关于合理减轻教师负担让教师集中精力担育人使命的建议》被全国政协采用。

【港澳台统战工作】 中共青神县委统战部走访慰问港澳台人士14人，协调解决困难和问题3件；完成青神县台联换届工作，为台界人士搭建交流活动平台；深化对外交流合作，选派1名优秀教师担任“寻根中华·天府华教云课堂”网络直播授课教师，组织县内师生参加第二十二届世界华人学生作文大赛，承办“文化中国锦绣四川——高校外籍师生巴蜀文化品悟之旅”(眉山青神)活动，配合省、市完成由四川海外联谊会主办的“品多彩川味·悟巴蜀文明”华文教育实景课堂系列之《青神竹编》在青拍摄录制；组织县内2家竹编企业参加在香港举办的“四川特色文化进香港实景展会”。

【海外统战工作和侨务工作】中共青神县委统战部对上争取，申请中国侨商联合会公益助学金1万元，助学2名高校新生；开展《中华人民共和国归侨侨眷权益保护法》宣传活动，推荐涉侨企业四川中翼机电参加“川渝涉侨商协会合作联盟年会”“川渝侨资企业高管研修班”等系列活动。

（张宇杰）

机要保密

【概况】 2022年，中共青神县委保密机要局坚持以习近平新时代中国特色社会主义思想为指引，认真学习贯彻党的二十大精神、习近平总书记来川视察重要指示精神和习近平总书记对保密机要工作重要指示批示精神，牢固树立总体国家安全观，着力提升保密机要服务保障能力，圆满完成各项工作任务。全县未发生失泄密事件。

【保密宣传】 中共青神县委保密机要局结合“4·15”国家安全教

育日与“12·4”宪法宣传日开展宣传教育活动，向广大群众详细讲解有关国家安全和保密的相关法律、法规、知识，活动累计发放宣传折页、手册、宣传品1.5万余份，现场解答群众疑问2000余条，受众人数达5万余人次。围绕青神县革命老区的红色历史和西山红军的起义精神，以青神地下党组织联络信物为主题，精心组织参与“保密故事大家讲”主题讲述活动，推荐上报《秘密联络信物——五星酒瓶》微视频，在国家保密局官网展出。

【保密监管】 中共青神县委保密机要局组织并指导各机关、单位落实涉密人员岗前保密审查制度、在岗管理制度和重大事项报告制度，严格执行脱密期管理，大力推进全县涉密人员管理的规范化、制度化。督促各机关、单位执行网上信息公开保密审查制度，开展互联网门户网站保密自查，做到涉密信息不上网，上网信息不涉密。

【保密检查】 中共青神县委保密机要局以县委巡察工作为抓手，筑牢青神县保密工作安全防线。对11个单位党委（组）保密工作进行巡察，督促其切实履行起保密工作领导决策、调查研究、督促检查、协调保障等职责。对全县各乡镇（街道）、部门的保密工作进行日常检查，对县统计局、县行政审批局开展进驻式检查，推动全县保密工作落地落实、筑牢全县保密防线。

【县电子政务内网建设和管理】 青神县电子政务内网服务中心对青神县电子政务内网网络进行规划和建设，不断健全拓宽基层电子政务网络平台，全年县纪委监委、县委政法委2家重点单位接入电子政务内网。

（宋思思）

机构编制

【概况】 2022年，中共青神县委共有工作机关9个，即县纪委监委机关、县委办、县委组织部、县委宣传部、县委统战部、县委政法委、县委编办、县直机关工委、县委巡察办。县委直属事业单位5个，即县党史和县志编纂中心、县委党校、县档案馆、县公务服务中心、县融媒体中心。青神县政府工作部门27个，即县政府办、县发改局、县经信局、县教体局、县公安局、县民政局、县司法局、县财政局、县人社局、县规划和自然资源局、县住建局、县交通局、县水利局、县农业农村局、县商务局、县文广旅局、县卫健局、县退役军人事务局、县应急局、县审计局、县市场监管局、县统计局、县信访局、县医保局、县行政审批局、县综合执法局、县林业园林局。县政府直属事业单位3个，即县政府信息服务中心、县机关服务中心、县民兵训练基地。派出机构3个，即市委、市政府派出机构1个（县竹编产业园区管委会），县委、县政府派出机构2个（四川青神经济开发区管委会、县现代农业示范园区管委会）。

2022年，中共青神县委机构编制委员会办公室围绕“一名城三示范”建设目标，优化机构编制资源配置，为建设高质量发展的国际竹艺名城提供坚强的体制机制保障。被县委、县政府评为2022年度两项改革“后半篇”文章工作突出单位；被县委评为2022年度新型城乡基层治理体系建设工作表现突出单位；被市委编办评为全市机构编制规范管理工作先进单位。

【党政机构改革】 青神县在县委组织部加挂“中共青神县委城乡基层治理委员会办公室”牌子，承担县委城乡基层治理委员会日常工作，作为县委工作机关；按照中省市深化国防动员体制改革相关要求，按时完成国防动员机构调整设置工作；将“青神县自然资源局”更名为“青神县规划和自然资源局”；设立青神县社区矫正管理局，在县司法局内设机构社区矫正工作股挂牌；完成青神县行政复议体制改革机构，明确县司法局以青神县人民政府行政复议办公室名义对外开展工作。

【园区管理机构体制改革】 青神县按照省市规范开发区管理机构促进开发区高质量发展要求，优化调整内设机构、理顺职能职责、规范领导职数，明确经开区党工委、管委会主要职责6条，内设机构设置为7个，明确领导职数5名。

【乡镇机构改革】 青神县实施乡镇（街道）“综合执法片区化、派驻机构属地化、机构运行平台化”三项行动，街道“力量下沉、街联县动、平台增效”三项行动；制发《青神县关于赋予乡镇（街道）统筹辖区事务相关职权的实施意见（试行）》，构建“块统条推、以块为主、条块协同、统筹联动”基层治理工作体系；在全市率先开展分类分批赋权，探索“赋权培养期”，确保赋权事项放得下、接得住、用得好；指导各乡镇（街道）设立乡镇（街道）基层治理委员会；增核乡镇（街道）便民服务中心事业编制8名，强化基层治理工作力量。

【综合行政执法改革】 青神县按照省市要求和进度，完成应急管理综合行政执法改革，将青神县安全生产监察执法大队更名为青神县应急管理综合行政执法大队；加强空编补员，配齐配强安全生产、应急管理等领域

2022 年 3 月 21 日，青神县召开“三项行动”（综合执法体系化、派驻机构属地化、乡镇机构平台化）第一季度拉练会
（县委编办供图）

力量 50 名。

【民生领域机构管理】 青神县撤销调整基层医疗卫生机构 2 个，划转基层卫生院编制 32 名；在全市率先设立青神县婴幼儿照护服务指导中心，创新设立青神县托育服务中心，促进全县普惠托育机构专业能力提升；在青神县政务服务和公共资源交易服务中心挂眉山市政府采购中心青神分中心牌子，全面落实政府集中采购制度；在青神县救助和慈善服务站挂青神县未成年人救助保护中心牌子，并明确其职责，加强未成年人救助保护；完成中小学教职工编制动态调整，逐步推进小规模学校撤并整合。

【机构编制信息化建设】 中共青神县委机构编制委员会办公室及时更新维护机构编制实名制系统，办理上下编 552 人次，向县级相关部门提供数据服务 80 余次，完成全县机关事业单位政务公益域名清理维护及续费工作，全县 7 个党政事业单位网站标识正常挂标，挂标率 100%。

【事业单位事中事后监管】 中共青神县委机构编制委员会办公室办理机关群团赋码颁证8家、事业单位法人设立登记2家、事业单位法人证书变更登记75家；完成事业单位法人公示信息抽查工作及事业单位法人年度报告公示，“网上赋码和事业单位网上登记管理系统”公示率达99%。

【机构编制执行管理】 中共青神县委机构编制委员会办公室将机构编制日常监督检查与巡察、审计工作相结合，对全县 14 个单位进行机构编制监督检查；开展领导干部职位预审，严控预审程序，把牢预审关口，确保职位预审零差错；完成县级议事协调机构清理工作，撤销议事协调机构 17 个。

（周渝翔）

机关党建

【概况】 2022 年，中共青神县直属机关工作委员会共有直属机关党委 16 个、医院集团党委 1 个、机关党总支 12 个、机关党支部 20 个，有党员 2232 名。中共青神县直属机关工作委员会按照县委工作部署要求，以机关党建工作为统领，坚持围绕中心、建设队伍、服务群众职责定位，推动机关党建引领县域经济高质量发展。

【机关基层党组织建设】 中共青神县直属机关工作委员会以迎接、学习、宣传、贯彻党的二十大精神为主线，开展“奋进新征程、建功新时代”大学习大实践大提升活动，党员领导干部带头专题宣讲 91 场次，开展重温入党誓词、知识竞赛、演讲比赛等活动 150 余场次，开展学习宣传贯彻党的二十大精神“万场微党课进支部”活动 50 余场次，举办 2022 年新任基层党组织书记主体培训班，全年新发展党员 27 人，为 21 名“光荣在党 50 年”老党员发放纪念章，集中走访慰问困难党员、老党员 31 人；落实机关党建“三级五岗”责任清单，推行领导班子担任党支部书记、工委委员联系指导基层党组织制度，印发《县直机关工委五星级党组织申报推选办法（试行）》，建立“三会一课”定期调阅和不定期回访制度，创建“五星级基层党组织” 15 个，建设形成“三红促三化，监督为民当先锋”“画好同心圆，建功新青神”等一批特色机关党建品牌；开通运行“青衣头雁”公众号，开展党史知识有奖竞答、宣传党的创新理论、推广机关党建经验做法。

【定点帮扶】 中共青神县直属机关工作委员会印发《关于做好 2022 年直接联系服务群众工作的通知》，建立帮扶单位领导班子主责、机关党委（承办股室）主抓、党员干部主帮、驻村干部主干、党建结对主推的“五主一体”工作机制，落实全县 76 个部门（单位）全覆盖结对帮扶 52 个村（社区）脱贫户监测户，选派 30 余名优秀党员干部到 13 个重点村担任驻村第一书记和工作队员，实现乡村振兴帮扶村“一村一队”全覆盖。

2000余名机关党员下沉基层一线参与交通卡点值守等志愿服务，筑起常态化疫情防控坚实屏障。

【机关党风廉政建设】 中共青神县直属机关工作委员会以县委“两新三大”活动暨“干部作风整治年”为载体，采取上好廉政党课、开展廉政谈话、列出查摆清单、开展廉政风险点排查、召开专题民主生活会形式，梳理整改问题清单17项，排查防控廉政风险点5个，修改完善工作制度17项；试点推进“青廉机关”建设，18个机关单位被评为“青廉机关”示范单位，打造“廉润初心”“清风教韵”“青廉光影”等建设品牌；启动机关纪委建设，在16个设立机关党委的直属机关部门设立机关纪委，印发《加强县直机关部门机关纪委建设工作任务清单》，厘清机关纪委职责，健全完善党内监督体系；全年审理派驻纪检监察组移送违纪违法案件14件。

（曾　娟）

老干部工作

【概况】 2022年，中共青神县委老干部局服务管理的副县（处）级以上离退休老干部共99人，其中离休干部4人、市属单位在青代管离休干部3人（市委老干部局2人，市建行1人）；实职县（处）级及以上退休干部39人，其他县（处）级退休干部51人，异地安置退休干部1人，垂管单位在青代管退休干部1人。

【老干部政治待遇落实】 中共青神县委老干部局落实老干部政治理论学习、参加重要会议和重大活动、参观考察、走访慰问、健康体检制度。组织召开全县老干部工作会、情况通报会，组织老干部参加（列席）全县重大会议和活动、开展县外县内考察学习活动；落实中华人民共和国成立初期参加革命工作的部分退休干部门诊医疗照顾资金的请示，提高部分离休干部医疗待遇、离休干部津贴补贴和老干部生活补助待遇，规范退休干部荣誉退休有关工作；征订报刊30余种，满足老干部学习需要。

【老干部生活待遇落实】 中共青神县委老干部局完善老干部走访慰问制度，细化完善“一人一策”服务保障措施，完善离退休干部特殊困难帮扶机制，加强对体弱多病、高龄、失能、独居、家庭负担重的特殊困难老干部跟进关注，帮助老干部解决实际困难；组织90余名老干部健康体检，开展举办健康知识讲座2场次；在春节、重阳节等重要节日全覆盖走访慰问老干部；慰问生病住院老干部30余人，协调处理丧葬事务10件；帮扶特殊困难老干部及遗孀3人。全年走访慰问老干部及干部遗属300余人次。

【离退休干部党建】 中共青神县委老干部局加强离退休干部党的建设工作，把学习贯彻习近平新时代中国特色社会主义思想和党的二十大精神作为首要任务，引导离退休干部学好百年党史，坚定拥护“两个确立”；按照“利于活动、便于管理、应建尽建”原则，积极探索建立基层党组织或临时党组织；认真落实“三会一课”等基本制度，多形式开展专题辅导、集中培训、网上学习等，不断增强离退休干部党组织的政治功能和组织力；打造“青衣霞光”党建品牌，以培育“示范党支部、示范驿站点”为着力点积极开展示范创建工作；2022年，在县老干部活动中心和花园社区打造2个“青衣霞光驿站”点位，提升离退休干部党的建设质量。

【离退休干部活动】 中共青神县委老干部局组织离退休干部开展“建言二十大”“我看中国特色社会主义新时代”等活动，开展党的二十大精神和省第十二次党代会精神专题培训；结合推动党史学习教育常态化、长效化，组织离退休干部积极参与“奋进新时代”群众性主题宣传教育，常态化开展“五老讲党史”“五老讲革命故事”等活动；拓展老同志发挥作用新领域，以关工委、老协、老年大学、老科协、老年书画研究会等涉老组织为主体，结合离退休干部经验优势和自身专长，在改革发展、乡村振兴等方面献计献策，深入小区、村社等持续开展助力基层治理活动。

【离退休干部发挥作用】 中共青神县委老干部局整合全县各老年组织力量，成立“晚霞”志愿队53支、工作室8个，引导全县离退休干部在脱贫攻坚、政策宣传、关爱帮扶、科技下乡、文艺展演等方面开展志愿活动300场次；总结推广“老党员工作室”经验，组织广大老同志积极参与疫情防控、矛盾纠纷化解、生态环境保护等工作，引导广大“五老”开展家风传承活动，做好关心下一代工作，老党员工作室、老干部调解室开展纠纷调解35件，法律援助20人次；开展红色宣讲、党的二十大精神宣讲和家风家训宣讲等50余场次，开展《毛姑就义》《怀念青神西山红军革命先烈》等文艺表演30余场次，《中华人民共和国老年人权益保障法》《四川省老年人权益保障条例》普法宣传活动20场次；组织“老专家服务队”实地专题调研5次，解决种养殖问题20余件。

【关心下一代工作】 中共青神县委老干部局组建“五老”宣讲团，围绕“老少同声颂党恩、携手喜迎二十大”主题，开展党的十九届六中全会精神、党的二十大精神和党史、国史、红色西山革命斗争史等宣讲40余场次；组织80名青少年在眉山市青少年实践基地举办“老少同声颂党恩、携手喜迎二十大”主题夏令营1期；推荐青神县红色西山革命教育基地获评四川省关工委第五批“四川省青少年社会实践教育基地”；落实“八五”普法规划，持续开展“关爱明天、普法先行”青少年法治宣传教育活动，推动法治教育进学校、进农村、进社区、进家庭、进企业；向市关爱基金会募集关爱资金25万元，并争取到市关爱基金会安排青神县公益项目资金35万元用于助孤、助困、助学活动和关爱青少年活动室建设等，共帮扶困难儿童240余名，资助困难在校学生35名，新建青少年关爱活动室3个，举办家风家训系列活动22场次。青神县关工委常务副主任李彻新获得由省关工委、省委老干部局、省精神文明办等联合评选的第十届四川关爱明天“十佳五老”提名奖。

（张　志　郑宇宸）

党校教育

【概况】 2022年，中共青神县委党校深入学习贯彻习近平总书记关于党校办学治校系列重要指示精神，全面落实《中国共产党党校工作条例》，以办学质量评估为抓手，积极发挥党校职能作用，狠抓人才队伍建设、教学、科研咨政等工作，全面完成各项工作任务。

【党的建设】 中共青神县委党校（县行政学校）紧抓“办好党校、管好党校、建好党校”主体责任，推动党校事业发展取得新进步新成效。强化政治机关建设，锤炼忠诚、干净、担当的干部队伍，增强践行“两个维护”的思想自觉和行动自觉，在思想上、行动上始终同以习近平同志为核心的党中央保持高度一致。持续深化理论武装，学好、用好、讲好习近平新时代中国特色社会主义思想，把深化理论武装与锻炼队伍、推动工作结合起来，把理论教育的过程转化为党员干部锤炼党性修养的过程。突出基层党组织政治功能，扎实开展“奋进新征程、建功新时代”大学习大实践大提升活动。持之以恒正风肃纪，进一步营造风清气正的党校政治生态。

2022年10月14日，眉山市调研青神县委党校办学质量　（县委党校供图）

【分类改革】 持续深化县级党校分类改革，按照统筹办学类党校建设标准，深化“六有”建设，打造适合青神党校的改革模式。打造“党校+基地”办学模式。依托革命老区县优势，精心打造红色西山革命教育基地，开展“五个一”培训课程，构建多元、立体化教学格局。探索“党校+研究院”创新模式。与中国农业大学人文与发展学院成立青神乡村振兴研究院。采用“党校+公司”管理模式，整合校内外资源，由党校负责办学“内核”，国有公司负责运营管理“外围”，充分发挥各自优势，实现共建共享。

【教育培训】 中共青神县委党校突出党的理论教育和党性教育主业主课，把党的二十大精神、习近平总书记来川视察重要指示精神、习近平法治思想、习近平生态文明思想等作为干部教育培训的重要内容。按照《市县级党校主体班班次办学规范（试行）》要求规范办学，运用主题讲座、案例教学、体验教学、现场教学、讨论式教学等多种方式，丰富教学载体，全面提升教学质效。全年完成青神县重大决策部署专题研讨班、青神县村（社区）党组织书记培训班、青神县年轻干部“蹲苗培养计划”专题培训班等11期主体班的培训任务，共培训学员1062人。配合组织部门承办全国新录用公务员初任培训班青神分课堂以及眉山市2022年城市基层治理专题研讨班等8期外培班培训。

【科研活动】 牢牢坚持为县委、县政府决策服务、为教学服务、为社会服务的方向，紧紧围绕青神县经济社会发展情况开展调研。组织干部职工积极参加理论学习和调研活动，认真撰写理论文章和调研报告。2022年，省市立项课题18个，其中市委党校立项5篇，省委党校立项2篇，市社科立项2篇，围绕习近平总书记来川视察重要指示精神，立项6篇；围绕党的二十大精神，形成理论文章

3篇。撰写咨政报告2篇，获得县委、县政府领导肯定性批示；完成教材《中国地级市高质量发展之路探索—眉山实践》之国际竹艺名城青神县篇章的初稿编写工作。成功举办以“完善乡村治理体系，促进城乡融合发展”为主题的第四届乡村振兴青神论坛，向县委提交高质量决策咨询报告4篇。

【队伍建设】 中共青神县委党校引进研究生学历高层次人才4人，其中专技教师3名，专职教师达到8人，同时聘请30名县级部门领导和干部作为兼职教师，完善党校师资库建设；公开招录参公人员1人，交流到其他单位2人。先后组织教师参加省委党校、市委党校的党性教育、依法治县、农旅融合发展、东坡文化、党的二十大精神等专题培训，提升教师教学能力和水平。

【校院建设】 中共青神县委党校继续深化县级党校分类改革，建成180平方米的开放式书吧和图书室，藏书1万余册；开工建设住宿楼二期项目，建成投用后可新增床位166个；实施智慧校园建设项目，改造多媒体教室一间，达到了办学质量评估要求。坚持校园资源综合利用、共建共享，党校负责办学治校，发挥政治效应和社会效应，国有公司负责运营管理，发挥经济效益，形成具有青神党校特色的管理模式。

（廖函玉）

青神县人民代表大会

重要会议

【概况】2022年，青神县人大常委会召开县人民代表大会1次、常委会会议8次、主任会议11次、党组会议26次。

【县十八届人大二次会议】2022年1月19—20日，青神县第十八届人民代表大会第二次会议在国际竹文化中心召开。会议应到代表178名，实到代表168名，符合法定人数；列席会议115人，政协青神县第十届委员会二次会议全体委员也列席了会议。大会听取和审查青神县人民政府工作报告、青神县人大常委会工作报告、青神县人民法院工作报告和青神县人民检察院工作报告，审查青神县2021年国民经济和社会发展计划执行情况及2022年国民经济和社会发展计划草案的报告、青神县2021年财政预算执行情况和2022年财政预算草案的报告和关于2021年度全县环境状况和环境保护目标完成情况的报告，并作出了相关决议。大会听取了青神县人民政府2021年度民生实事票决项目完成情况的报告并进行满意度测评，票决出青神县2022年政府民生实事项目十件。会议期间，大会秘书组没有收到代表团或者代表联名提出的议案，共收到代表建议、批评和意见42件。

【县人大常委会会议】2022年，青神县人大常委会召开常委会会议8次，学习《中华人民共和国英雄烈士保护法》《中华人民共和国建筑法》等各类法律8部；听取和审议《县人民政府关于建设青竹粮经复合示范区和瑞峰种养循环示范区工作情况的报告》《县人民政府安全生产工作情况的报告》《县人民政府关于国有资产管理综合报告（书面）及县属国有企业资产管理专项报告》《县人民政府关于2022年上半年国民经济和社会发展计划执行情况的报告》等专项工作报告16个，作出审议意见41条、决定决议13项；听取和审议县人大常委会执法检查组关于《中华人民共和国森林法》《中华人民共和国环境噪声污染防治法》《四川省粮食安全保障条例》《粮食流通管理条例》执法检查情况的报告3个，作出审议意见13条；对县第十八届人民代表大会第二次会议代表所提建议、批评和意见办理情况开展专题询问；对县属国有企业健康发展、县信访工作开展情况、县养老服务体系建设、青神县强功能严管理打造宜居城市的情况、促进3岁以下婴幼儿照护服务发展工作情况、省级全域旅游示范区创建工作、乡镇（街道）农村污水处理设施运行维护情况、中等职业教育发展情况、城乡供水一体化推进情况等9项工作开展专题调研，并形成调研报告；视察西南表面处理产业园、成眉绿色铸造智慧产业园、斑布竹产业园、彩虹健康产业园项目推进情况。

人大事务

【概况】2022年，青神县人大常委会紧紧围绕建设“一名城三示范”目标，自觉在大局下把准方向，主动在大势中有所作为，立足在贯彻落实重大决策部署上精准发力，突出在推动全过程人民民主上彰显担当，聚焦在密切联系群众上发挥优势，新一届人大常委会工作迈出坚实步伐，唱响担当作为主旋律，为全县经济高质量发展和社会长治久安做出人大贡献。全年召开常委会会议8次，听取和审议专项报告16项，开展执法检查3次、开展视察和调研21项，依法补选市人大代表1名、县人大代表6名，依法任免地方国家机关工作人员52人次。

【干部任免】青神县人大常委会按照法定程序，依法任免国家机关工作人员52人次；做好干部任后履职监督工作，开展青神县人大常委会任命干部履职情况满意度测评，推进干部任后履职监督工作向规范化、常态化、长效化发展。

【民生事业推进发展】青神县人大常委会专题调研省级全域旅游示范区创建工作，提出抓重点、补短板、强弱项等5条建议，助力创建成功；监督推进以“四好农村公路”为代表的基础设施建设，实现城乡公交一体化、推动城乡供水一体化，促进城乡融合发展；专题调研青神县促进3岁以下婴幼儿照护发展工作、中等职业教育发展情况，提出建议意见6条，推动完善婴幼儿照护服务体系建设、解决制约和影响职业教育发展的瓶颈问题；持续关注乡村振兴工作，助力乡村优势特色产业发展，加快推动农业农村现代化；听取和审议安全生产工作报告，重点关注粮食生产安全，通过视察、审议专项工作报告、开展执法检查，提出审议意见6条，督促压紧压实耕地保护和粮食生产责任，助推打造新时代更高水平的“天府粮仓”。

【人大代表建议办理】县第十八届人民代表大会第二次会议期间，县人大代表共提出建议43件。其中，基础设施类18件，民生类14件，人居环境类3件，产业类3件，基层治理类2件，其他3件。青神县人大常委会以内容高质量、办理高质量为抓手，以“领导挂牌＋专委督办”方

2022年9月28日，县人大常委会对青神县第十八届人大第二次会议代表建议办理工作开展专题询问，图为询问会现场

（县人大办供图）

式对43件建议进行督办，办结率和满意率均为100%；发挥人大刚性监督效力，试点推进代表建议与公益诉讼检察建议衔接转化工作，全年衔接转化2件；以“办理＋询问”形式，对5件常委会领导牵头督办重点建议开展专题询问，相关部门、乡镇（街道）负责人现场作应询答复和整改承诺，推动解决了一批群众的操心事、烦心事、揪心事。

【人大代表服务】 青神县人大常委会加强对乡镇、街道人大指导，着力优化代表家站建设，精心打造具有青神特色的代表之家1个、代表联络站5个，10余家中央驻川媒体和省级主流媒体走进青神，对高台镇诸葛村人大代表联络站工作进行集中采访报道；常态化开展“11·22”代表联系选民日活动，县乡两级人大代表“回家”开展活动70多场次，接待群众1600多人次；制定代表履职管理办法，不断深化“双联”制度，邀请代表列席常委会会议、参加执法检查、视察和调研等活动56人次，拓展代表参与人大工作的深度和广度。

【监督民生实事项目】 青神县人大常委会推进民生实事项目人大代表票决制工作，十八届人大二次会议票决的教育基础设施及能力提升、城镇老旧小区改造等10项民生实事项目全部完成年度计划；探索推行社情民意“一月一收集，一季一交办，半年一督办，年度一通报”工作机制，抓实及时交办、部门承办、跟踪督办3个环节，积极回应社会关切，全年收集社情民意63件，办结63件。

（袁　倩）

2022人大代表建议、批评和意见一览表

表2

序号	代表单位与姓名	题　目
1	青竹街道：石学华、帅俊容、陈建军	关于程家嘴村南干渠清淤、修复、整治问题的建议
2	青竹街道：黄志平、肖从军	关于全县乡镇、街道农贸市场升级改造的建议
3	青竹街道：周志宏、兰晓东、张建明	关于在全县村、社区实施城郊及村级路灯亮化工程的建议
4	青竹街道：李成玉、兰松	关于居民生活污水处理的建议
5	青竹街道：张志勤、唐莉、郑龙琴	关于统筹解决城区风貌改造项目遗留问题的建议
6	青竹街道：段新梅、陈瑜祥	关于光辉村通渠堰重新硬化的建议
7	青竹街道：赵洋、鲁萍、彭智勇	关于投用社区快速小巴士解决居民出行的建议
8	青竹街道：张志勤、廖丽萍	关于推动解决全县社区居民户籍问题的建议
9	青竹街道：黄志平、肖从军、徐霞	关于推进龙女谷公墓二期建设的建议
10	青竹街道：何云霞、黄志平、肖从军	关于推动原黑龙片区粮蔬产业环线黑化的建议
11	青竹街道：帅勇东、易跃红	关于修建思蒙河白塔村段堡坎的建议
12	西龙镇：杨林、任和、廖勇义	关于加强西龙镇产业环线道路等基础设施建设的建议
13	西龙镇：徐群、张建明、王小波	关于出台青神县农村生产用房占地相关政策，推进基层治理的建议
14	西龙镇：黄巧英、彭洪银、文忠	关于成乐高速连接线设置交通安全标识标牌的建议
15	西龙镇：鲁幸、涂晓红、饶志卫	关于农村大型生活垃圾、建筑垃圾清运及处理问题的建议

续表 2

序号	代表单位与姓名	题　目
16	西龙镇：肖平、商德全、何玉明	关于管好用好闲置国有资产的建议
17	瑞峰镇：杨建新、黎志红、郑建明、孙丽芬	关于消除道路交通安全隐患的建议
18	瑞峰镇：宋亮、葛亚飞、杨建新	关于规范通信电线路和收费的建议
19	瑞峰镇：郑建明、孙丽芬、杨建新	关于住院医疗报销比例低的建议
20	瑞峰镇：方国军、林阳、白晏军	关于天池村发展萤火虫旅游产业的建议
21	瑞峰镇：孙丽芬、杨建新、郑建明	关于在每个社区小范围建设适合学生的体育锻炼场所的建议
22	罗波乡：谭毅华、李华英、李小容、吴永刚	关于加强青乐路安全建设的建议
23	罗波乡：李小容、宋明军、李建成	关于放缓农村医疗保险缴费增速的建议
24	罗波乡：宋明军、王程、谭毅华、章亚群	关于农村养老机构建设和养老资金使用问题的建议
25	罗波乡：李华英、张世洪、李小容、李建成	关于做好秸秆回收利用的建议
26	罗波乡：陈立勤、吴永刚、章亚群	关于实施连接贯通施家沟村村道、提升改造县级产业环线西官产业环线官斗山处至瑞西路的建议
27	白果乡：何喻、郑华、阳志军	关于推动江祝路（甘家沟岷东大道至高白产业环线连接线）建设的建议
28	白果乡：王丽容、黄权、王海英、杨力、宋凤英、李淑君	关于悬空道路进行整治的建议
29	白果乡：余志宏、郑华、阳志军、宋凤英	关于做好青神农产品品牌提升的建议
30	白果乡：吕凤勤、宋美园	关于老青关路黑化整治的建议
31	白果乡：王丽容、杨力、时志力、黎虹琳	关于加强农田水利设施建设和维护的建议
32	高台镇：王军、刘如祥、张淑容、宋德祥	关于拓宽高台场镇与岷东大道接口及高罗路黑化整治的建议
33	高台镇：王军、刘如祥、张淑容、宋德祥	关于实施全域安全饮水工程的建议
34	高台镇：刘如祥、张淑容、宋德祥、周罗芳	关于实施江白路黑化整治的建议
35	高台镇：任福华、管燕红、黄秀英、张利彬	关于实施河骑路拓宽整治工程的建议
36	高台镇：李文忠、黄强、黄杰、张利彬	关于将河柳路黑化并纳入县道管理的建议
37	高台镇：李文忠、黄强、黄杰、王燕丽	关于恢复高台派出所的建议
38	汉阳镇：毛丽霞、江涛、王会君、赵飞龙、胡琴、陈志前	关于实施汉阳镇产业环线提升改造项目的建议
39	汉阳镇：陈志前、江涛、王会君、赵飞龙、胡琴、毛丽霞、李永成	关于实施青关路汉阳场社区至乐山交界处段提档升级项目的建议
40	汉阳镇：江涛、赵飞龙、胡琴、毛丽霞、陈志前、龚超、李永成	关于制定历史文化名镇发展规划的建议
41	汉阳镇：李永成、江涛、王会君、赵飞龙、龚超、陈志前、胡琴	关于加大对农村村级集体经济发展指导力度的建议
42	汉阳镇：胡琴、江涛、赵飞龙、王会君、毛丽霞、陈志前	关于建设综合性农贸市场的建议
43	汉阳镇：王会君	关于做好青神县耕地占用税征管协作工作的建议

（李贵美、刘媛媛）

青神县人民政府

重要会议

【概况】 2022年，青神县人民政府召开全体会议4次、常务会议24次、专题性会议92次。

【县政府全体会议】 2022年1月10日，青神县人民政府2022年第一次全体会议召开，会议审议《政府工作报告》《青神县2021年国民经济和社会发展计划执行情况及2022年计划草案的报告》《关于全县2021年财政预算执行情况和2022年财政预算草案的报告》《关于2021年全县生态环境质量状况和生态环境保护目标完成情况的报告》，总结2021年政府工作，安排部署2022年重点工作。

2022年6月1日，青神县人民政府2022年第二次全体会议暨廉政工作会议会议召开。会议学习李克强总理在国务院第五次廉政工作会议上的讲话，全面学习贯彻十九届中央纪委六次全会和国务院第五次廉政工作会议、省纪委十一届六次全会和省政府第五次廉政工作会议、市纪委五届二次全会和市政府廉政工作会议精神，总结2021年全县政府系统党风廉政建设和反腐败工作，安排部署2022年重点工作。

2022年7月31日，青神县人民政府2022年第三次全体会议召开。会议深入学习贯彻习近平总书记到四川视察重要指示精神，认真贯彻党中央、国务院重要决策部署，全面落实省第十二次党代会精神及省委工作会议、省政府第十次全体会议、全省经济运行分析会议、市委工作会议、市政府第二次全体会议和县委工作会议部署要求，分析研判当前形势，总结上半年工作，安排部署下半年重点工作。

2022年12月29日，青神县人民政府2022年第四次全体会议召开。会议审议《政府工作报告》《青神县2022年财政预算执行情况和2023年财政预算草案的报告（书面）》和《青神县2022年国民经济和社会发展计划执行情况及2023年计划草案的报告》。

【县政府常务会议】 2022年度召开青神县十八届人民政府常务会议24次，会议听取审议县政府重点工作、重要政策文件等各类议题448个。其中传达学习全国两会精神，习近平总书记、李克强总理重要讲话和指示批示精神，国务院《关于加快推进政务服务标准化规范化便利化的指导意见》，省委、省政府《关于完整准确全面贯彻新发展理念做好碳达峰碳中和工作的实施意见》，市政府《关于印发〈加快“1+3”产业绿色低碳高质量发展支持政策（试行）〉的通知》等中共中央、国务院，省委、省政府和市委、市政府及县委重大决定并研究制定贯彻措施102项。学习《中华人民共和国家庭教育促进法》《中华人民共和国噪声污染防治法》《中华人民共和国种子法》《中华人民共和国城乡规划法》《中华人民共和国行政诉讼法》《中华人民共和国行政复议法》等各类法律法规14项。听取《关于2021年县政府工作报告目标任务完成情况的报告》《关于2022年一季度环境治理状况的报告》《关于2022年上半年巩固拓展脱贫攻坚成果同乡村振兴有效衔接工作情况的报告》《关于2022年三季度安全生产工作情况的报告》等各类汇报59项。审议《青神县杰出人才奖评选实施办法（审议稿）》《青神县“分类优化扶持粮食生产”实施办法（审议稿）》《青神县“扶持跟着项目走”实施办法（审议稿）》《青神县集体土地征收拆迁补偿安置办法（送审稿）》《青神县目标绩效管理办法（送审稿）》等重要制度、政策和规范性文件8项。审议《青神县危险废物集中收集中心项目投资协议书》《四川青神经开区拟签约项目投资协议》《青神县人民政府 四川省城乡建设研究院院县战略合作框架协议书（审议稿）》《青神县人民政府 四川省专家服务中心共建四川省博士后智力服务示范基地合作框架协议（审议稿）》等各类协议18项。审议《青神县国民经济和社会发展第十四个五年规划纲要》《青神县2021年度经济社会发展主要目标》《加快建设成都都市圈绿色产业聚集区消费中心实施方案》《青神县2021年度农村公路提升改造方案》等县级有关部门（单位）请示县政府重要事项227项。审议各类干部人事议题10项。

【县政府专题会议】 青神县人民政府全年召开专题性会议92次。会议主要研究应对新型冠状病毒疫情防控工作，经开区扩区，天眉乐高速（青神段）建设，岷江虎渡溪航电枢纽工程项目建设、复兴水库扩建工程，第三自来水厂建设，斑布健康竹产业园投产，西南表面处理产业园和绿色铸造产业园企业招引入驻，公办普惠托育服务中心和青神养老中心项目建设，争取国家农村综合性改革试点试验项目，推进柑橘现代农业园区创建省四星级园区，竹里巷子二期和竹里萤光艺术馆等竹旅融合发展示范项目，创建省级全域旅游示范区，污染防治“三大战役”相关安排部署，河湖长制工作部署，思蒙河水质提升，农村人居环境卫生保洁和绿化维护，推进西龙镇“省级百强中心镇”建设，高标准种养循环果园和高标准农田打造，“天府粮仓”特色示范区建设，新光竹里稻香和光辉农旅融合示范片区建设，全县工程建设用地红线范围内砂石监管，全县重点地质灾害区域防灾减灾工作，道路交通安全隐患整

2022 年 5 月 26 日，斑布健康竹产业园投产仪式召开　（县政府供图）

治工作，全县房地产问题楼盘化解处置，农村污水处理场站运行维护和提标改造，城镇化强弱项补短板相关建设项目，老城区雨污管网混流改造项目推进，唤鱼公园经营及景观打造，思蒙河河道治理工程以及发改、民政、交通、自然资源、农业、林业等领域工作相关问题。

重要决策

【概况】 2022 年，青神县人民政府根据上级决策部署和相关法律法规规定，结合青神实际情况，全面统筹经济和社会发展，制定系列决策部署。

【稳经济大盘】 青神县深入贯彻落实省委、省政府和市委、市政府工作要求，把稳增长放在突出位置，积极贯彻县委、县政府制造强县战略，深入推进项目攻坚。青神县人民政府印发《关于青神县稳住经济大盘促进特色产业高质量发展若干政策》，在促进建筑业优质发展、促进工业和竹产业高质量发展、促进农业特色发展、促进第三产业和电子商务融合发展方面，对企业培育、企业扩大投资等按照地方贡献给予相应补贴，全力提振企业发展信心，切实推动经济稳进提质。

【推动上级决策落地落实】 青神县立足新发展阶段，贯彻新发展理念，构建新发展格局，全力推动上级政策措施落地见效。制定印发《青神县“十四五”时期“转企升规”实施方案》《青神县“十四五”农业农村现代化发展规划》《青神县“十四五”竹产业发展规划》等县“十四五”规划 15 个，在凝聚发展共识、引领发展方向、配置公共资源、实现战略目标等方面确保政策连续性和稳定性，推动中央、省、市战略安排贯彻落实到青神经济社会发展各领域、各环节、全过程。

【投资和重点项目管理】 青神县制定 2022 年项目年度工作目标，谋划项目 234 个，计划总投资 769 亿元。加强对上争取，全年争取中央、省预算内项目 7 个，下达资金 1.3 亿元；加强项目推进，落实“红黑挂旗、检讨上墙、单列考核”制度，精细化制定 50 个重点项目倒排工期计划，挂旗作战，每月进行专项督查和通报，确保重点项目按期推进；强化固定资产投资入库，县政府主要领导每月主持召开经济指标运行调度会，做好全社会固定资产投资预测，深度挖掘入库项目。全年完成全社会固定资产投资 73.5 亿元，增速 13.7%。

【重点项目推进】 青神县实施省、市重点项目 18 个，完成投资 46.5 亿元，完成全年目标任务的 137%。西南表面处理循环经济产业园（一期）竣工投产，复兴水库扩建工程蓄水验收，岷江虎渡溪航电枢纽工程一台机组并网发电，城市更新——老旧小区改造一期、第三自来水厂新建、职业教育产教融合等基金项目按期开工、加速推进，汽车五金零部件表面处理生产项目、表面处理入驻项目等招商引资项目快建快投。

【政府投资项目审计】 青神县审计局对 4 个审计项目涉及的 10 个政府投资项目开展审计，其中竣工决算审计 1 个、结算审核专项审计调查 7 个、跟踪审计 2 个。审计发现问题 22 个，其中移送主管部门处理问题 3 个，提出审计建议 13 条；审计发现结算办理不实问题，多计工程价款 1055.23 万元。全县 78 个单位完成政府投资内部审计项目 113 个。对全县“十三五”时期政府投资项目内部审计开展情况进行梳理，督促并指导 56 个项目完成内部审计。

【促进就业工作】 青神县出台《青神县技能人才引培工程实施办法》《青神县工业企业招工引才扶持办法》，为企业招引工人和顶岗实习生900余人，发放扶持资金60万元。开发岗位扩宽就业渠道，累计举办线上、线下招聘会50场次，参与企业40余家，提供就业岗位826个。开发公益性岗位239个，帮助更多就业困难人员实现就业，为乡村振兴增添动力。关心高校毕业生就业问题，建立高校毕业生就业见习基地11个，提供就业见习岗位118个，发放各类补贴22.79万元。建立首批农民工综合服务站30个，提供“四位一体”的服务功能，走访慰问农民工、困难就业人群1300人次。坚持品牌提升职业技能，“竹藤师”和新工种“竹藤编艺师”成功纳入人力资源和社会保障部2022年职业分类大典。全年开展各类职业技能培训1004人，拨付培训补贴资金270余万元。持续加大重点群体就业帮扶力度，实现城镇新增就业2293人、失业人员再就业489人、就业困难人员再就业340人、登记失业率3.01%、劳务品牌培训212人、脱贫人口务工就业3660人，帮助大学生实现创新创业181人；发放创业担保贷款1015万元，推荐“青神竹编”成功创建全国劳务品牌，擦亮四川省“川字号”特色劳务品牌。

【新冠疫情防控】 青神县深入贯彻习近平总书记关于疫情防控的重要指示精神，认真落实党中央、省、市疫情防控相关决策部署，坚持“外防输入，内防反弹”总策略不放松，坚持“动态清零”总方针不动摇，印发各类指导、防控文件32个，召开疫情调度会83次，成功应对犍为、邻水、夹江、洪雅、成都、东坡等周边地区多轮疫情冲击，并根据上级政策及时调整管控措施，在较短时间内实现疫情防控平稳转段，顺利进入“乙类乙管”常态化防控阶段。

政府事务

【概况】 2022年，青神县人民政府办公室紧紧围绕县委“制造强县突破年”“干部作风整治年”要求，狠抓“快准严细实”工作作风，充分发挥参谋辅政、综合协调、督促检查、后勤保障等职能职责，配合应对多轮疫情冲击，完成全省农业农村改革培训交流会、全市老旧小区现场会等会议活动现场筹备及会务服务工作，督导完成2022年度县内十大民生实事项目和人大政协提案，政务信息工作位居全市第二。

【文秘工作】 青神县人民政府办公室按照“压减数量、提高质量”原则，严格公文流转办理程序，规范转办国、省、市、县各级各类文件5300余件，领导批示160余件，请示报告870余件，确保县政府各项决策部署落地落实；严格来文审查、发文审核，贯彻执行《党政机关公文处理工作条例》《党政机关公文格式》，制发各类文件900余件，实行公文错情通报制度，并加强结果运用；严控会议规模，坚持少开会、开短会、开套会、讲短话，提高会议质效，高质量承办部省市重要领导到青神调研等重要会议、活动，牵头完成2022竹博会、县人代会政协会代表委员视察等重要会节现场参观任务；强化保密工作，严格档案管理，持续推进档案数字化工作；坚持“快准严细实”工作作风，落实班子成员联系县领导制度、首问负责制度、定期协调督办制度、错情责任追究制度等，推动行政效能显著提升。

【政研信调】 青神县人民政府办公室围绕县委、县政府中心工作，开展工作调研和信息收集，掌握城建项目、民生工程等方面的一手消息，聚焦群众关心的热点难点问题，按照突出现实性、深刻性、指导性要求，发掘有情况、有分析、有建议的高层次信息，准确全面地收集、整理并及时上报。全年编发《青神信息》51期，得分598分，完成年度目标任务的149.5%。其中，上报信息专报被《眉山政讯》采用26次。被《国办专报》等省级刊物采用20次，被《国办采用》等国家级刊物采用19次。牵头起草《2020—2022年政府工作报告》《青神县“十四五”规划汇报材料》及县委经济工作会、县政府全体会相关材料等50余篇；参与起草《农民共同富裕指标体系的调研报告》《“1423”粮食扩面工作法》《三聚焦打造适老化政务服务体系》等一系列文件，为县政府工作提供智力支撑。

【网站管理】 青神县政务公开领导小组办公室、青神县政府信息服务中心落实《中华人民共和国政府信息公开条例》，推进全县政务公开工作，全年通过县政府门户网站主动公开各类信息14041条，发布行政规范性文件17件，推送《青神县“十四五”综合交通运输发展规划（2021—2025年）》解读等重要文件政策解读信息53条，办理“县长信箱”73件、“部门信箱”18件，按期答复率100%。

【督查督办】 青神县建立计划管控机制，实施督查检查年度计划管控和审批报备管理，制订年度督查计划，对计划外新增督查事项严格按程序审批。青神县人民政府办公室建立“两书一函”制度，紧盯重点跟进督查，推动工作深度督查，发出提醒敦促函8份；建立县政府重大决策部署及中心工作、重点工作推进情况每月通报制度，对重点项目、民生工程、生态环保、耕地保护等重点工作开展督查，印发督查通报24期；第一时间落实县政府领导工作安排，及时跟踪督查并报告工作办理进度，坚持常务会会前通报制度，督查县政府常务会议定事项21期、督办县政府主要领导批交办事项284件。青神县人民政府办公室与县委办公室、县纪委监委加强沟通联动，开展联合督查60余次，形成“大督查”工作格局。

（黄浩宇）

人事与人才管理

【概况】2022年，青神县人力资源和社会保障局组织青神县重点企业开展“政企合作送岗进高校”活动，与吉利学院、四川工程职业技术学院等13所高校达成战略合作意向，在校企科技转化、工学交替、顶岗实习、订单式培训、大师工作室等方面达成合作意向，实现资源共享。青神县成为四川省博士后智力服务示范基地。

【事业单位人事管理】青神县人力资源和社会保障局完成32个单位岗位设置方案报审、近500人次岗位聘用、2批事业单位管理岗位职员等级晋升工作，晋升职级242人；开展专业技术人员职称评审工作，评审综合技术4人、农业类11人、教师53人、工程类40人、建筑类41人；调整青神县各中评委专家库组成人员，新组建青神县建筑工程技术中级职称评审委员会；完成四川省职称电子证书试点工作，生成2019—2021年度职称电子证书391本。

【事业单位薪资管理】青神县人力资源和社会保障局完成3004人基本工资调标、2909人次正常晋升薪级工资、535人次正常工资变动审批、43人连续工龄报批手续、54名退休人员审批手续、30名遗属有关待遇审批；向卫生医疗系统按季度发放临时性工作补贴，为498人核增一次绩效。

【人才金融支持】青神县人力资源和社会保障局开展全县事业单位高层次人才补贴审核工作，申报2021年、2022年110名人才补贴788.4万元；审核申报5名事业单位高层次人才购房补贴60万元；支出就业创业补助资金463.08万元，惠及各类就业帮扶对象1148人次；支出职业技能提升行动专账资金261.12万元，惠及劳动者7217人次；支出失业保险金426.55万元，惠及失业人员155人、企业职工7185人；为40名创业者和2户小微企业提供创业担保贷款1015万元，兑现贷款贴息46.78万元；为企业招引各类人才和顶岗实习学生900余人，用活、用好《青神县技能人才引培工程实施办法》《青神县工业企业招工引才扶持办法》政策，兑现招工引才各项补贴60万元。

【人才服务】青神县人力资源和社会保障局持续开展“青神创业名星”培育活动，通过遴选、培育、择优评选的方式，培养创业先进典型；做好流动人员档案转接管理工作，接收档案578份，流转档案167份。

【专业技术人才引进】青神县针对特色产业、重点项目、重点民生等领域人才需求，面向社会公开考试招聘事业单位专业技术人才；县委书记、县长、县委组织部部长分别带队赴四川大学、电子科技大学等知名高校开展“才汇青神”招才引智活动；开展定向医学生聘用等系列活动。全县全年引进事业单位专业技术人才79人。

【人力资源管理服务】青神县人力资源和社会保障局审查4家劳务派遣机构资质申请，为其办理劳务派遣许可证；对各民办职业培训学校进行年检；开发“青神”就业小程序，搭建线上、线下平台，组织50余家企业举行招聘活动64场次，提供岗位1632个，达成就业意向1356人次。

（邹艳菲）

【公务员与“参公”人员管理】青神县着力抓好后继有人这个根本大计，实施青神县干部能力提升五年行动计划、年轻干部蹲苗培养计划，建设忠诚、干净、担当的高素质专业化干部队伍；注重政治标准，选拔德才兼备干部，全年调整干部12批次，提拔重用干部85人，交流调整119人；围绕“制造强县突破年”目标任务，选派13名干部到天眉乐高速（青神段）工程建设一线历练，选派20余名干部到省市重要部门挂职锻炼；加强储备管理，常态化开展年轻干部选拔培养，召开年轻干部座谈会、到村任职选调生座谈会，梯次递进培养储备年轻干部45人；贯彻实施“年轻干部红色薪火工程”，分层分类建立结构性年轻干部储备库，科学动态管理。

【公务员薪资管理】将落实好公务员工资福利待遇工作作为关心关爱干部的一项重要举措，分类梳理工资福利政策，开展职务职级工资变动、退休工资审批、正常工资晋升等业务培训6场次，审批办理各项工资业务1407人次。其中晋升级别287人，晋升级别档次921人，晋升职务职级48人，其他日常工资变动事项151人次。会同县纪委监委、县委编办、县财政局等单位，全面清理违规发放津补贴行为，常态化监督工资变动、津补贴申领、奖金发放等情况，切实维护政策执行的严肃性。

【人才体系建设】青神县落实“一把手”抓人才政治责任，更名成立以县委书记刘今朝为组长的县委人才工作领导小组，县委常委会等专题学习习近平总书记关于人才工作系列重要论述10次，专题研究人才工作6次，高标准召开县委人才工作会议暨创建全省人才工作先行区推进会，出台《青神县人才发展“十四五”规划》；建立上下联动运行机制，将先行区建设纳入年度考核党务目标，出台《2022年人才工作目标责任制考核指标体系》和工作方案，细化任务76

项，县委常委会定期专题听取先行区建设情况，领导小组办公室每月调度；强化人才发展多元保障，成立正科级事业单位青神县人才发展服务中心，落实110个人才专编，人才投入预算每年不少于2000万元，投入1亿元购买人才公寓。

【人才引进】 县委书记刘今朝带队到四川大学、电子科技大学等高校举办“才汇青神”活动5场，出席人才座谈会、人才慰问、人才表彰等活动22次。青神县引进“浙江省千人计划青年人才”，包括博士9人、硕士116人，比2021年增长1.3倍，提拔选调生和事业高层次人才25名，新入选四川“天府青城计划”1人；引进原国家女子橄榄球队人才，率青神中学再获全国冠军，四川省橄榄球训练基地落户青神；制定青神“人才8条”，配套出台教育、医疗、就业创业等专项政策12个，对引进的高层次人才免费入住人才公寓，最高给予15万元一次性安家补助、20万元购房补助，教育卫生等高层次杰出人才最高80万~100万元/年的工资待遇。

【人才培育与管理】 青神县探索向用人主体授权、为人才松绑，将产业链实用人才纳入认定体系，认定实用人才2699人；举办年轻干部“蹲苗培养计划”专题培训班、制造强县突破年专题培训班、新任科级领导干部培训班，促进全县年轻干部更快成长成才，提拔选调生和事业高层次人才25名；深化省级职业农民制度试点，入选中组部“西部之光”访问学者和中农大·腾讯为村乡村CEO计划各1人，新入选四川“天府青城计划”1人；开展“医共体”建设，组建县乡办学共同体5个，推动400余名人才下到基层一线；建立县领导联系服务专家人才制度，26名县领导分别联系党政、教育、卫生、企业4类专家人才230名；开展青神首届杰出人才奖评选，实施人才安居工程，落实“优才卡”制度，每季度举办“青春遇见·礼遇人才”主题人才活动。

【人才区域协作】 青神县探索“县招企（院）用”模式，实体化运行机械产业研究院和竹产业研究院，支持人才“带编入企”，推行协议工资制、年薪制、项目工资制等模式，开展8个专项课题攻关，专利成果转化4个，竹编人才作品亮相卡塔尔世界杯，斑布竹纸走进北京冬奥会；“一业一策”培育创新平台，突出全链构建和数字赋能，制定企业梯度培育体系，实施科技型中小企业评价入库、先进制造业企业倍增计划、“贡嘎培优”计划，新培育国家级“专精特新”“小巨人”企业1家、高新技术企业5家；深化区域协同聚才，发挥西南表面处理、绿色铸造园区在成都都市圈唯一牌照优势，紧盯智能装备、汽车制造等领域实施“双招双引”；举办“第四届乡村振兴青神论坛”，500余位资深专家、学者为青神建言献策。

【人才县校（院企）合作】 青神县探索“地方点单+高校配单”模式，深化与清华大学、中国农业大学、成艺大学合作，建强干部人才培养实践基地、乡村振兴研究院，提交政策建议26份，转化成果3个。推广“校企双导师”“联合办学”等模式，与成都工业学院签订战略合作协议，推进机械产业领域深度合作；引进中国农业大学教授任大鹏、“中国萤火虫

2022年6月29日，四川省博士后联谊交流走进眉山青神活动启动仪式 （县人社局供图）

2022年10月11日，青神县召开县委人才工作会暨创建全省人才工作先行区推进会 （县委组织部供图）

第一人”付新华教授团队，邀请清华大学、北京大学、中国农业大学等高校65名人才到青神献计献策；坚持竹子联通世界，举办2022中国国际竹产业交易博览会、竹产业人才高端论坛，600余名竹人才会聚青神，为竹产业发展把脉问诊。

（张　志　郑宇宸）

退役军人事务

【概况】 2022年，青神县退役军人事务局锚定各项工作处于全市第一方阵前列目标，以退役军人获得感成色更足为主题，以推动退役军人工作高质量发展为主线，巩固信访稳定基本盘，服务体系完善、工作多点突破“三项成果”，实施铸魂、浸润、精品、突破、暖心、稳定、壮体、提能“八大工程”，高质量推进全县退役军人工作。

【退役军人接收安置】 青神县退役军人事务局安置符合政府安排工作岗位退役士兵；接收安置自主就业退役士兵，发放自主就业补助金。

【退役军人就业创业】 青神县退役军人事务局牵头建立青神县党政领导干部常态化联系退役军人创办企业制度，成立“青神县军创企业协会”，举办青神县退役军人创业成果展，组织开展退役军人及军属专场就业招聘会12场；多渠道多形式向退役军人推送就业信息；筹集眉山市退役军人创业帮扶基金。

【军休服务】 青神县按政策落实军休人员政治、生活待遇，组织军休人员参加健康体检，及时看望慰问生病住院军休人员。

【优待抚恤】 青神县退役军人事务局按时发放优待抚恤金、医疗补助金；为符合条件优抚对象缴纳医疗保险，实行优抚对象门诊、出院结算“一站式”服务；转移部队残疾抚恤关系，为残疾军人调整残疾等级，为退役军人落实带病回乡政策，为60周岁以上农村籍退役士兵办理困难生活补助。完成全县退役军人建档立卡，发放优待证。

【纪念褒扬】 青神县退役军人事务局加强烈士陵园整体迁建后的后续建设管理，按照“三园”（烈士陵园、文化公园、精神家园）、“四化”（亮化、绿化、美化、净化）要求增强烈士陵园教育功能；划定烈士陵园保护范围，成立青神县烈士纪念设施管理保护专项行动工作专班，制定《青神县烈士纪念设施管理保护专项行动实施方案》，全面收集掌握烈士遗属、烈士后代基本信息，开展烈士遗属、后代等建档立卡；向社会发放《青神烈士英名录》，将英雄烈士文化融入城市和乡村，着力营造缅怀英烈、崇尚英烈、学习英烈浓厚氛围。

【退役军人党建引领】 青神县退役军人事务局建立退役军人流动党员管理档案并进行动态管理；成立青神县退役军人橄榄绿志愿服务队，注册志愿服务人员，动员退役军人志愿者参与到新冠疫情防控、应急救援和抗洪抢险当中；参加立功送喜报，悬挂、更换光荣牌；开展暖冬行动，向老兵送温暖；开展“迎新春·送春联”活动，向老兵送春联；开展“学雷锋·烈士陵园祭扫”活动，整治烈士陵园环境，向烈士敬献鲜花。

【退役军人困难帮扶】 青神县退役军人事务局综合运用低保、临时救助、助学助医助残等各类救助政策，为困难退役军人解决实际问题；投入关爱资金为困难退役军人解决生活、医疗、住房等困难。

【退役军人工作信息化建设】 青神县退役军人事务局完成全县退役军人信息采集、纸质档案数字化处理，建成青神县烈士陵园远程监控系统。

【双拥共建】 青神县开展春节、“八一”慰问驻军部队、退役军人和其他优抚活动，发放慰问金，送慰问信；为立三等功军人家庭送喜报、发放奖励金，为优秀士兵家庭发放奖励金，发放大学生入伍一次性奖励金和义务兵家庭优待金；开展新兵入伍国防动员教育、送政策和入伍欢送仪式，举行退役士兵光荣返乡迎接仪式。

（杨小红）

2022年7月1日，青神县退役军人橄榄绿志愿服务队“七一”座谈会召开　（县退役军人事务局供图）

2022 年青神县现役军人立功一览表

表 3

姓名	性别	家庭住址	等级
王一皓	男	青神县青竹街道	三等功
钟城威	男	青神县青竹街道	三等功
刘文杰	男	青神县白果乡	三等功
刘 军	男	青神县白果乡	三等功
李炫佑	男	青神县青竹街道	三等功
胡梦涛	男	青神县高台镇	三等功
杨 磊	男	青神县青竹街道	三等功
李宇飞	男	青神县青竹街道	三等功
戴文兴	男	西龙镇龙谭社区	三等功
李林波	男	青神县青竹街道	三等功
冯 杰	男	青神县高台镇	三等功
赵庆刚	男	青神县西龙镇	三等功
程远祥	男	青神县青竹街道	三等功

政务服务

【概况】 2022 年，青神县行政审批局按照中央和省、市、县加快政府职能转变、深化“放管服”改革、优化营商环境工作总体部署要求，围绕“制造强县突破年”，推进投资建设项目全流程代办服务，持续开展“一件事一次办”改革；快速推进政务服务标准化、规范化、便利化建设，实施政务服务“应进必进”改革；成功创建 4 个省级“示范便民服务中心”和 17 个市级“示范便民服务站”；实施公共资源交易全流程电子化改革，成功创建省级“示范交易中心”。

【“放管服”改革优化营商环境】 青神县行政审批局创新项目审批代办服务机制，制定《青神县投资建设项目全流程代办服务办法（暂行）》，设立代办服务中心，落实 43 名项目审批代办员、协办员提供代办服务；为金茂源园区、绿色铸造园区、立白园区制作办事指南 1000 余份，提升企业办事便利度；持续实施“四免费”服务（企业开办首次刻制印章免费，行政审批办件结果免费寄递，政务服务办件材料免费打印复印，免费发放税控 UK），降低企业群众办事成本，全年为企业节约办事成本 22.75 万元；常态化开展周六延时、错时和预约代办服务，全年累计接待办事企业、群众 5760 人次，受理办件 5100 余件；围绕企业群众高频办事需求，多渠道发布办事指南视频 17 期；完善企业诉求响应机制，选出 15 个营商环境监测点，聘任 18 名营商环境观察员，落实营商环境监测、观察制度，持续开展“一把手走流程”“民营企业接待日”活动，常态化“体检”营商环境，整改问题 72 个；梳理行政许可事项 238 项，明确部门审批权限，梳理县级赋予乡镇（街道）行政权力事项 165 项，提升基层治理效能。

【镇村便民服务体系“三化”建设】 青神县行政审批局实施政务服务“应进必进”改革，实现政务服务事项集中到政务服务中心和便民服务中心集中“一站式”办理，政务服务事项“应进必进”率达 90% 以上，乡镇便民服务中心进驻事项 203 项；完成 3 个乡镇（街道）便民服务中心和 29 个村（社区）便民服务站“三化”（标准化、规范化、便利化）建设，顺应适老化趋势，组建片长为主的 600 余人代办帮办队伍，为特殊人群提供代办帮办服务；与农商行合作同步推进农村金融综合服务站建设，已建设完成 15 个农村金融综合服务站；成功创建 4 个省级“示范便民服务中心”和 17 个市级“示范便民服务站”，荣获 2022 年全省镇村便民服务“三化”建设优秀案例二等奖。

【政务服务便民热线】 青神县行政审批局全年受理“12345”热线 4895 件，比 2021 年增加 1376 件，增长 39.1%（全市受理总量同比上升 145.8%），热线办理反馈率、回访率、办结率均为 100%，群众满意率居全市第二，荣获眉山市“12345”政务服务便民热线工作先进集体称号。

【公共资源交易】 青神县行政审批局实施公共资源交易全流程电子化改革，完成全市首个全流程电子化政府采购项目，完成全省第一个框架协议采购项目，政府采购全流程电子化 100%；持续推进跨区域远程异地评标，全年工程项目异地评标 12 个项目，其中主场 4 个、副场 8 个；实施工程建设项目中标候选人评定分离机制，有效减少招标投标活动中人为因素干扰，规范项目招投标管理；全年公共资源交易完成项目 131 宗，成交金额 115362.542 万元，增收节资 1754.11 万元。（欧利祥）

机关事务管理

【概况】 2022 年，青神县机关服务中心坚持以“真抓实干 用心服务”为思想引领，统筹推进公务用车管理、办公用房管理和公共机构节能工作，不断提升机关后勤精细化管理水平，被评为眉山市“十三五”期间公共机构节能工作先进集体，被四川省机关事务管理局评为 2022 年度四川省党政机关办公用房信息统计报告工作先进单位。

【办公用房管理】 青神县机关服务中心完成办公用房信息系统建设，完善更新办公用房使用台账，规范领导干部办公用房使用管理；完成办公用房调剂 1 宗、维修改造 8 宗、租用 3 宗，会同县财政局等单位开展维修改造现场查勘 8 次，保障全县办公用房使用需求，未达到办公用房使用标准的，及时移交县财政局合理盘活国有资产；联合县住建局、县消防救援大队等单位对 64 个单位开展办公用房专项安全排查 2 次，排查并整改问题 27 个。

【公共机构节能管理】 青神县机关服务中心牵头创建省级节约型机关 19 家、县级节水型机关 21 家；完成全县公共机构 40 个新能源充电桩安装，县发改局、县统计局 2 个能耗监测点建设和年度人均综合能耗、单位建筑面积能耗、人均水耗、单位面积碳排放同比下降目标任务；组织全县公共机构开展垃圾分类和“禁塑”工作；在世界地球日、世界环境日、中国水周等时间节点组织开展节能宣传教育，发放宣传画册 2000 余份，制发宣传视频 10 余个，营造节约能源资源良好社会氛围。

【公务用车管理】 青神县机关服务中心将全县除执法执勤外的 193 辆公务用车纳入全省信息平台“一张网”管理；印发《青神县公务用车应急保障预案》，组织全县 80 余名公务用车驾驶员开展行车安全、服务保障等方面培训教育；完成公务用车 2021 年度报告工作，全年累计派车 10308 辆次，保障“中国国际竹产业交易博览会”“乡村振兴实绩考核”“脱贫攻坚‘回头看’”等全县重大会节活动 10 余次；开展节假日现场和线上全覆盖督查 7 次，线上“双随机”抽查 3000 余次，规范公务用车使用。

【公共机构餐饮浪费管理】 青神县机关服务中心印发《关于推进全县公共机构厉行节约制止餐饮浪费工作的通知》；统计全县党政机关食堂基本情况，完成 17 家示范机关食堂第三、四季度反食品浪费自评工作；牵头召开全县机关食堂制止餐饮浪费工作会议，走访全县机关食堂，开展“光盘行动”工作推进情况调查，制作光盘行动宣传视频，提出规范食堂采购管理、设置光盘监督岗、加强宣传教育等措施。

（杨　欢　张　芳）

群众信访

【概况】 2022 年，青神县信访总量 453 件次，其中走访 347 人次、网上信访 35 件、来信 71 件。

【信访工作制度建设】 深入贯彻落实《信访工作条例》，印发《信访工作条例》宣传资料 5000 余份。进一步明确县级信访工作联席会议职能职责，2022 年，青神县 6 个乡镇先后建立信访工作联席会议制度，完成制度全覆盖，统筹协调处理重要信访问题。

【群众信访事项办理】 青神县进一步畅通信、访、网、电渠道，方便群众反映诉求；加大初信、初访、初投信访件办理力度，从源头上有效解决群众诉求。全年全县信访事项及

2022 年 10 月 21 日，青神县召开政务服务事项“应进必进”暨政务服务工作推进会　（县行政审批局供图）

时受理率、按期答复率、群众满意率均为100%。

【领导干部接访】 青神县县级领导干部定期接待群众来访并主动下访，全年接访下访群众1224人次。

【信访积案化解】 青神县按照“谁主管，谁负责”原则，重要信访事项均落实县级领导包案，做好问题化解、思想疏导和困难帮扶。成功化解中央交办第二批“治重化积”信访件1件，化解市级交办信访件17件，化解率100%。

【信访服务保障】 青神县加大矛盾纠纷和信访问题排查力度，对排查出来的问题建立台账，及时有效化解；建立部门协同机制，实现信息联通共享。

2022年12月13日，县机关服务中心对青神中学校创建省级节约型公共机构示范单位进行督导 （县机关服务中心供图）

【信访干部教育培训】 青神县信访局通过业务培训会、“一对一”上门指导等方式，对各乡镇（街道）、县级各部门100余名信访干部进行培训，强化《信访工作条例》宣传学习，提升干部信访工作能力。

（邓运敏）

政协青神县委员会

重要会议

【概况】 2022年，青神县召开县政协十届全体会议1次（第二次）、县政协十届常务委员会议6次（第二至七次）。

【政协第十届青神县委员会第二次会议】 1月18日至19日，中国人民政治协商会议第十届青神县委员会第二次会议在国际竹文化中心举行。会议应到委员152名，实到146人。会议听取并协商了《青神县人民政府工作报告》《青神县人民法院工作报告》《青神县人民检察院工作报告》，并赞同这几个报告；审议批准陈开军代表政协第十届青神县委员会常务委员会所作的题为《为建设高质量发展的国际竹艺名城展现政协新作为》的工作报告，审议批准尹永刚代表政协十届青神县委员会常务委员会所做的政协第九届七次全会以来提案工作情况报告。全体县政协委员列席了县十八届人民代表大会第二次会议，听取、协商并赞同“一府两院”工作报告和其他工作报告，对“一府两院”工作进行满意度测评。会议期间，政协委员代表作履职承诺和大会发言，并对全体委员开展履职能力提升专题培训。

【县政协常委会会议】 1月13日，政协第十届青神县委员会常务委员会第二次会议召开。会议审议了政协第十届青神县委员会第二次常务委员会会议议题（草案）；传达学习中央经济工作会议、中央农村工作会议、省委十一届十次全会、省委经济工作会议、市委经济工作会议精神；传达学习《关于加强和改进新时代市县政协工作的意见》、政协第五届眉山市委员会第二次会议精神，研究贯彻意见；听取了县纪委监委通报2021年全县党风廉政建设和反腐败工作情况、县人民法院通报2021年度工作情况、县人民检察院通报2021年度工作情况；协商讨论《2021年政府工作报告（征求意见稿）》并提出修改建议；审议并通过《政协第十届青神县委员会常务委员会工作报告（审议稿）》《政协第十届青神县委员会常务委员会提案工作报告（审议稿）》《政协第十届青神县委员会第二次全体会议相关事项（草案）》；协商有关人事事项。

5月12日，政协第十届青神县委员会常务委员会第三次会议召开。会议审议了政协第十届青神县委员会第三次常务委员会会议议题（草案）；传达学习全国两会精神、习近平总书记在政协成立70周年上的讲话精神、4月22日全国政协“学习贯彻习近平总书记重要指示深入开展政协委员读书活动”座谈会精神、4月29日中央政治局会议精神、5月5日中央政治局常务委员会会议精神；传达学习了省委督导贯彻落实中央和省委政协工作会议精神“回头看”工作座谈会精神、中共眉山市委办公室印发《关于加强和改进新时代市县政协工作的十条措施》，研究贯彻意见；传达学习省委书记王晓晖在省政协机关走访座谈会上的讲话精神、四川省新时代加强和改进人民政协工作专题研讨班精神；围绕“地域文化与城市融合发展”开展专题协商。

8月1日，政协第十届青神县委员会常务委员会第四次会议召开。会议审议政协第十届青神县委员会第四次常务委员会会议议题（草案）；专题学习习近平总书记到四川视察重要指示精神和省第十二次党代会精神；传达学习省委工作会议精神、市委工作会议精神及县委工作会议精神；学习中共青神县委办公室印发的《关于加强和改进新时代县政协工作的七条措施》；围绕“妇幼保健能力提升”开展专题协商；协商有关人事事项。

10月11日，政协第十届青神县委员会常务委员会第五次会议召开。会议审议政协第十届青神县委员会第五次常务委员会会议议题（草案）；听取县政府通报“持续推进乡村振兴战略”工作情况、通报2022年政协提案办理情况；传达学习四川省委办公厅印发《关于加强和改进新时代市县政协工作的实施意见》、县委十五届四次全会会议精神；围绕“青神县养老服务工作”开展专题协商；协商有关人事事项。

11月11日，政协第十届青神县委员会常务委员会第六次会议召开。会议审议政协第十届青神县委员会第六次常务委员会会议议题（草案）；传达学习了党的二十大会议精神，并研究贯彻落实意见；围绕“青神县农旅融合发展工作”开展专题协商。

12月29日，政协第十届青神县委员会常务委员会第七次会议召开。会议审议政协第十届青神县委员会第七次常务委员会会议议题（草案）；听取县纪委监委通报2022年全县党风廉政建设和反腐败工作情况、县人民法院通报2022年度工作情况、县人民检察院通报2022年度工作情况；协商讨论《2022年政府工作报告（征求意见稿）》并提出修改建议；听取县政协常委代表述职；审议并通过《在政协第十届青神县委员会第三次会议上的常委会工作报告（审议稿）》《政协第十届青神县委员会常务委员会关于政协十届一次、二次全会以来提案工作情况的报告（审议稿）》《政协第十届青神县委员会第三次全体会议相关事项（草案）》；协商有关人事事项。

政协事务

【概况】 2022年，政协青神县委员会开展协商、调研、视察、座谈80余次，形成《协商专报》9期，其中5期得到县委、县政府主要领导签批；撰写提案78件，立案77件，提案办复率、满意率均为100%；编报《社情民意》26条，被全国政协、省政协采用1条；《青神文史》第六辑编印出版；连续第五年荣获全省政协宣传思想工作先进单位称号。承办省政协地联委工作年会和省市县三级政协委员读书活动；代表眉山接受省委贯彻落实中央、省委政协工作会议精神“回头看”专项督查。

【民主监督】 政协青神县委员会收到委员提案 78 件，审查并案后立案 77 件，按时办结率 100%，委员满意率 100%，问题得到解决或基本解决的（A 类件）39 件，占提案总数的 50.65%，比 2021 年提高 5.2%；筛选确定《关于进一步提升城市管理水平的建议》《关于高水平建设现代农业园区引领柑橘产业高质量发展的建议》《关于提升县人民医院救治服务水平，加强急诊科标准化建设的建议》《关于青神县 0~3 儿童家庭社区普惠早教服务推进的建议》《关于抢抓成都都市圈建设机遇，助推招商引资新突破的建议》《关于汉阳高质量打造历史文化名镇的建议》《关于全力推进全域安全饮水工程建设的建议》《关于进一步抓好河湖长制工作的建议》8 件重点提案，县政协主席会成员分别牵头重点督办，民主评议 8 件重点提案结果为 7 件满意、1 件基本满意；修订完善《民主评议重点提案实施办法》，制定《2022 年重点提案办理工作实施方案》；健全提案办理督查和“回头看”机制，联合县政府办重点对 B 类提案和承办数量较多的单位进行专项督查，通过走访委员、实地调研等形式，督促提案持续办理落实。

2022 年 4 月，青神县政协在西龙镇开展“城乡公交一体化”协商前期调研　（县政协办供图）

【参政议政】 政协青神县委员会开展建华社区（原 45 厂）行道树安全隐患整治等各类小微协商活动 20 余场次，让“有事来协商”成为自觉、“有事好协商”成为自主、“有事协商好”成为自愿，“有事来协商”经验全市唯一在省交流，协商案例全市唯一入选省政协专题片，高台镇百家池村“有事来协商”平台阵地被省政协评为先进协商平台；深化“老家办”工作经验，建立在外知名人士动态信息库，健全日常联络、走访慰问、意见反馈等 9 项制度，召开政情通报、联络联谊座谈会 12 场次；建成 9 个委员工作室，建立领衔委员接待日制度；工作室组成委员开展全域安全饮用水工程等各类协商 27 场次，协调化解劳务纠纷、环境治理等问题 40 余个，收集社情民意 50 余条；依托乡镇（街道）政协工作联络站开展协商活动 14 场，召开社情民意恳谈会 7 场，收集整理城建交通、产业发展、民生保障等 6 个方面的社情民意 47 条。

【委员履职】 政协青神县委员会组织开展“助力巩固脱贫、助推乡村振兴”专项活动，政协委员和全体机关干部全员参与，引导 30 余家委员企业对口帮扶，帮助销售椪柑等特色农产品 1600 余万元，解决群众急难愁盼问题 130 余件，争取助农资金 1100 余万元。县政协主席会议成员分别联系项目、担任河湖长、挂联乡镇、村（社区），推进乡村振兴、拼经济搞建设、文明城市创建等工作；全体政协干部职工投身疫情防控，积极参与片区包保巡逻、入户摸排、小区和交通卡口驻点值守等，其中参加交通卡点值守 35 人次，小区值守 84 人次，1 名干部担任隔离点点长；围绕高质量发展的国际竹艺名城、全国特色产业示范区、全国乡村振兴示范区、全国生态文明示范区建设等重点，聚焦“耕地保护”“粮经复合园区建设”“历史文化名镇打造”等工作，开展双月协商、重点视察活动 15 次，粮油现代农业园区建设、撂荒地整治、城乡融合发展等一批协商建议转化为县委决策部署；开展全体会议协商，协商讨论“一府两院”工作报告，对“一府两院”年度工作进行满意度测评；服务重点项目，通过现场调研视察，召集业主、施工单位、社区群众等座谈协商，提出的“人才招引”“空气污染治理”等意见建议成为党政决策重要参考；组织委员对县城老旧小区改造、城市雨污管网改建等项目现场视察协商，对项目建设进度滞后、噪声扰民、质量问题等提出协商监督意见；围绕“地域文化与城市融合发展”开展重点协商议政，形成关于打造汉阳历史文化名镇、弘扬东坡文化推动文旅融合发展等协商成果。

【考察学习】 政协青神县委员会组织外出考察4次，先后赴江西、湖南等地考察学习委员工作室、“有事来协商”工作和竹产业发展；承接省市县政协考察调研36批次，其中省部级领导6批次，接待广西省、陕西省、江西省、广东省、湖北省和内江市、南充市、遂宁市、甘孜州等省内外政协调研考察23批次，全面展示青神改革发展成就。

2022年3月15日，青神县第一期政协讲堂召开　（县政协办供图）

【对外宣传交流】 政协青神县委员会在县级以上媒体上稿100余篇，其中在省政协报上稿16篇，《青神国家非遗青神竹编带动孵化60亿竹产业》获省政协主席、党组书记田向利肯定性批示。聘请政协特约文史研究员45名，加强与省市政协文史委、县文联、县作家协会、县摄影书画协会等沟通交流，形成文史委牵头、专业人士支撑、文史研究员队伍保障的文史资料编撰工作机制。《青神文史》第六辑编印出版，完成市政协文史资料征集任务225%。2022年，县政协迎春摄影书画展顺利举办。

（饶金勇）

政协第十届青神县委员会第三次会议提案一览表

表4

编号	标题	提案人	提案人单位或住址
1	关于推进智能化改造数字化转型，引领青神制造高质量发展的建议	政协经科委	县政协
2	关于加强对山坪塘建后管护的建议	政协农业农村委	县政协
3	关于打造“专精特新”装备制造基地和全国特色先进机械制造产业聚集区的建议	政协资环委	县政协
4	关于结合青神实际情况，加快发展力度，彰显特色，错位发展融入成德眉资同城发展的建议	鲁建强 张小军 罗志勇 张 宇 汪德台	建设路6号、泰格电脑、鑫源食府、四川隆源机械、德麦盛超市
5	关于大力发展竹笋产业的建议	任 军	四川与美食品有限责任公司
6	关于大力支持实体企业复工复产促进民营经济高质量发展的建议	曾元梅	德鑫航空设备股份有限公司
7	关于动态调整乡村用地规划的建议	丁占勇	县乡村妇儿促进会
8	关于加强对小微企业公共信息赋能的建议	任 伟	青神县文林爱婴堂经营部
9	关于加强青神县竹产业海外市场推广的建议	邹 松	四川省满竹里科技有限公司
10	关于科学精准施肥，助推新时代更高水平天府粮仓建设的建议	刘旭明 涂丽红 程 鹏 潘卫东	青神县红十字会
11	关于推动工业产业集群发展助推工业经济高质量发展的建议	曾启波 乔 松 刘炼刚 苏开艳 蒋彬权	县知联会
12	关于在兰沟村新建“青神实用竹编市场”的建议	陈云华	四川省青神县云华竹旅有限公司
13	关于筑牢县域粮食安全根基的建议	郑 林 余 刚 辜素芬 王学军	县农业发展投资有限责任公司、县财政局、县供销社、青衣康养公司

续表 4

编号	标题	提案人	提案人 单位或住址
14	关于做特做强青神县竹产业的建议	刘学明 郑晓玲 何欣岭	青神中学校、实验中学、河坝子小学
15	关于提高农民种粮积极性的建议	黄　平	眉山正扬橡塑科技有限公司
16	关于大豆玉米带状复合种植规范技术推广的建议	黄　涛	青神县涛哥哥农牧有限公司
17	关于青神县柑橘产业提质增效的建议	罗　建	青神县新阳光农业植保专业合作社
18	关于柑橘产业提质增效的建议	罗泽军	青神蜀品堂种植专业合作社联合社
19	如何破解“农村的地自己用不上用不好”的困局建议	商阳梅	青神县经济和信息化局
20	关于加强小型农田水利建设、助推乡村振兴的建议	帅　华	青神县林业园林局
21	关于加快晚熟柑橘设施栽培的建议	徐海涛 游　涌 罗　建	青神县农业农村局等
22	关于引领群众共同参与，提升城市小区治理水平的建议	政协提案委	县政协
23	关于充分发挥青神籍在外人士作用的建议	政协老家办	县政协
24	关于加大对中小企业支持力度，为中小企业发展营造良好环境的建议	宋云禄	四川省用九工业有限公司
25	关于加强青神县农村精神文化阵地建设的建议	吴　月 刘红艳 邵　威 张　静 周小龙 刘宇波 朱　珠	
26	关于健全农村公共法律服务体系，建设法治乡村的建议	赵学琴 王　强 苏　月 石仿琴	青神县司法局
27	关于将青神县烈士事迹植入美丽乡村建设，提升全社会尊崇烈士的文化氛围，更好的弘扬红色文化、传承红色基因的建议	雷栋奎	青神县退役军人事务局
28	关于中小企业新增生产设备投入，政府给予奖励的建议	魏一波 张纯德	四川奥信紧固件制造有限公司、四川宏瑞钢结构有限公司
29	关于加强村社区干部关心关爱的建议	吴　月 周小龙 张　静 邵　威 刘宇波 朱　珠 刘红艳	青竹街道、白果乡、瑞峰镇、高台镇、汉阳镇、县交通运输局
30	关于加强民营企业党建工作的建议	刘　芳 青神县 工商联	青神县青衣大道 298 号
31	支持和规范新就业形态发展，切实维护青神县新就业形态劳动者合法权益	林　刚 费永军	青神县总工会
32	关于激活养老服务阵地，提升村（社区）养老服务水平的建议	政协法群委	县政协
33	关于提升青神县医疗保障服务水平的建议	政协教体医卫委	县政协
34	关于增加环卫工人休息场所的建议	余卫红 肖　邡	县政协办
35	关于持续发挥志愿服务组织和志愿者在疫情防控中的重要作用的建议	赵　彬 刘　忠 余　波	青神县中医医院、康达骨科医院、青神县人民医院
36	对大宗工业用电户限电保民生期间减免基本案电费的建议	陶　东	眉山市润源机械制造有限公司
37	关于促进青神高校大学生有效就业的建议	高　敏	青神县政府办
38	关于加强青神县医疗卫生人才引进培育的建议	高　敏	青神县政府办
39	关于加强外卖行业安全监管的建议	辜素芬	青神县供销社
40	关于半边街严禁停放车辆的建议	张　苗	青神县政协
41	关于城区设置标准化公交站台的建议意见	苏成云 潘　雯 曾启波	青神县综合行政执法局
42	关于创建儿童友好社区的建议	刘艳林 郑　斌 杨　芳 谭丹梅	青神县少儿发展促进会、青神县委宣传部、青神县妇联、青神县委办

续表 4

编号	标题	提案人	提案人 单位或住址
43	关于大力推进青神县老旧小区电梯安装的建议	刘友谊	县市场监管局
44	关于对青神县地下管网统筹建设施工的建议	丁占勇	县乡村妇儿促进会
45	关于更加优化青神县公交运行进一步提高便民指数的建议	李昕欣 葛 燕	青衣大道 298 号、白果乡甘家沟村
46	关于激发市场主体活力构建多元化养老服务市场体系的建议	何秋芳	青神县民政局
47	关于加快医疗卫生人才培养和设备设施配置 提升医疗健康服务水平的建议	孙建英	四川晟傲建设工程有限公司
48	关于加强公民个人信息保护工作的建议	张志华 石仿琴 何 容 杜 晋 曾 敬	公安局、政协文史委、政法委、法院、检察院、
49	关于加强医院护工管理的建议	游晓艳 郑 玉 沈江萍	县委编办
50	关于进一步加强城区电动车管理的建议	杨 平 罗志勇	青神县教育和体育局（建设路 36 号）
51	关于进一步引导社会力量参与养老服务工作的建议	段姝莉 李 晶	共青团青神县委、青神县小青笋青年志愿者协会
52	关于柳溪村提灌站建设的建议	吴永安	青神县政协经科委
53	关于青神县发展殡仪服务行业，推进殡葬改革健康发展，实行殡仪产业市场化良好运营的建议	王 敏	青神县文化旅游投资有限公司
54	关于应对后疫情时代 加快医疗卫生人才培养 提升医疗健康服务水平的建议	许容平 苏成云 蒋彬权 潘 雯 高 敏	青神县人民医院
55	关于在全县中小学开展“地域农事”自然教育与劳动技能课的建议	刘佳星	四川华铭律师事务所
56	关于增强岷东大道（青神段）手机网络信号的提案	李梦瑶	青神县一环路南段 101 号（青神县融媒体中心）
57	关于规范青神城区小区两轮车、三轮车停放的建议	章 羽	平安财险青神支公司
58	关于倡导父爱教育 打造儿童友好家庭的建议	杨 芳	青神县妇联
59	关于对非遗传承人适当发放补助的建议	殷 瑛	四川殷状元竹业有限公司
60	关于推动青神文旅融合发展的建议	政协 文史委	县政协
61	关于《东坡区乡土文化教育课程—品味东坡》教材插图整改的建议	冯燕霞 刘宇波	青神县冯燕霞编织坊、青神高台镇政府
62	关于规划整合好青神特色旅游的建议	刘桥军 刘 鸥 邓 欢	青神县政协、青神县委党校、竹编管委会
63	关于弘扬蚕丛文化的建议	肖 邡 石仿琴 张志华 李红波 周建萍	县政协文史委、县公安局、县委党校
64	关于统一城市宣传形象的建议	范 超 王 辉	青神县文化广播电视和旅游局
65	关于以规模特色产业模式带动农旅观光产业，推动新时代乡村振兴的建议	何 勇	青神县西龙镇长池村新 2 组
66	关于拆除违建鸡鸭棚，助力农村环境提升的建议	范丽琴 艾永红	青神县实验幼儿园、青神县实验小学校
67	关于加强餐饮油烟治理的建议	唐 容	青神县政协资环委
68	关于进一步加强对企业污染监管和治理的建议	吴 强	青神县交通运输局
69	关于农村秸杆治理的建议	方 青 徐立波 余卫红 黄忠祥 蒲 隽	县政协

纪检监察

重要会议

【概况】 2022年，青神县纪委监委坚持把学习宣传贯彻党的二十大精神和习近平总书记来川视察重要指示精神作为首要政治任务，召开县纪委常委会34次、理论中心组学习9期，强化党的创新理论学习，切实提高政治判断力、政治领悟力、政治执行力。班子成员带头深入基层党组织讲专题党课9场次。集中开展专题学习党的二十大精神等活动30余场次。严格落实双重领导体制要求，向市纪委监委和县委分别请示报告42次、58次。

【中共青神县纪委全体会议】 3月2日，中国共产党青神县第十五届纪律检查委员会第二次全体会议召开。会议传达学习十九届中央纪委六次全会、省纪委十一届六次全会、市纪委五届二次全会精神和全省市（州）纪委书记座谈培训会精神，要求坚定以习近平新时代中国特色社会主义思想为指导，深入学习习近平总书记重要讲话精神，认真落实十九届中央纪委六次全会、省纪委十一届六次全会和市纪委五届二次全会决策部署，坚定拥护“两个确立”、坚决做到“两个维护”，坚持“严”的主基调不动摇，推进全面从严治党，为奋力建设高质量发展的国际竹艺名城提供坚强保障，以优异成绩迎接党的二十大和省第十二次党代会胜利召开。

【县纪检监察系统工作总结会】 1月21日，青神县纪检监察系统亮点工作汇报会议召开。各派驻（出）纪检监察机构、乡镇（街道）纪（工）委、委机关部室负责人依次汇报2021年特色、亮点工作开展情况，县委常委、县纪委书记、县监委主任对各部门工作情况进行点评，并指出存在的问题和不足，对下一步工作提出具体要求。

（徐茂松）

政治监督

【概况】 2022年，青神县纪委监委全面贯彻落实中央、省、市纪委全会精神，聚焦“抓基层强监督、抓案件强震慑、抓班子强队伍”三个重点，开展“阳光纪检·青廉工程”建设等工作，各项工作取得明显成效。“室组地”（监督检查室、纪检监察组、地方纪委监委）片区协作模式、信访举报“查否”机制、“监督跟着项目走”专项行动受到省市领导的充分肯定，经验在全市推广。

【政治责任落实】 县委常委会每季度专题听取党政班子履行全面从严治党主体责任情况汇报。细化全面从严治党、党风廉政建设和反腐败工作具体举措62条。深化全面从严治党主体责任履责提示制度，制发提示卡16张。持续强化对“一把手”和领导班子监督，组织4个单位主要负责人向县委常委（扩大）会述责述廉并接受民主测评；组织2名县级领导在县纪委全会上现场述责述廉并接受询问，67名乡镇（街道）和县级部门主要负责人书面述责述廉并接受民主测评。坚持失责必问、问责必严，党内问责4人，监察问责7人。

【保障执行监督】 青神县纪委监委推进政治监督具体化、精准化、常态化，制定《贯彻落实习近平总书记来川视察对全面从严治党重要要求的具体措施分工方案》和《2022年度政治监督责任清单》，全覆盖督查、督促整改问题62个；围绕打造新时代更高水平“天府粮仓”示范区、传承弘扬三苏文化东坡文化等重要部署开展专项监督，确保总书记重要指示精神落地见效；对意识形态责任制落实情况开展监督检查；严明政治纪律和政治规矩，查处存在违反政治纪律政治规矩问题5人。

【干部作风整治】 青神县纪委监委开展“干部作风整治年”行动，制发工作通报12期；追责问责5人，组织处理59人；开展干部长期在编不在岗问题专项整治，清理长期在编不在岗干部5人。

（徐茂松）

监督责任落实

【概况】 2022年，青神县纪委监委落实《中国共产党党内监督条例》，加强对“一把手”教育的针对性、管理的经常性、监督的有效性；抓住政策制定、决策程序、审批监管等关键权力，完善防治腐败滋生蔓延的体制机制，严格执行领导干部违规插手干预重大事项记录报告，发现问题及时提醒、批评、纠正、处理；构建新监督格局，促使领导干部做到有权必有责、有责要担当，用权受监督、失责必追究。

【搭建监督体系】 青神县纪委监委完善纪律、监察、派驻、巡察“四位一体”监督体系，健全完善县纪委监委机关内设机构、派驻机构、乡镇（街道）纪（工）委、巡察机构统筹联动的日常监督“大协作”机制；配齐配强纪检监察系统干部力量，动态配备率达92%，力量向执纪执法一线倾斜；配齐乡镇（街道）专兼职纪检监察干部35名，村（社区）纪委书记（纪检委员）58名，6个乡镇实现纪检监察人员“两专三兼”（乡镇一级的纪检监察干部队伍，至少配备5名干部，其中至少2名为专职干部，另外3名可以为兼职干部），街道实现“三专两兼”（乡镇一级的纪检监察干部队伍，配备书记、专职副书记和1名专职工作人员，并配备至少2名兼职纪检监察干部），聘请102名党风政风监督员。

【创新监督方式】 青神县纪委监委开展疫情防控常态化监督检查57轮，督促整改问题487个；开展耕地保护专项督查，督促整改问题1个；开展大气污染防治专项监督，督促整改问题164个；深化“纪委书记盯粮库”，督促整改问题5个；开展“监督跟着项目走”专项行动，对30个省市县重点项目开展监督检查，制发专报10期，发放黄色提醒卡24张，橙色警示卡16张，追责问责9人；开展暖企护航优化营商环境专项监督，向企业发放“公职人员涉企服务十严禁”1000份，查处损害营商环境问题19件24人。

【监督信息化系统建设】 青神县纪委监委推进小微权力“监督一点通”试点工作，完善基层小微权力运行流程，办结108件群众投诉，开展专项监督、整治17次，发现问题线索2件，处理相关案件2件、2人。

【第七期“阳光问廉”】 青神县纪委监委以“聚焦干部作风，加强基层治理”主题，开播第七期“阳光问廉”，曝光养老院物资采购以及城市乡村违章建筑问题，现场问廉领导干部6人。

（徐茂松）

反腐败推进

【概况】 2022年，青神县纪委监委聚焦“抓基层强监督、抓案件强震慑、抓班子强队伍”三个重点，推动纪检监察工作发展，“室组地”片区协作模式、信访举报查否机制、“监督跟着项目走”专项行动受到省市领导的充分肯定，经验在全市推广；全年审查调查工作呈现“七增一降”特点：“七增”即立案130件130人，比2021年增长6.5%；立案科级领导干部15件，比2021年增长36%；立案一般干部40人，比2021年增长73.9%；自办案件占比增长76.2%；立案监察对象108人，比2021年增长66.1%；初核成案率同比增长66.4%；乡镇立案38件，比2021年增长52%。“一降”即处置问题线索数下降7.6%。

【反腐败创新工作机制】 青神县纪委监委突出主责主业，强化办案引领从四个方面深化片区协作，助推审查调查工作高质量发展；建立“N+X”考核机制、信访举报查否机制和建立轮岗培训机制；采取“两条腿走路”“类案摸排”以及“主动下访”的方式深挖案源线索；对办案人员，打破地域、层级，将纪检监察“新兵”与“老师傅”进行“混编”，通过实战相互协作，提升案件质量；针对不同性质的问题线索对症下药，选准突破口，制定预案；强化初核重点，对问题线索进行“方向性”攻关；保障4大片区17个基层纪检组织专项经费100万元（乡镇40万），实现全县7个乡镇（街道）纪（工）委自办案件“零”突破；建立“数据联享、线索联商、信访联办、案件联查、问题联解”五联机制，形成工作合力；做好办案安全，投入50万元高标准新建4间谈话室和1间案件分析研判室，解决一般性谈话的安全风险。

【反腐败问题查处】 青神县纪委监委处置问题线索229件，立案130件，党纪政务处分130人，收缴违纪违法资金130万元；全年自办案件和初核成案率位居全市前列，受到省纪委监委领导高度肯定。

【反腐败教育宣传】 青神县纪委监委开展“以案促改”工作，做好白果乡唐某、县医保局章某案件查处后半篇文章；组织各级党员干部观看学习《家道》《戒鉴》等警示教育片89场次，3000余人次参加；指导出版《母仪若水润三苏——苏母传》书籍，在省作协、三苏祠组织开展苏母家风分享会2次；成立苏母家风讲授队伍，在政协机关、政法机关、纪检机关以及2022新任科级领导干部培训班上开展苏母家风讲座；组织县文广旅局、县竹投公司、县纪检监察干部到天府家风馆学习参观；组织书画家协会成员到乡镇开展“春联话廉”活动，为村民送上廉政春廉200余副；制作并发放廉政年画3.5万张；组织开展3次拟任科级领导干部廉政法规知识测试，317人次参加测试；在中纪委网站、光明日报、新华社等中央媒体刊发稿件5篇，在《四川日报》《四川党的建设》《廉政瞭望》等省级媒体刊登经验做法6篇。

（徐茂松）

正风肃纪

【概况】 聚焦惠民惠农、低保社保等领域反映强烈的问题，查处群众身边腐败和作风问题24件、28人。开展困难群众救助补助资金审计发现问题专项治理，追责问责19人，追缴资金10.63万元。开展“四大强基行动”做好乡村振兴专项监督，督促整改问题13个，3人主动说清问题，涉及金额4.89万元。持续深化“一卡通”阳光审批平台建设，优化梳理小微权力清单30项。开展简易审批村庄建设项目专项治理，追责问责15人，制发监察建议书1份。持续深化重点行业领域突出问题系统治理，党纪政务处分19人，组织处理3人。以“聚焦干部作风，加强基层治理”为主题，开播第七期“阳光问廉”。督导全县低保扩围工作，按“应保尽保”原则，推动新增低保人员1400余人，工作成效受到县委主要领导肯定。

【中央八项规定落实】 青神县纪委监委紧盯违规吃喝、违规收送礼品礼金、公车私用等“四风”顽疾问题开展监督检查31次，市县联动对3个单位开展专项督查，督促整改问题26个；查处通报曝光违反中央八项规定精神案件28件、40人；开展借培训名义搞公款旅游问题排查整治，排查3042人、班次52个，主动说清问题7人，组织处理7人，政务处分1人；开展党员干部违规参与民间借贷专项整治工作，追责问责3人，涉及金额27.45万元，追缴退赔18.66万元。

【专项治理深化】 青神县纪委监委深化重点行业领域突出问题系统治理，党纪政务处分16人，组织处理3人，涉案金额3.18万元；聚焦惠民惠农、低保社保等领域反映强烈的问题，查处群众身边腐败和作风问题24件、28人；深化重点行业领域突出问题系统治理，党纪政务处分19人，组织处理3人，追缴资金3.64万元。

（徐茂松）

监督效能提升

【概况】 2022年，青神县纪委监委印发《关于加强纪检监察干部队伍建设的实施方案》，着力以“五型五化”为抓手，全面推行“全员办案”“乡案县审”，组建专业人才库5个，举办专题培训，开展纪检监察业务测试，购买纪检监察业务书籍，切实提升监督执纪、审查调查能力。

【纪检监察干部能力提升】 青神县纪委监委印发《关于加强纪检监察干部队伍建设的实施方案》，以“五型五化”为抓手，推行“全员办案”“乡案县审”；组建审查调查、巡察等专业人才库5个，选派11名干部到省、市纪委以案代训，抽调8名乡（镇）纪委干部到县纪委监委上挂锻炼；举办“众说纪检”轮谈、2022年党风廉政建设暨全员培训等专题培训20期，培训721人次；开展纪检监察业务测试2次，购买纪检监察业务书籍3000余册，提升监督执纪能力。

【纪检监察干部监督】 青神县纪委监委加强纪检监察干部“八小时内”工作和“八小时外”活动的监督。落实“两个责任”，对涉及纪检监察干部的信访举报、问题线索严肃对待，对纪检监察干部队伍中发生的违纪违法行为，坚决做到不护短、零容忍、严查处。开展纪检监察系统会风监督15次，上下班纪律明察暗访5次，收到纪检干部问题线索4件，立案3件，党纪政务处分3人，组织处理1人。

（徐茂松）

“竹廉”文化建设

【概况】 2022年，青神县纪委监委推进竹廉“十个一”廉洁文化体系建设，受到市纪委监委主要领导肯定；《青廉·竹语》被评为全市精彩短视频提名奖；《青·廉》MV全网点击量超300万次，其中新华社客户端四川频道点击量超100万次；挖掘竹品质内涵提档升级的竹林湿地公园廉洁教育阵地，1万余人参观学习，推动构建竹廉文化基地矩阵体系。

【“竹廉”文化体系建设】 青神县纪委监委通过挖掘竹“坚韧、高直、中空、有节”的品质，以“十个一”（“一标识”“一精神”“一宣传片”“一歌曲”“一赋”“一文创”“一基地”“一机关”“一企业”“一村居”）为载体，打造“竹廉”廉洁文化话语体系，以竹化人、以竹喻人、以竹育人，构建不想腐的精神阵地和文化氛围。

【“竹廉”文化教育阵地建设】 青神县纪委监委依托现有竹林湿地公园，提炼竹“坚韧、高直、中空、有节”廉洁品质，以竹廉洁文化为主线，采用声光、视频等表达方式，融入竹诗词53首、廉洁刻石8处、青神历史人物12位、竹廉故事16个、东坡与竹、光影装置等廉洁景观与300多种观赏竹相映，打造竹林湿地公园廉洁教育阵地；推进以竹廉文化、苏母家风、红色文化为主导的“1+1+1+N”县乡村三级廉洁文化教育阵地，建成“竹里萤光、阳光天池”“古韵廉镇”等17个廉洁教育阵地，申报青神县红色西山革命教育基地为眉山市廉洁文化基地。

（徐茂松）

群众团体

青神县总工会

【概况】 2022年，青神县总工会大力弘扬“追求卓越，做小巨人”的新时代青神精神和“担当作为、团结协作、服务创新、廉洁高效”的工会作风，情系全县职工群众，努力服好务、维好权、办好事，工会工作信息被省委办公厅《每日要情》采用1篇，获时任省政协党组书记、省总工会主席田向利肯定性批示。

【工会组织建设】 青神县总工会辖1个街道总工会、6个乡镇总工会、2个园区工会联合会。全年全县新建基层工会组织21个，新注册会员6092人，年末全县有工会组织325个、会员40267人。其中，组建新就业形态工会5个，新入会会员1400余人。货车司机、互联网营销师等新就业形态劳动者建会入会工作完成100%，新建基层工会职工之家3个。推进行业职工代表大会制度，已建会公有制企业厂务公开、职工（代表）大会建制率100%，建会非公企业建制率95%。

【职工维权服务】 青神县总工会开展劳动用工风险排查，排查企业17家，涉及职工1675人，其中农民工1156人，发放《工会劳动法律监督意见书》4份，会同人力资源和社会保障部门等联合处置、化解隐患，主动为职工提供法律援助服务；持续开展企业职工集体协商工作，发出144份要约书，收到136份回应书，覆盖规模以上企业32家、25人以上企业5家、小微企业96家、行业3个，续签专项集体合同46份，覆盖职工1.3万余人。其中，覆盖新就业形态劳动者企业专项集体合同3份，覆盖新就业形态劳动者1000余人。

【技能竞赛】 青神县总工会指导企业职工开展劳动竞赛、技术比武70余场，参赛职工3800余人；10月28日，举办首届机械行业职工技能竞赛，30名县域机械行业企业职工同台竞技；全年组织开展电商（网络营销）、物流培训2期，培训学员200余人。

【普惠活动】 青神县总工会持续开展“一元观影”“一元洗车”“一元早餐”普惠活动，新增“一元运动”和“竹予购物”“游泳培训”“健身培训”等普惠活动项目，普惠活动贯穿全年，投入资金26万余元，惠及职工群众1.4万人次；创新开设生活品质课堂，先后开办游泳培训课程、健身操培训、瑜伽培训、蛋糕裱花烘焙、陶艺体验等品质生活课堂10期，惠及职工群众200余人次；贯彻落实省总工会“拼经济、搞建设、促发展”十八条措施，结合青神实际，细化相关举措，落实相关经费，组织动员基层工会积极参与，助力消费帮扶，促进全县文旅餐饮消费200余万元。

2022年10月28日，青神县总工会举办2022年青神县首届机械行业职工技能大赛

【工会经费管理】 青神县总工会全面落实财政代扣、税务代征工作，执行各类资金政策和“三重一大”规定，做到专项资金专款专用；启用新《工会会计制度》，顺利完成新旧会计制度衔接和新工会账务核算系统使用工作，完成工会资产核算、资产统计等基础管理工作；继续加强工会经费审查审计监督，完成本级工会和20个基层工会的工会经费审计工作。全年职工活动组织支出、职工服务支出、维权支出、业务支出和补助下级支出占支出总额的50.8%。青神县总工会财务工作获眉山市工会财务工作先进称号。

【劳动纠纷调解】 青神县总工会开展农民工维权月活动，协助政府相关部门开展帮助农民工追讨欠薪行动，共帮助42名农民工追讨欠薪14.2万元；依托经开区企业职工法律援助工作站，全年调解劳动合同纠纷21人次，涉及资金7万余元；调解工资纠纷3人次，涉及资金1万余元；调解职工借款纠纷1人次，涉及金额10万元。

【产业工人队伍建设】 青神县总工会组织开展“五小”活动，全县企业职工“小发明、小革新、小改造、小设计、小建议”和隐患排查42件，节能减排降耗合理化建议、技改项目

17 条，职工“五小”创新项目 19 个；开展全国“安康杯”竞赛活动暨新安法答题活动，参与职工 1500 余人；开展安全文化进园区进企业宣传活动 8 场。四川立白实业有限公司被纳入眉山市总工会产业工人队伍建设改革台账管理。

【关爱职工】 青神县总工会常态化开展“春送岗位”“夏送清凉”“金秋助学”“冬送温暖”和困难职工帮扶等活动。联合县人社局在中岩广场、县体育馆开展企业用工招聘活动，收集各类求职信息 400 余条，帮助失业人员再就业 76 人，为受助学生提供勤工俭学岗位 20 多个，为学生家长提供就业岗位 38 个。聚焦高温天气露天作业岗位，为高温一线工作者以及新就业形态劳动者，送去价值 11 万余元的防暑降温清凉物品，惠及职工 5000 余人。春节前夕先后慰问返乡农民工、企业困难职工、一线工人、劳模工匠、抗疫一线人员、医务人员、公安执勤人员等职工群体 700 余人次，送去价值 34 万余元的温暖物资。27 名县级领导干部开展“一帮一”联系困难职工活动，发放慰问金 2.7 万元，并组织全县基层工会对困难职工进行慰问。联合四川丹甫公司、四川环龙公司开展“农民工平安返乡行动”，帮助 566 名农民工平安返乡，对元旦、春节期间坚守岗位的农民工，采取送钱物、送图书、送电影、送年夜饭等形式开展走访慰问。12 月 15 日，在竹里萤光艺术馆开展“会聚良缘·忆童年”职工交友联谊活动，县直属机关、企事业单位 50 名单身青年男女参加，为在青神工作的单身男女们搭建交流平台。针对户外劳动者“吃饭难、喝水难、休息难、如厕难”等现实问题，投入资金 2 万余元，升级打造城北电信、中岩万景、邮储银行 3 个户外劳动者服务站点，其中城北电信站点被四川省总工会评为“四川省最美户外劳动者服务站点”。

【改革创新】 青神县总工会建成全省唯一一个以竹文化为主题的公办高品质有声书馆“竹里·有声图书馆”，内含有声图书 3 万余册，能同时满足 20 万人在线阅读；投入 10 万余元，为全县职工（农民工）子女开展寒暑假免费托管服务，2 次在全省会议上作优秀项目经验交流；弘扬劳模精神，编撰《青神劳模》一书，印发各乡镇（街道）、机关企事业单位。

【“金秋助学”活动】 青神县总工会联合县教体局、各乡镇（街道）总工会、园区总工会、各基层工会，排查新就业形态劳动者 800 余人、环卫工人 200 余人、农民工灵活就业人员 400 余人、残疾困难职工 400 余人、企事业单位职工 2000 余人，收到“金秋助学”申请 75 份，符合建档条件 29 人，落实助学资金 14.5 万元，其中 2 名困难新生接受眉山市总工会慰问，获助学资金 6000 元。

（刘　岗）

共青团青神县委

【概况】 2022 年，青神县共有下级团组织 360 个、团员 5364 人 。2022 年，共青团青神县委深入贯彻落实中央、省委、市委和县委关于群团工作的要求，立足“凝聚青年、服务大局、当好桥梁、从严治团”工作格局，着力小部门大作为、小项目大发展，围绕主线，聚焦重点，努力推动共青团工作新发展。

【青少年思想道德建设】 共青团青神县委深入落实全团喜迎二十大·庆祝建团百年部署，组织引领广大团青分层分类集中观看庆祝中国共产主义青年团成立 100 周年大会直播；发布《致广大青年的一封信》，以图文、短视频等方式宣传建团 100 周年、优秀青年奋斗故事，积极营造良好氛围；以青神青年奋斗故事为主题拍摄《逐梦在青，神采飞扬》微电影，以实际行动献礼建团百年和党的二十大；引领全县各级团组织以“喜迎二十大、永远跟党走、奋进新征程”“学习二十大、永远跟党走、奋进新征程”为主题开展演讲比赛、座谈交流、党团史学习等团日活动 30 余次，各级少工委开展“喜迎二十大·争做好队员”队日活动 30 余次；推广“红领巾爱学习”“青年大学习”网上主题团课、队课，累计参学达 3 万余人；依托新时代文明实践青年宣讲团、青年讲师团、红领巾讲师团，组织开展学校共青团与少先队学习贯彻党的二十大精神与习近平总书记来川视察重要指示精神专题宣讲，深入学校、社区、企业开展党的二十大精神宣讲，覆盖青年 500 余人次，党的理论思想在青年群体进一步延伸与扎根；召开青神县各界青年代表庆祝五四青年节座谈会，与全县各领域优秀青年代表共话成长，激励全县青年树立远大理想，为奋力建设“一名城三示范”建言献策。四川环龙新材料有限公司获评“眉山青年五四奖章”。

【共青团基层组织建设】 青神县有基层团组织 360 个，其中社会领域团组织 290 个、学校领域团组织 70 个。共青团青神县委落实加强党建带群建工作要求，在党政机关、机关企事业单位、村（社区）、社会组织等领域新建团组织 36 个，社会领域团组织密度增加 16.66%，不断扩大社会领域团组织覆盖面。以团属阵地为龙头服务凝聚青年，新建 2 个“青年之家”，全县青年之家总数达到 7 个，实现乡镇（街道）实体阵地全覆盖，活跃率为15.43%。召开2021年度全县基层团组织书记述职评议考核会议，20余名基层团组织书记参会并述职，着力提升党建带团建和基层团组织战斗力。深入开展团干部“四比四抓四促进”专项行动，各团组织共开展主题团日活动40余次，覆盖3000余人，进一步坚定团干政治立场；举办中（职）学校团干部培训2场，提升学校共青团团干部队伍素质。与成艺大学（青神校区）校团委对接，择优录用2名高校团委学生干事作为团县委机关兼职青年干事，助力团县委机关提升工作水平；公开选聘20名优秀返乡大学生、西部计划志愿者担任全县7个乡镇（街道）、13个村（社区）团组织的兼职书记，协助开展基层团建工作和青年工作，拓宽团的工作力量来源渠道。严格团组织与团员教育管理，有效调控团青比和团员结构分布，全年新发展团员211人，其中学校领域205人、社会领域6人，新发展团员100%录入智慧团建系统；对200余名2021年新发展团员入团质量进行查摆提升。常态化管理更新“智慧团建”组织树系统数据，网络化管理全县团员团干部5364人。规范“党的青年运动史”“建团100周年大会精神”“新时代的伟大成就”“党的二十大精神”“主题团日”“入团仪式”等教育实践情况和日常功能运用。

【青少年成长促进】 共青团青神县委整合政府、社会与爱心人士资源力量，开展“新年心愿·青春微力量”公益暖冬行动，帮助实现心愿300余个，让青少年充分感受社会爱心力量；持续开展爱助事实孤儿“阳光亲人陪伴”项目，为县内20名事实孤儿提供志愿关爱服务，助力孩子们的全面健康成长；实施“蓝信封”乡村书信儿童笔友志愿服务项目，以书信方式为311名青少年纾解心理问题；持续运营“童伴之家”，常态化开展关爱留守儿童系列活动，累计关爱儿童1500余人次，让留守的花朵在阳光下绽放；帮助12名符合条件的贫困大学新生成功申请到“中国茅台·国之栋梁”“我要上大学——圆梦大学希望工程”助学金共计2.5万元；坚持青年优先发展理念，完成《四川省青年中长期发展规划（2017—2025年）》中期总结评估；以“青少年宫”校外活动阵地为龙头，打造“青课堂”特色团课，推动“流动青少年宫”进校园，为青少年提供舞蹈、亲子手工、少儿科创与编程等公益课程10余期，覆盖500余名青少年，引导青少年树立正确的生活习惯与价值观念；切实履行县委人才工作领导小组成员单位职责，举办礼遇人才系列主题活动，为青年人才快速成长和交友搭建平台；开办“红领巾成长营”暑期公益托管班，创新托管20名少先队员，解决家长暑期看护难、负担重等问题。

【青年就业创业】 共青团青神县委落实全团促进大学生就业创业行动部署，通过搭建平台引导青年来青返乡；依托“逐梦计划”“返家乡”和团员青年假期向居住地团组织报到等社会实践平台，引导400余名返乡大学生开展就业实践，为团组织“最小单元”注入源头活水；成立青神县大学生联盟，为青神籍大学生和青神高校大学生提供实践锻炼的机会和为家乡贡献的路径，聘用9名高校“引才大使”，作为青神县引才工作的青春代言人、家乡发展的城市推介官；实施“青创计划”项目，为农村青年提供无担保无抵押无利息创业贷款10万元，青年创业就业得到实惠。

【西部计划项目】 共青团青神县委实施大学生志愿服务西部计划项目，新招募西部计划志愿者18人，实施规模为31人，达到历年最多，志愿者留任率100%。2021—2022年度管理考核排名全省第44，同比上升25位。抓实支部建设，定期开展团支部换届选举，2名优秀志愿者当选为书记和副书记；结合团支部“三会两制一课”制度开展“青马工程”西部计划理论学习和红色教育专题学习40余场、1000人次。做强志愿工作和个人正面宣传，先后被县、市级媒体宣传报道20余次。开展志愿者安全健康自护教育、文会实务、接待礼仪等培训7次，有力提升志愿者能力素养。举办各类青年人才交流、座谈会4次，让志愿者与各类优秀青年交流学习，帮助志愿者快速融入青神。举办舞蹈、体育等各类文体活动10余次，帮助志愿者培养健康兴趣爱好。常态化动员志愿者参与疫情防控、助农抢收、防汛抗旱、地灾抢险、生态文明建设、大型会节等志愿服务20余次。开展定期走访，深入了解志愿者在工作和生活中遇到的难点问题，慰问西部计划志愿者6次。修订完善《关于加强大学生志愿服务西部计划管理工作的实施意见》，认真兑付中央项目专项资金55.8万元；督促用人单位做好志愿者食宿后勤保障，按时足额发放志愿者岗位补贴，为志愿者创造良好工作条件。落实服务期满西部计划志愿者直接考核招聘为乡镇事业单位人员的政策，鼓励服务期满志愿者扎根青神再就业。2022年，2名西部计划志愿者通过考核招聘为乡镇事业干部。

【青年志愿服务】 共青团青神县委坚持“以人为本，自愿参与”原则，持续推进志愿服务制度改革试点，建成投用“青年志愿者行动中心”，为青神县青年志愿者搭建“一站式”交流、学习、服务平台；依托“志愿四川”系统，继续稳步发展注册志愿者，截至年底“志愿四川”注册志愿者11805名；依托“小青笋”青志协，利用春节、“雷锋月”、六一等节日

2022年12月8日，团县委志愿者参与竹产业交易博览会志愿服务 （团县委供图）

节点持续开展“‘青春志愿’爱在旅途、爱在社区、靓在乡村”、“新年心愿——青春微力量”公益暖冬行动系列志愿服务活动，惠及县内青少年1500余人；高标准选拔100余名青年志愿者参与2022中国国际竹产业交易博览会，展现青神县青年志愿者良好风貌。

【学校少先队工作】 共青团青神县委全面落实阶梯式成长激励、少先队辅导员激励等政策制度，开展县级“红领巾奖章”表扬活动，表扬先进集体和个人127个（名），少先队工作获评市级先进集体和个人16个（名）、省级8个（名），少先队社会化工作获评省级先进个人1名；开展以“喜迎二十大、争做好队员”为主题的第八届“眉山故事少年说”青神赛区演讲比赛；培育“红领巾讲解员”，10名少先队员被评为“市优秀红领巾讲解员”，展示新时代少年儿童的良好精神风貌。

【青少年宫工作】 青神县青少年宫全年组织开展“青课堂”活动24次，其中国学经典读书会、成人读书沙龙、少儿创客与编程为课程式教学，分别为家长和学生提供共计34次课程教学学习，并在科技、少儿礼仪、手工、亲子课堂、传统文化传承、讲座等多方面为广大少年儿童提供服务。组织学生参加四川省“蜀少年”文化艺术展演活动，其中视觉艺术类（绘画）获省级儿童组一等奖1名、少年组三等奖1名、儿童组优秀奖2名和市级二等奖1名；选送舞蹈节目“牛娃”获省级展演一等奖；参加全国青少年绘画大赛，获得一等奖14名；组织学生参加中国关心下一代工作委员会健康体育发展中心举办的《中华少年说》四川赛区比赛，获金奖1名、银奖3名、优秀奖8名。开展“流动青少年宫进校园”活动，春季学期为瑞峰学校学生送去美术、音乐两项艺术培训活动，秋季学期为西龙小学学生送去小主持与口才、围棋的培训活动。

（王苓菱 吴雨蝶）

青神县妇女联合会

【概况】 2022年，青神县妇女联合会坚持突出政治性、先进性和群众性，团结带领妇女，完成全年各项目标任务，促进全县妇女、儿童、家庭各项事业发展；获得第三届四川省家庭工作先进集体的荣誉。

【妇联组织建设】 青神县妇女联合会制发《关于建立健全全县机关事业单位妇女组织的通知》，要求各机关事业单位选优配强妇联组织班子，推进妇联基层组织标准化建设；完成机关事业单位妇联组建工作；联合组织部门共同印发《加强两新组织党建带妇建的工作方案》，制定《2022年妇联组织工作任务清单》；8月召开两新组织建妇联工作部署会，明确工作要求，对照两新组织清单，排查掌握两新组织已建党组织情况，全县符合建妇联组织的68个两新组织已全部完成组建工作；推进“破难行动”，推动妇联组织网络向小区等妇女群众生产生活最小单元扎根，康苑名城等19个小区建立妇联组织；提高妇女干部综合素质和履职能力，举办乡镇（街道）、村（社区）妇联主席培训班3期，培训内容包括妇女儿童相关法律法规、儿童工作开展、亲子绘本阅读等主题，提升基层妇联干部对妇儿工作和阵地管理的指导能力，加强妇联队伍自身建设。

【妇联思想建设】 青神县妇女联合会深入到直联帮扶村、妇女儿童之家等阵地，开展主题党日和微党课活动，在妇女群众中宣讲党的二十大精神和省第十二次党代会精神等4次，通过自创快板、红色剧目等创新形式加强思想引领，宣传党的创新理论成果，团结动员广大妇女感党恩、听党话，跟党走；联合县精神文明办举办“强国复兴有我 中秋礼赞祖国”中秋诗词音乐会活动，为群众搭建传统文化交流平台；举办“少年儿童心向党 喜迎二十大”主题活动，加强对青少年儿童的爱国主义教育；组织基层妇联干部、三八红旗手等开展“巾帼大宣讲，今天我来读”活动，深刻领悟“两个确立”的决定性意义，增强做到“两个维护”的政治自觉。

2022年12月2日，眉山市"乡村振兴巾帼行动"工作推进会在青神县召开　　（县妇联供图）

【巾帼创新创业】 青神县妇女联合会实施苏母艺术工坊项目，结合青神独特自然景观、地方文化进行文创开发，组织妇女开展居家灵活就业培训；妇女居家灵活就业模式被央视《为爱而歌》栏目专题报道，苏母艺术工坊姐妹登上央视舞台；5月苏母艺术工坊手工编织专业合作社成立，130名群众加入合作社，开展钩针培训11期，吸引500余名妇女参与；争取省发改资金建设竹里工坊妇女居家灵活就业示范基地，采取妇联主导，社会组织负责日常运营的方式，满足大量失地妇女、残疾妇女、单亲妈妈等群体的就近就便灵活就业的需求；联合友成扶贫基金会举办乡村女性经济赋能项目电商培训，帮助妇女姐妹们打破线下经营的局限性，实现就业增收；10月开展家政技能培训1期，发挥巾帼家政服务业在稳增长、扩消费、促就业、惠民生等方面作用，为城乡富裕劳动力转移和拓宽妇女增收渠道打下基础。

【关爱妇女儿童】 青神县妇女联合会利用春节、三八节、母亲节看望慰问优秀妇女、贫困妇女代表，送去党和组织的温暖；做好低收入"两癌"患病妇女救助工作，2名低保妇女获得全国妇联"两癌"专项救助金，人均1万元；实施"梦想计划·兴趣课堂"项目，在县内7所农村中小学校开展绘画、音乐等艺术送教活动，累计送教5264课时；连续7年实施"法国巴黎银行奖学金"项目，按照每年每人1500元标准资助县内102名品学兼优学生；实施"逆风飞翔　相伴成长""青神县困境儿童关爱项目"等5个儿童关爱类项目，招募志愿者结对关爱70名困境儿童，提供生活资助和成长陪伴，帮助困境儿童健康成长；10月，牵头制定并以县政府名义印发《青神县人民政府关于印发青神妇女发展纲要（2021—2030年）和青神儿童发展纲要（2021—2030年）的通知》。

【妇女儿童合法权益保护】 青神县妇女联合会组织乡镇（街道）、村（社区）妇联组织做好重点人群和侵权线索隐患精准摸排，排查出50名困境妇女、37名困境儿童，建立工作台账，组织妇联干部、执委、巾帼志愿者等定期沟通情况、商量帮扶措施，实地走访跟踪服务，做到动态管理；联合县教体局、县民政局、县人民检察院等单位，组织召开联席会议，研究解决困境妇女儿童所遇到的经济困难、户籍、监护缺失、心理疾病等问题；发挥基层妇联组织作用，在全县形成以县、乡、村三级维权网络为主体，以县法律援助中心、妇女维权联席会为辅助，陪审员等其他形式维权网络体系；全年接待各类咨询100余例，调处婚姻家庭矛盾纠纷40余件，出具人身安全保护令1件，紧急庇护1人；牵头建立以县人民法院等16个单位组成的反家暴联席会议制度，特邀资深律师开展"以反家庭暴力角度看家事法律保护"专题培训；通过实施"远离家暴·让爱回家"项目，探索完善"一中心两网络三支持"的反家暴项目青神模式；原创反对家庭暴力小品《破镜》，开展巡演4场次。

【家庭文明建设】 青神县妇女联合会以儿童之家等公共空间为载体，依托小区妇联，组建互助性、半自治的共同养育小组，探索0~3岁早期养育志愿服务形式和内容，打造"家门口"微治理服务平台，为家庭提供"零距离"普惠便民服务；开展家长训练营体系课程、亲子关系沟通、青少年性教育讲座，惠及60多个家庭；3月，全县评选表彰34名（个）三八红旗手、三八红旗集体、优秀妇女工作者、最美家庭；1户家庭获全国五好家庭称号，2户家庭分别获省级最美家庭和五好家庭称号，1人被评为省级巾帼建功标兵，3户家庭获市级最美家庭称号，4人被评为市级妇女儿童工作先进个人和未成年人保护工作先进个人；开展"百家家风　乡村讲堂"和省级家教家风巡展等活动，开展文明新风尚系列活动10场次，倡导优秀家风建设；组织开展系列家庭亲子阅读活动，1000余名儿童参与其中，形成爱国爱家、相亲相爱、向上向善、共建共享的社会主义家庭文明新风尚；做好四川省家风家教创新实践基地的申报创建工作，经逐级申报，12月被四川省妇女联合会、四川省教育厅联合命名为"四川省家风家教创新实践基地"。

（鲁　立）

青神县文学艺术界联合会

【概况】 2022年，青神县文学艺术界联合会有兼职主席1人、专职副主席1人、兼职副主席8人、正式编制3人。有作家、散文、书法美术、音乐舞蹈、摄影、影视、老年书画研究、收藏艺术、民间文艺9个专业协会，团体会员近400人。

2022年2月18日，青神县文学艺术界联合会组织青神县竹娘子文艺宣传队排演快板《治蜀兴川新征程 喜迎党的二十大》（县委宣传部供图）

【文艺创作】 2022年，青神县文学作品有邵永义的长篇人物传记《苏母传》（蒋蓝合著），由中国书籍出版社出版，《记忆深处的那些动词》在《四川文学》发表，《别人的映山红》在《华西都市报》发表，《红竹》在《四川经济日报》发表；杨红春的《杨红春中国画作品选》由中国书画出版社出版，人物画作品《老党员》入展成都当代工笔画研究会主办的"庆祝中国共产党成立100周年"专题展览，国画作品20幅入选中国邮政出版的《庆祝中国共产党成立100周年》限量版珍藏邮册，"书法专用纸（画字格)"获得国家知识产权局颁发的"外观设计专利证书"；雷淑芳的《大山叔》获2022年四川省"森林草原防火"主题征文二等奖，《汉阳古镇的手艺人》在《巴蜀史志》发表；书法美术作品有周学波篆刻入展"四川省第七届书法篆刻作品展"，袁小军草书《苏东坡与谢民师书》入展"丹心翰墨书华章·四川省第七届书法篆刻作品展"，刘中祥书法作品入展四川省硬笔书法协会"同心抗疫·守护家园大书法网络展"；音乐舞蹈作品有舞蹈《面向党旗永生》在眉山市首届文艺新作大赛中荣获二等奖；新媒体作品刊发"主播吟东坡"29期、"老邵聊青神"39期；邀请知名文化博主、网络大V"意公子"到青神采风，制作发布东坡文化视频《离别，是为了让团圆更显珍贵》《求一个苏东坡的同款弟弟》，播放量300余万次。

【文艺人才培养】 国家非遗青神竹编传承人陈云华加入中国工艺美术行业协会成为会员；发挥国家非遗青神竹编传承人陈岚示范引领作用，建成眉山市乡村文艺名家工作室——"陈岚·兰沟村竹编工作室"；曾世俊被《中国书画报》聘任为签约书画家；李永和、胡霞、陈波加入四川省工艺美术行业协会成为理事。

【文艺活动】 青神县文学艺术界联合会组织县书法美术家协会、县老年书画研究会到汉阳镇开展写赠春联活动，为群众送春联1000余副；组织摄影家协会在汉阳湖忆村、唤鱼公园举办迎春摄影展，展出摄影作品100余幅；组织青神县老年人协会、县老年人书画研究会在青神县城北老年活动中心举办创夕阳美丽精彩·迎党的二十大书画展，展出书画作品近50幅；组织学生在中岩文苑开展第五届少儿书法夏令营公益培训活动；组织开展四川省第二届乡村文化振兴魅力竞演大赛眉山青神赛区活动，有7个乡镇的8个节目参加竞演；组织青神县书法美术家协会、青神县摄影家协会在中岩文苑举办"喜迎党的二十大——书画摄影艺术展"，展出书法美术作品近80幅、摄影作品90余幅；承办四川省第二届乡村文化振兴魅力竞演大赛眉山赛区活动，县委宣传部荣获全省优秀组织奖，瑞峰镇党委副书记、镇长熊菲获全省乡村代言人称号，市级非遗青神牛儿灯传承人李树仙获全省乡土文化能人称号；组织青神县竹娘子文艺宣传队深入乡镇，分别在高台镇诸葛村、西龙镇桂花村、瑞峰镇刘家场社区举办多场喜迎二十大永远跟党走文艺演出，惠及群众3000余人；深入乡镇、村（社区）开展文艺宣讲、公益电影放映、"青衣夜话"小讲堂等群众文化活动600余场次，惠及群众3万余人。

（冯玉熙）

青神县科学技术协会

【概况】 2022年，青神县有乡镇科协7个、农村专业技术协会6个，4月成立青神县老科协。青神县科学技术协会动态调整乡镇科协主席和秘

2022年4月20日，青神县老年科技工作者协会成立（县科协供图）

2022年12月14日，科普大篷车进观金小学（县科协供图）

书长，印发乡镇科协工作职责；组织3名选手参加眉山市第三届农村乡土人才创新创业大赛；全年累计开展科普乐园活动14次、科普进社区活动5次、科普大篷车进校园活动4次。

【银会合作】 青神县科学技术协会扎实开展“银会合作”贴息工作，主动加强与金融系统邮政储蓄的联系沟通，对符合条件的贷款种养殖户进行贴息，服务“三农”经济发展，促进全县柑橘、蔬菜、茶叶、生猪、奶牛等产业发展。全年贴息资金5万元，贴息种养殖户24户。

【科普项目】 经过申报推荐、形式审查、专家评审，在四川德恩精工科技股份有限公司设立眉山市专家工作站，承担科技创新、人才培养等任务，促进青神机械产业产学研深度融合。青神县科学技术协会继续实施“科普乐园”项目，把该项目作为均衡城乡科技教育资源的有益探索；引导学道街小学、河坝子小学确立“科技强校”理念；出台《青神县农技协规范化建设》指导意见，按照规范化农技协建设要求打造2家规范化农技协，通过农技协活动、天府科技云“云店铺”、培育农技协骨干人才等措施，促进农民科学素质提升。

【科普扶贫】 7月1日，青神县科学技术协会在瑞峰镇刘家场社区组织开展“探科学之秘，埋智慧之种，兴乡村之业”活动。7月5日，青神县科学技术协会邀请四川农业大学水稻研究所专家廖泳祥到青神授课，授课主题为“科技增粮 守护粮仓”。

【科普活动】 青神县科学技术协会围绕“全国科技日工作者日”“全国科普日”“科技活动周”等节日节点开展主题科普活动，涵盖低碳环保、防震减灾、预防疾病等多项科普内容；全年组织开展柑橘管理技术培训会、高血压和冠心病防治知识讲座、科普宣传志愿服务活动、科普大篷车进校园活动等20余次，发放各类科普宣传资料3000余份。

【青少年科技创新】 青神县评选、报送儿童科幻画、科技辅导员科创成果、青少年科技实践活动等类别作品225件参加眉山市比赛。青神县在眉山市第21届科技创新大赛上获奖作品127件，获青少年科技创新成果一等奖1件、二等奖6件、三等奖3件，获青少年科技实践活动三等奖3件，获科技辅导员科技创新成果二等奖1件、三等奖6件，获少年儿童科学幻想绘画一等奖22件，二等奖28件、三等奖55件，获青少年科学影像二等奖2件。

（黄文静）

青神县残疾人联合会

【概况】 2022年，青神县残联围绕县委、县政府重大决策部署，履行“代表、服务、管理”职能，统筹做好涉残民生工程，做实残疾人教育就业工作，扶持农村贫困残疾人发展生产，大力关爱残疾学生，做实残疾人康复、组联、维权和宣文工作，推动和发展残疾人事业。

【涉残民生工程】 青神县残疾

人联合会对223名农村困难残疾人开展实用技术培训，投入43万元为88户建档立卡残疾人家庭实施无障碍改造，投入17.24万元免费为贫困残疾人适配轮椅、坐便椅等各类辅助器具320件，资助贫困白内障患者实施复明手术104例，完成脑瘫儿、智残儿、听残儿康复22名，集中（居家）托养智力、精神和重度肢体残疾人189名，全面完成涉残民生工程。

【残疾人教育就业工作】 青神县残疾人联合会资助49名义务教育阶段的困难残疾学生2.72万元，资助9名大学新生（3名残疾大学新生，6名困难残疾子女大学新生）一次性补助4.5万元，对2名特校就读的残疾学生生活补贴0.24万元；开展6~14岁未入学残疾儿童少年调查，通过随班就读、特校就读等方式保障义务教育权益，全县义务教育阶段残疾学生112人，入学109人，其中送教上门29人，残疾学生入学率97.3%；开展农村实用技术培训2期，共培训残疾人及其家属223人；向全县120名残疾人发放就业创业补贴12万元；对全县36家超比例安置残疾人就业的用人单位进行奖励；按比例安置残疾人就业119名，万森木业集中安置残疾人就业10名；公开面向全国招录残疾人公务员，树立机关单位安置残疾人就业的工作导向；依托中岩阳光农场、青神县残疾人托养康复中心和凤阳社区日间照料中心等托养机构，集中托养精神、智力、重度肢体残疾人189人。

2022年5月16日，农村残疾人养鸡实用技术培训在白果乡党群服务中心开展 （县残联供图）

2022年7月，青神县智力残疾人刘晋瑄（左1）参加省第五届特奥会田径比赛获得铜牌 （县残联供图）

【残疾人康复工作】 青神县残疾人联合会开展残疾儿童康复训练21人，为1名聋儿实施人工耳蜗手术，资助残疾儿童康复经费44.25万元；资助贫困白内障患者实施复明手术104例、7.28万元；投入17.24万元为296人发放320件辅助器具；邀请省八一康复中心辅具部老师到青神为7名大、小腿缺肢残疾人免费比模并安装假肢，支付基本假肢制作费1.7万元；投入16.9万元为1300名残疾人提供家庭医生签约增质服务。

【残疾人宣传文化体育工作】青神县残疾人联合会开展"文化进家庭五个一"工作，为40名重度残疾人发放80本各类书籍；组织全县残疾人参加省第十届残运会运动员选拔、集训和参赛，参加省第五届特奥会田径比赛获得铜牌；对上争取残疾人自强健身示范点项目2个，争取建设资金10万元，2个自强健身示范点均已建成投用。

【残疾人维权组联工作】 青神县残疾人联合会为12名困难残疾人落实机动燃油车补贴0.4万元；为88户建档立卡残疾人家庭实施无障碍改造；新办理残疾人证2614本，到期更换717本，残疾类别等级更换134本，死亡注销残疾人证424本；举行青神县第七次残疾人代表大会，选举出青神县第七届残疾人主席团及出席市残联第五次代表大会代表。

（黄 培 任惠琴）

青神县红十字会

【概况】2022年，青神县红十字会开展群众性应急救护知识技能普及和培训活动，普及应急救护、防灾避险和卫生健康知识，宣传应急救护、自救互救理念，提高公众应急救护知识技能普及率；弘扬人道、博爱、奉献精神，强化主责主业，开展“三救三献”工作，完成各项目标任务。

【红十字会组织建设】青神县红十字会发展团体会员10个、个人会员100人和注册志愿者登记28人；组织团体会员和个人会员参加抗灾救灾、宣传和执行相关法律法规；与团县委、县妇联、县残联、县人民医院、县中医医院、县妇幼保健院、县疾控中心等单位联合，开展红十字志愿者招募和志愿服务工作；结合实际分批发展学校红十字会基层组织。

【救灾救援】青神县红十字会组建2支红十字志愿者团队28名志愿者参加县疫情防控大数据排查和交通卡点值守，在路口卡点执勤18次，出勤36人次；在社区广场核酸采集点为群众服务，执勤25次，出勤452人次，服务时长3794小时。

【募捐救助】青神县红十字会参与市红十字会“AED守护‘眉’好”项目募捐，获2022年度市红十字系统募捐工作突出贡献奖；通过线上、线下募集资金18.85万元，为青神县公共场所首次募集6台AED一体机，让“救”在身边，“护”住生命得到体现；联系湖北均瑶大健康饮品股份有限公司定向捐赠青中学子1872件味动力酸奶；联系四川恒泰联商贸有限公司、国药集团西南医药有限公司定向捐赠县人民医院6.45万只医用口罩。

【救护培训】青神县红十字会通过“生命教育 人道伴行——应急救护进园区助力制造强县”等系列实践活动，对德恩精工、新鑫元机械、斑布产业园等50家企业、363名制造产业工人进行心肺复苏、创伤救护、异物梗阻以及意外伤害、地质灾害避险等应急技能培训，其中“进社区”持证培训107人、“进企业”持证培训256人；向小区1500名物业、社区居民、在校学生等进行急救知识普及，其中，“进学校”普及人数600人次；“进社区”普及人数500人次，“进农村”普及人数400人次。

【普法宣传】青神县红十字会通过强化“世界红十字”“世界献血者日”“世界防艾滋病日”等节点宣传，协助县卫健局做好无偿献血工作；开展遗体和人体器官捐献宣传和登记；开展救灾避险、志愿服务、造血干细胞捐献专题知识培训，现场采集造血干细胞捐献志愿者血样20份；与县融媒体中心合作加强对红十字文化、工作宣传报道，在青神信息、“两新三大”活动专刊、青神先锋等主要内宣媒体刊发红十字会相关信息10篇；传播红十字文化和学习贯彻《四川省红十字会条例》，开展学习讲座10次，印发宣传材料5000份。

（李　燕）

青神县工商联合会

【概况】2022年，青神县工商业联合会以促进“两个健康”发展为主题，推进各项工作开展，获评全国工商联2022年度民营企业调查点工作先进示范单位；青神商会被省工商联、省司法厅命名为第一批“枫桥式”商会；青神县商会人民调解委员会获省级商会调解组织示范点；“参政议政”工作和民营经济服务保障2项工作获市工商联表彰。

【党建引领】2022年，青神县工商业联合会组织民营经济人士深入学习党的二十大精神、习近平总书记到四川视察重要讲话精神和省第十二次党代会精神15次；组织35家企业赴仁寿信利、万华化学、通威太阳能、东坡区永丰村参观学习考察；联合17户民营企业党支部开展“学习二十大 党建交流话发展”主题党日活动。

【参政议政】青神县工商业联合会配合县委统战部完成民营经济人士综合评价工作；聚焦经济社会发展大局和民营经济发展重点、难点问题，组织48家企业填报民营企业运行状况调查、涉民营经济惠企政策落实情况专项调查等专项问卷调查12次，参与率100%，撰写上报调研文章2篇；积极引导工商联界别中的人大代表和政协委员参政议政，撰写社情民意、提案40件。

【商会建设】青神县工商业联合会指导7个乡镇（街道）商会完成登记注册，登记率100%，同步成立乡镇商会党支部，党组织覆盖率100%；西藏眉山商会青神分会挂牌成立，指导川青农旅发起成立青神县粮食商会，筛选37家企业加入眉山市竹产业商会，推荐4名青年企业家任职眉山市青年企业家商会领导班子；将社会贡献大、行业代表性强、热心工商联事业的6名优秀企业家纳入工商联会员队伍；组织7个乡镇（街道）分管商会工作领导及商会会长到洪雅县学习交流乡镇商会建设工作；与天府新区商会、南充市西充县工商

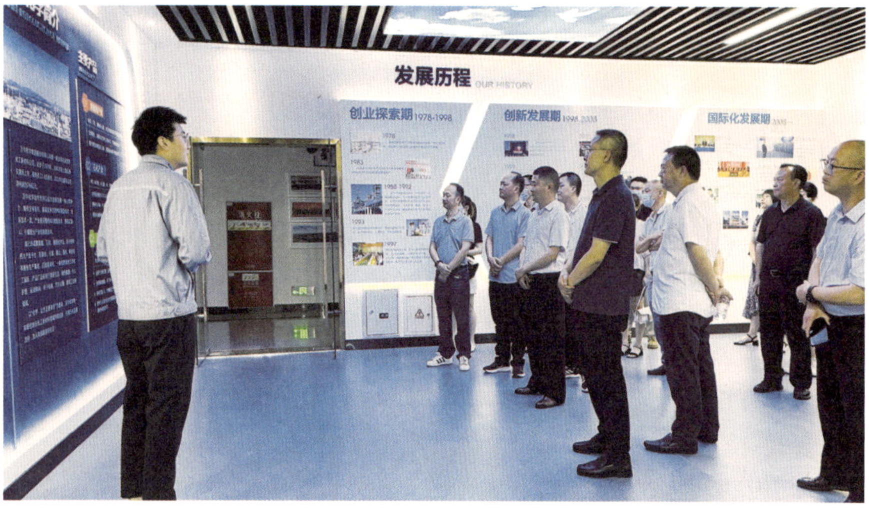

2022年6月24日，青神县组织35家企业代表到高新技术产业园区万华化学（四川）有限公司参观考察　（县工商联供图）

联缔结友好商会，进一步加强两地商会的合作和交流，推动区域经济和商会工作协调发展。

【“百企联百村”行动】 青神县工商业联合会以“百企联百村”工作为载体，引导民营企业和联系村持续开展“民企乡村共兴”活动，针对24家重点企业和24个重点村制定“一企一村一方案”。全县4个企村共建重点项目，投资金额1850万元，解决就业321人，其中助学、基础设施改善及其他捐赠630.5万元。

【企业服务】 青神县工商业联合会协助县人社局组织50家企业召开招聘会62场次，提供岗位1600个，达成就业意向1337人次；建立常态化走访服务企业机制，充分利用走访调研、“民营企业接待日”、惠企稳岗宣传等形式，积极为民营市场主体企业纾困解难，走访企业80家，收集解决生产要素、人才用工、融资等问题10个，发送《2022眉山助企纾困政策大礼包》惠企宣传资料115份，帮助企业解决诉求和问题受理率100%；为民营企业做好法治体检，联合县委政法委、县人民法院、县司法局召开商事纠纷调解暨基层商会建设工作培训会；联合县人民检察院、县司法局、县财政局、眉山市青神生态环境局、国家税务总局青神县税务局、县市场监督管理局成立青神县涉案企业合规第三方监督评估机制管理委员会，定期分析研判运营风险，成功参与调解企业矛盾纠纷20件，涉及金额150万元；依托县人才发展促进会开展线上线下培训42期，邀请专家授课培训3期，辐射人数2000人；加强与金融部门联系沟通，积极探索银行对中小企业融资方式，邀请成都农商银行对四川丹甫、德恩精工等工业企业开展信贷服务，为企业发放贷款1亿元，为民营企业高质量发展提供保障。

（赵　丹）

社会科学界联合会

【概况】 2022年，青神县社会科学界联合会抓好课题申报结项工作，积极开展社科基地实践活动。结项市级课题3个、市级规划课题3个、社科课题20个、社科理论文章20篇，利用市、县两级社科普及基地及向学生、干部、群众普及青神文化、社科知识，结合重要时间节点，同时做好网络科普及线下宣传，发放资料上万份，组织贴近实际、贴近生活、贴近公众的社会科学普及活动20余场。

【社科研究】 青神县社会科学界联合抓好课题申报结项工作，结项《青神县红色资源在党性教育中的开发与利用研究》《青神县践行“两山”理论做实生态资源优势转化机制的案例研究》等3个市级课题，结项《促进乡村产业振兴的眉山实践研究》《传承弘扬苏母家风 强化党员干部家风建设助推新时代全面从严治党向纵深发展》《探索“两山”转化路径建设竹产业高质量发展示范区》3个市级规划课题；围绕“全面推进乡村振兴、加快农业农村现代化”等9个方面，确立20个社科课题，形成《关于坚定文化自信加快建设文化强县的课题研究报告》《关于加强和创新基层社会治理建设更高水平平安青神的课题研究报告》等20篇社科理论文章。

【社科普及】 青神县社会科学界联合会在市级社科普及基地——学生教育实践社科普及基地，举行2期共4个月的社科基地实践活动，1000余名学生开展植物认识、气象观察、水土保持、家乡椪柑等社科活动；在红色西山研学教育基地，向新进科级干部、村社区干部、新招录公务员和事业人员、入党积极分子等1000余人普及青神红色文化；在县级社科普及基地竹编艺术博物馆、青神县柑橘产业发展馆向1万余人次普及竹编知识、椪柑知识；在消费者权益日、宪法日、网络安全周等节点，走上街头、深入乡镇、进入村（社）学校，为群众进行消费权益保护、学习宪法、网络安全知识宣传等20余场，发放各类资料上万份；在“掌上青神”手机客户端，开展新冠病毒防治、森林防灭火、交通安全、青神竹编、节约用电、节约用水、文明行动、防寒防冻、安全生产、养老诈骗等20余个方面的主题知识网络科普500余次。

（余　涛）

法治

2022 年 11 月 30 日，青神县委政法委组织开展"忠诚铸魂二十大、政法为民显担当"主题演讲比赛　（县委政法委供图）

政法委及综治

【概况】 2022 年，青神县政法系统贯彻落实党的二十大精神，以"矛盾纠纷化解攻坚"和"社会精细治理提升"为主线，开展平安青神、法治青神建设和"防风险、保安全、护稳定、促发展"系列行动，提升人民群众获得感、幸福感、安全感。

【平安工作】 中共青神县委政法委坚持落实《眉山市重大决策社会稳定风险评估实施方案》，对重大项目进行风险评估备案；完成重大会节安保维稳，全国全省两会、党的二十大、竹博会等多个重大会节平稳度过；深入乡镇、村（社）、寺庙、学校、公园、农贸市场等开展国家安全宣传，全年累计发放宣传单、宣传手册万余份；梳理排查未息诉息访的积案，按照"责任制+清单制"方式，落实县级领导包案化解，对信访积案逐一检视、逐一研判，中央、省交办信访积案均全面化解、无一反弹。

【创新社会治理】 中共青神县委政法委推动政法智能化建设，推进"慧眼工程"等视频资源建设，推动慧眼工程，建成智慧平安小区16个，完成"天网"四期工程项目建设；构建群防群治体系，发动网格员、警务助理、民兵、志愿者等社会综治力量5000多人次，开展一日双巡，严防不安全因素发生，增强群众安全感、获得感、幸福感，平安建设群众满意度位列全省第一方阵。

【网格化服务管理】 中共青神县委政法委完善网格化治理体系，印发《青神县关于推进网格化服务管理"一格多员、一员多用"实施方案》，健全完善城区"社区＋网格＋小区＋楼栋"、农村"村＋网格＋村民小组＋片长"四级体系，细化网格员任务清单，提升全县网格化服务管理工作水平；网格员为群众办理各类事件达 4 万余件，收集社情民意 280 条，排查治安隐患 1141 件；县综治中心在今日头条、法治四川、新华社等各类媒体上稿 72 篇，其中《纵深推进市域社会治理现代化试点的青神实践》被中国网、新华社采用。

【法治建设】 中共青神县委政法委实施"八五"普法，开展"法治四川行"一月一主题活动，利用法治文艺巡演、法治讲座、法治赶场等形式，开展"三月法治宣传月""美好生活·民法典相伴"等主题宣传活动 103 场次，线上法治答题活动参与 5000 余人次，投放微信朋友圈法治广告覆盖 16 万人次；开展国家工作人员在线学法考法工作，参加人数 1900 人；创建县级平安村（社区）10 个、市级平安村（社区）8 个、省级平安村（社区）2 个，兰沟村复核保留"全国民主法治示范村"称号，百家池村成功创建为省级"民主法治示范村(社区）"。

【完善政法公共服务体系】 中共青神县委政法委推进三级法律服务站建设。实行坐班律师制，接待群众法律咨询 200 人次，参与调处矛盾纠纷 3 次，参与领导接访 4 次；发挥三级法律服务诊所（站）作用，解答群众法律咨询近千人次；建立工商联商事纠纷调解委员会，开展法治宣传、案件调解，走访企业 30 余次，举办法制宣传线上线下培训 7 次，发放法治宣传资料 200 余份；推行首席法律咨询专家制度，印发实施《青神县首席法律咨询专家制度实施办法》《青神县首席法律咨询专家办案经费管理办法》，并聘任 37 名专家库成员；全年参与形式重大项目会审 1 次，出具法律专业意见指导书 5 件，解决案件 31 件。

【打击犯罪】 青神县开展扫黑除恶，深入推进禁毒、电信诈骗、养老诈骗等专项整治；处置涉黄涉赌治安案件 31 件、288 人，责令 16 家按摩、洗浴场所停业整顿；破获涉诈及其关联案件 36 起，挽回损失 65.2 万元；对 3 起涉嫌非法采矿案件举报线索立案侦查 2 起，行政处罚 2 起；开展打击养老诈骗专项行动，组织县公安局、县市场监管局等部门开展联合执法 7 次，行政处罚 1 起，罚款 10 万元，停业整顿3家，在8家有老年人聚集商铺开展现场反诈骗宣讲，对26家涉嫌虚假宣传的商铺进行批评教育。

【排查化解】 中共青神县委政法委组织开展拉网式大排查3次，化解民间借贷（债务）、婚姻家庭、邻里等纠纷500余件；推进一站式矛调中心实战化规范化运行，全年接待群众1085人次，化解矛盾问题1378件，为群众提供免费法律咨询和心理疏导服务181人次。

2022年11月22日，青神县法治政府建设工作推进会召开 （县司法局供图）

法治政府建设

【概况】 2022年，青神县印发《青神县法治政府建设实施方案（2021—2025年）》《青神县人民政府2022年度法治政府建设重点工作安排》，明确法治建设目标任务。县政府常务会议开展会前学法14次，全县党政部门主要负责人全覆盖参加述法工作。依法治县和法治政府建设工作被纳入2022年度党务目标考核。

【行政决策合法性审核】 青神县司法局全年完成合法性审核78件，其中行政规范性文件16件、重大行政决策16件、党内规范性文件17件、县政府合同7件，提出审核意见14项，均被采纳；制发《青神县法治政府建设工作领导小组办公室关于进一步做好行政规范性文件合法性审核等相关工作的通知》，明确行政规范性文件的范围、审核内容、审核程序。

【行政复议与应诉】 青神县司法局依法办理向县政府申请行政复议案件12件，审理完结12件，无复议案件被纠错；推进行政复议体制改革，组织开展“行政复议进乡村”主题法治宣传活动，发放宣传资料100余份；办理以县政府为被告的行政诉讼3件，指导以乡镇（街道）、县级部门为被告的行政诉讼16件；与东坡区人民法院行政庭建立辖区内应出庭案件动态沟通机制，监督行政机关履行出庭应诉义务；组织在县政府常务会前学习《中华人民共和国行政诉讼法》，向县政府常务会报告青神县行政应诉工作情况，提质增效行政应诉工作。

【行政执法“三项制度”推行】青神县司法局组织行政执法部门开展执法质量自评，抽取10个重点部门的49卷行政处罚案件进行集中交叉评查，研究解决存在的共性问题；统计各执法部门执法设备配置情况。26个乡镇（街道）和县级执法部门补充配备执法记录仪。各行政执法单位公示2022年度行政执法情况。

【行政执法监督协调】 青神县司法局推进行政执法人员持证上岗和资格管理制度落实，组织202人参加全省行政执法考试，考试通过180人，通过率89%；运用“互联网＋平台”的方式加强人员资格管理，完成行政执法及监督情况统计；开展“大走访大调研”活动，实地走访调研外商企业和民营企业共20家，征集优化营商环境的建议意见3条。

【行政规范性文件管理】 青神县政府向市政府、县人大备案行政规范性文件17件；组织在县政府常务会学习新修订的《四川省行政规范性文件管理办法》，清理2018—2021年县政府行政规范性文件，制发《青神县人民政府关于公布2018—2021年县政府行政规范性文件清理结果的通知》。

【法律顾问管理】 青神县制发《青神县政府法律顾问管理指导意见》《青神县政府法律顾问日常考核评分办法》，组织开展政府法律顾问日常考核和综合考核工作，县政府法律顾问参与重要决策研讨5次，提出法律意见32条。

（周子婷）

公 安

【概况】 2022年，青神县公安局推进各项工作，维护全县政治秩序、经济秩序、社会秩序安全平稳。全年全县刑事案件发案率比2021年下降11.8%，破案数上升88.17%，破案率上升30.92%；公诉案件数、公诉人数、办结行政案件数、罚款处罚以上人数分别比2021年上升54.69%、113.64%、52.17%、83.83%。

【社会治安防控体系建设】 青神县公安局依托市域社会治理现代化试点改革，在城区精准划分26个警格，抽调79名精干警力组建广场值守组、街面巡逻组等7个大组13个小组，采取设置治安卡点、流动巡逻等方式，结合夏季治安特点，弹性叠加部署警力，采取“步巡+车巡”相结合方式，加强与武警联勤巡逻，共成功处置街面警情143起，挡获违法人员36人，抓获上网逃犯18人，教育训诫交通违法人员1670人。

【违法犯罪打击】 青神县公安局始终坚持严打方针不动摇，对故意杀人、强奸、抢劫等严重暴力犯罪，组织优势警力快侦快破，打出声威、安定人心。重拳惩处盗抢骗、黄赌毒、故意伤害、寻衅滋事、酒驾醉驾等夏季多发违法犯罪。在2022年夏季治安打击整治“百日行动”中，全县刑事警情45起，比2021年下降21.05%；刑事案件破案40起，比2021年上升122%；采取刑事强制措施171人，比2021年上升180.33%；治安警情65起，比2021年下降21.69%；行政案件办结54起，比2021年上升38.5%；罚款以上行政处罚104人，比2021年上升112.2%。未发生八类主要刑事案件，实现了“四个一批、四个严防、一个确保”的目标任务，人民群众安全感、满意度显著提升。

【公安科技信息化建设】 青神县公安局完成“天网”四期工程项目建设，同时对后端视频应用平台进行升级改造，不断提升公安科技信息化水平。

【网络安全监管】 青神县公安局加大《中华人民共和国网络安全法》等普法宣贯力度，广泛排摸本地网络信息基础设施总体情况，会同政府职能部门积极研究构建顺应趋势、符合发展的网络安全监管体系，指导党政机关和重要企（事）业单位落细落实安全防护措施。组织开展防范重要数据和公民个人信息泄露专项排查，掌握重要数据存放和运维单位124家，全部纳入重点保护范围。以问题隐患为导向，2022年以来，通过现场检查、远程检查网络运营单位200余家次，排查网络安全隐患60余处，对检查中发现的经费保障不足、技术防范措施不到位等问题，约谈相关单位24家次，警告并责令限期整改33家次。

2022年10月7日，青神县公安、武警在唤鱼公园联合开展巡逻防控　（县公安局供图）

【电信诈骗打击行动】 青神县公安局重点针对新型网络违法犯罪，探索建立案件主办、资金核查、落地稳控等分工明确的快速响应机制和技战法，主侦的“2022·3·01”跨境网络赌博案被省公安厅列为2022年全省最大国督案件，采取刑事强制措施353人，移送起诉34人，查封、扣押、冻结资金和资产6.5亿元，系青神县公安局历年来侦破的涉案金额最大、打处人数最多、涉案地最广的刑事案件。

【电子证据采集服务】 青神县公安局电子数据勘察取证分析实验室按照公安部三级实验室等级评定标准进行建设，配备相应的数据取证分析设备，具备电子数据固定提取分析、远程勘验、网络数据在线提取等功能。全年受理案件52起、电子物证检材148个，提取并分析案件线索180余条，为侦查破案提供有力技术支撑。

【公共安全监管】 青神县公安局严格枪、爆、危等重点物品管控，加强复杂部位治安检查，整治突出治安问题，有效挤压犯罪分子活动空间。针对春节、春运等节点，加强公共安全监管和大型活动审批，积极做好冬季雨雪、冰冻等恶劣天气交通应急管理，全力做好道路交通安全、保畅工作，最大限度防事故、除隐患、保安全。

【特种行业管理】 青神县公安局对全县16家易制爆使用企业、单位和学校，12家剧毒使用企业开展检查监督，保障易制爆、剧毒化学药品使用安全；办理1起非法存储烟花爆竹案，收缴组合烟花12组、鞭炮198盘，行政处罚1人。

【社会服务行业管理】 青神县公安局制定《青神县公安局服务保障稳定发展20条措施》，落实“项目警务室”“项目警官”制度，建立服务型新型警企关系，切实为企业纾困增效。开展“送法进企业”活动6次，惠及员工1500余人，开展上门走访12次，收集民营企业意见建议26条，全部逐项抓好落实；深入推进“亮灯行动”，加大工业园区、重点企业等周边治安巡防的频率和密度，抓获现行违法人员3人、在逃人员4人；深入落实安全生产底线工作“五全一常态”机制，深入企业内部及周边开展安全生产隐患排查整改和涉企矛盾纠纷排查化解，指导监督企业制定落实安全管理制度和措施，开展集中业务培训12次，累计开展涉危涉爆物品安全检查17次，发现整改安全隐患5处；大力推进“互联网+公安政务服务”改革，深化“一网通办”服务，利用公安服务平台加快行政审批和政务公开，为企业和公众提供高效、便捷的政务服务。

【食药环节安全管理】 2022年，青神县公安局开展餐饮行业毒品检测工作，重点检测辖区内火锅店、串串店、卤菜店、冒菜店等餐饮场所是否有使用罂粟壳等毒品源植物作为饮食作料行为，立刑事案件5起；侦破“5·21销售假冒注册商标商品案”，查获假烟2800条，涉案金额500余万元。

【禁黄禁赌行动】 2022年，青神县公安局持续开展“清风”整治行动，检查县内KTV138家次、宾馆酒店268家次、洗浴按摩店212家次、茶楼水吧402家次、出租房112家次、“五小门店”132间次，关停存在治安安全隐患的洗浴按摩店3家、KTV1家。

【“灭枪”与“缉枪治爆”专项行动】 2022年，青神县公安局对辖区内58家烟花爆竹、易制爆、剧毒品使用单位和加油站进行安全检查，责令整改26家。

【“打拐”专项行动】 2022年，青神县公安局对上级公安机关转办的涉拐线索进行调查核实，摸排涉拐人员8人，均采集DNA信息入库；2022年7月6日，赴江苏省成功解救失踪26年妇女陈某，并开展相关取证工作，成功锁定3名犯罪嫌疑人。

【“打击侵财犯罪”专项行动】 2022年，青神县公安局对废旧物品收购点、暂住人口聚居地开展集中清查行动，对网吧、旅馆、娱乐场所采取定期检查与突击检查、公开检查与秘密检查相结合的方式，督促网吧、旅馆严格落实实名登记等措施，破获系列盗窃案，抓获4名犯罪嫌疑人。

【“扫毒”专项行动】 2022年，青神县公安局对全县易制毒化学品企业开展检查，重点检查其存储和使用是否安全；联合各乡镇（街道）以及派出所，组织网格员和民警等力量，对易种植毒品的场所和人员走访摸排，强化对“阳台房顶零星种植罂粟”和“农村菜地种植罂粟”问题的发现能力，采取“空+地”结合巡查模式，出动12架次警用无人机开展巡查，查获种植罂粟地10余次，铲除毒品源植物200余株。

【警卫保卫】 青神县公安局按照定人、定岗、定责的要求，精细划分7个安保大组、15个工作小组，拟定7个分类子方案，完成党的二十大、习近平总书记到四川视察、省委书记王晓晖到眉山视察、时任省委书记彭清华到青神调研、2022国际（眉山）竹产业交易博览会等重大警卫安保任务。开展校园安全隐患大排查，将校园视频全部接入公安平台，组织校园安保人员培训194人次，开展校园法治宣传68次。

【道路交通事故预防与处理】 2022年，青神县公安局利用智能交通管理系统查处各类道路交通违

2022年9月9日，青神县公安局开展道路交通安全整治 （县公安局供图）

2022年7月15日，青神县公安局开展交通安全宣传 （县公安局供图）

法行为 8529 起，劝离各类车辆 4000 余辆次，协助调取案、事件视频资料 150 余次，协助破获各类违法案件 40 余起，提供交通信号保障 40 余次。全县共发生道路交通事故 1213 起，死亡 15 人，受伤 961 人，直接财产损失 197.53 万元。与 2021 年相比，事故总数上升 12 起，上升 1%；死亡人数持平；受伤人数上升 5 人，上升 0.52%。

【道路交通秩序管理】 2022 年，青神县公安局联合相关行业主管部门对全县客货运企业、危化品运输企业、货运装载源头企业及快递、外卖、物流企业进行了多轮全覆盖巡查、提醒、督促、约谈。共出动警力 2400 余人次，检查各类车辆 5 万余辆次，暂扣机动车 185 辆，侦破逃逸案 19 起，行政拘留 28 人，刑事打击处理 61 人（交通肇事案 10 起，危险驾驶案 51 起），警示教育轻微违法驾驶人 2 万余人次，查处交通违法行为 35809 起。

【道路交通安全宣传】 2022 年，青神县公安局组织开展农村大喇叭宣传活动 5 次、美丽乡村行宣传活动 5 次，在村委会、学校设置交通安全宣传栏 156 个，在村口设置警示提示牌 80 个，制作海报 75 幅，发放宣传资料 1.5 万余份，上交通安全课 10 次，播放公益广告和交通安全提示 100 余条；在四川交警总队微博、微信公众号上稿 24 条，被公安部交管局抖音号采用宣传视频 6 条。

【车辆与驾驶人管理】 2022 年，青神县公安局新办摩托车驾驶证 446 人，增驾 702 人，补证换证 4998 笔；办理电动自行车登记入户 6083 辆；机动车注册登记 4157 辆，机动车转让登记 366 辆，机动车转入登记 185 辆，机动车抵押登记 317 辆，机动车注销登记 2114 辆，机动车核发年检标志 11628 辆，其他业务 3297 辆；销毁汽车、摩托车、电动车等废旧车辆 129 辆。

（王露萍）

检　察

【概况】 2022 年，青神县人民检察院紧紧围绕县委中心工作和部署要求，忠诚履职服务大局，牢记使命为民司法，26 项工作（个人）受到县级以上表彰，2 名干警和集体在全市优秀公诉人业务竞赛中获奖，7 个案件入选市级以上典型案例，5 项工作在市级以上会议作经验交流，2 项工作被认定为全市创新工作，制发全省首件涉黑反洗钱检察建议，经验做法在全省推广。

【刑事检察】 青神县人民检察院推进侦查监督与协作配合办公室实质化运行，采取"分组轮流派驻 + 定期定点值班"工作模式，开展轮值 30 余次，加强案件会商，对接案件 90 余件，提前介入案件 27 件，监督立案 9 件、撤案 5 件，不捕率 29.73%，比 2021 年下降 22.7%，纠正违法 9 件。加强审判监督，提出抗诉 1 件、提请抗诉 1 件。贯彻"严宽相济"刑事政策，立案监督率 9.7%，审前羁押率 8.2%，刑事案一件比 1 ： 1.044，三项指标均位居全市前列；不诉率 25.95%，比 2021 年上升 105%，办理的齐某某贪污、职务侵占案入选全市检察机关典型案例。积极适用认罪认罚从宽制度，认罪认罚适用率 88.65%，提出确定刑量刑建议 137 人，量刑建议比例与采纳率均为 100%。纠正监管场所违法 9 件；开展社区矫正监督巡察 4 次，纠正违法 5 件 5 人。

【民事检察】 青神县人民检察院开展民事虚假诉讼领域深层次违法行为监督专项行动，办理的青神某建筑公司虚假诉讼监督系列案被省检察院评为典型案例；在生效裁判监督中引入多元矛盾化解机制，促成民事和解 4 件；依法办理李某某生命权纠纷申请监督案，组织涉事公司、诉讼代理人、当事人多方多次协商，促成当事人和解并息诉服判，有效维护司法公信力。

【行政检察】 青神县人民检察院以专项行动为检察监督着力点，重点开展渔政执法、民生民利领域等行政专项监督活动；常态化开展行政争议实质性化解工作，完成实质性化解 3 件；办理王某某与县民政局婚姻登

2022 年 9 月 26 日，青神县人民检察院召开公民个人信息保护社会治理类检察建议公开听证会　（县人民检察院供图）

记行政纠纷一案，综合运用调查核实、公开听证、检察建议等方式促进双方化解矛盾纠纷，维护当事人合法权益，实现案结事了人和，该案入选市检察院民事行政检察典型案例，工作信息被省检察院采用。

【公益诉讼检察】 青神县人民检察院立案办理公益诉讼31件；开展临时用地耕地占用税公益诉讼专项监督活动，依法督促行政执法部门向项目业主追缴税款及滞纳金229万余元；推进代表建议、政协提案与公益诉讼检察建议衔接转化试点工作，联合县人大、县政协、县委政法委出台《关于加强代表建议、政协提案、公益诉讼检察建议衔接转化工作的暂行办法》；聘任23名公益诉讼观察员，依托"益心为公"检察云平台受理线索3件，检察建议转化为代表建议1件、政协提案1件，代表建议转化为检察建议1件。

【未成年人刑事检察】 青神县人民检察院坚持"零容忍"从严惩治侵害未成年人犯罪，起诉2件4人；坚持"教育、感化、挽救"方针加强对未成年人特殊保护，不捕1人，附条件不起诉1人，诉前非羁押5人，不捕率和诉前非羁押率均为100%；落实《中华人民共和国家庭教育促进法》，制发"督促监护令"4份；办理涉未成年人支持起诉3件、公益诉讼4件，开展法治宣传13次；开展近三年涉未成年人刑事案件专题调研，向行政主管部门制发检察建议，有力推动强制报告、校园安全等制度落地落实。

【"两法衔接"推进】 青神县人民检察院持续推进"两法衔接"工作，加强部门联动，召开联席会1次、案件讨论会4次，及时会商解决衔接工作中存在的问题；持续加大执法办案力度，全年全县行政执法机关向司法机关移送涉嫌犯罪案件10件，其中主动移送3件，建议移送7件，公安机关受理立案10件，县检察院审查起诉4件，县法院判决4件。

【民营经济发展保障】 青神县人民检察院积极服务保障"六稳""六保"，依法办理组织、领导传销活动罪、销售假冒注册商标的商品罪等破坏社会主义市场经济秩序犯罪案件12件14人，追赃挽损349万余元，办理的本县某房地产公司被民事欺诈、单位行贿案入选眉山市政法系统保护民营企业合法权益十大典型案例；开展涉案企业合规改革工作，与县工商联等六部门建立第三方监督评估机制管理委员会，进一步推动涉案企业实施有效、合规整改。

（王　皓）

法　院

【概况】 2022年，青神县人民法院推进各项工作高质量发展，全年共受理各类案件2423件，结案2365件，结案率97.61%，一线民商事审判法官人均结案203件；获县级以上集体表彰10次，县级以上个人表彰37人次。

【刑事审判】 青神县人民法院审结各类刑事案件94件，判处罪犯161人；审结销售有毒有害食品罪4件，判处犯罪分子5人，守护群众"舌尖上"的安全；严惩利用计算机网络等手段非法获取公民个人信息犯罪案件4件，筑起信息保护"防护墙"；审结各类涉毒品犯罪案件12件，判处犯罪分子12人，推进全民禁毒行动；严惩侵害未成年人犯罪案件2件，判处犯罪分子4人，发出未成年人保护司法建议书1份，推动相关部门建立完善防范机制，构筑起未成年人保护格局；审结"3·12"组织、领导、参加"黑社会"性质组织罪一案，该案判决后，仅1人上诉，其余26名被告人服判未上诉，是开展扫黑除恶专项斗争以来眉山市办案效果最好刑案之一。

【民商事审判】 青神县人民法院受理各类民商事案件1396件，审结1359件，结案率97.35%；助力法治化营商环境建设，贯彻落实《关于建立服务保障民营经济健康发展协作机制的实施意见》，强化调解运用，助力中小微企业渡过难关；成功调解涉案标的金额1100余万元的鑫统领公司与嘉源达公司买卖合同纠纷案，代表眉山两级法院参评全省保护民营企业合法权益十大典型案例；审结因疫情等原因引发的劳资用工纠纷、物业服务合同纠纷、租赁合同纠纷等涉民生案件1232件，促进各类民商事主体有序开展经营活动；审结承包土地征收补偿费用分配纠纷等各类土地经营权纠纷3件，服务特色产业发展、乡村振兴战略；参与县域房地产领域涉稳工作，建设"执转破""府院联动"等机制，在推动众生公司、鑫府公司等破产案审理中，考虑上千户购房群众等各类债权人切身利益，依法予以平等保护。

【执行工作】 青神县人民法院执结各类案件812件，执行到位金额1.2亿元；深化完善综合治理"执行难"格局，开展"司法大拜年""拒执大打击"行动，争取党政重视和各界监督；执行指挥中心实质化运行，完善《执行指挥中心实质化运行实施细则》，建立"三区六岗"运行模式；科学配置执行命令权、裁判权、实施权、管理权，变"一人包案到底"为

2022 年 5 月 27 日，青神县人民法院邀请学生参加一起贩毒案件庭审观摩（县人民法院供图）

2022 年 12 月 2 日，“3 · 12”组织、领导、参加“黑社会”性质组织罪一案宣判现场（县人民法院供图）

“群策群力”化解“执行难”；加大失信被执行人曝光力度，全年发布失信被执行人 86 例，限制高消费 425 例，限制乘坐飞机、火车 1611 人次，构建社会诚信体系；在“12 · 31”案执行中，统筹抽调法院干警 20 人组成多个专案组，运用网络查控系统，对分布在全国各地多个银行账户完成线上控制，对于特殊类型账户，制作 500 余份法律文书，通过执行指挥平台发起线下控制，短时间内扣划到账金额超过 4800 万元。

【诉源治理】 青神县人民法院强化诉源治理，增强人民群众获得感；助力“无讼社区”“无讼村”等法治创建工作，指导自治、引导德治、保障法治；做好员额法官直联点工作，联系全县7个乡镇、58个村（社区），覆盖率100%；开展资源整合工作，建立“1+N多员合一”工作平台，由1名员额法官主导，人民调解员、人民陪审员、网格员、家事调查员等N名辅助人员全程参与调解，实现“小事不出村、大事不出镇、矛盾不上交”；开展“繁简分流”工作，全年依法适用小额诉讼程序审结案件411件，减轻当事人诉累。

【司法为民】 青神县人民法院打造利民机制，畅通人民群众表达诉求渠道，开展“巡回审判”“送法下乡”“以案说法”等活动，零距离、面对面为人民群众定纷止争；利用法院“两微一端”发布宣传海报、漫画、案例等 80 余期，深入联系户普及反诈小知识，指导安装反诈 App，守住老百姓养老钱；加大司法救助力度，缓、减、免交案件受理费，提供救助款，全年救助 79 人次，救助金额 39.93 万元，让经济有困难的群众享受司法服务；构筑反家暴“隔离墙”，保障妇女儿童权益，全年发出《人身安全保护令》2 份，发出首份《家庭教育指导令》，在施暴者和受害者之间筑起“隔离墙”，维护妇女、儿童、老年人、残疾人的人身安全和人格尊严；打造智慧法院，搭建人民群众维护权益平台，开启“掌上执行信息大全”，推出“中国执行信息公开网”二维码快速链接信息，满足人民群众对执行信息了解需求；推广“云上法庭”、在线调解等远程办案模式，实现“零接触”办案；全年通过“云上法庭”审结案件 571 件，达成和解 397 件，调解成功率 69.53%。

【司法公开】 青神县人民法院向县委、县政府汇报法院工作，全面推进各项工作；加大审判流程、执行信息、裁判文书、庭审公平台应用力度，在中国裁判文书网公开裁判文书 452 篇；举办法院开放日，邀请代表委员监督指导法院工作 6 次，办理代表意见及建议 2 件，举办线上、线下代表委员联络活动 6 场，提升司法公信力和透明度。

（艾　睿）

司法行政

【概况】 2022 年，青神县司法局紧扣司法行政新职能，各项工作取得新进展、新成效；被省委、省政府表扬为“2016—2020 年四川省普法先进单位”，17 个项目获得县委、县政府表彰为依法治县、优化营商环境等先进集体称号，20 名干警荣获市委、市政府及县委、县政府表彰。

【公共法律服务体系建设】 青神县司法局建设县、乡、村三级公共法律服务实体平台，督导公共法律服务中心、工作站（室）更新标识标牌、完善规章制度和规范档案卷宗；推动公共法律服务实体、热线、网络三大平台融合发展，形成“三横”“三纵”的公共法律服务体系，通过司法部委托北京零点市场调查有限公司对青神县公共法律服务体系建设情况开展的第三方评估；推动所有村（社区）签订法律顾问合同，指导乡镇（街道）开展法律顾问日常考评工作；全年公

2022 年 8 月 24 日，四川省“法律明白人”提能培训班在青神县举办　（县司法局供图）

共法律服务平台提供法律服务 1500 人次。

【法律援助】 青神县法律援助中心全年提供法律援助咨询服务 1700 人次，受理法律援助案件 165 件；对行动不便的老年人、残疾人等特殊困难人群提供上门办理服务 16 人次，受理农民工、企业职工法律援助案件 73 件，涉案金额 91.8 万元，挽回经济损失 53.9 万元；开展刑事案件律师辩护全覆盖试点工作，办理刑事法律援助案件 31 件；开展《中华人民共和国法律援助法》专项宣传活动 2 次；回访受援人 21 次，案件满意度达 100%。

【律师服务】 青神县有 3 家律师事务所，执业律师 13 人，实习律师 2 人；2 家基层法律服务所，执业人员 8 人。全县律师和基层法律工作者代理各类法律事务 518 件。其中，刑事辩护及代理 88 件，民事诉讼及非诉类案件代理 413 件，行政案件 17 件。担任法律顾问 66 家，接待法律咨询 3000 余人次，参与认罪认罚值班工作 98 次，为犯罪嫌疑人提供咨询 114 人次。组织律师志愿者队伍开展法治宣传 2 场，发放宣传资料 300 余份，开展“法治体检”“劳动合同体检”“个体工商户服务月”活动，提出法律意见 50 余条，普查劳动合同 200 份。

【公证服务】 青神县公证处办理各类公证 262 件，代写或修改公证文书 120 份，接待公证咨询 523 余人次；为老年人、残疾人、未成年人等弱势群众免费办理公证 6 件，办理上门公证 14 件；推进公证“减证便民”，推行证明事项告知承诺制；完善公证处规范化建设，创建标准化公证处。

【人民调解】 青神县各类调解组织 92 个，调解员 594 名，实现全县村（社区）调解组织全覆盖，选任专职人民调解员 16 名；全年开展矛盾纠纷排查 736 次，调解矛盾纠纷 1406 件，调解成功 1380 件，涉及金额 280.11 万元，调解成功率 98.2%。

【社区矫正】 青神县司法局全年接收社区矫正对象 64 人，解除社区矫正 55 人，在册 139 人，走访社区矫正对象 1274 人次，为 3 人推荐就业，完善警务协作制度和信息互通制度，无脱管漏管、重新犯罪现象发生；组织社区矫正对象开展法治教育 1780 人次，观看爱国、法治教育影片 21 场；组织 27 名矫正对象参与疫情防控等工作。

【安置帮教】 青神县司法局全年接收安置帮教对象 153 人，在册 491 人，安置率 100%；开展帮教走访 2148 人次，核查人员信息 164 条；开展“逆风飞翔、相伴成长”关爱活动，组织 6 名在监服刑人员未成年子女参加“暑假夏令营”“暖冬行动”等活动。

【司法所建设】 汉阳司法所开展规范化建设，成为市、县共建亮点司法所。青神县开展省级“枫桥式司法所”创建工作，青竹司法所被四川省司法厅授予第三批省级“枫桥式司法所”称号。

【普法宣传】 青神县司法局实施“八五”普法，开展“法治四川行”一月一主题活动，利用法治文艺巡演、法治讲座、法治赶场等形式，全年开展“三月法治宣传月”“美好生活·民法典相伴”等主题宣传活动 103 场次，线上法治答题活动参与 6000 人次，投放微信朋友圈法治广告覆盖 16 万人次，法治短信推送 8 万人次；开展国家工作人员在线学法考法工作，参加人数 1893 人；与四川战旗乡村振兴研究院合作在青神县举办乡村“法律明白人”培养工程和全省“法律明白人”提能培训班；兰沟村复核保留“全国民主法治示范村”称号，百家池村创建为省级“民主法治示范村”。

（周子婷）

军 事

人民武装

【概况】 2022年，青神县人民武装部紧抓党委班子自身建设，紧抓国防动员主责主业，紧抓“两室一标”“四个秩序”建设，坚持稳中求进、安全奋进，坚持突出重点、强势推进，全面建设取得良好发展势头。

【思想政治建设】 青神县人民武装部依托军分区周交班会，开展党委中心组学习，学习贯彻党的二十大精神，推进理论武装走深走实；学习党的创新理论，召开党委会、党小组会研学党的二十大报告和新党章，融合学习《习近平谈治国理政》第四卷和《习近平强军兴军（三）》，领会蕴含的精神实质、丰富内涵和实践要求，用以武装头脑、推动工作、指导实践；开展党史学习教育，开展“忠诚维护核心、矢志奋斗强军”主题教育，组织“学思想、铸忠诚、担使命”实践活动，组织全体人员、专武干部和民兵应急连到青神县红色西山革命教育基地开展讲党课悟初心、缅怀革命先烈、重温入党（队）誓词，到东坡区太和镇永丰村开展“追寻领袖足迹、学思践悟党的二十大”主题党日实践活动，强固国防人的使命担当，确保队伍建设的正确方向。

【党管武装与全面从严治党】青神县人民武装部贯彻落实《中国共产党军队党的建设条例》《军队政治工作条例》等党建法规，严格落实组织生活制度，领导干部带头上党课，带头参加双重组织生活，增强班子创造力凝聚力战斗力；开好党史学习教育专题民主生活会和“讲政治、明大义、守底线”组织生活会，依规做好党的二十大代表、军委国动部党代表、省军区军人代表大会代表和四川省第十四次人民代表大会代表推荐提名工作；坚持把维护中共政治纪律和政治规矩作为首要任务，利用支委会、交班会等时机，学习习近平总书记在中纪委六次全会上的重要讲话精神，全员传达学习中央军委纪委监委通报典型案例，认真阅看严重违纪违法大校以下人员忏悔材料汇编材料，落实党委书记、纪委书记上党课制度，开展讨论交流，引导官兵知敬畏、存戒惧、守底线；深化政治整训，开展基层风气、纠治倾向性问题和后勤重点行业领域整肃治理，营造风清气正海晏河清政治生态。

【民兵组织整顿】 青神县人民武装部开展国防潜力数据调查，树立“编组出战斗力”的思想，突出新质力量，召开民兵整组动员部署暨业务培训会，全县基干民兵按照应急和支援两类科学编组队伍，通过军分区组织的检查验收。

【基层人武部建设】 青神县人民武装部协调投入300余万元规范化建设人武部机关和基层“四个秩序”，完善部分战备物资和基础设施，各乡镇（街道）人民武装部推进基层武装部规范化建设，提高规范化建设水平。

【兵役征集】 2022年，青神县征兵工作严格执行上级下达的征兵命令，强化兵役登记、征兵宣传、体格检查、政治考核、役前教育、审批定兵、新兵启运、回访跟踪等全过程的组织领导，高标准完成全年征兵任务，大学毕业生比例再创新高，兵役登记率100%，无责任退兵，完成征兵工作。

【民兵战备训练】 青神县人民武装部坚决落实党委议战议训制度，严格落实战备值班制度，跟进完善各类应急预案，时刻做好遂行任务准备；先后组织基干民兵参加轮训集训，集中组织县应急连和支援队伍应急拉动和实弹射击，检验民兵实战化水平。

【民兵参建参治】 青神县人民武装部参加全县抗洪抢险军地联演联训，组织民兵执行安保巡逻任务，参加军地森林防火、地质灾害、防汛抢险联合演练，执行全县疫情防控值班值守、排查登记、执勤消杀等任务；组织民兵24小时驻守联点小区，锻炼机关应急协同指挥和分队应急处置能力。

【爱国主义教育】 青神县人民武装部深化全民国防教育，结合“国防教育日”“军事日”和兵役征集、学生军训等时机，采取形势宣讲、纪念活动、网络宣传等多种形式，到国防教育学校西龙镇小学开展“关爱儿童、筑梦国防”爱心捐赠活动，推动国防教育进机关、进课堂、进社区、进乡村。

（何 乐）

武装工作

【概况】 2022年以来，武警青神中队在支队、大队两级党委的正确领导下，紧跟上级党委决策部署，深入学习贯彻党的二十大精神，科学谋划年度工作，系统分析建设形势，客观查找问题短板，狠抓经常性基础性工作落实，中队创先争优氛围浓厚，整体建设向上向好发展，荣立集体三等功。

【政治引领】 武警青神中队着眼党的二十大召开的政治之年背景，紧跟党的创新理论步伐，同步收看党的二十大直播，第一时间跟进学习党的二十大报告及系列社论报道，掀起学习贯彻党的二十大精神热潮、跟进学习习近平总书记到四川考察调研期间的讲话和习近平总书记视察军委联指中心时的重要讲话精神，带领官兵读原文、搞讨论、写心得，立起看齐追随的鲜明导向。2个群众性组织深入开展“五四”主题团日活动、向建团一百周年献礼活动，引导中队“三支队伍”树牢“创在本职岗位上、争在平时工作中”的思想理念，不断激发官兵锐意进取、主动作为的工作劲头。组织官兵在清明节、公祭日开展祭扫烈士陵园、参观红色西山纪念馆、重温军人誓词等活动，将教育课堂由室内转向室外，增强教育的说服力、感染力；大力推进新时代忠诚卫士系列组歌学唱活动，开展“卫士风采”歌咏比赛，丰富官兵的课堂生活；结合青神县红色历史，积极响应支队“一队一品”号召，组建“红色西山”诗朗诵表演队伍，在支队演讲比赛中荣获一等奖；针对新时代武警部队规范化集训精神要点及上级下发的应知应会知识灵活开展2次“最强大脑”知识竞赛，让官兵在知识竞技中厚实底蕴；针对官兵日常生活中的小矛盾、小摩擦，围绕内部关系等话题开展2次“军营说”辩论比赛，讲清“大道理”，批驳“歪歪理”，在官兵畅所欲言中巩固内部关系、纯正中队风气。

【作风建设】 武警青神中队以学习贯彻落实新条令为牵引，以板报、竞赛为载体，从日常生活穿衣戴帽等点滴小事情入手，从集合、列队、军姿、歌声、呼号声等小处着眼，狠抓官兵作风养成；始终坚持“稳中求进”总体基调，以“六无”为抓手，加强网络赌博、借贷等安全隐患苗头治理，常态化开展“安全大检查”活动，大力开展自查自纠工作，组织群众性大讨论，人人撰写对照检查，密切内部关系和谐和睦；设置安全管理监督员，建立安全员系统培训机制，严格落实条令法规制度，正规部队秩序；以学习部队内网计算机违规外联问题的通报和保密大检查活动为契机，组织官兵学习“十个严禁”“十条禁令”等，电脑安装保密标签、水印系统，有效防止泄密事件发生；开展“涉网行为大家谈”活动，组织全体官兵进行辩论和讨论；每月开展安全形势分析、安全理论测试和安全隐患排查工作，以总队、支队安全大检查活动为契机，全方位排查各类安全隐患，在此基础上重点检查人员管理、手机问题、执勤设施等问题，形成安全工作浓厚氛围；严格落实相关集训和试点精神，始终把一日生活制度等作为重点，加大检查督促力度，确保秩序正规。

（费　旋）

人民防空

【概况】 2022年，青神县抓实人防工程建设、人防易地建设费征收；开展人防知识宣传，落实防空警报器定期维护保养、试鸣等工作。

【人防知识宣传】 青神县开展人防宣传，发放人防宣传手册1500份；青神中学校、青神中等职业学校、青神县实验初级中学校在“5·12”全国防震减灾日、“9·18”各开展1次人防应急演练，采购并发放人防应急包200个。

【规范管理】 青神县开展防空警报器定期维护保养和重要时间节点试鸣，推动县内人民防空事业健康有序发展。

（汤德林）

综合经济管理

经济体制改革与结构调整

【概况】 2022年，青神县推进供给侧结构性改革、投融资体制改革、全面创新改革等各项经济体制改革任务；开展国省级农村改革创新试点；推动企业创新能力建设，健全完善金融监管体系，纵深推进“放管服”改革，持续优化营商环境，加快推进全域开放。

【供给侧结构性改革】 青神县印发《青神县“一把手走流程”工作方案的通知》《青神县稳经济增长政策落实工作方案》《关于加快落实“一件事一次办”相关工作的通知》；推进全省人才工作先行区建设，引进高层次和紧缺专业人才110人、技术人才327人，获评四川省博士后智力服务示范基地；推进县属国企集团化发展，全年融资14.9亿元；探索“3+”集体经济发展模式，全县集体经济年收入超10万元的村占25%；建立宅基地“保转退管”四项机制，盘活用地106处；推进供销合作社和国企改革，恢复西龙镇、汉阳镇供销合作社，实体化运营能力持续增强。青神县第二轮土地承包到期后再延长三十年试点改革获中央农办肯定，获评四川省农村改革工作先进县、四川省农业国际贸易高质量发展基地；高台镇百家池村规划被作为全省实用性村规划编制培训案例。

【投融资体制改革】 2022年，青神县建立健全以政府为主导、以市场为导向、以产业为支撑的多元化可持续的投融资机制。推进以政府为主导的减费让利，全县各项贷款加权平均利率5.3%，同比下降27个基点，市场主体资金成本进一步降低；对接资本市场，采取多渠道融资措施，全县共有上市企业2家，进入市级上市后备资源库企业34家、省级后备资源库企业1家，完成企业规范化改制9家，在天府（四川）股权交易中心挂牌6家；搭建政银企对接平台，多次组织县农行、农商行、工行等金融机构对接有融资需求的企业，促进银行与企业达成合作意向、签署贷款协议，缓解小微企业融资难问题。全年全县涉农贷款余额61.19亿元，比2021年增加9.34亿元，增速18.23%；制造业贷款余额5.64亿元，比2021年增加0.22亿元，增速4.06%。

【全面创新改革】 青神县坚定不移实施创新驱动发展战略，德恩精工获批四川省数字化转型促进中心，青城机械获评国家级专精特新“小巨人”企业，众鑫盛获评四川省“专精特新”中小企业，环龙新材料入选省“贡嘎培优”企业；新增国家高新技术企业5家、规模以上工业企业11家，41家企业入驻西南表面处理、绿色铸造产业园；青神经开区成为2022年全省唯一成功扩区的省级经开区，入选四川省近零碳排放园区试点；成功举办2022年竹博会，攻克高性能吸水竹纤维材料等科研难题6项；柑橘现代农业园区成功创建省四星级园区；建设柑橘良种繁育基地48亩，推动柑橘关键技术攻关，获评中国晚熟柑橘出口示范区。

（代孝义）

固定资产投资管理

【概况】 2022年，青神县坚持“稳中求进”工作总基调，推动省市县重点项目和重大招商引资项目建设，发挥有效投资关键作用，落实重点项目“红黑旗”推进工作机制，全年省、市重点项目完成投资50.9亿元，年度投资完成率138.01%，在2022年第三季度进入全市重点项目推进“红榜”。全年全县完成全社会固定资产投资73.5亿元，比2021年增长13.7%，全市排名第三。

【重点项目“红黑旗”推进工作机制运行】 青神县建立2022年“红黑旗”重点项目推进工作机制，制订重点项目倒排工期计划和投资计划，每月进行专项督查和通报，确保重点项目按期推进；注重报表与实地调研相结合、数字与工程形象进度相结合，及时准确掌握重点项目动态情况，研究分析重点建设项目实施中出现的问

2022年10月28日，青神县组织召开青神县招商引资能力提升专题培训班　（县发改局供图）

题；强化固定资产投资入库，每月做好固定资产投资预测，科学指导各项目主管部门深度挖掘入库项目、完善入库资料，做到应统尽统。

【重点项目建设】 青神县谋划续建、新建和加快前期项目234个，总投资769亿元，年度计划投资133亿元；实施续建、新建项目141个，总投资509.9亿元，其中基础设施项目54个，年度计划投资48亿元，占全县项目计划投资36.1%；产业项目59个，年度计划投资74.5亿元，占全县项目计划投资56%。实施省、市、县项目50个，总投资318.9亿元，年度计划投资90.4亿元，其中省、市重点项目18个，总投资97.9亿元，2022年完成投资50.9亿元，年度投资完成率138.01%，在2022年第三季度进入全市重点项目推进"红榜"。

（杨　林）

【项目招投标管理】 青神县全年公开招标项目42件次，涉及金额8.4亿元，通过招投标节约资金1.39亿元，节约资金比14.2%；按照重点行业领域突出问题系统治理要求，全县常态化开展工程招投标领域突出问题系统治理工作，查处规避招标案件2起，行政处罚2起。

（文　科）

【民间投资促进】 青神县聚焦"简政放权"，规范权力运行，编制县级行权事项清单，清理公布行政许可事项238项，严格执行市场准入负面清单制度，放宽市场准入限制，高频服务事项实现"不见面审批"；创新"1+N"项目审批代办服务机制，制定《青神县投资建设项目全流程代办服务办法（暂行）》；深化"工改"，实行工程建设项目"一窗受理"、并联审批；持续开展"一把手走流程""营商环境走访日"活动，常态化"体检"营商环境，促进民营经济健康有序发展。全年全县民营经济增加值60.43亿元，增速2.8%，增速排位全市第六，占地区GDP比重58.7%，占比排位全市第三，民间投资占全社会投资比重70%。

（唐朝前）

价格管理

【概况】 2022年，青神县发展和改革局围绕"加强价格监管、维护市场价格秩序、确保物价总水平基本稳定"目标，加强涉农、涉企价格监管，主要对玉米、饲料、生猪、仔猪及猪肉等民生商品价格浮动实施每周监测，同时对农药、农资、种子、化肥及养殖饲料等涉农商品价格浮动实施每月监测。全年全县农资、农药、种子、化肥等商品价格较平稳，生猪价格一直处于历史价格高位，每斤在7.5~9元浮动，猪肉价格保持在15元以上，猪肉价格上涨带动玉米、麦麸等产品价格处于上涨趋势。

（吴　松　刘　刚）

【要素价格政策实施】 青神县发展和改革局统筹考虑经济社会发展水平和群众经济承受能力，发挥价格机制调节作用，建立完善青神县阶梯水、电、气价格，并对困难群体落实价格优惠政策；积极争取电价补贴政策，为全县企业争取电费补贴201户次，累计补贴金额78.31万元。

【惠民价格政策实施】 全年全县养老托幼机构用水、电、气执行居民价格；青神县发展和改革局对经民政部门核定的特困户、五保户等低收入群体用水价格，每户每月用水5立方米以内按每立方米优惠0.30元执行；对低保家庭天然气价格每立方米优惠0.45元；启动困难群众价格补贴机制，7月至10月累计发放价格补贴83.78万元；对受疫情影响暂时出现生产经营困难的小微企业和个体工商户实行用水、用电、用气"欠费不停供"政策，设立费用缓缴期，缓缴期间免收欠费滞纳金。

【价格改革】 青神县发展和改革局加大政府定价和政府指导价商品和服务的监管力度，从5月起对全县非居民用气价格进行调整，华龙天然气公司每立方米下调0.30元，调整后执行标准2.96元/立方米，恒辉天然气公司每立方米下调0.26元，调整后执行标准3.16元/立方米，华龙天然气公司当年共计优惠气量478.82万立方米，优惠143.65万元，恒辉天然气公司当年共计优惠气量12071立方米，优惠3139元；会同县商务局编制全县冻猪肉收储工作方案，完成24吨冻猪肉储备任务，联合县商务局、县农业农村局在中秋、国庆期间先后2次向市场投放储备猪肉24吨，保障民众生活所需，维护市场价格稳定；制定县妇幼保健院院内停车场、滨河文化公园停车场停车收费标准；开展垃圾处理费、教育收费、物业服务费、景区收费等收费调研工作。

（吴　松）

【价格认定】 青神县价格认定中心围绕年初制定的工作目标，克服疫情影响，结合自身工作特点开展价格认定，完成价格认定案件27件，标的金额111.67万元。其中，刑事案件18件，标的金额15.6万元；行政案件7件，标的金额94.41万元；涉纪案件2件，标的金额1.66万元；无复核裁定案件发生。

（徐彬森）

国有资产管理

【概况】2022年，青神县行政事业性国有资产总额为60.96亿元，其中，行政单位国有资产35.2亿元，占57.74%；事业单位国有资产25.76亿元，占42.26%。主要资产为：流动资产5.52亿元，占资产总额的9.05%；固定资产5.45亿元，占资产总额的8.94%；公共基础设施45亿元，占资产总额的73.81%。

【国有资产监督管理】青神县财政局组织全县行政事业单位开展2021年度资产管理统计工作，一次性通过省财政厅专审，及时向县政府报告县属国有资产管理情况；规范行政事业单位资产处置程序，按照县属国有资产管理办法要求，组织专人对县属国企和行政事业单位开展国有资产清查；组织出租各类国有资产129宗，租金收入约110余万元；处理各类国有资产处置请示约120份，及时做好相关批复；定期组织开展国资安全检查，排查发现安全问题22处，督促拆除危房8处和维修维护10处，保障国有资产安全；针对优化用好镇村公有资产资源，制定专项工作方案，全面摸底调查全县国有资产，对涉及100余宗闲置资产分门别类制定盘活方案，推进国有资产保值增值；组织对全县国有资产承租户进行租金减免，全年减免租户500余户，减免租金130余万元，有效缓解租户经营压力。

（童晓芬）

国有企业管理

【概况】2022年，青神县有县属国有企业16家，企业职工204人，资产总额137.2亿元，负债总额70.88亿元，所有者权益65.63亿元，全年累计实现营业收入7.82亿元，上缴税金0.35亿元。2022年，完成固定资产投资12.27亿元，较2021年增加6.15亿元，增长100.49%。

【国企改革】青神县财政局按照市、县要求，形成上下“一盘棋”发展格局，全面完成县属国企改革三年行动任务。健全完善国资监管体制；注入优质资产，提升国企资本运营能力；加快盘活存量资产，增强企业自身“造血”功能；紧紧围绕建设“一名城三示范”，支持国有企业通过项目合作、产业共建、搭建联盟等市场化方式，引入各类优质资本投资青神；全面实施企业党组织履行主体责任清单管理，健全责任落实、考核评价、述职评议制度；实现国有企业基层组织设置和组织正常活动全覆盖，提升国企党支部标准化、规范化建设。

【国企监管】青神县财政局优化管资本方式手段，制定《青神县县属国有企业投融资及借款和担保监督管理办法》《青神县县属国有企业投资监督管理办法（试行）》《青神县县属国有企业投资项目负面清单》《青神县县属国有企业经营投资容错免责试行办法及免责事项清单》，厘清监管边界，维护资本安全；深化政企分开、政资分开，坚持简政放权、放管结合、优化服务，厘清企业与行业主管部门、企业与企业之间的关系；构建协同高效的行业监管机制，出台青神县县属国有企业安全生产工作、环境保护工作、信访维稳工作以及县属监管企业合规经营考核细则，加强行业监管，推进国有企业安全环保和维稳工作责任落实；落实企业国有资产保值增值责任，制定《青神县县属国有企业违规经营投资责任追究办法（试行）》，推进落实企业内部审计工作全覆盖和成果运用，完善内控制度。

【国企投融资管理】青神县财政局加强投资计划管理，施行县属国有企业年度投资计划制度，制定年度投资计划管理办法，严格计划外投资项目审批，制定出台国有企业项目投资决策管理办法和投资负面清单，规范企业对外投资决策。县属国有企业克服融资政策持续收紧的压力，多措并举，努力拓展融资渠道，确保不发生债务违约。

【现代企业制度管理】青神县财政局把党的领导融入公司治理，把党建工作要求写入公司章程，成立青发展集团党委、纪委及8个企业党支部，实行国有企业党组织书记、董事长“一肩挑”，实现国企党组织全覆盖，发挥党组织把方向、管大局、保落实作用；推进国企董事会应建尽建，推进董事会向经理层授权，保障经理层依法行权履职；强化公司监事会监督责任，印发监事会工作规则；完善党组织前置研究重大经营管理事项清单，调整优化“三重一大”权责清单，制发企业内部管理制度69个，推进国企规范、高效运转。

【现代企业制度建设】青神县财政局完善企业领导人员管理体制，研究制定《青神县县属国有企业负责人考核管理办法》，对企业领导人员进行任期制管理，建立能上能下、能进能出、优秀人才良性交流的用人机制；完善薪酬分配机制，出台《青神县县属国有企业工资总额管理办法（试行）》，按统一标准核定各公司人数和待遇总额，集团内部在工资总额范围内对全体员工实施差异化薪酬考核制度；全面推进用工市场化，面向社会公开招引优秀人才，人才市场化选聘 100%，全面推行全员起立、竞聘上岗、末位淘汰、能进能出的人事制度。

2022 年 1 月 14 日，青神县召开国资国企股国企“公司治理及企业投融资管理”专题培训会　（县财政局供图）

【企业国有资产收益】 青神县属国有企业全年出租各类国有资产 603 宗，收入约 560 万元；整改撂荒土地约 280 亩；采挖砂石 109 万方，预售砂石 266 万立方米，上缴国有资产处置收入约 7000 万元，上缴国有资本经营收入 171 万元。（童晓芬）

2022 年青神县国有企业一览表

表 5

序号	公司名称
1	青神发展投资集团有限公司
2	青神县国有资产经营有限公司
3	青神县文化旅游投资有限公司
4	青神县青衣文化传媒有限责任公司
5	青神县农业发展投资有限责任公司
6	青神县国粮管理有限公司
7	青神国际竹艺城发展投资有限公司
8	青神竹够好文化传媒有限公司
9	青神竹里雅院酒店经营有限公司
10	青神县城市投资有限责任公司
11	青神羽翔建筑工程有限公司
12	四川恒开创建设工程咨询有限公司
13	青神城市资源经营有限公司
14	青神县交通投资建设有限公司
15	青神县人力资源管理咨询有限公司
16	青神县工业投资有限公司

经济合作管理

【概况】 2022 年，青神县招商引资签约项目 35 个（重大项目 4 个），签约金额 110.57 亿元；招商引资总到位资金 67.34 亿元；其中国内省外到位资金 51.5 亿元；制造业到位资金 32.83 亿元；外商直接投资（FDI）612.6 万美元。超额完成“春季攻势”“百日攻坚”第二季专项任务，入选全市红榜。

【重大项目引进】 青神县招引具有支撑性、示范性的重大工业项目和服务业项目 4 个，总投资额 54.27 亿元，包含投资额 10.6 亿元锂刀研发生产项目、投资额 13.5 亿元精密铸造研发及精深加工生产项目、投资额 14.67 亿元新建精密铸造生产项目、投资额 15.5 亿元成艺大学青神校区二期项目。

【“三走一请”招商】 青神县发挥县领导招商“头雁效应”，“走出去”对接洽谈项目，党政领导带队赴广东、深圳、上海、江苏、成都等地对接拜访企业 110 家。其中，党政主要负责人“走出去”对接洽谈项目 41 次，“请进来”意向企业 87 家开

2022年8月8日，青神县在无锡制造业招商引资推介会上作机械产业推介　（县商务局供图）

展实地考察，促进项目落地见效。

【驻外招商】 青神县选派10名干部分别在广东、上海、成都、东北等地驻点招商，引进符合青神主导产业的大项目、好项目，获取有效项目信息21条，走访企业629家、行业协会和商会64家，引荐到青神考察企业14家，签约项目25个，签约金额69.88亿元。

【招商平台搭建】 青神县选派干部驻外招商、叩门招商，提升招商实效；在沈阳举办招商推介1次，与沈阳川渝商会、沈阳机床股份有限公司、沈阳工大蓝金环保研究院等机构及公司建立长期合作关系；在无锡参加制造业招商引资“百日攻坚”投资推介会，向长三角地区知名企业及商协会作机械产业推介，与企业交流、合作。

【“春季攻势”行动】 2月10日至5月20日，青神县开展制造业招商引资“春季攻势”行动，签约制造业项目14个，其中重大项目2个，签约金额36.16亿元，到位资金18.28亿元，党政负责人“走出去”拜访企业21家，“请进来”实地考察意向投资项目15个，捕获信息29条，入选全市红榜。

【第二季度“百日攻坚”行动】 5月10日至8月17日，青神县开展第二季度制造业招商引资“百日攻坚”行动，签约制造业项目16个，其中重大项目1个，签约金额47.4亿元，促进第一季度“百日攻坚”行动签约项目履约率90%，新履约制造业项目22个，累计履约金额66.54亿元；新开工制造业项目20个，累计开工项目金额48.89亿元；完成制造业到位资金18.09亿元人民币，完成制造业外商直接投资（FDI）500万美元；党政负责人“走出去”拜访企业30家，“请进来”实地考察意向投资项目21个。第二季度“百日攻坚”行动被列入全市红榜。

【“九拼攻坚”招商活动】 8月1日至12月31日，在眉山市开展“拼搏五个月·夺取全年胜”攻坚行动中，青神县招商专项活动签约制造业项目15个，合同金额56.45亿元，其中重大项目1个。实际到位资金48.45亿元；完成落户企业新增投资项目1个（众鑫盛2.2亿元渔业装备研发生产基地项目）。党政负责人“走出去”拜访企业41家，“请进来”实地考察意向投资项目10个，完成“九拼攻坚”（工业提升拼增量、保地稳粮拼增产、提振消费拼复苏、惠企稳岗拼服务、招商引资拼实效、城市提能拼品质、基础建设拼速度、项目投资拼进度、防范风险拼担当）招商专项任务。

【“进千企、解难题、送服务、促发展”活动】 青神县商务局以2019—2021年省级平台签约项目企业为重点，有针对性的开展调研走访和服务工作，走访企业30余家，发放调查问卷10份，开展网上填报调查问卷50余份，解决企业难题6个。

（许　倩）

2022年8月29日，举办成都艺术职业大学青神校区二期项目签约仪式　（县商务局供图）

2022 年青神县招商引资签约项目汇总表

表 6

序号	项目名称	原项目名称	项目公司	项目内容	投资额（亿元）	用地规模（亩）	产业类别	“三强”企业	投资方	投资来源地	签约时间	落户地	重大项目	外资项目
1	艾兴企业管理服务有限公司（眉山）危险废物集中收集中心项目	成都客商（眉山）青神县危险废物集中收集中心项目	青神艾兴企业管理服务有限公司	项目总占地约 7 平方米，拟建设危险废物收集贮存库及相关配套设施，设计最大贮存能力为 2000 吨。分两期建设。其中一期建设厂房及配套基础设施；二期在符合环保、安全要求情况下装修改造，用于县域范围内企业危险废物集中收集、贮存、运输	0.3	7	其它	否	成都自然人	四川成都	2022 年 2 月 18 日	四川青神经济开发区	否	否
2	四川巴斯迪科（眉山）真空泵设备研发生产项目	成都客商投资（眉山）真空泵设备研发生产项目	四川巴斯迪科新技术发展有限公司	项目计划投资 5000 万元，占地约 15 平方米，组建研发团队，采购新设备，研发生产年产 2 万台套真空泵设备生产线	0.5	15	机械高端装备产业	否	成都自然人	四川成都	2022 年 2 月 25 日	四川青神经济开发区	否	否
3	金锐利硬质合金(眉山）硬质合金钨钢刀具生产项目	成都客商投资（眉山）硬质合金钨钢刀具生产项目	眉山金锐利硬质合金有限公司	入驻力兴孵化园，租赁 2000 平方米厂房，新上 5 条硬质合金钨钢刀具生产线，达产后年产值 1500 万元	0.24	3	机械高端装备产业	否	成都自然人	四川成都	2022 年 2 月 25 日	力兴园区	否	否
4	上海麦郦传动（眉山）机器人零部件生产项目	上海麦郦传动（眉山）机器人零部件生产项目	四川麦库机械制造有限公司	租赁约 2000 平方米厂房，新建机器人零部件、轴承、齿轮和传动部件制造生产线等，达产后年产值 2000 万元	0.3	3	机械高端装备产业	否	麦郦传动系统（上海）有限公司	上海松江	2022 年 2 月 25 日	四川青神经济开发区	否	否
5	广东伯格油压（眉山）油压机生产项目	广东伯格油压(眉山）油压机生产项目	东莞市伯格油压机械有限公司	入驻智能制造园区，购买 1000 平方米厂房，用于油压机械设备、油压阀、油泵、油压电机等生产	0.2	2	机械高端装备产业	否	东莞市伯格油压机械有限公司	广东东莞	2022 年 2 月 25 日	铸造园区	否	否
6	凌锐精密刀具（眉山）锂刀研发生产项目	成都客商投资（眉山）锂刀研发生产项目	眉山凌锐精密刀具有限公司	项目计划总投资 10.6 亿元，占地约 84 平方米（其中收购盘活闲置资产 34 亩，新增用地 50 平方米），分 3 期进行建设：一期计划投资 1.8 亿元，收购盘活 34 平方米闲置资产，改扩建厂房及配套套用房 8000 平方米，购置生产设备，技改搬迁新能源钨钢刀具生产线；二期计划投资 3.8 亿元，新建厂房 15000 平方米，组建研发团队，研发生产新能源锂电池及新材料切割用刀具生产材料和产品；三期计划投资 5.0 亿元，新增土地 50 平方米，新建厂房 35000 平方米，扩建新能源锂电池及新材料切割用刀具生产线	10.6	84	机械高端装备产业	否	成都自然人	四川成都	2022 年 3 月 11 日	四川青神经济开发区	是	否
7	德恩云智造（眉山）德恩云造产业互联网平台研发生产项目	广东自然人（眉山）德恩云造产业互联网平台研发生产项目	四川德恩云智造科技有限公司	项目预计投资 1.92 亿元，主要依托德恩精工（股票代码：300780）产业链在智能制造转型中积累的行业经验，研发建设包括产业协同云平台、企业数智云平台、标识解析云平台等在内的德恩云造产业互联网平台（“一云三平台”），建设数智化工厂、云智造展示中心等，项目建成后可服务“上云上平台”企业 300 余家，预计年主营业务收入 2 亿元，入库税金 600 万元	1.92	30	机械高端装备产业	否	广东自然人	广东广州	2022 年 4 月 2 日	四川青神经济开发区	否	否
8	都江堰大昌生金属（眉山）铜铝金属制品加工生产项目	都江堰大昌生金属（眉山）铜铝金属制品加工生产项目	眉山佰旺金属制品有限公司	新购置厂房约 3000 平方米，新建精密机械加工及门窗生产线项目，建成后年产值 4000 万元，税收 100 万元，解决就业 40 人	0.7	6	机械高端装备产业	否	都江堰市大昌生金属门窗厂	四川成都	2022 年 4 月 19 日	铸造园区	否	否

续表 6

序号	项目名称	原项目名称	项目公司	项目内容	投资额（亿元）	用地规模（亩）	产业类别	“三强”企业	投资方	投资来源地	签约时间	落户地	重大项目	外资项目
9	成都新月数控（眉山）新建飞机零部件表面处理项目	成都新月数控（眉山）新建飞机零部件表面处理项目	成都新月数控机械有限公司青神分公司	入驻表面处理园区，专业从事飞机零部件制造，拟新建阳极氧化、镀铬生产线。预计全部达产后，可实现年销售收入 2500 万元，入库税金 200 万元（按实际纳税为准），带动就业人数 15 人左右	1.2	4	机械高端装备产业	否	成都新月数控机械有限公司	四川成都	2022 年 4 月 19 日	表面处理园区	否	否
10	成都慧安企业管理有限公司（眉山）新建汽车零部件表面处理项目	成都慧安企业管理有限公司（眉山）新建汽车零部件表面处理项目	四川思锴金属表面处理有限公司	购买表面处理专业厂房 2000 平方米，新建 1 条挂镀线，6 条滚镀线，主要用于金属表面处理，涉及电子、通信产品等方面。投产后产值达 0.5 亿万元，税收 200 万元。废水统一由表面处理园区统一处理	1.5	3	机械高端装备产业	否	成都慧安企业管理有限公司	四川成都	2022 年 4 月 19 日	表面处理园区	否	否
11	成都市翔翱科技有限公司（眉山）新建电子零部件表面处理项目	成都市翔翱科技有限公司（眉山）新建电子零部件表面处理项目	四川昌和兴金属表面处理有限公司	购买表面处理专业厂房 2000 平方，新建 1 条挂镀线，6 条滚镀线，主要用于金属表面处理，涉及电子、通信产品等方面。投产后产值达 0.5 亿元，税收 200 万元。废水统一由表面处理园区统一处理	0.8	3	机械高端装备产业	否	成都市翔翱科技有限公司	四川成都	2022 年 4 月 19 日	表面处理园区	否	否
12	江苏维而特科技(眉山)金属粉末涂料邦定混料机设备及年产 1 万吨新型粉末涂料生产线项目	江苏维而特科技（眉山）金属粉末涂料邦定混料机设备及年产 1 万吨新型粉末涂料生产线项目		购买约 4000 平方米厂房，新建金属粉末涂料邦定混料机及年产 1 万吨新型粉末涂料生产线 10 条，项目达产后每年营业收入 2 亿元(其中粉末涂料 1.5 亿元，设备 0.5 亿元），税收 1000 万元，解决就业 150 人	1.2	6	机械高端装备产业	否	江阴维而特科技有限公司	江苏江阴	2022 年 4 月 19 日	铸造园区	否	否
13	四川艾昇新材料科技有限公司（眉山）新建电子元器件表面处理项目	四川艾昇新材料科技有限公司(眉山）新建电子元器件表面处理项目	四川艾昇新材料科技有限公司	项目计划投资约 5000 万元，购买厂房，新建镀金、银、铜、镍等生产线，项目建成达产后，可实现年销售收入 5000 万元，入库税金约 400 万元，带动就业 150 人左右	0.5	5	机械高端装备产业	否	四川艾昇新材料科技有限公司	重庆梁平	2022 年 4 月 22 日	表面处理园区	否	否
14	四川兴蓉武通环保设备有限公司（眉山）环保设备生产项目	四川兴蓉武通环保设备有限公司（眉山）环保设备生产项目	四川科力创环保设备有限公司	总投资约 3 亿元，购置成眉绿色铸造智慧产业园约 4000 平方米厂房，购买设备，新建除尘、废气、废水净化环保设备生产线，项目建成达产后预计实现年产值 1 亿元，税收 300 万元，新增就业 50 人左右	3	6	机械高端装备产业	否	四川兴蓉武通环保设备有限公司	四川成都	2022 年 5 月 13 日	铸造园区	否	否
15	成都双流宏亚铸钢有限公司（眉山）精密铸造研发及精深加工生产项目	成都双流宏亚铸钢有限公司（眉山）精密铸造研发及精深加工生产项目	眉山宏迈机械有限公司	一期计划投资 2.2 亿元，购置成眉绿色铸造智慧产业园厂房 1 整栋及相关配套生产设备，新建高压阀门等精密铸造研发及加工生产线；二期在铸造园区预留用地约 100 亩（最终以实际生产规模确定用地面积），计划投资 11.3 亿元，整体搬迁公司现有精密铸造研发生产和精深加工生产线，新建成套设备制造生产项目	13.5	110	机械高端装备产业	否	成都双流宏亚铸钢有限公司	四川成都	2022 年 5 月 13 日	铸造园区	是	否
16	四川航天飞宇电子科技有限公司(眉山)新建飞机零部件表面处理项目	四川航天飞宇电子科技有限公司（眉山）新建飞机零部件表面处理项目	眉山卓旭金属表面处理有限公司	入驻表处园区，新建飞机零部件镀镍、镀金、镀银生产线，预计全部达产后，可实现年销售收入 2500 万元，入库税金 80 万元（按实际纳税为准），带动就业人数 15 人左右	0.5	2	机械高端装备产业	否	四川航天飞宇电子科技有限公司	四川成都	2022 年 5 月 30 日	表面处理园区	否	否
17	四川省昊旺机械有限公司（眉山）新建石油钻探设备生产项目	四川省昊旺机械有限公司（眉山）新建石油钻探设备生产项目	四川研通机电设备有限公司	购置成眉绿色铸造智慧产业园厂房及相关配套生产设备，新建新建石油钻探设备生产线。预计全部达产后，可形成 5000 万元的年产值，年入库税金预计 180 万元（按实际纳税为准），带动就业人数 35 人	0.8	6	机械高端装备产业	否	四川省昊旺机械有限公司	四川成都	2022 年 5 月 30 日	铸造园区	否	否

续表 6

序号	项目名称	原项目名称	项目公司	项目内容	投资额（亿元）	用地规模（亩）	产业类别	“三强”企业	投资方	投资来源地	签约时间	落户地	重大项目	外资项目
18	四川守方机械有限公司（眉山）齿轮链轮等精密机械零部件加工生产项目	四川守方机械有限公司（眉山）齿轮链轮等精密机械零部件加工生产项目	四川守方机械有限公司	计划总投资 3600 万元，租用成眉绿色铸造智慧产业园厂房，生产齿轮链轮等精密机械零部件，计划于 2022 年 12 月 31 日前调试投产	0.36	2	机械高端装备产业	否	四川守方机械有限公司	四川南充	2022 年 7 月 6 日	铸造园区	否	否
19	广东惠州金亚环保（眉山）环保设备生产项目	广东惠州金亚环保（眉山）环保设备生产项目	惠州金亚环保设备有限公司青神分公司	总投资 5000 万元，租用约 2000 平方米厂房，购置生产设备，新建废弃处理环保设备生产线，建成后年产值首期 3000 万元，入库税金 300 万元，带动就业人数 15 人	0.5	3	机械高端装备产业	否	惠州金亚环保设备有限公司	广东惠州	2022 年 7 月 7 日	力兴园区	否	否
20	四川云丽业宏科技（眉山）新建高速公路绿通检测设备项目	云南客商白惠仙（眉山）新建高速公路绿通检测设备项目	四川云丽业宏科技有限公司	采用先租后买形式入驻成眉绿色铸造智慧产业园，购置生产设备及相关配套设施新建高速公路绿色通行快速检测设备生产线［高速公路绿色通行项目（简称“绿通”），由国务院统一组织，交通部具体实施，在高速公路收费站设立专用通道口安设检测设备，方便车辆快速通行］，预计建成达产后，年产生产检测设备约 200 台（套），实现年销售收入不低于 1 亿元，上缴税金 500 万元以上（按实际纳税为准），带动就业人数 25 人	2	3.9	机械高端装备产业	否	云南自然人白惠仙	云南玉溪	2022 年 7 月 29 日	铸造园区	否	否
21	北京坤禾润物科技发展合伙企业（有限合伙）（眉山）智能工业化渔业装备研发生产基地	北京坤禾润物科技发展合伙企业（有限合伙）（眉山）智能工业化渔业装备研发生产基地	四川众鑫盛农牧机械有限公司	主要研发生产饲料加工设备、智能化渔业养殖装备、环保设备等，建设集研发、生产、智能、环保于一体的智能工业化渔业装备研发生产基地	2.2	34	机械高端装备产业	否	北京坤禾润物科技发展合伙企业（有限合伙）	北京大兴	2022 年 8 月 10 日	四川青神经济开发区	否	否
22	重庆斯普达环保科技有限责任公司（眉山）新建环保处理设备研发生产项目	重庆斯普达环保科技有限责任公司（眉山）新建环保处理设备研发生产项目	重庆斯普达环保科技有限责任公司	项目投资 7 亿元，分两期建设：一期计划投资 1.2 亿元，租赁天翔机械约 5000 平方米厂房，购置相关设备，新建废气、废水环保处理成套设备生产线；二期新增用地 50 亩（最终以实际生产规模确定用地面积），计划投资 5.8 亿元，新建研发（专家）楼及标准厂房约 20000 平方米，整体搬迁公司现有环保设备研发生产线。项目建成达产后预计年产值 3 亿元，税收 1000 万元	7	57.5	机械高端装备产业	否	重庆斯普达环保科技有限责任公司	重庆两江新区	2022 年 8 月 10 日	四川青神经济开发区	否	否
23	成都溪通机械设备有限公司（眉山）新建精密铸造和精加工生产项目	成都溪通机械设备有限公司（眉山）新建精密铸造和精加工生产项目	成都溪通机械设备有限公司	项目计划投资 2.75 亿元，租用厂房 4000 平方米，拟新建自动化机械零配件精密铸造及精加工生产线，项目建成达产后预计年产值 6000 万元，税收 200 万元	2.75	6	机械高端装备产业	否	成都溪通机械设备有限公司	四川成都	2022 年 8 月 10 日	铸造园区	否	否
24	成都新月数控机械有限公司（眉山）新建飞机零部件表面处理项目（二期）	成都新月数控机械有限公司（眉山）新建飞机零部件表面处理项目（二期）	成都新月数控机械有限公司青神分公司	项目计划投资 1.76 亿元，购买表面处理园区厂房，新建阳极氧化、镀铬生产线	1.76	3.9	机械高端装备产业	否	成都新月数控机械有限公司	四川成都	2022 年 8 月 10 日	表面处理园区	否	否
25	乐山客商商志华（眉山）新建精密铸造和智能加工生产项目	乐山客商商志华（眉山）新建精密铸造和智能加工生产项目		拟购买（租赁）成眉绿色铸造智慧产业园厂房 4000 平方米，分两期建设：一期项目 2.5 亿元，拟新建机械零配件精密铸造生产线；二期项目拟投资 1.8 亿元，新建智能制造机械加工生产线	4.3	6	机械高端装备产业	否	乐山客商商志华	四川乐山	2022 年 8 月 10 日	铸造园区	否	否

续表 6

序号	项目名称	原项目名称	项目公司	项目内容	投资额（亿元）	用地规模（亩）	产业类别	“三强”企业	投资方	投资来源地	签约时间	落户地	重大项目	外资项目
26	新都区元源金属制品厂（眉山）新建年产10000吨五金零部件生产项目	新都区元源金属制品厂（眉山）新建年产10000吨五金零部件生产项目	眉山坤亚金属制品有限公司	项目投资6.63亿元，项目分两期建设：一期项目购买厂房，新建年产10000吨五金零部件生产线；二期项目预留约50亩用地，将元源金属制品厂、优美特金属制品有限公司整体搬迁至青神经开区。项目建成达产后预计年产值1.7亿元，税收500万元	6.63	60.5	机械高端装备产业	否	新都区元源金属制品厂	四川成都	2022年8月15日	铸造园区	否	否
27	四川宇胜金属（眉山）新建镀镍、镀铬等生产线项目	台湾客商陈冠吉（眉山）新建镀镍、镀铬等生产线项目	四川宇胜金属制品加工有限公司	预定表面处理园区1390平方米厂房(约2.1平方米)，1层。新建镀镍、镀铬等生产线	0.7	2.1	机械高端装备产业	否	台湾客商陈冠吉	台湾	2022年8月15日	表面处理园区	否	是
28	四川光速启航（眉山）新建镀金、镀银、镀镍等生产线项目	湖南客商唐忠（眉山)新建镀金、镀银、镀镍等生产线项目	四川光速启航电镀有限责任公司	预定表面处理园区1390平方米厂房(约2.1平方米)，1层。新建镀金、镀银、镀镍等生产线	0.5	2.1	机械高端装备产业	否	湖南客商唐忠	湖南邵阳	2022年8月15日	表面处理园区	否	否
29	吉林长春金工（眉山）新建镀硬铬生产线项目	吉林客商丁晓明(眉山）新建镀硬铬生产线项目		预定表面处理园区1560平方米厂房(约2.3平方米)，1层定制厂房。新建镀硬铬生产线	0.9	2.3	机械高端装备产业	否	吉林客商丁晓明	吉林长春	2022年8月15日	表面处理园区	否	否
30	成都艺术职业大学（眉山）青神校区二期项目	成都艺术职业大学（眉山）青神校区二期项目	成都艺术职业学院青神分校	规划总用地面积约250亩，总投资15.5亿元。按新增全日制本专科在校生6000人规模所需的教学设施、实训基地、生活配套设施等规划建设。项目全部建成后，成都艺术职业大学青神校区在校生规模可达15000人	15.5	250	现代服务业	否	成都艺术职业大学	四川成都	2022年8月29日	青竹街道	是	否
31	绵阳市海星电子有限公司（眉山）新建电子元器件表面处理项目	绵阳市海星电子有限公司（眉山）新建电子元器件表面处理项目	绵阳市海星电子有限公司	新建镀金、镀银、镀镍等生产线	1.2	2600平方米	机械高端装备产业	否	绵阳市海星电子有限公司	四川绵阳	2022年10月14日	表面处理园区	否	否
32	成都易格机械有限责任公司（眉山）新建精密铸造生产项目	成都易格机械有限责任公司（眉山）新建精密铸造生产项目	成都易格机械有限责任公司	项目分三期建设，一期计划投资2.8亿元，入驻成眉绿色铸造智慧产业园，使用厂房约7000平方米，新建2条高端产品铸造生产线；二期计划投资2.4亿元，购置相关生产设备，新建高端铸件产品精深加工生产线；三期计划投资9.47亿元，新增用地50亩，扩建精密铸造和精深加工生产线	14.67	7000平方米	机械高端装备产业	否	成都易格机械有限责任公司	四川成都	2022年10月18日	铸造园区	是	否
33	新都区斑竹园镇敬伟雕塑厂（眉山）新建年产10000件异型金属制品铸造及加工生产项目	新都区斑竹园镇敬伟雕塑厂（眉山）新建年产10000件异型金属制品铸造及加工生产项目	新都区斑竹园镇敬伟雕塑厂	购买成眉绿色铸造智慧产业园约4000平方米厂房，购置生产设备及相关配套设施，新建年产10000件异型金属制品铸造及加工生产线	1.87	4000平方米	机械高端装备产业	否	新都区斑竹园镇敬伟雕塑厂	四川成都	2022年10月12日	铸造园区	否	否
34	成都成发泰达航空科技股份有限公司（眉山）新建航天飞机辅助动力装置表面处理项目	成都成发泰达航空科技股份有限公司（眉山）新建航天飞机辅助动力装置表面处理项目	成都成发泰达航空科技股份有限公司	拟购买表处园区3576平方米（一层）厂房。新建航天辅助动力装置镀铬、镀镉、镀镍、阳极氧化等生产线	1.32	3576平方米	机械高端装备产业	四川成都	成都成发泰达航空科技股份有限公司	四川青神经开区表处园区	2022年12月28日	表面处理园区	否	否

续表 6

序号	项目名称	原项目名称	项目公司	项目内容	投资额（亿元）	用地规模（亩）	产业类别	“三强”企业	投资方	投资来源地	签约时间	落户地	重大项目	外资项目
35	成都余仕正杰真空科技有限责任公司（眉山）新建航天航空汽车家电零部件和高端酒类包装智能化生产项目	成都余仕正杰真空科技有限责任公司（眉山）新建航天航空汽车家电零部件和高端酒类包装智能化生产项目	成都余仕正杰真空科技有限责任公司	一期投资 2.2 亿元，购买厂房约 6000 平方米，购置生产设备，新建航天航空、汽车家电零部件智能化加工生产线和高端酒类包装智能化生产线，建成投产后预计年产值达 5000 万元以上，上缴税金 200 万元以上；二期投资 2.4 亿元，购买厂房约 6000 平方米，扩建航天航空、汽车、家电零部件智能化加工生产线和高端酒类包装智能化生产线；三期投资 4.05 亿元，整合搬迁现有生产线和温江的电子元器件厂至青神，购买厂房（多层）约 15000 平方米，扩大产能	8.65	40	机械高端装备产业	四川成都	成都余仕正杰真空科技有限责任公司	四川青神经开区铸造园区	2022 年 12 月 26 日	铸造园区	否	否

市场行政管理

【概况】2022年，青神县市场监督管理局制定《青神县2022年质量强县暨质量提升行动工作计划》《2022年切实加强政府质量工作考核措施》，为建设质量强县贡献市场监管力量。青神县市场监管局获评“全市市场监管工作先进集体”，牵头负责的民营经济工作和食品安全党政同责工作均获全市先进称号，局机关二支部成功创建五星级党支部。

【行政审批】青神县市场监督管理局推进“互联网+政务服务”，通过四川政务服务网或营商通渠道进行网上申请，可一次性走完企业注册（含社保登记、公积金登记）、印章刻制、申领发票流程，线上平台办理企业申请756家，核准通过693家，全程电子化率96%以上，审批时间缩减至4小时；优化注销登记制度，推荐并指导符合条件企业进行简易注销，办理简易注销登记45家。

【综合行政执法】青神县市场监督管理局推进行政执法公示工作，通过市场监管一体化平台公示行政执法案件160件。执行重大行政执法决定法制审核制度，办理各类行政处罚案件174件，其中大要案24件；组织案审会讨论案件32次，提出审核意见300余条。开展“春雷行动2022”“长江禁捕 打非断链”“铁拳行动2022”等专项行动，查处各类违法案件31件，罚没金额37万余元。其中，青神县益禾堂饮品店使用超过保质期食品原料制售食品案、眉山某商贸有限公司提供虚假材料骗取登记案分别入选眉山市“春雷行动2022”第一批、第二批十大典型案例，青神县某小吃店生产、销售有毒有害食品案被眉山市市场监督管理局列入“铁拳行动2022”第二批典型案例。

【市场主体登记注册】青神县全年新登记个体工商户1614户，完成全年目标任务数210.75%；新登记民营企业268家，完成全年目标任务数148.89%。

【信用监管】青神县市场监督管理局强化“双随机”监管，印发《青神县市场监管领域部门联合“双随机、一公开”抽查事项清单（第三版）》，制定《青神县市场监管领域部门联合“双随机、一公开”抽查工作细则》《青神县市场监管领域部门联合“双随机、一公开”监管工作考评办法》；召开部门联合“双随机、一公开”监管工作培训会，对省级平台操作使用开展培训；部门联合“双随机”监管工作出动执法人员110余人次，检查各类市场主体86家，抽查检查结果公示在四川省“双随机、一公开”公众门户网站和国家企业信用信息公示系统；引导市场主体开展年报，农专社年报率86.39%，企业年报率94.18%，均位列全市第2；加强市场主体经营异常名录管理，列入经营异常名录118家次企业、23个次农民专业合作社，移出经营异常名录经营主体43家。

【反不正当竞争】青神县市场监督管理局对涉及市场经济活动的规范性文件开展公平竞争审查，清理涉及市场主体经济活动的政策、规范性文件，废止或修改违反公平竞争审查标准的文件或条款；加强反不正当竞争监管，检查涉外知识产权经营单位2户、销售专利产品市场主体246个、拥有有效专利单位8个，检查县级医疗机构8家、乡镇卫生院10家、个体诊所29家、村卫生室139个；查办反不正当竞争案件2件，罚没金额11万元；开展“公平竞争政策宣传周”活动，制作横幅10余幅，张贴海报100余张，发放宣传资料500余份。

【消费维权行动】青神县市场监督管理局开展“3·15”消费维权宣传教育、消费维权进社区活动，发放宣传资料300余份，推送消费维权手机短信提示3万余条；推进放心舒心消费环境建设，新建消费维权服务站11家、示范店9家、示范乡村1个，引导经营者推行“线下七日无理由退货”和“先行赔付”制度，新增5家无理由退货商家，2家超市实施“先行赔付”制度；畅通“12315”“12345”投诉举报渠道，受理投诉举报921件，办结投诉举报889件，在办理32件，挽回消费者经济损失13.45万余元，办结“诉转案”2件。

【网络交易监督管理】青神县市场监督管理局举办网络交易监督和执法业务培训会1次；注册“网络交易监测信息分发系统”青神县网络管理员账号，设置下级机构4个、下级网络业务员5名；运用眉山“网监宝平台”筛查全县网店56家，核实线索13条，督促4家未亮照经营店限期整改；开展电商经营“点亮”行动，筛查平台内企业自建网站72家，删除无效网站42家，检查淘宝平台网店12家、天猫平台网店7家。

【广告监督管理】青神县市场监督管理局依托市级广告监测平台对房地产广告进行监测监管，检查房地产项目8家、房地产广告40余条次；推动落实房地产广告报备制度，对报备的2个房地产项目广告提出8条行政指导意见。开展医疗美容行业专项整治行动，建立青神县医疗美容有证有照、有照无证、无证无照“三张清单”，检查30家次，对发现的2家美容机构涉嫌乱排名和价格问题进行立案调查，对1家消毒产品索证索票不全的生活美容机构实施行政处罚。

【民营经济发展】 2022年，青神县民营经济增加值43.86亿元，增速1.4%；民营经济增加值占地区生产总值比重61.33%；民营经济增加值对地区生产总值的贡献率50.3%；民间投资增速21.1%，民间投资占全社会固定资产投资比重68.2%。青神县市场监督管理局指导4家企业成功创建现代企业制度；开展“惠企稳岗”暨“万名干部上门、万户企业暖心”专项行动，实地走访市场主体700余家，线上线下发放“明白卡”31万余份，解决困难110余个，协助企业融资1.02亿元、享受政策优惠16亿余元；完成“个转企”34家，完成率170%，位列全市第二。

【市场秩序维护】 青神县市场监督管理局开展电动三、四轮车专项整治，发布《消费提示》4期；处理和协助处理各类群众投诉180余起；检查烟花爆竹销售企业2家、销售点6家，检查各类涉燃气安全单位269家，排查燃气具900余台，发现安全隐患75处，查处报废气瓶11只，下发责令整改通知书16份；督促市场开办方拆除城西市场存在安全隐患的钢架大棚，排查城东、城南市场60余家私人门市用电、用气安全隐患65处；整治民生领域乱象，出动执法人员120余人次，联合县检察院、县公安局、青竹街道等单位开展联合行动6次，在农贸市场、药店、餐饮店等重点场所张贴宣传海报100余张，悬挂宣传横幅7幅，通过LED屏滚动播放宣传标语70余条，发送宣传短信6万余条。城南农贸市场创建为市级平安市场。

【市场价格监管】 青神县市场监督管理局加强抗病毒药品及防护用品价格监管，严厉查处不执行政府指导价、捏造散布涨价信息、哄抬价格、串通涨价等价格违法行为；配合有关部门做好保供稳价工作，检查经营户360户次，查处价格违法行为2件，经济制裁金额8.28万元；开展价格专项整治，检查市场主体180余家次，查处价格违法案件1起，督促整改问题60余个；处理价格投诉举报，落实节假日、价格异动及突发性时间价格举报值班制度，受理价格咨询投诉43件，其中价格咨询6件，价格投诉举报37件，办结率100%。

2022年6月16日，青神县市场监管局开展安全生产月宣传　（县市场监管局供图）

质量技术监督管理

【概况】 2022年，青神县有工业生产企业63家。其中，机械类26家，竹、木制品加工生产企业16家，纸制品生产企业2家，水泥制品生产企业7家，塑料制品类生产企业2家，其他类生产企业10家。有检验检测机构6家，体系认证企业68家，其中强制性认证企业2家、有机认证企业8家。

【质量监管】 青神县市场监督管理局抽检工业产品30批次，合格率93.3%。在全县规上企业中全面推行首席质量官制度，指导立白实业、环龙新材料2家企业的首席质量（品牌）官取得任职资格证书；指导环龙新材料公司开展国家级实验室（CNAS）认可；助推中桓建工成功获评第六届眉山市政府质量奖，指导丹甫环境、德恩精工、环龙新材料3家企业通过往届眉山市政府质量奖企业复审，指导环龙新材料、德恩精工等12家企业申报四川省“天府名品”质量品牌企业。会同高台镇开展农村消费品质量安全守护提升行动试点工作，“139”工作法被四川省质量强省工作领导小组办公室作为典型经验做法在全省推广。

【计量监管】 青神县市场监督管理局开展强检计量器具备案及上报指定检定机构工作，受理并完成备案强检计量器具366台（件），上报眉山市市场监督管理局指定183台（件）；对全县加油站、出租车公司、超限检测站、眼镜制配、商场超市、集贸市场、生产企业等单位开展市场计量监督检查，检查加油机、压力表、电子秤等在用计量器具1200余台（件）；会同眉山市市场监督管理局开展“民用三表”抽查，抽查川能水务水表10只、华龙燃气燃气表8只；强化计量标准管理，县计量检定测试服务中心6项计量标准均取得计量标准考核证书及社会公用计量标准证书，标准器全部送检合格；培育诚信计量示范单位22家，全县大型超市、加油站及眼镜配制等单位实现诚信计量自我承诺。

【标准化管理】 青神县市场监督管理局推进企业产品标准自我声明公开，新增标准声明公开34个，在全国企业标准信息公共服务平台上完成标准自我声明公开408个标准；开展企业标准声明公开监督检查及“双随机”抽查，抽查企业27家，抽查标准43项。引导企业参与相关标准制定（修订），提升标准话语权，德恩精工参与3项国家标准制定（修订）。制定《地理标志产品 青神竹编加工技术规范》标准，由眉山市市场监督管理局批准发布为眉山市地方标准，并于1月27日实施。

【特种设备安全监管】 截至2022年底，青神县有在用特种设备1288台，其中，锅炉17台，压力容器253台，电梯467台，起重机械399台，场（厂）内专用机动车辆152台；有液化石油气钢瓶11908只、公用燃气管道131公里、车载气瓶621只。青神县市场监督管理局以商场、宾馆等人员密集场所，医疗机构、旅游景点和城镇燃气、天然气经营和使用单位为重点，对电梯、锅炉、压力容器、压力管道、起重机械等重点特种设备开展日常监督检查，全年出动执法人员628人次，检查特种设备相关单位295家次，抽查各类特种设备836台，排查特种设备安全隐患565条，下达《特种设备安全监察指令书》55份，移送案件线索6条，受理举报投诉15件，办结15件。

食品药品监督管理

【概况】 2022年，青神县有食品生产经营主体1461家（户），其中持证食品生产企业25家、食品流通经营户623户、餐饮单位813个；涉药械化单位399家，其中药品生产企业5家（其中1家停产）、一类器械生产企业1家；药品批发3家，药品连锁总公司2家，零售药店82家；医疗器械批发企业3家，二、三类医疗器械零售店14家；药械使用单位168家；化妆品经营户121家，其中经营店31家、美容院30家、美发店20家、美甲店17家、超市23家。

【食品安全监督管理】 青神县市场监督管理局实行进口冷链进货报备制和“三证明一报告一信息”查验制，检查冷链食品经营户1400余户次，备案进口冷链食品224批次497.42吨，抽检冷链食品和环境样品1814个样、从业人员8005人，检测结果均为阴性；落实食品安全属地管理和企业主体“两个责任”，完成1220家生产经营主体包保干部和A级、B级食品安全总监及C级、D级食品安全员配备，组织包保干部轮训7次，开展督查8次；开展“守底线、查隐患、保安全”专项行动，检查食品生产经营单位3200余家次，发放宣传资料13300余份，下达责令整改通知书38份、警告13件，立案查处16件；保障竹博会、人代会、政协会、高中考等重大会议（活动）食品安全28次，2600余人次安全就餐；制发《青神县食品安全突发事件应急预案（2022年修订）》，完成在汉阳镇组织开展的食品安全“穿透式”监管试点工作；青神县市场监督管理局获得眉山市食品安全党政同责工作先进集体荣誉称号。

【药品安全监督管理】 青神县市场监督管理局开展药店常态化疫情防控工作，监测药店上报“四类药品”销售登记21万余条，检查药店330家次，关停整改防控工作落实不到位药店10家次，开展约谈3家次，组织165名从业人员参与核酸检测；强化防疫药品监管，实行新冠防疫药品进销存及价格日报告制度，动态掌握31种重点防疫药械供应及配送情况，组织药店免费发放退热止痛药1.5万余片；开展药品经营使用环节专项检查，检查药品零售330余家次、

2022年6月19日，青神县市场监管局抽检汉阳加油站油品　（县市场监管局供图）

2022年12月8日，青神县市场监管局检查药店药品储备情况　（县市场监管局供图）

使用单位120余个次；监测药械妆不良反应（事件），上报药品不良反应监测报告324例，完成年度目标任务的130.77%；完成含特殊药品复方制剂“互联网+智慧监管”试点工作；制发《青神县药品安全突发事件应急预案》，提升药品安全监管应急处置能力。

【医疗器械安全监督管理】青神县市场监督管理局开展“春雷行动2022”农村药品质量安全执法行动，查处药械妆违法案件38件，其中当场行政处罚18件，一般程序案件20件，结案20件，罚没款4.34万元；开展防疫药械质量安全检查工作，检查新冠疫苗和新冠试剂47家次，开展防控药品、医用口罩、红外线体温计等防控器械检查330家次；对2家新开办零售三类医疗器械（隐形眼镜）店开展许可核查；核查监测药械妆不良反应（事件），上报医疗器械不良事件报告104例，完成年度目标任务的136.84%。

【化妆品安全监督管理】青神县市场监督管理局开展儿童化妆品、进口和特殊化妆品专项检查，检查化妆品经营使用单位200余家次；在“掌上青神”App发布儿童化妆品安全科普宣传知识1期，通过手机短信向群众发送化妆品消费提示10万余条；监测药械妆不良反应（事件），上报化妆品不良反应28例，完成年度目标任务的121.74%。

【食品和药械化安全抽检监测】青神县市场监督管理局在红色西山、悦来春酒楼、民达电子、妇幼保健院托育服务中心新建4个食品安全快检室；完成各类食品抽检589批次，其中完成国家监督抽检32批次、风险抽检27批次、省级监督抽检61批次、市级监督抽检33批次、县级食用农产品抽检270批次、县级食品抽检92批次、县级专项抽检（腌腊制品、粮食加工品）63批次；开展中高考、竹博会和各类会议食药安全保障工作，完成快检452批次；完成眉山市市场监督管理局交办的检验数据互审任务，审核天府新区检验报告500份、数据2000余条，抽检药品30批次、医疗器械4批次、化妆品5批次。

知识产权保护管理

【概况】2022年，青神县有效发明专利117件，比2021年增加6件；商标有效注册量2199件，新注册商标219件，商标注册量比2021年增长11%；拥有原产地证明商标2件，地理标志保护产品1个。

【知识产权协作机制完善】青神县调整青神县知识产权工作领导小组成员单位，修改完善知识产权工作领导小组工作制度，召开知识产权发展工作会2次、领导小组联席会议4次；制定《知识产权保护工作培训计划》，以县域内规模企业、专精特新企业负责人、企业技术总监及知识产权工作负责人为培训对象，组织企业参加省、市、县知识产权培训13次，培训人员280余人次。

【知识产权保护】青神县市场监督管理局成立知识产权纠纷人民调解委员会，联合县人民检察院、县农业农村局等部门印发《知识产权不起诉案件移送行政处罚工作指引（试行）》；在县经开区、县竹编产业园区探索建立商标品牌指导站，新建2022中国国际竹产业交易博览会知识产权保护工作站，现场处置云专利侵权事宜1件；借助“4·26”世界知识产权日、宣传周等时间节点，开展集中宣传、进企宣传4次，发放宣传资料3.2万余份，发送短信12万余条。

【知识产权监管】青神县市场监督管理局开展“蓝天”“春雷行动2022”等专项行动，开展假冒专利、商标侵权、地标侵权检查50余次，查处专利案件3件；开展北京2022年冬奥会、冬残奥会、成都第31届世界大学生夏季运动会等活动特殊标志保护工作，出动执法人员130余人次，查处商标违法案件2件；围绕“青神椪柑”“青神竹编”等侵权行为，出动检查人员280人次，约谈3家涉嫌商标恶意抢注、商标囤积的代理机构；利用成德眉资知识产权监测预警平台，对重点商标品牌监测预警，处置预警 73 件。

【专利申请与管理】 青神县市场监督管理局开展专利培育，全年全县有效发明专利 117 件，其中高价值专利 27 件，有效发明专利总量比 2021 年增加 6 件。

【商标注册与管理】 全年全县商标有效注册数2199件，新增219件；青神竹编荣获“2022我最喜爱的四川十大类地理标志品牌榜样”称号。青神县市场监督管理局组织企业参加省、市举办的知识产权培训活动，协调上级部门对企业知识产权方面的问题进行解答帮助，对环龙新材料有限公司申请中国驰名商标进行指导。

【地理标志管理】 青神县市场监督管理局指导制定《地理标志产品 青神竹编加工技术规范》标准，被眉山市市场监督管理局批准发布为眉山市地方标准，于 1 月 27 日实施；指导申请“青神南瓜柑”“青神马克斗”两个地理标志证明商标；完成青神竹编中欧地理标志协定第二批清单中英文资料上报工作，助力青神竹编在欧盟受到高水平保护。

【知识产权服务】 青神县市场监督管理局深化“一企一策”知识产权服务活动，协调保障眉山市知识产权工作会在青神召开；争取省知识产权党员专家暨博士团对环龙新材料有限公司申请中国驰名商标进行指导；帮助企业申报 2022 年省级知识产权专项资金项目 220 万元，兑现德恩精工、环龙新材料奖金 35 万元。

（张　婷）

财政管理

【概况】 2022 年，青神县地方一般公共预算收入 68148 万元、上级返还性收入 3252 万元、一般性转移支付补助收入 106103 万元、专项转移支付补助收入 22034 万元、地方政府一般债券转贷收入 35736 万元、政府性基金预算调入 2503 万元、国有资本经营预算调入 171 万元、动用预算稳定调节基金 500 万元、上年结转 35615 万元，收入共计 274062 万元；减地方一般公共预算支出完成 178226 万元，加上上解支出 10635 万元，地方政府债券还本支出 22970 万元，合计支出 211831 万元，收支相抵后结余 62231 万元。其中，按照收付实现制结转下年继续使用支出 58346 万元，按规定将地方一般公共预算收入超收部分 3849 万元补充预算稳定调节基金。青神地方一般公共预算支出为 178226 万元，为年初预算的 125.4%，较上年增长 2.2%。主要支出情况为：教育支出 27456 万元，较上年增长 8%；社会保障和就业支出 23769 万元，较上年增长 6.6%；卫生健康支出 14745 万元，较上年增长 11.3%；农林水支出 52691 万元，较上年增长 5.5%；公共安全支出 8737 万元，较上年下降 15.4%；一般公共服务支出 20149 万元，较上年下降 5.8%。青神政府性基金预算收入总计 180435 万元，政府性基金预算合计支出 169365 万元。收支相抵后，按照收付实现制结转下年继续使用支出 11070 万元。

【县级预算执行】 2022 年，青神县地方一般公共预算收入完成 6.81 亿元，较 2021 年增长 12.3%，其中税收收入完成 2.43 亿元、非税收入完成 4.38 亿元。地方一般公共预算支出完成 17.82 亿元，较 2021 年增长 2.2%。地方政府性基金预算收入完成 8.99 亿元；地方政府性基金预算支出完成 16.25 亿元。

【财政管理体制完善】 青神县财政局构建财政、税务联动协调治税格局，严格依法治税，夯实执收单位主体责任，完成国有资源特许经营权出让，设立留抵退税专户并动态存储 15 天退税资金，联合税务部门科学制定退税计划；坚持加强债务管理、防范风险的原则，进一步研究防范化解债务风险长效机制，严控地方政府债务规模，严格执行债务限额管理，多渠道筹措化债资金，切实降低存量债务；强化项目源头管理，严禁违法、违规举借政府债务；组织开展全面清查，按照属地管理原则，开展资产下沉管理试点，将县级部门位于乡镇辖区范围内的长期低效资产划给所在乡镇管理，充分实现资产使用效益；组织行政事业单位和县属国企对全县国有资产承租户进行租金减免工作，为个体工商户和小微企业纾困解难；持续推进预算管理一体化改革，系统如期上线使用，启用预算、支付、采购等多个功能模块，推进财政管理精细化和规范化；推广政府采购一体化平台，规范财政监督管理，规范会计信息质量；贯彻落实全国人大及其常委会有关预算决议和审查意见，及时报告财税改革和财政重点工作进展，持续加强和改进财政预算管理，加大审计查出问题整改力度，严格落实整改责任，加强跟踪督办，确保惠企利民政策落实到位。

【政府采购监管】 青神县财政局做好计划审核，全年全县完成政府采购挂网项目采购 71 个（其中公开招标 7 个、竞争性磋商 31 个、竞争性谈判 26 个、询价 2 个、单一来源 5 个），政府采购预算金额 11317.86 万元，实际采购金额 10505.84 万元，节约资金 812.02 万元，节约率 7.17%。完善公开机制，县政府采购一体化平台全年发布政府采购信息 293 条。其中，意向公告 85 条，采购公告 32 条，单一来源公告 7 条，中标、成交结果公告 52 条，采购合同公告 115 条，处理决定公告 2 条。坚持依法行政，聘请专职律师服务政府采购工作，全年受理举报、投诉案件 4 件。推进扶贫工作，全年全县政府采购脱贫地区农副产品预留份额为 126.49 万元，累计完成交易 128.48 万元，采购执行进度 102%。

【政府购买服务管理】 青神县财政局以点带面，推进青竹街道、高台镇开展乡镇政府购买服务试点工作，并在此基础上在全县全面推进乡镇购买服务工作；印发《青神县乡镇（街道）政府购买服务指导性目录（修订版）》，强化业务培训，搭建乡镇（街道）、主管部门、牵头单位常态化沟通渠道。

【电子票据推行】 青神县财政局采取调研、督导等方式，了解财政电子票据改革推进的难点和堵点，加强单位票据管理工作，实现财政票据全程跟踪、源头控制，提升财政票据管理综合效能；推进行政事业性单位、医疗收费电子票据改革，顺利完成电子票据对接改造工作（除青竹街道卫生院）。

【财会监督及惠民惠农“一卡通”】 青神县财政局联合县纪委、县审计局对青神县“一卡通阳光审批”平台建成后使用情况进行多次督查检查。截至 12 月 31 日，全县发放补贴资金 1.44 亿元，发放 44.03 万人次，涉及 74 项补贴政策（其中中省项目

2022 年 3 月 1 日，青神县财政局进行“非法集资”“一卡通”宣传　（县财政局供图）

42 个、市县项目 32 个）。

【预算绩效管理】 青神县财政局在年初预算编制时，对全县所有一级预算单位开展绩效目标审核工作，并抽取 5 个项目（涉及资金量为 1547.62 万元）开展重点事前绩效评估，评估建议安排预算资金 1266.50 万元，核减 281.12 万元，核减率 18.16%；7 月，对全县所有单位（部门）开展事中绩效监控工作；开展绩效全覆盖自评，并对青神县 8 个重点项目支出、7 个部门整体支出进行重点绩效评价，平均得分 77.7 分，累计发现各类问题 95 条；健全预算绩效管理机制，印发《青神县财政局关于建立县级项目库预算绩效管理机制的通知》和项目支出绩效管理办法、预算绩效结果应用管理办法。

【财政投资评审】 青神县财政局全年完成房建、市政、水利、交通、农林、电力、地灾等建设项目招标控制价预算、工程量增减变更、工程建设其他费用的评审项目130个，评审金额9.97亿元，审定金额9.35亿元，审减金额6135.79万元，平均审减率6.16%。

【企业发展财政支持】 青神县财政局围绕“引进、发展”方针，以招商引资为主线，以增长税收和全县收入为目标，安排三产发展扶持资金 401.12 万元，促进三产蓬勃发展；以贯彻“支持工业企业做大做强”理念，对重点企业实行跟踪服务、主动服务，安排工业高质量发展扶持资金 530 万元，为企业排忧解难；重点抓好以房地产为主的建筑企业的服务，帮助企业渡过疫情难关，安排建筑业发展扶持资金 170.41 万元，促进房地产企业健康发展；持续加强企业生产要素保障、支持企业稳岗扩岗等，强化财政资金支持力度，保障企业经营稳定，安排支持企业扩大再生产资金 984.7 万元，鼓励企业做大做强。

【农业发展财政投入】 青神县全年投入涉农资金 56123 万元。其中，安排耕地地力保护补贴 1591.4 万元，支持全县 48784 户农户（共计 132641.59 亩）耕地地力，保护粮食适度规模经营；安排实际种粮农民一次性补贴 366 万元，支持全县 12248 户农户（共计 39870.02 亩）种粮农民一次性补贴，缓解农资价格上涨对农民种粮收益的影响，稳定农民收入，保护农民种粮积极性；安排种粮大户补贴 176.62 万元，支持全县 30 亩以上 93 户（共计 22438.69 亩）种粮大户，有效提高补贴稳定粮食生产；安排 2022 年农村综合性改革试点试验

项目中央资金5000万元，主要建设内容为富民乡村产业、数字乡村发展、乡村人才振兴、乡村治理23个项目，通过农村综合改革试点试验项目的实施，旨在探索并形成可复制、可推广的改革经验，形成乡村富民产业发展的新路径、数字乡村发展的新动力、乡村人才振兴的新活力和乡村基层治理的新模式；安排美丽乡村建设资金300万元，支持高台镇诸葛村村容村貌提升，开展庭院整治和人居环境提升等；安排农村公益性建设资金176万元，支持全县公益项目6个；争取、配套中省财政扶持村集体经济项目资金500万元，支持全县5个村发展村集体经济，通过“自主经营”“合作社＋村集体”等模式，有效整合各方面资源，加大资金、项目和政策支持力度，广泛动员社会力量参与，形成推动村集体经济发展的整体合力，提高村级集体经济发展整体水平；安排农田建设资金1050万元，支持建设青竹街道高标准农田5000亩，田型调整914亩，道路修建11.5公里，增强农田灌排能力，修建沟渠7.7公里，改良土壤质量，增大复种指数，地力培肥1900亩；安排以工代赈397万元，支持青神县高台镇百家池村以工代赈项目建设，改善农村生产生活条件；安排农村人居环境整治项目资金1000万元，支持村庄清洁行动、污水治理、“厕所革命”等，改善农村居民生活环境；安排脱贫户产业发展基础设施资金1351万元，支持脱贫户区域基础设施建设、产业经济发展等，巩固拓展脱贫攻坚成果和衔接乡村振兴任务。

【交通建设与工业发展财政投入】 青神县全年安排“四好农村公路”项目资金2050万元、农村道路建设项目资金4366.19万元、城乡公交一体化项目资金3412.73万元、工业发展资金3200万元。

【教育事业财政投入】 青神县全年教育事业财政投入38958万元，有力推动全县教育事业高质量发展。投入2850万元，兑现教育质量奖。支持教育系统校医辅助岗人才引进，及时足额保障工资待遇。投入6311万元，支持青中校整体搬迁项目建设，投入1936万元，用于校舍维修改造、设施设备采购等，进一步改善办学条件，提高教学质量。投入革命老区全民健身中心项目资金450万元，打造便民体育场所。争取债券资金3000万元，用于中职校校舍改建和教学仪器及配套设备设施采购，切实改善中职校办学环境。

【文旅发展财政投入】 青神县全年文旅发展财政投入3298万元。争取上级公共文化服务体系资金579万元，“三馆一站”免开资金96.8万元，深入实施文化惠民工程，努力推动公共文化服务标准化、均等化、数字化。投入80万元，用于萤火虫保护研究；投入661万元，用于中岩摩崖造像保护利用及安防工程；投入40万元，用于汉阳镇传统村落保护，争创省级历史民镇；投入305万元，开展编制岷江文化旅游示范带建设行动方案、省级全域旅游示范区暨天府旅游名县候选县创建、中岩景区国家AAAA级旅游景区创建等工作，积极融入巴蜀文旅走廊，全力打造文旅品牌。

【科技发展财政投入】 青神县全年科技发展财政投入1924万元。其中，科技成果转化补助资金100万元，创新驱动资金（青神制造）300万元。投入530万元，用于扶持科技创新、扶持转型升级等补助。落实竹产业创新孵化园升级费用，安排竹产业博士站研究经费100万元，争取省级科技计划项目资金440万元，支持科技研发，强化科技引领。

【民生工程财政投入】 青神县全年民生支出11.61亿元，占地方一般公共预算支出的65.13%。

【社会保障财政投入】 青神县全年安排社会保障和就业资金34120.7万元，落实城乡居民和行政事业单位退休人员养老金19571.32万元，弥补机关事业单位基本养老保险缺口7036.55万元；落实农村五保、孤幼儿等困难群众生活救助3749.14万元、优抚对象补助2071.35万元、老年人高龄补贴361.77万元、居家养老服务体系建设资金867.49万元；落实就业创业补助资金463.08万元，推动劳动力就业创业市场建设。

【自然资源与环境保护财政投入】 青神县全年安排用于支持现代林业改革发展、森林资源管护、森林资源培育、林草生态保护体系建设资金3432.85万元，安排城乡绿化、萤火虫保护等专项资金1121.49万元；安排乡村环境治理、大气污染防治、水资源环境保护、土壤污染治理等各类生态环境保护资金6623.37万元；安排全县城乡污水处理费3700万元。

【会计管理】 青神县财政局完成年度会计专业技术初级、中级资格考试报名审核工作及会计专业技术初级、中级证书发放工作；完成代理记账机构年度备案工作，开展代理记账行业违法违规行为专项整治，检查发现一家代理记账机构存在违规行为，勒令其整改完毕；继续开展全县会计人员信息采集工作，审核通过会计人员信息采集人数718人，开展会计人员继续教育工作，累计审核通过继续教育1651人次；完成政务一体化平台中行政许可事项的管理工作；完成全县行政事业单位2021年度内部控制报告编制上报，开展行政事业单位内部控制建设监督检查。

【债券发行】 青神县全年发行地方政府新增债券资金8.15亿元，其中专项债券6.87亿元、一般债券1.28亿元。严格将新增债券资金用于社会事业、市政和产业园区基础设施等重点投向领域，为青神县绿色铸造产业园、全民健身设施建设、青神县城区范围内停车场新建及改扩建一、二期等重点民生工程提供资金保障。

（童晓芬）

税务管理

【概况】 2022年，青神县税务局推进组合式税费支持政策，落实各项减税降费政策措施，使政策红利最快速度到达市场主体，将阶段性措施和制度性安排相结合、减税与退税并举，落实落细减负纾困、惠企利民各项举措，为地方经济发展添活力、加动力。

【依法治税】 青神县税务局落实行政执法公示、执法全过程记录、重大执法决定法制审核“三项制度”和行政规范性文件合法性审查备案制度、“首违不罚”制度，提高税收执法质量；在西龙税务分局挂牌推行“枫桥式”税务分局，全年调解12起税费争议，受理涉税咨询300余起；监管破产企业债权，确保税收优先权得到保障；与法院建立欠税申报联系机制，在进入破产程序的欠税企业债权债务查询、情况提供等信息共享方面达成共识，联系破产企业管理人、法院等部门，在欠税企业破产案中申报债权，把好防止税款流失最后一道“关口”。

【税费收入】 青神县税务局累计组织税收收入66005万元，同口径同2021年比增长0.3%；社保费收入54339万元，同2021年比增长10.43%；非税收入90390万元，同2021年比下降14.13%；代征工会经费274万元，同2021年比增长53.93%；地方一般公共预算收入31298万元，同口径同比增加1.50%。

2022年12月12日，国家税务总局青神县税务局“枫桥式”税务分局成功挂牌　　（国家税务总局青神县税务局供图）

【税收征管】 青神县税务局提升税费征管质效，以“5C+5R”为手段，实体化运行税费质量中心，采用“日常监控＋定期复查”工作模式，牵头整改薄弱指标，2022年度质量评价稳居A级，全市唯一连续三年年度评价均为A段单位；推进数电票全量上线，制定7个工作方案，组织开展数电票网格化服务，打造高效式运转平台，完成数电票各项工作任务，存量纳税人上线率100%；贯彻落实《关于进一步深化税收征管改革的意见》，夯实征管基础，发挥征管在抓收入方面作用，在以数治税、以票管税、行业管理、注销管理等方面强化配合；推进欠税管理。

【纳税服务】 青神县税务局利用便民办税春风行动、税法宣传日，依托青神电视台、“掌上青神”、税邮驿站等渠道宣传组合式税费支持政策、非接触式办税清单等251条；通过征纳互动平台直播和线下集中培训等方式，开展对外培训7期，培训纳税人2188人次，开展上门走访宣传2500余户次；为纳税人免费寄递发票及文书1920笔，“银税互动”为39户企业发放贷款7315万元；税费支持中心在线快速审批涉税（费）事项申请6996件，接受线上咨询约6530余次，通过短信及微信推送税费政策55413条，处理后台流转事项468件，解决疑难问题41个；在办税服务大厅开通退税减税专窗，设置数电票咨询辅导专岗，助力政策落实落地，优化办税服务体验。2021年度信用等级评价工作中，青神县有1470户纳税人参评，同比增长10.36%，其中A级纳税人154户，同比增长31.6%，A级纳税人占比达到10.47%；B级纳税人731户，B级纳税人占比达到49.72%。

【减税降费】 青神县税务局落实退税减税降费政策释放红利全口径共4.97亿元，其中2022年新增退税减税降费政策释放红利3.07亿元；为84户纳税人办理完成留抵退税17487万元；办理制造业中小微企业延缓缴纳税费5437万元；核准并办理“六税两费”减免优惠3434户次，减免税费1086万元，其中办理退税213户，金额54万元；办理出口退税3213万元。

（王玉梅）

2022 年青神县纳税额前 20 位企业一览表

表 7

编号	企业名称	编号	企业名称
1	四川立白日化有限公司	11	四川凯京制药有限公司
2	四川德恩精工科技股份有限公司	12	中国平安财产保险股份有限公司青神支公司
3	中桓建工集团有限公司	13	青神泽优盛房地产开发有限公司
4	青神县万景房地产开发有限公司	14	青神县规划和自然资源局
5	四川丹甫环境科技有限公司	15	四川际丰建筑工程有限公司
6	四川立白实业有限公司	16	四川省延天房地产开发有限公司
7	四川青神农村商业银行股份有限公司	17	四川省青城机械有限公司
8	青神县文化旅游投资有限公司	18	青神金弘能源投资开发有限公司
9	四川禾目医药有限公司	19	眉山鑫府房地产开发有限公司
10	四川彩虹制药有限公司	20	青神鑫睿商贸有限公司

审计管理

【概况】 2022 年，青神县审计局完成审计项目 19 个，审计发现问题 128 个（其中移送相关部门处理 4 例），发现管理不规范金额 34704.76 万元，促进增收节支 1057.18 万元；出具审计报告 19 篇、撰写审计专报 3 篇，向县委、县政府和相关部门提出审计建议 45 条，促进建章立制 10 个；2021 年青神县农业农村局主要领导自然资源资产和生态环境保护任中审计项目获市级优秀项目二等奖。

【政策落实跟踪审计】 青神县审计局开展政策落实跟踪审计，上报重大政策措施落实跟踪审计情况报告 4 篇，审计发现问题 6 个，提出审计建议 4 条。

【财政审计及部门预算执行审计】 青神县审计局重点关注非税收入征管和非财政拨款统筹、各类存量资源盘活、保障和改善民生等财政支出政策落实、预算分配下达、重点专项资金管理使用和绩效等情况，开展财政审计及县发改局预算执行审计，审计发现问题 17 个，提出审计建议 7 条。

【农业农村审计】 青神县审计局开展耕地保护政策落实情况专项审计，重点关注相关部门耕地保护有关目标任务完成、政策措施落实和相关资金的筹集、管理、使用情况，审计发现问题 12 个，提出审计建议 3 条，促进建章立制 5 个。

【政府投资审计】 青神县审计局实施教育系统 7 个政府投资建设项目专项审计调查和岷东大道东坡区永寿至青神中岩寺建设工程（青神段）一期工程竣工决算审计；开展唤鱼公园、复兴水库等 4 个重大项目跟踪审计；重点关注工程项目基本建设程序履行、参建单位履职等情况，促进加强投资管理，提高投资效益；审计发现问题 22 个，移送相关部门处理 3 例，促进增收节支 1055.23 万元，提出审计建议 13 条。

【资源环境审计】 青神县审计局依托经济责任审计，同步安排自然资源资产审计项目 1 个，聚焦河长制、林长制、田长制及土地流转监管等落实情况，审计发现问题 8 个，提出审计建议 3 条。

【企业审计】 青神县审计局对 3 家国有企业开展经济责任审计，对青神县国粮管理有限公司开展青神县本级粮食购销领域专项审计，审计发现问题 39 个，提出审计建议 10 条。

【经济责任审计】 青神县审计局完成 6 个单位 9 名领导干部经济责任审计，审计发现问题 59 个，移送县纪委监委处理 1 例，提出审计建议 16 条。

【审计发现问题整改落实】 青神县委主要负责人对审计整改提出要求 1 次，县政府常务会会议听取审计整改相关情况 3 次；中共青神县委审计委员会办公室会同县人大预算委员会，召开审计整改专题会 1 次，听取 4 个单位整改情况汇报；与县目标绩效办、县政府督查室开展审计整改专项督查 1 次，督查单位 6 个；与县委巡察办印发《关于建立巡察与审计协调协作机制的意见》，对屡巡屡审屡犯问题提出处理措施；县审计局开展严肃财经纪律整治突出问题专项行动，发现问题 38 个，问题金额 24451.88 万元，向相关主管部门移交处理函 2 份，书面通报 2 类典型问题；开展审计整改专项行动，全面自查 41 个项目、288 个问题，整改问题金额 21337.62 万元。

2022年4月26日，青神县2022年内部审计工作会召开（县审计局供图）

【内部审计指导监督】 青神县审计局开展2021年度内部审计统计调查，全县开展内部审计项目218个，审计发现问题278个，问题金额1919.98万元，推动相关部门新建和修订内部管理制度4个，优化完善业务流程18个；组织各单位主要负责人和内审人员召开全县2022年内部审计工作会暨内审工作培训会；梳理全县“十三五”时期政府投资项目内部审计开展情况，督促指导56个项目完成内部审计；县教体局内审助推教体事业发展被《中国审计报》宣传报道。

（陈　兰）

统计管理

【概况】 2022年，青神县统计局围绕全县经济发展目标，做好各项统计调查工作，发挥统计预警监测作用，为县委、县政府科学决策提供优质统计服务。全县生产总值103.02亿元，比2021年增长2.8%，增速居全市第六。

【统计管理】 青神县统计局严格按照眉山市《进一步加强统计调查基层基础工作的意见》，推进统计管理体制机制改革，夯实统计基层基础，加强基层统计队伍建设。将统计调查基层基础工作任务进行了细化，明确了县统计局负责领导、负责股室、对接的地方和部门及完成期限。

【统计法治建设】 青神县统计局加强统计法治贯彻宣传，组织学习统计法律法规以及统计系统典型案例，强化领导干部依法统计意识。参与全市统计执法检查培训2次，组织全县统计从业人员开展法律知识培训2次，利用“12·4”国家宪法日开展统计法律法规宣传教育活动1次，印发《青神县领导干部统计法律法规知识读本》等宣传资料200余份。

【专业统计】 青神县统计局贯彻执行国家、省、市统计调查制度，按照统计业务工作流程开展统计数据报送，组织年报业务培训工作，落实各项工作要求，全面准确收集各类信息和数据，完成农业、工业、建筑业、批零住餐业、房地产业、服务业等27个专业的月度、季度数据收集、审核、汇总和上报工作。

【统计服务】 青神县统计局编撰并公布《2021年青神县国民经济和社会发展统计公报》《2022年青神县统计年鉴》，完成《青神统计月报》11期，撰写经济运行预测分析10余篇、经济运行分析4篇、专业分析11篇，编制《青神统计资料》14期，为青神经济开发区扩区等重点工作提供切实可靠的统计数据支撑。

【统计执法检查】 青神县统计局贯彻落实《关于更加有效发挥统计监督职能作用的意见》，开展国家统计局督查“回头看”，切实防范和惩治统计造假、弄虚作假责任；通报国家重大统计违法案件，加强统计核查、执法检查，将针对性统计执法检查和经常性统计巡查相结合，重点打击在统计上弄虚作假的违法行为。全年配合市级开展统计执法检查1次，开展县级统计执法检查1次，立案处理统计违法案件1起。

【劳动力调查】 2022年，青神县统计局按照国家统计局四川调查总队及眉山调查队要求，以夯实常规调查工作基础、严把调查数据质量关为目标，真实反映全县就业和失业情况，组织调查员每月对抽中的6个调查点的96户住户开展劳动力调查。

【第七次全国人口普查】 青神县统计局持续开展第七次全国人口普查后续工作，撰写《青神县第七次全国人口普查统计年鉴》《青神县第七次全国人口普查资料汇编》。

（罗　娇）

农业农村

农业综合管理

【概况】 2022年，青神县农业农村局下属事业单位21个，内设机构共14个，在职职工172人；全面完成县委、县政府下达的目标任务，其中非工业类固定资产投资64460万元；对上争取项目18个，争取资金15322万元；2022年，青神县一产增加值13.4亿元，增长4.7%；农民人均可支配收入达2.48万元，增长6.1%。全县粮食播种面积达14.1万亩，产量6.4万吨；出栏生猪16.87万头、肉兔25.54万只、小家禽375.83万只、肉牛4389头、肉羊11979只。

【新型农业经营主体培育】 青神县新增注册家庭农场180家，中央财政补助资金80万元，用于实施7个家庭农场项目；家庭农场名录库入库农场945家，创建示范场62家，推进省级示范场“随手记”使用；青神县家庭农场联盟带动75家家庭农场抱团发展；建立健全农民合作社信息系统，使用四川省农民专业合作社管理信息系统；新增注册合作社20家，创建县级示范社5家，完成国家级示范社申报2家；与县邮政合作，对全县合作社在物流运输、资金信贷和产业基地构建等方面提供支持；依托全国晚熟柑橘集群县等项目，完善“农户＋合作社＋村集体”的“541”柑橘托管利益联结机制；开展全国农民合作社质量提升整县推进试点工作，中央财政补助资金40万元，用于实施4个单体合作社实施项目。

【农业金融保险政策落实】 青神县支持发放乡村振兴风险补偿金贷款8890万元，支持贷款户77户，支持贷款项目覆盖柑橘种植、生猪养殖、水产养殖、粮食生产等类别；农业银行、农商银行及邮储银行分别开展乡村振兴金融服务，推出“智能小额农贷、竹乡贷、蜀青振兴贷、创业担保贷款”等针对中、小企业快速贷款的信贷产品；青神县财政局依照《关于印发〈中央财政农业保险保费补贴管理办法〉的通知》《四川省财政厅 四川省发展和改革委员会 四川省农业农村厅 四川省地方金融监督管理局 四川省林业和草原局 中国银保险监督管理委员会 四川监管局关于印发〈四川省加快农业保险高质量发展的实施方案〉的通知》《关于印发〈四川省2020年度中央财政优势特色农产品保险以奖代补试点实施细则〉的通知》等文件精神，发布《青神县财政局关于做好2022—2024年农业保险工作的通知》，明确全县农业保险任务目标为“实现种植保险覆盖率达到70%以上，养殖保险覆盖率达到35%以上”，规范参保对象、参保险种、保费收取、资金管理等细节。

【农业质量安全与品牌推进（含全国乡村特色产品创建）】 青神县农业农村局健全农产品质量安全监管、检测、执法体系，推行标准化生产、绿色防控和健康养殖技术，打击经营使用禁用农药、饲料等农业投入品的违法行为，经营主体全部入驻国家（省级）农产品质量安全追溯管理信息平台；健全农产品生产档案，县级监管、检测、执法，随时监督生产主体生产、销售情况；全年未发生较大及以上农产品质量安全突发事件，省、市两级农产品质量安全例行监测总体合格率保持在98%以上，协助举办全国农产品质量安全信用中国行活动；新申报11个绿色食品认证（1个蓝莓、10个柑橘），有“二品一标”16个。

【农业信息化推进】 青神县物联网信息技术应用全覆盖，适度规模种植户普遍使用水肥一体化和监控、遥控控制等相关智能设备设施，规模养殖户在养殖中普遍应用物联网等信息技术；建成“智慧果园”示范园500亩，打造温室环境智能控制系统7个；依托晚熟柑橘产业集群建设项目，建成水肥一体化系统灌溉面积1.3万余亩；标准化养殖基地全部安装监控设备，对养殖区域实现24小时监控，提升养殖源头环境的安全指数；配套自动化喂料和清扫系统，提高饲喂效率和养殖效益；加快园区数字信息化建设，统筹布设10个区块，实施气象站、土壤墒情站、物联网杀虫灯等成套设施；7个农业综合管理信息化系统持续发力，提升数字信息化服务能力；印发《青神县农药包装废弃物回收处置工作实施方案》，构建销售、管理、清运三级数字化服务平台，集成农药统一监管平台、逆向物流实时监控平台、废弃物综合监管平台“三大平台”，全覆盖追踪管理农药包装废弃物，实现智慧化监管，全县无害化处置农药包装废弃物9.5吨，回收处置率达87.1%；青神县家庭农场名录库系统已录入945家，合作社管理信息系统录入178个，规范县内家庭农场和农民专业合作社管理，推动家庭农场和合作社高质量发展；农产品质量可追溯平台、畜禽养殖监管平台、农村土地承包管理信息平台正常运行。

【农业行政执法】 青神县农业农村局出动执法人员85人次抽检农药，执法车辆21辆次，抽检农药品种18个，检出不合格产品1个，罚款5000元；抽检农产品16个，完成农产品检查信息100余条，检出不合格蔬菜1个，罚款350元；查处农药案6起，饲料兽药案2起，农产品质量案3起，罚款89570元；成立畜牧和渔政专案小组，由股市负责人牵头，开展亮剑行动；发放宣传资料 5260 份，媒体宣传 3 次，出动人员 3196 人次，出动执法车 678 次，出动执法船 648 次，陆巡 5733 公里，水上航程 6350 公里，检查水产品经营店 96 个（次），渔具店 99 个（次），检查水生物保护区 98 次；联合执法 97 次，销毁“三无”渔船 9 艘，销毁违规网具 1048 张，查处违规捕捞案件 7 起（网捕 2 起，罚款共 6000 元；电捕 5 起，罚款 6.09 万，移交刑事诉讼 1 起）；年初制定并印发打击非法电鱼专项整治行动方案，联合县公安局、县交通运输局、乡镇针对“三无船只”进行专项整治，组织人员召开专项整治工作会议，任务分配到人，依法拆解“三无船只”9 艘；8 月颁布钓鱼管理办法，规范县域天然水域娱乐性垂钓；联合县交通运输局设流动卡点盘查猪只运输车辆 2 次，夜间出动 20 余人次；配合县自然资源局、乡镇整改 3 起占用基本农田修建宅基地，还原耕地；开展水产养殖用投入品整治专项执法行动，加强水产养殖场所定期巡查，加大对使用假劣水产养殖用兽药、禁止使用的药品与其他化合物、停用兽药、人用药、原料药等违法行为的打击处罚力度，水产养殖投入品规范使用专项行动检查养殖场点 27 个次，责令改正 2 起，发放宣传资料 80 余份。

【农村产业化经营龙头企业培育】 青神县有农业产业化经营龙头企业 12 家，其中国家级 1 家（四川环龙新材料有限公司）、省级 5 家（四川彩虹制药有限公司、四川省丹妮生态生活护理用品有限公司、四川省青神县云华竹旅有限公司、四川省金兴食品有限责任公司、眉山市神果环球食品有限公司）、市级 6 家（眉山百事康农业环保科技有限公司、眉山市民威林产制品有限公司、四川省青神坤元丝业有限公司、四川省青神县鑫隆酒厂、青神瀚海农业科技有限公司、四川禾本科技有限公司）；编写《青神县“十四五”农业产业化重点龙头企业培育工作方案》，实施龙头企业育增行动，将经营状况好、规模实力大、有意愿的农业个体经营组织列为“个转企”培育对象，支持转型为企业，按照常态监测、动态管理、有进有出、优胜劣汰的原则、建立龙头企业培育库；四川禾本科技有限公司为 2022 年新认定市级龙头企业。

【农民负担监管和权益维护】 青神县农业农村局加强和规范村级财务管理工作，指导做好村级会计基础工作，完善村级财务民主监督机制，稳定和加强农村财会队伍建设，强化村级财务管理工作保障措施，加强农村集体财务审计监督；严格履行一事一议程序，按程序和要求落实好每个一事一议项目。推行一事一议项目公示制度，发挥村民理事会、监事会等监督作用；加强审核监督和专项检查，对向农民筹资筹劳未纳入监管，不符合筹资筹劳适用范围、议事程序以及超出限额标准等问题及时提出整改意见； 2022 年乡镇（街道）申报村级公益事业建设一事一议项目 33 个，项目总投资 1675.76 万元，申请补助资金 877.48 万元，通过复审纳入项目库 33 个，审批通过 2022 年实施项目 7 个，项目总投资 295 万元，补助资金 176 万元；强化农民负担监督检查，完善农民负担监测制度，准确掌握农民负担水平，畅通农民负担信访渠道，加强对信访问题的督查督办。

【农民增收促进工程】 青神县拓展农民增收渠道，坚持因地制宜，特色产业、重点项目、农村电商和产业融合成为农民增收主要的拉动力量，粮食产业稳点增量发展；全年农民人均可支配收入增加 1423.2 元，实现收入 2.48 万元，增速 6.1%，其中经营性收入 8711.6 元、工资性收入 12006 元、财产性收入 669 元、转移性收入 3368 元。

【农业科技创新与人才培养】 青神县强化政策支撑，依托行业重点龙头企业建设，大力发展数字化农业。青神县果真妙公司、瀚海农业公司、民友生猪养殖合作社、李勇家庭农场等经营主体投入 1500 万元对种植、养殖生产环境进行智能化数字改造。建成“智慧果园”示范园 500 亩，打造温室环境智能控制系统 7 个。依托知识更新培训和新型职业农民培育项目，组织农牧专技人员、家庭农场、专合组织、农业企业法人等开展科技创新人才培养，备案入库省级技术特派员 120 余人。

【农产品质量监管】 青神县农业农村局印发《2022年农产品质量安全监管工作实施方案》，建立乡镇（街道）、村、（社区）两级农产品质量安全网格化管理体系，全县种养殖业新型经营主体全部入驻国家（省级）追溯管理平台，全面推进食用农产品达标合格证制定。查办农产品质量安全案件3件，100%完成市级任务，省级农产品质量安全例行监测总体合格率保持在100%；全年未发生较大及以上农产品质量安全突发事件，圆满完成上级下达目标任务；制定《青神县农业农村局农产品质量安全追溯与四挂钩实施方案》，完善品牌管理；制定青神县食用农产品“治违禁 控药残 促提升”三年行动方案，针对12个品种的农产品，采取“一个问题品种、一张整治清单、一套攻坚方案、一批管控措施”的“四个一”精准治理模式，深入治理禁限用农药、食品动物禁止使用的药品及其他化合物、产蛋期不得使用的兽药、停用兽药使用问题，以及常规农兽药残留超标问题。

（戴益明）

乡村振兴

【概况】 青神县是全国农村改革试验区，是中央农办确定的全国十个、全省唯一的三农政策基层联系县，先后获评“国家生态文明建设示范区”“四川省乡村振兴先进县”“四川省改革工作先进县”等16项荣誉。2022年，青神县认真学习习近平总书记关于“三农”工作的重要论述和来川视察重要指示精神，落实中、省、市乡村振兴战略部署，各项工作取得成效；获评“全国村庄清洁行动先进县”“四川省县域城乡融合试点县”“省级全域旅游示范区”，人居环境整治、城乡融合发展等多项工作在国省内交流；全年实现第一产业增加值13.4亿元，增长4.7%，农民人均可支配收入达2.48万元，增长6.1%，城乡收入比1.72 ：1。2月22日，省委书记到青神调研，肯定青神县乡村振兴工作。

【乡村产业振兴】 青神县规划建设9个现代农业园区，发挥园区示范引领作用，竹编产业园区创建为全省唯一的国家林业产业示范园区，青神县柑橘现代农业园区升级为省四星级现代农业园区，拥有市级现代农业园区2个、县级现代农业园区2个；投资35亿元的斑布健康竹产业园建成投用，斑布竹纸亮相北京冬奥会，青神竹编走进卡塔尔世界杯，央视一套《山水间的家》栏目探访中国竹编产业第一村兰沟村，举办2022年中国国际竹产业交易博览会，竹产业综合产值达到70亿元；投资3500万元推进全国晚熟柑橘产业集群项目，建成西南地区最大单轨运输基地、农产品仓储物流基地，获评“中国晚熟柑橘出口示范区”；印发《青神县种业振兴行动实施方案》，完成21个农作物和畜禽遗传资源的调查工作，启动水产养殖种质资源普查，建立粮食新品种品比示范基地、柑橘品比试验园、水产苗种基地；深化与科研院所合作，投入2000万元建设农业科研中心，建成晚熟柑橘气象研究示范基地；农村寄递物流服务站（点）覆盖80%以上，是全国农村电子商务示范县。

【乡村人才振兴】 青神县制定《青神县加快建设具有区域影响力和带动力的全省人才工作先行区的八条措施》，设立2000万元人才发展专项资金，成立乡村振兴研究院，邀请清华大学、北京大学、中农大等高校65名人才到青神献计献策；把握县域人才规律，用好乡村振兴主战场工作平台，全日制本科以上学历与选调生分别提升19.4%、18.3%；推动农民职业化发展，认定新型职业农民50名。

【乡村文化振兴】 青神县开展文明村镇创建，县级以上文明乡镇和文明村覆盖率分别为100%、96.15%；开展医疗卫生、法律咨询、技能培训、党史宣讲等活动，开展“一约五会”（村规民约、红白理事会、村民议事会、道德评议会、禁毒禁赌会、孝善理事会）自治组织建设，修订完善村规民约，举办送文化下乡和戏曲下乡活动30余场，百家池村、兰沟村获评省级乡村文化振兴样板村。

【乡村生态振兴】 青神县推行“十二分制”，建成乡镇农业废弃物资源化利用中心，农药包装回收率87.1%，农膜回收率90.8%；建成种养循环示范基地3个，畜禽粪污综合利用率94.9%；做好天然水域禁捕和水生物资源保护工作，是国家级长吻鮠种质资源保护区；打造最美竹林风景线，是四川规模最大、种类最多的萤火虫栖息地；创新“333”（政府、群众、市场“三方主体”协同攻坚，积分制、有偿制、押金制“三项机制”闭环管理，全程可溯监管功能、智慧监控功能、实时反馈功能“三大功能”全程管控）农资管理模式被评选为全国绿色发展典型案例，“特色产业点亮乡村经济”在央视新闻联播报道。

【乡村组织振兴】 青神县实施加强党的基层组织建设三年行动计划，明确政治建设、组织建设等6大方面、20条举措，修订“七个基本”指导标准，编制“三会一课”、发展党员等工作流程图14个；建立联席会议机制和协同联动机制，成立镇级片区联合党委2个、村级片区联合党委12个，统筹整合各方资源力量推进乡村振兴；每年投入2700万元，对评定先进乡镇、示范村和人居环境整治工作给予奖补；推动兰沟村、百家池村获评市级（AAAA）先进村党组织，西龙镇龙凤社区和白果乡虎渡社区、甘家沟村入选全省基层治理示范村。

【美丽宜居乡村建设】 青神县围绕“创建全国乡村振兴示范区”目标，在乡村治理中推广应用积分制、清单制工作。创建省级示范村镇3个、市级示范6个；创建美丽庭院示范村落15个，建成五美家庭示范户1000余户，新增路灯1250组，新建公共设施7个，新建14个新时代文明实践阵地，建设文明乡风示范点7个；完成省三推项目2个，建立“户分类、村收集、镇运输、县处理”模式；设置标准四分类垃圾收集亭1842个，其他垃圾收集设施等543个，配置户分类垃圾桶4万多套，配置垃圾分类清运车和保洁车109辆，保洁、清运人员933人，配置垃圾地库16座，农村生活垃圾收运处置体系覆盖率达到100%；推广测土配方施肥技术33.4万亩次、增施有机肥4.4万亩，绿色防控15.5万亩次，统防统治6.2万亩次；清理畜禽粪污152.4吨，畜禽粪污综合利用率94.2%，清理农业生产废弃物434吨，农作物秸秆综合利用率92.68%，废旧农膜回收利用率90.47%，农药包装废弃物回收率87.1%；建设“四小园”2000个，清理私搭乱建0.6万处、风貌提升改造3800余户，开展村庄绿化4.5万平方米；开展52个行政村（社区）村庄清洁行动，参与村庄清洁行动的群众21656户，开展宣传活动446场次、印发宣传资料34960份、张贴悬挂宣传标语334条、开展“门墙亭廊栏”专项统计，县级有“门”2处、数量3个，村级31处、数量36个，有“墙”村级17个、21处、8.33公里，有“亭”村级25个、52处，有“廊”村级18个、20处、2.416公里，有“栏”村级13个、14处、14.223公里；建成美丽宜居乡村48个，达92.3%，“厕所革命”“回头看”摸排整改131户，开展脱贫户改厕255户，设置维修站点30个，清理厕屋便池20358座，有服务队伍111人、抽粪工具81台、储粪池30个，新建农村公厕4座，清理生活垃圾4705.2吨，清理水源水体264处，农村生活垃圾收运处置体系覆盖率达到100%；入围天府农耕文明博物馆展品征集和青神竹编参展展品2件；遴选推荐四川省农村致富带头人2人；开展高价彩礼、大操大办等农村移风易俗重点领域突出问题专项治理工作；申报村级公益事业建设一事一议项目33个，完成人大代表建议批评意见和政协提案主办件3件、会办件2件办理工作。

【农村基础设施建设】 天眉乐高速（青神段）项目开工建设，虎渡溪航电主体完工，第三自来水厂建成投用，新建“四好农村路”80公里，农村水、电、气等普及率达98%以上；青神县推行城乡公交一体化，新投入公交车辆62台，建制村全覆盖通公交，最远乡镇进城仅需半小时，2元钱实现全域通；全覆盖完成乡镇和村（社区）便民服务中心“三化”建设，下放145项县级事项权限，推动管理服务职能向农村延伸。

【农旅融合发展】 青神县休闲农业和乡村旅游综合经营性收入15451万元，接待游客数达213万人，带动农民就业5400人；青神县创建为省级全域旅游示范区，兰沟村获评国家级乡村旅游重点村；推出“竹里萤光”观萤季，吸引游客10万人次，“特色产业点亮乡村经济”被央视《新闻联播》报道；启动“天府粮仓”特色示范区建设，建成新光竹里稻香、光辉农旅融合示范片；加快建设东坡文化重要承载地、成都都市圈和大峨眉旅游环线重要节点，推进虎渡溪休闲农业示范带和汉阳·忆村休闲农业示范带建设，打造休闲乡村游品牌；建设“柑林橘海”国家AAA级旅游景区，实现柑橘产业与文旅产业的有机结合。

（戴益明）

【特色镇（村、社区）建设发展】 青神县以村集体公司为引领，建立“竹农+国有公司+龙头企业”销售模式，建成天池、长池等4个万亩竹原料基地，实现全县2万余户竹农种竹，每年户均增收3500元以上；通过政府决策规划、村集体组织统一流转、县属国有平台公司示范带动、社会资本广泛参与的竹旅融合发展路径，以国际竹艺城景区为核心，建成“竹里院子”“竹里巷子”“竹里书屋”等竹文旅项目，形成网红竹文旅IP。青竹街道兰沟村获评四川省第二批天府旅游名村、乡村文化振兴省级样板村；汉阳镇文新村、白果乡虎渡社区获评四川省乡村振兴示范村；“青神竹编特色小镇”被省政府纳入全省首批特色小镇管理清单；竹藤编织工艺被列入人力资源和社会保障部职业大典。

脱贫攻坚成果巩固

【概况】 2022年，青神县深入贯彻落实党中央、国务院，省委、省政府和市委、市政府关于实现巩固拓展脱贫攻坚成果同乡村振兴有效衔接决策部署，坚持稳中求进的工作总基调，牢牢守住不发生规模性返贫的底线，确保脱贫人口收入增速高于全县农民收入增速；锁定“3696户8916人脱贫人口、413户952人监测对象不返贫不致贫”目标，落实“四不摘”要求，推进工作开展。

【责任机制】 青神县贯彻落实习近平总书记关于脱贫攻坚工作、“三农”工作、乡村振兴工作的重要指示，坚决守住不发生规模性返贫底线；落实书记、县长亲自抓，分管县领导直接抓，每个乡镇（街道）1名县委常委联系的责任机制，通过县委常委会会议、县政府常务会等专题研究巩固拓展脱贫攻坚成果同乡村振兴有效衔接工作30次，调研“三农”工作99次，形成齐抓共管氛围；制发《关于做好2022年巩固拓展脱贫攻坚成果同乡村振兴有效衔接工作的实施意见》《青神县推进乡村振兴战略实绩考核办法》《三级书记抓乡村振兴实绩考核办法》等，新增巩固拓展脱贫攻坚成果同乡村振兴有效衔接专项工作领导小组，召开县委农村工作领导小组会4次、专项工作会议1次，发挥农村工作领导小组牵头抓总作用，当好巩固脱贫攻坚成果衔接推进乡村振兴

"总指挥"；实行4套班子联动、纪委监委日常督查、部门专项督导工作机制，开展专项督查4次、全覆盖督查1次、预评估1次，对巩固脱贫攻坚成果同乡村振兴工作有效衔接实现全过程监督考核，确保各级责任落实到位；抓好领导联系帮扶、驻村帮扶、社会帮扶工作，构建新阶段的乡村振兴帮扶工作体系。出台《县级领导同志联系指导乡镇级片区、乡村振兴联系点、重点项目分工的通知》《关于做好2022年直接联系服务群众工作的通知》，统筹落实27名县领导、2000余名帮扶干部开展帮扶；选优配强13个村第一书记和工作队队员；通过"专题讲座+参观调研+座谈交流"，开展驻村帮扶力量集中培训和调度，补齐增强基层党组织力量。

【脱贫帮扶】 青神县对照省市政策文件，结合实际优化完善各类政策文件32个，确保政策总体稳定；落实教育资助帮扶政策，投入484.7万元，补助、减免家庭经济困难学生5415人次，实施控辍保学"六长"责任制，正常适龄儿童入学率达100%；落实兜底保障政策，投入334.37万元，为低收入群体全覆盖代缴医保；投入47.58万元用于监测对象684人次在县域内定点医疗机构住院医疗费用兜底；为5896人次低收入群体申请医疗救助资金283.24万元；投入739.7万元，对2352名脱贫人口进行低保兜底；投入25.4万元为8836名农村残疾人口发放残疾人补贴，并对233余名残疾人开展技能培训；落实住房饮水保障政策，投入402万元用于161户低收入群体住房改造提升；制定《关于进一步完善防止返贫动态监测和帮扶工作机制的通知》，开展动态监测和集中排查，新认定监测对象80户、212人，户均落实帮扶措施2.5个；推进重点帮扶村建设，制定青神县白果乡官厅坝村、高台镇玉蟾寺村重点帮扶村实施方案，整合各类项目资金240万元发展壮大集体经济；推进脱贫人口稳岗就业，组织40余家企业召开招聘会50场次，提供岗位1400余个，达成就业意向826余人次，通过园区企业、新型经营主体、以工代赈项目等，吸纳脱贫人口就近务工4000余人次，结合各村脱贫人口劳动技能情况，安置公益性岗位814个，比2021年增加18%，户月均增收700元；加强衔接资金项目管理，各级财政衔接推进乡村振兴补助资金共4210万元，实施项目45个；开展扶贫资产后续管理"回头看"，完成2021年37个项目移交和2023年度衔接资金年度项目计划编制。

移民扶持与安置

【概况】 2022年，青神县共有大中型水库移民后期扶持人口4326人，分布于7个乡镇（街道）43个村（社区）188个村民小组（居民委员会），其中享受直发直补2934人（汉阳航电1171人、水库移民781人、汉阳航电移民330人、瀑布沟电站移民652人），项目扶持1392人。完成四川省岷江虎渡溪航电枢纽工程移民安置蓄水验收，青神县复兴水库扩建工程移民安置工作有序推进。

【移民后期扶持】 青神县发放直发直补资金175.45万元、瀑布沟电站养老保障金41.62万元。实施移民后期扶持项目20个，投资990万元，其中，水利设施项目4个，投资139万元；供水工程1个，投资38万元；道路建设项目10个，投资551万元；其他项目5个，投资262万元。

（胡思敏）

农业和农村改革

【概况】 2022年，青神县完成集体建设用地使用方式改革试验和盘活闲置宅基地两项改革试验工作，推进青神县构建现代农业经营体系、四川省青神县乡村治理体系建设、农民专业合作社质量整县提升试点和全省县域内城乡融合发展改革试点等国省改革试验任务。青神县以全国第1名的成绩争取到国家农村综合性改革试点试验项目，被评为四川省县域城乡融合试点县，第二轮土地承包到期后再延长三十年试点县，城乡融合发展

2022年12月7日，四川省岷江虎渡溪航电枢纽工程蓄水移民安置验收会议在成都召开　（县水利局供图）

改革被选入四川省农业农村十大改革案例，青神县创新“333”农资管理模式被推荐为全国绿色发展典型案例，人居环境整治提升“拆、收、改、栽、画”五字工作法在农业农村部举办的学习习近平总书记关于“三农”工作的重要论述培训班上交流。全面退草还粮扩面实践经验被新华社《内部参考》34期刊载，大豆玉米带状复合种植模式被《新闻联播》《焦点访谈》报道，《用脱贫攻坚“金钥匙”开乡村振兴致富门》在《人民日报》头版头条报道，CCTV-1《山水间的家》走进青神兰沟村。

【全国农村改革试验区建设】青神县成立县委农村工作领导小组，县委书记任组长，县委副书记任常务副组长，县人大、县政府、县政协分管领导任副组长，28个县级涉农部门和7个乡镇（街道）任成员，聘请中农大教授任大鹏为青神县乡村振兴院执行院长；2022年召开县委农村工作领导小组全体会议4次，审议重大改革议题40余项，针对每项改革出台相应政策文件，加强顶层建筑涉及，减小改革阻力；县委农村工作领导小组印发《眉山市青神县县域内城乡融合发展改革试点工作方案》，县农业和农村体制改革专项小组印发《青神县深化家庭农场和农民合作社带头人职业化试点工作方案》；建成5G基站253个，形成5个办学共同体，推进“医共体”改革，搭建区域信息一体化平台，组建10支“2+3”的县级专家组，构建“一网三平台”数字乡村体系，建设“青衣通”智慧乡村一张网；推进家庭农场和农民合作社带头人职业化试点工作，全年新评定县级家庭农场45家、市级16家；新建联合社1家，家庭农场联盟成员增加至80名；推进高素质农民培育，完成144人的培育，对农民合作社带头人职业化试点，培育、认定、扶持50人；通过项目资金扶持7家家庭农场实施中央财政农业生产发展项目，扶持资金80万元。

【省级县域城乡融合发展改革试点建设】青神县以县域为基本单元，推动县域内城乡空间规划、乡村建设、产业发展、公共服务一体发展全面进步，探索出一条城乡融合促进乡村振兴发展的青神路径。考虑农村特点和农民需要，推进“多规合一”实用性村庄规划编制，实现县乡村功能衔接互补，城乡共用一张“设计图”，共绘一张“效果图”，全域形成“2大区、12小区”经济区，启动18个实用性村规划编制，已形成11个村规划成果，高台镇百家池村已完成省级备制培训案例；打响“竹里萤光”超级IP，将川西林盘保护传承纳入村规划，建成占地面积115亩、容纳230户农户“水竹怡庄”新农村综合体；建成“竹里巷子”精品乡村民宿，配套老井广场、竹艺美学馆等景观节点，彰显竹韵之美；建成农村公路1058公里，其中高级铺装路面比例89.7%，“四好农村路”示范线106公里，路网密度达每平方米2.7公里，建制村通客车率100%；推进城乡供水一体化，自来水普及率98.91%，电气网均实现100%覆盖，5G网络覆盖县域和重点场镇；全域推进农村人居环境整治，农村户用卫生厕所普及率97.8%，生活污水得到有效处理的村占比96.2%，生活垃圾有效处理的村占比100%;培育省级非遗传承人3人，椪香、田园名星218人，新认定职业农民50人，选派2名人才参加腾讯“乡村CEO”培育，2人入选“西部之光”人才培养计划；整合乡村振兴专家、文化名人、产业带头人、乡土人才等40名师资力量建立师资库，开展农村实用知识、技术、信息培训60期，服务5000余人次，培育孵化农村网店30余个。推进晚熟柑橘产业集群项目，建立晚熟柑橘出口示范基地1个、晚熟柑橘气象研究示范基地1个，成功创建“柑林橘海”国家AAA级旅游景区，橘园林果套豆模式被《农民日报》头版头条刊登；投入3.5亿元建设“光辉村”田园乡愁粮食生产特色示范区，建成0.5万亩粮油高标准种植基地、0.02万亩良种品比示范基地、农事体验研学基地、乡村记忆传习所；建设“新光村”竹里稻香农旅融合特色示范区，建成0.3万亩智慧农田示范基地，新建育苗大棚2000平方米。

【农村集体产权制度改革】 青神县坚持将两项改革“后半篇”文章同农村集体产权制度改革有机结合，贯彻落实《四川省农村集体经济组织条例》，印发《青神县贯彻落实〈四川省农村集体经济组织条例〉实施细则》，发展新型农村集体经济；巩固农村集体产权制度改革成果，开展农村集体产权制度改革“回头看”工作，核查完善集体资产清产核资、成员身份确认、资产权能保障、集体经济组织登记赋码工作；完成416个村、组级集体经济组织登记赋码和52个村级集体经济组织规划挂牌，完善运行机制；建立健全集体经济组织“三会一程”（成员大会、理事会、监事会和章程），完善法人治理结构；完成52个村（涉农社区），364个村（居）民小组集体经济组织成员身份确认工作，建立成员名册，确认成员164922人；县农业农村局配合县委组织部做好发展壮大村级集体经济项目，探索集体“入股”“自主经营”“合作经营”等集体经济发展模式。全县有4个村实现集体经济组织收入超过100万元。

【农村集体“三资”监管】 青神县农业农村局督促青神县52个村级集体经济组织在农商银行开设基本存

款账户，在县农经综合平台里启用账套与村委会财务分开核算；通过“请进来”“走出去”等方式，对农村集体“三资”管理人员和集体经济组织负责人进行培训；通过三资监管系统、现场交流等方式定期和不定期对各乡镇（街道）农村集体三资管理进行督导。

【土地承包制度改革】 青神县农业农村局印发《青神县农村土地经营权流转管理方案》的通知，建立工商企业租赁农地的资格审查、项目审核和风险防范制度。全年审查农村土地流转12宗、1892.12亩，其中30亩以上规模流转面积为1892.12亩，缴纳风险保证金478759元，流转土地全部用于粮食生产，确保农地农用，优先用于粮食生产，坚决遏制耕地“非农化”、防止耕地“非粮化”；接访群众、政策解答150余人次，办理农村承包地合同立定、变更42户；妥善调处土地纠纷、信访案件，全年共办理政务热线平台专办件5件，调处农村土地纠纷4起；获批为第二轮土地承包到期后再延长三十年省级试点单位，完成巩固工作机构、出台工作方案、政策宣传和培训、摸底调查等工作。

【乡村治理制度改革】 青神县乡村治理中推广应用积分制、清单制试点示范工作，高台镇百家池村为市级试点村，白果乡虎渡社区、白果乡甘家沟村、青竹街道桥楼村创建为省级乡村治理示范村镇，汉阳镇、青竹街道季时坝村、程家嘴村、白果乡官厅坝村、西龙镇龙凤社区、瑞峰镇杨柳槽村创建为市级示范村镇。

（戴益明）

【农村金融服务综合改革】 青神县推动社会诚信体系建设，持续开展“三项评定”工作，评定“信用乡镇”1个、“信用村”11个、“信用户”7510户，利用“助农振兴贷”财政金融互动政策产品，发放“助农振兴贷”59笔14180万元，高效推进乡村振兴金融示范区建设试点工作，发放首笔农村土地经营权贷款200万元。

（童晓芬）

农业品牌培育

【概况】 2022年，青神县县政府出台《青神县稳住经济大盘促进特色产业高质量发展若干政策的通知》等奖补政策，在加强农产品质量安全监管同时，鼓励新型经营主体发展，积极开展“二品一标”申报工作，2022年，青神县新成功申报绿色食品认证11个，其中蓝莓1个，柑橘10个。现有“二品一标”16个，其中包括青神县禾益农业有限公司（爱媛、黄美人、春见）、青神县优品源家庭农场（春见、爱媛）、青神县好兵种植家庭农场（水稻）、青神佳星家庭农场（爱媛）、青神县孟平种植家庭农场（砂糖橘）、青神县春橘种植专业合作社（春见）、青神县牛背山种植家庭农场（春见）、眉山鸿旭果业有限公司（爱媛）、青神县益祥家庭农场（春见）、眉山市鸿吉农业科技开发有限公司（无籽沃柑）、青神县八角井家庭农场（爱媛）、青神县衡鑫果品农场（爱媛）、青神县青杠良源果蔬种植专业合作社（有机产品）。

【农业项目财政投入】 青神县对上争取到农村综合性改革试点试验项目，开展“竹予”品牌培育、品牌宣传推广、参展品牌会节、营销产品品牌等项目内容，补助资金100万元；印发扶持跟着项目走、分类优化扶持等管理办法，针对农业品牌创建进行补贴，鼓励业主主动申报、续报“二品”，县级财政配套下达经费450万元。

农业生产项目推进

【概况】 2022年，青神县对上争取农业项目18个，争取资金1.5亿元；完成非工业类固定资产投资项目入库11个，总投资6.45亿元；实施项目48个，县级财政年初预算项目14个，下达经费2036万元；在中、省农业农村系统中储备在库项目10个，争取上级资金6852万元。

【粮油现代农业园区项目】 青神县规划建设10万亩青神县粮油现代农业园区，覆盖7个乡镇（街道）34个村（社区），面积约15.56万亩，按照“一园两区三片”的粮食生产布局，打造光辉村田园乡愁粮食生产特色示范区、新光村竹里稻香农旅融合特色示范区，发展平坝粮药、丘区粮果、沙坝粮蔬等复合种植示范片，探索高效粮经发展模式，推进主导产业高质量发展。青神县粮油现代农业园区一期项目总投资3.5亿元，自筹资金0.7亿元，融资贷款2.8亿元，分3年实施。2022年一期一标段投资约7400万元，完成改建生产道路20公里、沟渠12公里，田埂护坡21公里；实施大门节点、大田标语、农业科普展示、田间观测点等配套设施，建设200亩粮油新品种示范基地；完成农作物有害生物监测与防控中心、农业技术推广站、农事综合服务站等项目主体建设。推进全县7个乡镇（街道）约15公里生产路、15公里沟渠、4座提灌站、8个农业生产废弃物资源化利用服务中心、3个综合农事服务中心、1个工厂化育苗基地、1000亩水肥一体化基地等一期二标段项目及汉阳粮仓综合体项目前期勘察、测绘等工作；青神县粮油现代农业园区获批为市级粮油现代农业园区、省重点建设项目。

【晚熟柑橘产业集群县项目】 青神县农业农村局完成2021年晚熟柑橘产业集群续建项目，推进2022年晚熟柑橘产业集群续建项目；完成推广水肥一体化12898亩，施药系统12909亩，有机肥施用系统12510亩，土壤改良6157亩，生草栽培23200亩，林下种豆16705亩；实施产地初加工建设项目，改造提升生产线1条，新建生产线13条，修建冻库4000吨，新建柑橘枳实烘干系统2个；开展新型经营主体培育项目，建立新品种示范园2个、智能化堆肥发酵示范点10个，开展技术培训4万人次，发放技术资料7万份，新建晚熟柑橘防寒防高温防强光设施示范点1个，完成联合体阵地建设、林下经济种植示范推广，建立果园管理平台和农产品可追溯平台，开展贷款全额贴息。

【高标准农田建设项目】 青神县在青竹街道白塔村实施完成四川省眉山市2021年青神县青竹街道高标准农田建设项目，建设高标准农田0.3万亩，其中高效节水灌溉0.04万亩。项目建设内容包括田型调整286.07亩，土壤改良示范318.52亩，整治渠道3.83公里，维修蓄水池1口，整治山坪塘2座，整治田间机耕道8.14公里，高效节水灌溉400亩，该项目审计确认总投资为650.4万元。

【乡村振兴转移支付资金项目】 省、市下达青神县乡村振兴转移支付资金300万元，主要用于农业产业发展、宜居乡村建设、农村基础设施建设等方面，在高台镇、瑞峰镇、西龙镇、白果乡、汉阳镇等乡镇实施农村人居环境整治、深化农业农村改革、产业发展基础设施配套建设等项目。

【脱贫攻坚与乡村振兴衔接资金项目】 中央、省、市下达青神县财政衔接推进乡村振兴补助资金3160万元，其中519.9万元用于脱贫人口公益性岗位补助、“雨露计划”学生补助、小额信贷贴息补助、易地扶贫搬迁贷款贴息补助；2640.1万元用于巩固提升脱贫户（含监测对象）生产生活出行和产业发展建设、乡村振兴产业发展建设，支持全县特色优势农业全产业链发展，资产收益扶贫，壮大村集体经济等。

【四川省青神县长江经济带农业面源污染治理专项项目】 青神县实施完成2021年长江经济带农业面源污染治理专项项目二标段畜禽养殖污染治理示范区建设，该项目总投资3647万元，其中，中央预算内投资1305万元，业主自筹2342万元。项目涉及青神县勇勇家庭农场、青神县丰源家庭农场、青神县贝嘉家庭农场、青神县方木家庭农场、青神县聚缘家庭农场、青神县凉水井家庭农场、青神龙鑫生态果业有限公司、青神县农业投资有限公司、青神县新长兴家庭农场、眉山市玉燕农业科技有限公司10家建设业主87个单元；项目主要建设刮粪槽31600立方米、主粪沟860米、集粪池8420立方米、化粪池1120立方米、应急池1000立方米、排污管道18950米、沼气池9275立方米、氧化塘22000立方米、灌溉塘24000立方米、沉淀池2040立方米、排粪池100立方米、堆粪棚1000平方米、搅拌池50立方米、异位发酵车间1200平方米、集污池200立方米、拌均池40立方米、排粪沟300米、蓄粪池150立方米；购置并安装刮粪机209套、漏粪板34675平方米、干湿分离机6套、粪污喷洒系统1套、MIPS搅拌系统1套、随动粪污搅拌器1台、集粪池搅拌机6台、叠螺机1套、预制板800平方米、抽水泵5台、排粪管50米、异位发酵车间翻抛机2台、排粪阀200个。

【青神县2022年省级财政畜禽产业绿色发展项目】 青神县完成对上争取青神县2022年省级财政畜禽产业绿色发展项目，项目总投资2500万元，争取省级财政补助资金1000万元，项目实施主体自筹1500万元，申请省级财政补助资金占每个实施主体承担项目建设内容总投资的40%；主要建设规模养殖场粪污贮存设施、粪污处理设施、节水设备、自动清粪设施、固液分离设备、提升养殖标准化水平的设施设备配套建设等。

【青神县2022年渔业绿色循环发展试点项目】 青神县完成对上争取青神县2022年渔业绿色循环发展试点项目，项目总投资928万元，争取省级财政补助资金464万元，项目实施主体自筹464万元，申请省级财政补助资金占每个实施主体承担项目建设内容总投资的50%。项目建设内容为10亩以上的养殖池塘标准化改造和尾水治理，主要开展池塘整形清淤，深度约15~35厘米，在原有的池塘中起垄高度约2米，修复原池塘护坡高度约2米，新购生产设备。管道铺设输送池塘用水等，改造沉淀池、人工湿地池（过滤物+水生植物）、生态池塘（水生植物）等尾水治理设施。

（戴益明）

种植业

【概况】 2022年，青神县粮食作物播种面积14.1万亩，粮食总产量6.4万吨；全县经济作物播种面积12.9万亩，其中茶园面积4.8万亩，产量0.3万吨，蔬菜播种面积8.1万亩，产量14.31万吨；建设高标准农田0.3万亩。

【粮油作物】青神县粮食作物播种面积14.1万亩，其中种粮大户面积2.24万亩，全县粮食总产量6.4万吨。经济作物播种面积12.9万亩；粮食作物以水稻、玉米为主，面积、产量分别为9.70万亩、4.92万吨，2.50万亩、1.00万吨，主要推广水稻二级优米品种宜香2115、晶两优534、荃优822，玉米成单30、东单1331、同玉609等；经济作物以油菜籽为主，播种面积5.40万亩、产量0.69万吨。

【经济作物】青神县经济作物以茶叶、蔬菜为主。茶园面积4.8万亩，产量3000吨，产值3.75亿元，主要种植奶白茶、安吉白茶、黄金茶、大宗绿茶等品种。2022年，蔬菜播种面积8.1万亩，产量14.31万吨，产值3.03亿元，其中泡菜播种面积3.28万亩，产值0.93亿元。全县有蔬菜种植合作社57家，其中市级专业合作社6家、省级专业合作社2家；泡菜初加工企业10家，均与吉香居等国内大型泡菜精加工企业签订合作协议，为其提供优质原材料。"味在眉山"实现销售收入76.3亿元。

【柑橘产业】青神县投入2亿元推进全国晚熟柑橘产业集群项目，建设45.71亩柑橘良种繁育基地，适度规模户水肥一体化等设施基本覆盖；全域推行化肥、农药双减行动，病虫害绿色防控，种养循环、林下经济等新生产模式，提升柑橘品质，果品优质率提高到85%；在晚熟柑橘产业集群项目中建设中小型冷链点49个，形成眉山市最大区域性农产品仓储冷链物流中心；改造提升生产线1条，新建生产线13条，对柑橘实现糖分、大小、重量等精确分选，柑橘日处理能力达200吨以上；建设2条柑橘枳实烘干系统，将疏下的幼果进行加工，提升柑橘的综合利用能力及价值；培育从事生产、冷藏、包装、运输、销售等新型经营主体256家，社会化服务组织22家；组织参加"农博会""西博会""泡博会"等国际国内重要商贸活动，举办青神县第十二届椪柑节；进行"马克斗"地理标志证明商标注册申报工作，提高柑橘类"二品一标"数量，眉山市乐天果业有限公司获得有机食品认证，青神县孟平种植家庭农场等9家经营主体的柑橘获得绿色食品认证；打造智慧气象数字果园，与四川省农科院合作，建设智慧果园数字终端系统，实景监测果园生态环境、预警气象灾害、进行水肥一体化等管理，推广"1+1+1+N"（1套农业设备接入标准，1个数字农业引擎，1批AI开放服务，农业生产、流通、市场、服务等N个SaaS应用）的智慧农业试点3000亩；培育柑橘出口基地备案4家，获评中国晚熟柑橘出口示范区。全县柑橘面积11.12万亩，年产量20.47万吨，年产值19.7亿元。

【茶产业】青神县茶叶总面积4.8万亩，其中生产茶园4.7万亩，干茶产量3000吨，产值3.75亿元，主要包括白茶、黄金茶和大宗绿茶茶树品种。西龙茶叶现代农业园区打造以万沟村3000亩茶园为核心，辐射带动2万亩茶叶基地，推广白茶、黄金茶等优势特色品种，现有绿茶绿色食品4个；完善园区基础道路设施，太阳能滴灌、节水喷灌等生产设施，形成7公里产业观光环线。西龙茶叶现代农业园区先后被评为"省级示范休闲农庄""省级示范农业主题公园""市级现代农业产业融合示范园区""县级现代农业园区"。

【种业发展】青神县农业农村局制定《青神县2022—2023年种业监管执法年活动实施方案》，开展种子门店经营资质、种子标签、备案种子、转基因种子排查等检查，共检查种子门店98家；开展柑橘苗圃园、柑橘苗市场等检查，共检查种子市场18次，其中联合执法检查11次；对全县10个杂交水稻种、5个杂交玉米种、3个杂交油菜种、3个蔬菜种等进行随机抽样，对种子净度、水分、发芽率、品种纯度、品种真实性、转基因成分进行检测，种子检测指标全部合格；完成收集填报21个农作物种质资源征集表等表册，启动水产和养殖种质资源普查，填报完成"畜禽和蜂遗传资源普查信息登记表"和"县级畜禽和蜂遗传资源普查信息汇总表"。

【农村能源清洁安全生产】青神县农业农村局开展科技下乡、农村沼气安全生产专项整治等，通过展板展示、播放安全应急视频、悬挂宣传标语、设立咨询台等形式，宣传农村户用沼气安全生产知识，发放宣传资料、画册等1万余份，接受技术咨询700多人次；开展安全隐患排查23次。全县有大型沼气工程2处、新村集中供气工程1处，正常使用农村户用沼气1756口。

【耕地地力保护补贴】青神县农业农村局落实耕地地力保护补贴1591.4万元，涉及48784户农户、13.26万亩。

【稻谷目标价格补贴】青神县农业农村局落实稻谷补贴221.09万元，涉及农户12244户、39787.4亩；落实实际种粮农民一次性补贴366万元，涉及12248户农户、39870.02亩；落实30亩以上种粮大户补贴176.62万元。

畜禽业

【概况】2022年，青神县有畜禽规模养殖场94个，出栏生猪16.87万头、肉兔25.54万只、小家禽375.83万只、肉牛4389头、肉羊1.2万只；肉、蛋、奶产量分别为19026吨、5375吨、5796吨；生猪、肉兔、肉鸡为主的主要畜禽规模化比重分别达到96.4%、96.4%、98.5%。全县畜牧业产值达74301万元。

【家禽养殖】青神县年出栏肉鸡3.5万只以上的规模养殖场5个，年存栏蛋鸡10万只以上的规模养殖场2个；年出栏小家禽375.83万只。

【生猪养殖】青神县农业农村局制定《青神县促进生猪稳产保价八条措施》。全县能繁母猪存栏2.36万头，存栏生猪26.75万头，出栏16.87万头，全年出栏生猪500头以上的规模养殖场82个。

【奶产业发展】青神县推广使用优质冻精5000支；采取“干湿分离，种养结合”的发展模式，建设粪污处理设备设施，种植优质牧草5000亩，现有富源牧业（眉山）有限公司、青神县涛哥哥奶牛养殖第一牧场、青神县涛哥哥农牧有限公司3个种养循环示范场。年末存栏奶牛876头，年产奶5796吨。

（邹　杰）

【蚕桑产业】青神县桑园面积约1000亩，主要以白果乡胡坝村、罗湾村，高台镇富塘村、安家坝村为核心；推行嫁接苗高厢深沟定园栽植、配方施肥、快速丰产、绿色防控等技术，配套桑园运输、耕整、伐条、除草等机具，实现桑园当年成型、当年试产、翌年丰产；按照《青神县现代农业园区建设总体规划》，建设蚕桑现代农业园区。

【饲料产业发展】青神县有饲料生产企业2家，即四川金新农饲料有限公司、眉山市西都饲料有限公司。企业严格落实生产安全、环保安全责任制，全年饲料产能8.2万吨，产品销售覆盖四川、云南、贵州等地。

（袁　梦）

【畜禽良种化和养殖场标准化建设】青神县生猪、肉兔、肉鸡良种化分别为96%、98%、99%；建设完成省级示范场3个、市级示范场5个、县级示范场5个；改造提升畜禽养殖场15个，新建生猪标准化养殖场10个。

（邹　杰）

【畜禽养殖废弃物资源化利用】青神县推动种养循环示范基地建设，实施种养循环提升工程，构建畜禽养殖污染防治长效机制，对畜禽养殖废弃物产生、利用和排放情况实行动态监管；通过沼气池厌氧发酵无害化处理，储粪池储存后通过管网或者抽粪服务队转运还田；干湿分离后干粪用于果树施肥和生产商品有机肥，液体粪污还田；修建异位发酵床发酵后生产有机肥，如养猪场、养牛场；通过垫料养殖，在垫料里面加发酵菌种发酵后生产有机肥处理粪污，如养鸡场、养鸭场等；通过干清粪方法，干粪直接打包以每袋8~10元出售给种植户用于农田、经济林木施肥，如养羊场、养兔场等；固体粪便出售给有机肥生产企业生产商品有机肥，如蛋鸡养殖场、肉鸡养殖场等。全县7个抽粪服务队服务养殖户362户、种植户908户，共抽运粪污31124立方米，消纳面积23555亩；规模养殖场粪污处理设施装备配套率100%，粪污收集率均在80%以上，粪污收集利用率100%；全年有机肥生产企业处理粪污5.06万吨，建设畜禽养殖场户用沼气100口，建立“异位发酵”试点6000立方米，全县粪污综合利用率94.6%。

（宋小兵）

【重大动物疫病防控】青神县农业农村局落实动物疫病防控工作责任制，突出抓好重大动物疫病的免疫注射工作；全年共免疫注射畜禽达468.69万头（只）次，其中猪89.1万头次（包括补防和普防免疫猪瘟44.55万头、口蹄疫44.55万头），牛、羊口蹄疫3.16万头，禽流感375.41万只次，羊小反刍兽疫1.02万只；对畜禽养殖圈舍进行彻底消毒，全县消毒面积1116.51万平方米，使用消毒药达9.6吨，全县无重大动物疫病发生。开展春秋季免疫抗体检测工作，猪瘟抗体检测595份、猪O型口蹄疫595份、猪A型口蹄疫595份、禽流感H5抗体检测552份、H7抗体检测552份、羊O型口蹄疫378份、羊A型口蹄疫378份、羊小反刍抗体检测378份、牛O型口蹄疫342份、牛A型口蹄疫342份、犬抗体检测516份，合格率分别为98.15%、96.97%、87.73%、92.57%、83.70%、94.71%、91.01%、95.77%、96.78%、94.15%、97.48%；奶牛结核病检测702头、牛羊布病检测2297份、血吸虫病检测641份，均符合部颁标准。开展动物疫病病原学监测，全年狂犬病检测犬唾液拭子736份次，全部为阴性；禽流感H5、H7咽喉/泄殖腔拭子检测拭子779份次，全部为阴性；鸡新城疫检测咽喉/泄殖腔拭子279份，全部为阴性；羊小反刍兽疫眼鼻拭子335份，全部为阴性；猪瘟、猪高致病性蓝耳病、圆环病毒、猪伪狂犬病、猪口蹄疫等常见猪病80份次，全部为阴性；开展狂犬病防控工作，全年狂犬病免疫犬只 5.07 万只（春、秋两防），占应免犬只的 99.58%。全县犬伤就诊人数 1141 人，犬伤患者伤口处理数 1141 人，接种疫苗人数 1141 人，接种狂犬病免疫球蛋白人数 21 人。

【“非洲猪瘟”防控】 青神县农业农村局召开非洲猪瘟防控培训会 10 次，培训人员 300 余人次，发放宣传资料 7500 余份；春秋两季开展非洲猪瘟“大清洗、大消毒”工作，统一时间对全县范围内的运载动物及其产品的车辆、生猪养殖场、生猪屠宰加工场等重点场所进行消毒，消毒面积 1116.51 万平方米；开展非洲猪瘟病原学监测，对生猪养殖场（户）、交易市场、屠宰场、生猪运输车辆等重点区域进行监测采样；全年排查生猪养殖场 7684 户次、生猪 60.87 万头次、屠宰场 1 个；非洲猪瘟核酸检测环境样、血样、组织样、精液和唾液样共计 4900 余份，全部为阴性。

【动物卫生监管】 青神县农业农村局审核官方兽医信息，加强检疫监督队伍能力提升培训，要求乡镇(街道）畜牧兽医站严格按照规程实施检疫，确保动物来源、去向可追溯；各类畜禽检疫申报率均为 100%。

（刘练群）

【生猪屠宰监管】 青神县农业农村局落实进场非瘟自检制度，要求屠宰企业对进入屠场的生猪每车抽检，自检发现阳性的立即进行无害化处置；落实肉品品质检验制度，对进入屠场的生猪要求必须核对耳标号和养殖户信息，进行登记，确保信息无误；对进入屠宰场待宰圈的生猪进行巡查，问题早发现早处理；全县屠宰企业均按要求落实肉品品质检验员，派驻屠宰企业官方兽医 4 人，监督肉品品质检验员对出场肉品按照程序进行检验，检验合格并出具检验合格证肉品方可出场；落实专人开展日常抽查，主要抽查是否严格按照检疫规范开展检疫；加强生猪屠宰日常监管，每月不定期对屠宰企业开展执法检查，每月出动执法人员 14 余人，重点检查入场查验关、非洲猪瘟检测关、检疫申报关、待宰巡查关、同步检疫关和检疫出证关“六关”；查看生猪入厂（场）记录表、“瘦肉精”抽检记录表、生猪屠宰品质检验记录表、动物产品出场记录表、非洲猪瘟采样记录表、屠宰检疫工作情况日记录表、病害动物无害化处理记录表、消毒记录表、安全生产排查记录表，现场抽取当日待宰生猪血样、企业自检留存血样、生产线和待宰圈环境样等送检，检测结果均为阴性。

（袁　梦）

林产业

【概况】 2022 年，青神县坚持林产业发展与生态建设相结合，转变林产业发展方式，以提高林地生产力为核心，提升第一产业；以提高产品附加值为核心，改造第二产业；以改善林地景观为核心，发展第三产业。通过三产融合发展，全年全县实现林业总产值 80.4 亿元，农民人均从林业上获得收入 3060 元，分别较 2021 年增长 16% 和 2.7%。

【林产业发展】 青神县现代林业产业基地面积37.9万亩。其中，速生丰产用材林、珍贵树种用材林7.4万亩，现代竹产业基地20万亩，木质原料林基地10.5万亩；林下种养面积4.4万亩（林下种植3.45万亩、林下养殖0.75万亩、林下采集0.2万亩），林下种植产品产量1.27万吨，林禽出栏83万只，林下采集0.38万吨，林下经济实现产值0.31亿元；有花卉苗木面积0.18万亩，切花产量17万只，盆栽植物产量22万盆，苗木产量96.6万株，花卉苗木产业实现产值0.41亿元；有木材加工企业98家，实现综合产值4.8亿元；有省级以上现代林业园区一个，为青神全国竹编产业示范园区；有竹林面积20万亩，竹笋产量0.38万吨，竹浆造纸14万吨，竹家具130万件，餐厨家具110万件，竹编产品110万件，竹工艺品16万件，竹产业实现综合产值70.6亿元；林业生态旅游接待人数234.41万人，实现收入15.36亿元，其中森林康养接待人数44.8万人，实现收入0.7亿元。

（罗　娟）

【林业有害生物防治】 青神县林业和园林局编制《青神县国家级林业有害生物中心测报点 2022 年度监测预报工作历》《青神县国家级林业有害生物中心测报点 2022 年度监测预报工作实施方案》和《青神县 2022 年松材线虫病(防治)预防实施方案》，落实防控责任。通过使用“松材线虫病疫情防控监管平台”普查软件，以踏查、详查与抽样调查相结合的方式，实现“监测全覆盖，普查无盲区”。充分利用会议、广播、报刊等多种形式，广泛宣传森林病虫害的危害性和开展防控工作的重要性，发放森林病虫害防控资料 3000 余份。组织人员对 1.09 万亩（桉树叶斑病 0.09 万亩，竹丛枝病 0.15 万亩，长足大竹象 0.85 万亩）森林病虫害进行有效防治，防治率 100%，无公害防治率 100%，主要林业有害生物成灾率控制在 2.8‰以下。

（林　建）

【退耕还林工程实施】 青神县持续巩固前一轮退耕还林工程建设成果，做好退耕地面积保存、林种保持、抚育管护等工作，按上级相关要求完成前一轮退耕还林工程面积核实和相关调查，及时办结小微权力“监督一点通”平台投诉，全面完成47.02万元国家政策补助资金兑现工作。

（陈建如）

【林木采伐和林地管理】青神县林业和园林局严格按照《中华人民共和国森林法》《四川省林木采伐管理办法》的规定，强化林木采伐审批程序管理，建立健全林木采伐管理各项制度。执行限额采伐，采伐林木蓄积30.34万立方米，占年采伐限额60%。开展林草湿和森林督查工作，共核查第一期林草湿疑似变化图斑209个，森林督查图斑180个，第二期林草湿疑似变化图斑555个。组织开展涉林问题整治，依法查处违法占用林地、滥伐林木等案件22起。

（李　松）

【萤火虫保护研究服务工作】青神县以萤火虫生态保护为基础，立足自然生态本底，助推竹里萤光产业发展。按照《“守望萤火”西南萤火虫研究和保护中心2022年度工作方案》组织实施，开展萤火虫栖息地调研、监测，引导及保护，资源面积和数量维护，萤火虫生态保护宣传科普等工作。建立全国首个珍稀水栖萤火虫保护地，开辟“稻萤共作”发展新模式。全县新增萤火虫栖息地4处，总数51处；新增萤火虫较大规模栖息地1处，总数15处。

（杨　璐）

水产业

【概况】 2022年，青神县水产养殖面积10830亩，年产量8364吨，产值2.49亿元，主要分布在白果、高台2个乡镇，主要养殖名优特品种长吻鮠、黄颡鱼、鲇鱼、草鱼、鲢鱼、鳙鱼、小龙虾等，养殖特色鱼种大鲵，产品禁用药品抽检合格率100%，水产品年度抽样检测合格率100%。

【水产科技推广应用】青神县重点推广和普及常规鱼高效养殖技术和克原氏螯虾高效综合养殖技术；推广应用鱼用颗粒饲料及其投饵机，降低养殖的劳动强度，降低原料饲料的投喂量，提高饲料的利用率；90%以上的成鱼池使用颗粒饲料投饵机。克原氏螯虾养殖主要推广大棚增温培育幼虾技术、合理密度技术、套养技术等，提高养殖产量。

（袁　梦）

【长江“十年禁渔”】青神县农业农村局成立天然流域禁捕专班，对青神县7个乡镇（街道）逐个进行河道清理，整治范围为县域一江五河及部分溪流；开展退捕渔民培训100人，退捕渔民就业率100%。

（戴益明）

农业科技

【概况】2022年，青神县强化政策支撑，依托行业重点龙头企业建设，发展数字化农业。青神县果真妙公司、瀚海农业公司、民友生猪养殖合作社、李勇家庭农场等经营主体，投入1500万元对种植、养殖生产环境进行智能化数字改造。建成“智慧果园”示范园500亩，打造温室环境智能控制系统7个。青神县农业农村局依托知识更新培训和新型职业农民培育项目，组织农牧专技人员、家庭农场、专合组织、农业企业法人等开展科技创新人才培养，备案入库省级技术特派员120余人。

【基层农技推广体系改革与建设】青神县建设长期稳定农业科技示范基地4个，培育农业科技示范主体10个，招募特聘农技员5名，组织开展基层农技人员5天以上脱产业务培训65名，发布推介5类7项农业主推技术，农业主推技术到位率100%。青神县农业农村局获评2022年全省基层农技推广工作先进单位。

【农业科技推广应用】青神县农业农村局举办农业科技培训72场，培训农户、新型经营主体1万人，编写、印发技术资料1万余份；建设农业科技示范基地4个、农业科技示范主体10户，辐射带动农户300余户；推广农业科技主推技术7项。

【农业农村创新创业】青神县农村创业人员数量139人，农村创业创新带头人18人；组织农村创新创业培训4次，参与人数97人次，全年农村创业创新人员享受创业创新补助9万元；建立农村创业园区1个，电子商务产业园区1个，建有县、乡、村三级电子商务服务站（点）47个。城乡末端物流配送体系建设实现县、乡、村全覆盖。

【农业职业经理人培育】青神县培养高素质农民队伍，促进乡村人才振兴和农业农村现代化，推进农民教育培训工作；新培育高素质农民144人，其中培育农业产业领军人才2人、农业职业经理人12人、经营管理型人才80人、专业生产型人才50人。

【新型职业农民培育】青神县开展深化家庭农场和农民合作社带头人职业化试点工作，建立备选对象数据库，争取中央财政补助资金200万元，新培育认定扶持新型职业农民50

人；对2020—2021年已认定的120名新型职业农民进行复审，扶持补助复审合格人员，加快构建资格条件、教育培训、生产扶持、社会保障及退休养老等方面的制度体系。

农业机械

【概况】2022年，青神县农业机械总动力达183790千瓦，其中拖拉机498台、耕整机1138台、微耕机2765台、联合收割机30台、水稻插秧机32台、植保机械819台、增氧机1776台、投饲机513台、畜牧养殖机械3773台、排灌动力机械36837台。

【农机化应用推进】青神县农业农村局推广应用大豆玉米带状复合机械化种植技术，引进大豆玉米带状复合播种机，做好大豆玉米带状复合种植相关机具的试验示范、推广工作，为粮食和重要农产品稳产保供提供装备技术支撑。

【农机购置补贴】青神县农业农村局落实完成357台套农机具购置补贴100.20万元的兑付工作，受益农户294户。

【农机智能化建设】青神县农业农村局配合有关单位建设智慧农机综合管理系统；农机信息管理平台主要针对农田、托管服务组织、农机专业合作社、维修服务站、农机大户、培训机构等的数据采集及存储、管理、查询分析；通过搭建智慧农机综合管理系统，把农机信息平台数据通过依托卫星定位，采集作业机具数据，把数据传回服务器，服务器对数据进行分析、运算，生成县乡（镇）合作社、机手、农户可以查看的数据；农机作业监管数据平台实现农机信息化资源“一张网”以及调度服务“一张图”的机制。

【提灌站建设】青神县维修提灌站146座，改造提灌站33座，新建提灌站3座，恢复灌面1.85万余亩，新增灌面0.28万亩。

【农机安全管理】青神县农业农村局加强对拖拉机、联合收割机等各类农业机械的监督管理，开展2022年度农业机械及驾驶操作人员年检审工作，全年年检拖拉机及联合收割机25台，注册登记拖拉机及联合收割机28台，注销拖拉机5台；开展农机市场整顿，检查各类农机产品166台（件），检查农机销售、维修网点13家；组织技术人员对全县机电提灌设施进行拉网式检查、维修，确保农业生产安全；举办《中华人民共和国安全生产法》专题学习培训，开展“变型拖拉机”专项治理，提高农机的年检率和上牌率；开展“百日专项”整治活动，坚决查处无证驾驶、无牌行车、违法改装、违法载人等行为；全年与交警部门开展联合执法检查9次，出动执法人员47人次，查扣变型拖拉机2台，查处套牌变型拖机1台，纠正违法违规9起，排除安全隐患3处；开展田间地头、农机专业合作社农机安全隐患排查7次，排除安全隐患2处；制作5条安全短信向车主及驾驶员发送；开展安全下乡宣传2次，发放各类资料800余份。

（宋　刚）

农田水利

【概况】2022年，青神县有水利工程1113处，其中水库23座［中型2座、小（1）型1座、小（2）型20座］、山坪塘619处、提灌工程325处。

【农田灌溉】青神县水利局安排部署渠道岁修、淘淤整治工作，确定大春用水制度和措施，全年全县完成10.2万亩栽插任务；加强灌区改造，完成2022年农业水价综合改革项目，改革溉面5.76万亩，整治渠道0.9公里，新建水位流量计6套，新建水尺22套，发放节水奖励7万余元。

【农村水利】青神县水利局加强农村水利建设，完成2022年小型水库维修养护项目，对12座水库坝顶、溢洪道、泄水设施等进行维修养护并进行草皮养护与补植等，对16座水库大坝进行白蚁整治、13座水库水雨情测报系统进行升级改造。完成青神县2022年水利救灾项目，采购40万元的潜水泵、输水管等抗旱设备，整治渠道11.3公里、山坪塘24口、石河堰2道、蓄水池4口，新建和整治人畜安全饮水工程各2处。

【病险水库除险加固】青龙水库除险加固项目于2022年6月立项，同年10月开工建设。工程主要建设内容为重建溢洪闸，配置智能化控制系统；重建放水闸，新建放水设施出口混凝土挡墙；更新冲砂闸，延长冲砂管；回填坝后原消力池，坝下游新建消力池及排水沟；新建溢洪道出口左岸框格梁护坡；增加水库渗流监测系统；管理房屋顶做防水处理。

（胡思敏）

青神县柑橘现代农业园区——单轨运输系统　（县现代农业示范园区管委员会供）

现代农业园区

【概况】 2022年，青神县有5个现代农业园区，其中省四星级园区1个（青神县柑橘现代农业园区），市级园区2个［青神县粮油现代农业园区（青竹片区）和青神县西龙茶叶现代农业园区］，县级园区2个（青神县瑞峰种养循环现代农业园区和青神县高台粮油现代农业园区）。

【青神县柑橘现代农业园区】 青神县柑橘现代农业园区位于县城东部，跨1个乡、1个镇、2个村、2个社区，含白果乡甘家沟村、虎渡社区和高台镇百家池村、麻柳社区，面积29平方公里，以柑橘为主导产业，主导产业核心区面积2.8万亩。青神县柑橘现代农业园区建成川内首个以柑橘为主题的展示馆、四川省科普惠民共享基地，该园区1月被四川省人民政府命名为四川省四星级现代农业园区。截至2022年底，园区内共有柑橘生产加工企业4家，水果分选包装生产线14条，冷藏库95个，冷藏量1.42万吨，年仓储周转量10.25万吨。园区主要柑橘品种包括爱媛38、春见、沃柑、马克斗等，特色柑橘品种有南瓜柑、柠檬柑等，推广使用绿色防控、生草栽培等实用配套技术13个。园区企业、专合社、家庭农场先后认证登记绿色食品9个、有机食品1个，培育“果真妙”“外农哥”等企业品牌。园区有农产品出口示范基地4个、省级农业龙头企业2家、市级农业龙头企业2家、国家级示范合作社2家、省级示范合作社2家，家庭农场51个、农业产业化联合体1个、联合社1个。2022年，园区柑橘产业总产值7.38亿元。

【青神县粮油现代农业园区（青竹片区）】 青神县粮油现代农业园区（青竹片区）位于青神县青竹街道，包括光辉村、新光村等12个村（社区），面积8.4万亩，以水稻、油菜为主导产业，核心区产业面积2.8万亩。园区以基地规模化、生产绿色化、产业融合化、科技集成化、产品品牌化为建设思路，以“一心两区多点”构建园区功能布局，探索粮油高效发展模式，建设全县粮油现代农业园区特色示范区。2022年，建设粮油标准化种植基地2000亩、高标准农田5000亩、灌溉与排水工程28000米，新（改）建提灌站3座，改建生产道路12公里。引进川农大、省农科院等科技人才和专业团队，开展生产技术培训，在新光村建设品比示范基地200亩，对水稻、油菜、玉米、小麦等农作物开展品比示范种植，实现农业科技成果转化。规划建设天台合作社、村史馆、竹里稻香农业主题公园和光辉田园景观等农旅融合业态。建成程家嘴村全程机械化服务中心1个，农业社会化服务主体26个、农业企业47家、农民专业合作社60个、家庭农场102个，培育新型职业农民120人。

【青神县西龙茶叶现代农业园区】 青神县西龙茶叶现代农业园区以西龙镇万沟村为中心，涉及金花村、观金社区、桂花村，以茶为主导产业，核心园区1万亩，辐射带动2万亩，茶叶年产量1.8万吨（鲜叶），年产值3.6亿元。园区建有茶语原乡广场、茶研学基地、萌宠乐园、休闲农庄、荷塘垂钓池、观光长廊、污水处理站、太阳能滴灌、节水喷灌等项目，形成7公里休闲农业观光环线。有茶叶加工生产线2条，烘干设备2套，对茶叶进行杀青、揉捻、萎凋、发酵、干燥等初加工，日处理鲜茶0.75万公斤，冷藏库可储存干茶4万公斤。调整产业结构，引进推广安吉白茶、黄金茶、奶白茶等新品种，发展茶叶采摘、农业观光、茶文化会节等个性产业；培育省级龙头企业2家，获得“三品一标”产品8个，有新型经营主体24家、家庭农场20家、高素质农民18人。依托本土茶产业龙头企业，形成“公司+基地+合作社+农户”利益连接机制，利用益农社、“农村淘宝”平台拓展互联网销售渠道，农民年人均收入达2.6万元。

【青神县瑞峰种养循环现代农业园区】 青神县瑞峰种养循环现代农业园区核心区为瑞峰镇杨柳漕村和刘家场社区，土地面积30780亩，农林用地占70%，其中耕地8823亩、林地8536亩、园地4303亩；园区流转土地6869亩，用于稻药轮种、饲菜轮种、桃李和藤椒种植。有畜禽养殖企业6家，其中，奶牛2家、生猪1家、蛋鸡1家、肉鸭2家；另有仓储物流企业4家、专业合作社8家、家庭农场31家。

【青神县高台粮油现代农业园区】 青神县高台粮油现代农业园区辖高台镇百家池村、诸葛村、富塘村、安家坝村，以粮油为主导产业，核心产业面积0.7万亩，辐射区域面积0.3万亩，产量1.8万吨，产值1.27亿元。园区采用种养结合、生态循环发展模式，稻渔综合种养面积3000亩。基础设施健全，道路、网络畅通，农业用水用电便利，通信网络实现全覆盖，机械化耕作水平达90%；坚持绿色发展道路，推进"一控两减三基本"计划，推广种养结合循环农业发展模式和技术，种养循环率达90%，绿色防控率达85%。建立农业废弃物资源化利用中心1个，秸秆、籽壳等肥料化利用率达90%。农业废弃物回收处置率达90%；培育农业社会化服务主体4个、农民专业合作社8个、家庭农场80个、新型职业农民68人，新型经营主体培训覆盖率100%。实行"合作社+农民"发展模式，建立参与主体全产业链增值收益的利益联结机制，带动农民就业2000人，人均增收2000元以上。

（何帅奇）

工信产业

工业经济运行

【概况】 2022年，青神县工业形成以机械制造为主，竹纤维全价利用、医药日化并重的产业发展模式，其中先进机械制造产业具备年产80万吨铸件、年加工23万吨基础零部件、年7000万平方米表面处理和年产1.2亿台成套整机产品生产能力，形成“铸造锻造—粗精加工—表面处理—整机生产”的完整产业链，打造出“先进制造业+工业互联网”的产业发展格局；拥有国家高新技术企业14家，国家级“专精特新”“小巨人”企业4家，国家知识产权优势企业3家，国家两化融合管理体系贯标试点企业2家，国家级绿色工厂2个，四川省制造业“贡嘎培优”100户企业1家，省级技术创新示范企业2家，省级企业技术中心6个，省级工程技术研究中心2个，培育上市企业2家；56家规模以上工业企业实现产值105.07亿元，比2021年增长13.96%；实现营业收入93.3亿元，比2021年增长5.58%，实现税收1.88亿元，利润4.43亿元；规模以上工业增加值增速3.2%。

【工业经济高质量发展政策落实】 青神县兑现2021年“扶持跟着项目走”29家企业、55个项目奖补资金530万元；兑现2022年眉山市“开门红”政策8家企业（项目）58.94万元；全年为县内对上争取资金1480.7万元。

【工业企业信贷分险基金】 青神县发挥县级工业贷款分险基金“减本增效”作用，为青神吉盛机械有限公司等3家企业发放工业企业贷款分险基金1300万元，化解企业融资难、融资贵问题，实现金融助企、惠企。

【工业产业对接合作】 青神县依托“一区五园”产业平台，开展全产业链精准招商，累计“走出去”对接企业80余次，“请进来”实地考察项目60余个，推动形成在谈项目18个，金额超60亿元；签约引进锂刀研发生产项目、伯格油压液压机械设备零部件生产项目等34个项目，其中10亿元重大项目3个；签约制造业（含生产性服务业）总金额95.07亿元，到位资金32.83亿元；在全市“春季攻势”“百日攻坚”招商行动中均获红榜。

（陈　琪　程艳梅　张学斌）

工业项目建设

【概况】 2022年，青神县实施省市县重点项目17个，其中省重点项目2个、市重点项目5个。省重点项目：6月完成西南表面处理循环经济产业园一期项目主体建设，签约企业21家；11月完成成眉绿色铸造智慧产业园项目一期一批次主体建设，签约企业20家。市重点项目：彩虹健康产业园项目完成办公楼、厂房及仓库主体建设，正在进行总评；完成坤杰机械汽车零部件及挖掘机破碎斗生产线项目主体建设和设备安装；7月开工建设众诚瑞丰航天航空军工电子、信息产品表面处理生产项目；6月建成投产众鑫盛农牧畜禽饲料生产线改建项目；建设凌锐刀具高品质钨钢刀具创新研发及生产线项目。

【工业项目投资】 青神县实施工业项目50个，实现工业固定资产投资33.18亿元，比2021年增长18.7%，其中实现技术改造投资21.53亿元，比2021年增长33.7%。

【金茂源（西南·青神）表面处理循环经济产业园项目】 金茂源（西南·青神）表面处理循环经济产业园项目由中国大型电镀工业园发展商及营运商金茂源环保控股有限公司投资建设，总投资约100亿元，规划面积1123平方米，主要建设100万平方米的厂房及配套设施，含每天处理20000吨的废水处理厂、废气处理系统、电镀污泥处置系统以及配套供水、供电、供气系统、物流中心等配套设施等，是成德眉资同城发展和成渝双城经济圈重要支撑项目，成都都市圈唯一合法化表面处理园区。截至2022年12月，完成22万平方米厂房及附属设施建设。

【成眉绿色铸造智慧产业园项目】 成眉绿色铸造智慧产业园项目由四川德恩精工科技股份有限公司发起，青神有大工业发展有限公司投资建设，以“低碳、绿色、智能”为纲领，“全链构建、数字赋能”为目标，“引领行业进步，推动产业转型升级”为使命，秉承专业、协同、共享、共赢的理念，构筑“互联网+创新中心+检测中心+智能制造中心”的全新业态，建设功能独特、链条完整的先进机械制造产业集聚区。项目计划总投资50亿元，占地约1800平方米，新建厂房80万平方米，截至2022年12月，完成5万平方米厂房主体及附属设施建设。

【彩虹健康产业园建设项目】 彩虹健康产业园项目由青神彩虹医疗产业发展有限公司和四川彩虹制药有限公司共同打造。主要承接四川彩虹制药有限公司扩展能力建设，新建多功能多层标准厂房、仓库、办公楼、检验楼，污水处理站等辅助设施，建成片剂、胶囊剂、颗粒剂、酊剂、口服溶液剂等7条现代化制药净化生产线，设计产能达5个亿。彩虹健康产业园分两期建设，第一期竣工后，主要生产藿香正气水、复方板蓝根颗粒、玄麦甘桔颗粒、小柴胡颗粒、荆防颗粒等中成药制剂，扩大生产能力。公司长期与四川大学华西医学院和成都中医药大学建立学术联系，保障技术的先进性和权威性。投产后在原生产能力基础上年产值增加500亿，实现工业产值5亿元，实现税收3000万元，解决就业人数500人。第二期用于招商引资和平台孵化，利用四川彩虹制药有限公司资源，招商引资做大青神县医药产业，促进地方经济发展。

【坤杰机械汽车零部件及挖掘机破碎斗生产线项目】 四川坤杰机械制造有限公司是专业生产和经营高强度紧固件的企业。公司主要生产OF系列高强度紧固件，产品按国标（GB）、德标（DIN）、日标（JIS）、英制（BS）、美制（ANSI）以及用户要求的各种非标准件制造，品种、规格齐全，广泛用于航天、汽车、摩托车、电力、化工、军工、机械、能源、交通、建筑等行业。公司机械汽车零部件及挖掘机破碎斗生产线项目总投资2.4亿元，新建汽车零部件、五金件生产线及挖掘机破碎斗生产线，新建1.5万平方米以上厂房和办公用房，购置满足生产所需的各类机器设备，截至2022年12月，完成厂房及办公楼主体工程建设。

【众诚瑞丰航天航空军工电子信息产品表面处理生产项目】 眉山众诚瑞丰金属制品有限责任公司位于四川省眉山市青神县青竹街道。公司由四川众诚瑞丰金属制品有限责任公司100%控股，主要从事金属表面处理及热处理加工、电镀加工、喷涂加工、金属制品销售、通用零部件制造、电子专用材料研发、电子专用材料销售等。项目总投资5.5亿元，分两期建设。其中，一期投资3.6亿元，购买西南表面处理循环经济产业园5500平方米厂房，新建镀金生产线10条、镀银生产线10条、镀镍生产线5条、综合生产线5条；二期投资2亿元，将母公司四川众诚瑞丰金属制品有限责任公司整体搬迁企业至青神。截至2022年12月，启动厂房布局及设备安装。

【凌锐刀具高品质钨钢刀具创新研发及生产线建设项目】 眉山凌锐精密刀具有限公司成立于2018年2月，位于四川青神经开区，公司生产设备有10台新技术数控设备和90台普通设备。公司的产品领域有金属切割、新能源锂电池用刀等。其中“新能源刀具”作为企业的发展核心，现已初具生产规模，产能位居行业前列。高品质钨钢刀具创新研发及生产线建设项目占地33平方米，总投资5.2亿元，分3期建设。其中，一期项目主要改造约6000平方米厂房和办公楼，购置满足生产的各类设备；二期项目新建厂房约15000平方米，建设高品质钨钢刀具生产线；三期项目主要组建研发团队，研发生产高品质钨钢刀具生产材料和产品，延伸和完善产业链。

（陈　琪　程艳梅　张学斌）

工业产业发展

【概况】 2022年，青神县实施制造强县战略，聚力园区提能、项目建设、招大引优、培优育强、创新赋能，推动青神工业高速化、高质量发展，形成以先进机械制造为主，竹纤维全价利用、医药日化并重的产业发展模式，加快融入全市“1+3”为主导的现代工业体系。

【机械及高端装备制造产业发展】 青神县新增规模以上机械及高端装备制造企业4家，共计23家，实现年产值37.18亿元、税收9671万元、利润2.38亿元，分别占比35.41%、51.42%、53.86%，为全县规模以上工业企业产值增长贡献38.8个百分点；其中青城机械获评全国第四批国家“专精特新”“小巨人”企业，众鑫盛农牧机械成功申报省级专精特新中小企业；德恩精工、众鑫盛农牧机械分别获评国家级、省级服务型制造示范企业，德恩精工参与制定国际标准3项。

【电子信息产业发展】 青神县有民达电子、恒乐电器2家电子元器件制造企业，实现产值2.71亿元、税收496万元、利润1768万元，分别占全县规模以上企业比重2.58%、2.64%、3.99%。

【新能源新材料产业发展】 青神县新能源新材料产业实现产值25.44亿元、税收3126万元、利润7719万元，分别占全县规上企业比重24.22%、16.62%、17.41%。

【绿色化工产业发展】 青神县绿色化工产业实现产值17.96亿元、税收2025万元、利润4313万元，分别占全县规模以上企业比重17.11%、10.77%、9.73%；四川立白实业有限公司实现年产值超15亿元。

【医药产业发展】 青神县3家医药企业实现产值5.33亿元、税收2187万元、利润3442万元，分别占全县规上企业比重5.07%、11.63%、7.76%。

【农产品及食品加工产业发展】 青神县农产品及食品加工企业

14家，实现年产值37.79亿元、税收4124万元、利润8413万元，分别占全县规上企业比重35.97%、21.93%、18.97%。四川环龙新材料有限公司2022年总产值首次突破20亿元。

【战略性新兴产业发展】 青神县战略性新兴产业企业共20家，实现产值36.06亿元、税收1.12亿元、利润2.56亿元，分别占全县规上企业比重34.33%、59.79%、57.86%。

（陈　琪　程艳梅　张学斌）

工业企业发展

【概况】 2022年，青神县规模以上工业企业56家，其中亿元以上企业23家，10亿元以上企业3家；56家规模以上工业企业实现营业收入93.3亿元，比2021年增长5.58%。

【规模以上工业企业培育】 青神县新培育城市资源、扬邦混凝土、新弘机械、恒辉天然气、青发展、准泰精密机械、绿能能源7户规模以上工业企业。

【国家级、省级“专精特新”企业培育】 青城机械成功申报国家第四批“专精特新”“小巨人”企业、德鑫航空通过第一批国家“专精特新”“小巨人”企业复核，众鑫盛农牧机械成功申报省级“专精特新”中小企业，彩虹制药通过复核。截至12月底，青神县拥有“专精特新”企业10家，其中国家“专精特新”“小巨人”企业4家，占全市数量比重26.7%。

【四川彩虹制药有限公司】 四川彩虹制药有限公司成立于1998年，是一家严格按GMP标准设计建造并通过国家认证的现代化制药企业。拥有300多名员工，在册员工260人。公司于2009年10月取得GMP证书，拥有2条净化生产线，设备400余台（套）。有国家批文的药品品种38个，主要生产藿香正气水、复方板蓝根颗粒、十滴水、益母草流浸膏、大黄碳酸氢钠片、小儿化痰止咳颗粒等品种。其中80%的药品收载于国家《基本药物目录》。公司先后荣获“眉山市农业产业化经营重点龙头企业”、“最佳工业企业”、“纳税大户”、银行信用等级A级企业称号。

【四川奥信紧固件制造有限公司】 四川奥信紧固件制造有限公司成立于2002年，注册资本750万元，有员工142人。公司拥有台湾多功位螺丝机、台湾高速搓丝机、台湾螺帽成型机、数控车床等设备，主要生产OF系列国标（GB）、德标（DIN）、日标（JIS）、英制（BS）、美制（CANSI）等高强度螺栓、螺帽及非标准件，研发成功的技术已获得2项发明专利、31项实用新型专利，2008年获得高新技术企业证书。公司自主产品在四川、重庆等地知名度较高，市场稳定，且在国内外均有专人负责营销网点业务，是川内生产高强度紧固件规模较大的公司之一。

（陈　琪　程艳梅　张学斌）

青神经济开发区

【概况】 四川青神经济开发区位于全国机械制造产业集群百强县青神县境内，由四川省人民政府批准设立，是四川省高新技术产业化基地、四川省小企业创业基地、四川省知识产权试点园区、省级绿色园区。园区地处成都都市圈境内，是成渝经济区重要交通节点，2022年扩区后，核准面积调整为306.35公顷，核心区面积为242.5公顷，入驻企业140余家，拥有国家高新技术企业14家，国家级“专精特新”“小巨人”企业4家，省级“专精特新”中小企业6家，国家知识产权优势企业3家，国家两化融合管理体系贯标试点企业2家，省级两化融合管理贯标体系示范企业3家，国家级绿色工厂2个，四川省制造业“贡嘎培优”100家企业1家，省级技术创新示范企业2家，省级企业技术中心6个，省级工程技术研究中心2个，培育上市企业2家。

【经济开发区扩区】 青神县抢抓成都都市圈发展机遇，聚力推进四川青神经济开发区扩区，成立以县委书记、县长任双组长的扩区工作推进组，组建9个工作专班，实行县委书记每周研究、分管县领导每日调度，每周对接一次省级部门相关处室，快速回应并准确修改完善上报资料；紧盯四川青神经济开发区纳入《成都都市圈发展规划》机遇，按照省人民政府《进一步规范电镀行业发展的意见》“加快推动工序电镀企业向电镀集中区和工业园区集中”要求，加快建设西南表面处理循环经济产业园项目，顺势而为推动青神经开区扩区；深入研究扩区调位管理办法，明确扩区工作涉及的9个省级部门、20个处室对接对象，系统分析17个扩区要件内在逻辑，制定详细工作方案，按照时间节点倒排工期，将扩区工作任务细化到具体责任人。11月8日，四川省人民政府常务会审议通过四川青神经济开发区扩区申请。11月16日，四川省人民政府函复同意四川青神经济开发区扩区，明确要求打造成为全国“专精特新”装备制造基地和全国特色先进机械制造产业聚集区。四川青神经济开发区扩区后，核准面积由

152.26公顷调整为306.35公顷，四至范围为：区块一，东至机械大道、南至锦绣大道、西至青竹街道游滩社区、北至青竹街道游滩社区；区块二，东至青竹街道丹黑路、南至青竹街道鸿化村、西至旧眉青路、北至青竹街道丹甫大道；区块三，东至青竹街道黑龙壕、南至青竹街道桥楼村、西至青竹街道鸿化堰、北至青竹街道龙女村。

【用地保障】 四川青神经济开发区科学布局工业用地空间，制定四川青神经济开发区工业用地“标准地”控制性指标并向市自然资源局备案；完成四川青神经济开发区扩区工作，扩区面积为154.09公顷，保障产业转型升级，提升青神制造业核心竞争力；争取土地指标873.88亩；盘活闲置厂房约6500平方米，处置园区精技工友、坤元丝业、王力欣亮等4宗闲置资产用地约114亩；购买MSQ2022-16/17/18三宗土地，保障绿色竹纤维综合利用产业园用地需求。

【基础设施建设】 四川青神经济开发区建成投运园区3万吨污水处理厂、牯牛山220千伏变电站、园区2.6公里市政道路和3.6公里沟渠等配套基础设施，加快推进机械研发中心项目建设，启动G245园区段道路、人才公寓、青神绿色铸造产业园项目倒班房工程等基础设施项目建设，不断完善园区功能配套，提升园区综合承载能力。

【招商引资】 四川青神经济开发区围绕制造业强县发展目标，紧盯高端机械装备制造业，依托西南表面处理循环经济产业园、成眉绿色铸造智慧产业园等特色平台，开展招商引资“春季攻势”“百日攻坚”行动，赴重庆、成都等地考察目标企业15次，成功签约锂刀研发生产项目、云丽业宏绿通设备项目等34个项目，协议总投资95.07亿元，其中10亿元重大项目3个、机械制造业项目31个。

2022年，园区3万吨污水处理厂建成投运　（青神经开区管委会供图）

【项目建设】 四川青神经济开发区实行项目领导包保，旬调度、月拉练、晒绩效、挂“红黑旗”、季度考核等项目工作推进机制，全年实施项目32个，总投资105.4亿元，其中省市县重点项目16个，总投资82.45亿元，先进制造业项目24个，总投资89.14亿元，配套设施项目6个，总投资8.96亿元；竣工投产青神县绿色铸造产业园项目——基础设施建设工程、德鑫航空（技改扩建一期）、众鑫盛等21个项目。

【对上争取】 四川青神经济开发区紧盯扩区目标对上争取30余次，实现经开区成功扩区；实施“亩均论英雄”、工业用地“标准地”、弹性年限供地等措施，清理园区低效用地，提高土地利用率、亩均产出贡献；入列四川省近零碳排放园区试点，入选2022年四川省开发区综合评价考核优秀名单。

【安全生产】 四川青神经济开发区印发《四川青神经开区贯彻落实国务院安委会安全生产十五条措施实施方案》，推行“双主任”制度，加强党对经开区安全生产工作的领导，推进园区安全生产体系制度建设；组

2022年，西南表面处理循环经济产业园（一期）　（青神经开区管委会供图）

织开展园区企业安全生产应急演练及2022年有限空间应急演练各1次；联合部门开展在建项目、用电、用气、消防安全等专项检查6次；聘请技术专家开展有限空间、铸造、粉尘涉爆等危险领域安全检查2次；日常巡查发现并整改安全隐患368处，下发整改通知书39份、约谈通知书2份。

【环境保护】 四川青神经济开发区落实网格化环境监管机制，每月开展园区全覆盖排查，全年入企检查发现并整改问题166处；聘请第三方专业公司提供环保管家服务，开展企业环保培训及环保咨询服务2次；建立"一园一档"和"一企一档"对园区及企业规范管理，建立园区企业污染治理信息表，完善企业污染物来源、治污措施、设施维护要求等环保信息；帮扶硕达机械与银合机械2家企业完成环保绩效升级。

（唐　雯）

电网建设与电力供应

【概况】 2022年，青神县有220千伏变电站1座（牯牛山站），容量360兆伏安；110千伏变电站2座（兰店站、青竹站），总容量180兆伏安；35千伏变电站3座（罗坝站、穆家埂站、黑龙站），总容量44兆伏安。公用配电变压器1016台，总容量207.3兆伏安。辖区内有110千伏线路6条，线路长度81.79公里；35千伏线路7条，线路长度36.85公里；10千伏配电线路42条，线路长度1013.66公里。国网青神县供电公司全年累计完成售电量5.4亿千瓦时，比2021年增加2.61%；公司完成青神首座220千伏牯牛山智能变电站及其配套工程的投运；成功以全国第六、全省第一的优异成绩创建国网公司同期线损百强县公司，全年累计百强供电所创建13次，实现4个供服站百强全覆盖；10个集体、16人次、1项群创获眉山公司以上荣誉。

【电网建设与发展】 3月220千伏牯牛山项目顺利投运，青神电网实现了220千伏电源点"零"的突破。在迎峰度夏时期，通过乐山电网供应青神公司负荷60%约4万千瓦，支撑民生可靠用电。全年完成电网建设投资达7017万元，同2021年比增长260%，增速排名全市第一，实现户均容量增幅12.7%、户均停电减少5.3小时。完成12条线路的新建和投运工作，同2021年比增幅达到41.3%，解决了51台重过载配变、24台低电压问题，全力做好电力可靠供应。

【电力安全生产】 国网青神县供电公司组织全员开展贯彻党的二十大精神和习近平总书记关于安全生产的重要论述等专题学习20余次，压实安全生产责任；对照安全生产专项整治三年行动收官年目标和省公司最新安全隐患清单，排查隐患389项，整改235项；落实"三管三必须"要求，修订安全管理责任清单2次，优化岗位职责600余条，建立责权对等的管理关系；强化安全风险管控，落实"一把手"管风控管安全职责，召开安全风险管控会6次，提前介入施工现场作业，成功管控作业风险64项；完成213人次培训取（换）证工作，持证上岗率100%；组织全员开展交通、消防、灭火演练，各级专项预案演练覆盖率达100%；严格落实各级疫情防控要求，甲类甲管期间实现"零感染"；紧急采购抗疫物资，成功应对第一波感染高峰，乙类乙管期间实现"零重症"。

【电力经营管理】 国网青神县供电公司成立"1+5"项目验收专班，打破传统专业交叉壁垒，推进项目实施进度，工作成效在眉山公司作经验交流；处置推动遗留废旧物资，回收资金20.68万元，在眉山公司范围内率先清零；深化智能稽查应用，取得经济成效199.46万元，完成年度目标200%；积极落实"双碳"战略，完成电能替代2058万千瓦时，对售电量增长贡献率达170%。

【电力改革创新】 国网青神县供电公司完成9个部门、2个产业单位的组织机构和205个岗位优化调整工作，撤销班组8个、优化3个，重构权责清晰、运转高效组织模式，厘清管理界面，消除合规风险；坚持数字化引领，推进数字化转型工作，完成数字化项目申报，数字化班组建设工作；完成创新成果1项，自主研发"架空线自动收线器"获省公司"工人技术创新奖"，提起专利申请1项；挖掘数字化成果，申报数字化成果9项；完成各类数字化转型、创新培训工作，培养公司数字化人才。

【电力服务提升】 政企协作成功应对"四最"（最高温度、最少来水、最大负荷、最长时间）叠加的严峻挑战，县领导先后3次专题部署迎峰度夏保供电工作，组织180余户企业让电于民，守住全县8万余户居民用电底线。国网青神县供电公司完成二十大、"两会"、"竹博会"等重大保电任务20余次；开展省发改委尖峰分时电价政策宣传，企业享受电费补贴红利达78万元；落实"三零三省"（三零：零上门、零审批、零投资；三省：省力、省时、省钱）服务，降低客户接电成本，提供服务388户，节省客户投资约148万元；清理整改3.05万户表余不一致，累计清退销户余额14.89万元，在眉山公司实现"率先结零"；促成裕华纺织实现购电制，公司高压费控户数执行率首次达到100%；强化投诉风险管控，线上办电率、业扩回访满意率均达100%，全年首次实现“零投诉”，公司营销业绩考核排名眉山公司第一。

（沈　燕）

电信通信

【概况】 2022年，中国电信股份有限公司青神分公司主要经营移动通信、互联网接入及应用、固定电话、卫星通信、ICT集成等综合信息服务，提供4G和5G业务、光纤宽带和专线、IPTV视频业务、视频网络监控、网络视频会议、ICT应用、天翼云等各种信息化服务，承担着青神县全域普遍通信服务、党政专用通信服务、应急通信服务、综合信息服务等通信任务。

【4G网络覆盖】 中国电信股份有限公司青神分公司新建4G基站22个，累计建设开通4G基站数达到282个，实现青神县域全部乡镇村全覆盖。

【5G网络发展】 中国电信股份有限公司青神分公司新建5G基站15个，累计5G基站数量达到104个，实现城区、县域工业园区、农村场镇、县域主要交通干线全覆盖。

【4G、5G网络共建共享】 中国电信股份有限公司青神分公司5G基站电信与联通共建共享，由电信主建全量共享，联通共享电信101个站点；4G基站电信共享联通81个站点，节约资源，降低企业运营成本。

【网络质量提升】 中国电信股份有限公司青神分公司新建千兆光线路终端设备OLT 9台，实现青神县城乡千兆光纤全覆盖；完善青神县乡镇环网保护建设，完成光线路终端设备OLT双上行保护，保障网络质量，提升网络安全。

【平安智慧乡村工程建设】 中国电信股份有限公司青神分公司建设光纤终端箱体301个，端口2408个；全县累计宽带光纤终端箱体6431个，累计光纤端口53048个。

【通信保障】 中国电信股份有限公司青神分公司成立设备、管线、户线日常维护和应急保障团队3个69人，保障设备、管线、网络正常运行，排除障碍和应急响应；成立党员服务先锋队，专职负责重大突发事件应急保障，遇重大洪涝、地震等自然灾害，冲锋在先；配备维修抢险工程车辆9台、移动油机28台。完成党的二十大、青神“两会”、椪柑节、竹博会等重要通信保障任务。

【电信服务】 中国电信股份有限公司青神分公司打造“向服务型转型”的金牌服务体系，打造“行业标杆、客户认可”的金牌服务品牌，对内实行“倒三角”快速服务支撑。开展“我为群众办实事解难题，全员服务在行动”实践活动；开展“优秀服务事迹评选”和“（区县）总经理讲服务”活动，重点聚焦客户“急难愁盼”的焦点服务问题。对宽带障碍用户实行敢诺敢赔，单个宽带用户障碍超过6小时未修复按超时时间赔付，实现月月兑现。

（李乾平）

移动通信

【概况】 2022年，中国移动青神分公司提升本地移动通信水平和信息化能力，在全县所有乡镇及城区主要街道设立营业服务点40余家，为青神客户提供精品化的网络、高品质的服务和多元化的业务。

【5G网络建设】 中国移动青神分公司落实国家新基建战略，对上争取资源，完善通信网络基础设施，提升网络服务质量；全年新建5G基站36个，升级改造千兆OLT19个，特别是依托5G700M频段的独立优势，实现青神主城区、所有行政乡镇场镇、重要园区的5G网络覆盖和5G千兆宽带能力覆盖；新建4G基站26个，实现农村点位补盲，加强汉阳上游村、瑞峰中岩村、高台玉蟾村等偏远乡村的4G网络覆盖和家宽能力覆盖。

【5G应用】 中国移动青神分公司利用5G、物联网、云计算、人工智能、大数据等新一代信息技术，加快与生产制造、智慧城市、智慧文旅、乡村振兴等融合创新，推动数字经济产品应用落地，打造数字经济新业态，提升全县信息化治理和服务能力；与政府各部门、企事业单位合作，搭建青神重点项目辅助管理平台、数字化城市管理信息系统、5G慧眼——看家宝平台、5G智能消息系统等应用平台；推动西龙金花、罗波宝镜等村社数智乡村示范村建设，构建“能力开放、极致体验、架构敏捷、智能运营、统一管控”的乡村振兴云生态体系；协助公安、住建推动10余个智慧小区建设，推动青神数字经济高质量发展。

【移动服务】 中国移动青神分公司建立健全基于客户感知的全面服务管理体系，推进“黑卡治理及打击电信网络新型诈骗”，扎实开展“总经理服务日活动”“服务进万家、服务进万企、服务进万铺”等各项服务工作。保障防洪抢险、“2022 竹博会”等重大会节活动，累计出动应急通信保障 51 次，抢险车辆 198 车次，处理汛期故障 300 余次，免费发送防疫公益信息超百万条。

（王倩茜）

联通通信

【概况】 2022 年，中国联通青神分公司有员工 20 人，下设营服中心、综合支撑中心；开展本地网络通信及信息化建设，为客户提供通信服务，满足通信需求。

【网络建设】 中国联通青神分公司核心汇聚机房2个，物理站点138个；L900联通FDD LTE900M新建站29个；本地网传输线路1326皮长公里，管道21管程公里；一个10G波分环、2个分组环路；宽带光纤资源端口25689个；配合政府开展智慧小区建设，完成17个小区改造建设。

【网络运营】 中国联通青神分公司成立通信保障团队，完成县内重大活动通信保障服务。保障团队拥有专业的维护人团及精良的设备，快速反应处理人员 5 人、发电油机 4 台、应急通信车 1 辆、卫星电话 2 部等大量应急通信设备等，对设备维护、日常维护、管线维护和应急事件处理做出快速反应。面对突发灾害，做好油机发电、光缆抢修、卫星车等装备队伍支援准备。同时中国联通与各部门保持密切沟通，加强值班值守和网络监测，保障通信网络畅通。

【联通服务】 中国联通青神分公司开展通信合作社建设，完善网络服务及深度覆盖；运用 5G、云计算、物联网等信息技术，加快智慧城市、乡村振兴、工业互联网、智能制造、智慧农业、智慧旅游等信息化建设，服务青神发展。

（兰　燕）

竹艺竹业

竹产业

2022 年 12 月 9 日，中国竹产业峰会在青神召开　（县林业园林局供图）

【概况】 2022 年，青神县坚持绿色发展理念，大力推进竹林基地建设，截至 2022 年底，全县竹林总面积 20 万亩，竹品种 100 余种，从业人员 2 万人，竹产业实现综合产值 70.6 亿元，比 2021 年增长 16%。

【竹种植】 青神县积极开展斑布一号良种认定，并在眉山市范围内大力推广；2022 年，新栽斑布一号 1500 亩，分布在白果乡虎渡社区、瑞峰镇天池村、高台镇玉蟾寺村。在县域内推进“竹 +”业态融合，引导农户利用乡村道路、林盘绿地植竹绿化，发展“竹 + 茶”“竹 + 果”“竹 + 花”等立体生态模式。

【竹制品】 青神县以竹编产业园区为引领，集聚四川环龙、云华竹旅、竹福竹艺、银海竹灯笼、嘉熙竹木等竹企业 150 余家，打造亿元加工企业 2 家、国家林业重点龙头企业 2 家。支持建设斑布健康竹产业园，成功争取斑布百万吨竹材生物质精炼项目，成为全省近年来首个获批的制浆造纸项目，2022 年已建成投产，成为全国最大的竹纤维全价循环利用基地。全县竹制品实现年产值 51.94 亿元，占竹产业总产值的 73.57%。

【竹林风景线建设】 青神县建成岷江东岸百里翠竹长廊，成功创建高台现代竹产业示范基地为“省级现代竹产业基地”、青神国际竹艺城为“省级竹林康养基地”，竹编产业园区成功升级为五星级“省级现代竹产业园区”。

【竹产业研究院】 竹产业研究院有研发人员 24 名，2022 年新引进专业技术人员 8 名，引进高层次研发团队 4 个，与国际竹藤中心、天津科技大学、四川轻化工大学、中国制浆造纸研究院等高校院所合作，共同开展竹林丰产技术、功能性竹纤维材料运用和低碳产品研发等课题。

（罗　娟）

2022 年 9 月 28 日，眉山市竹林基地品种改良现场会在青神县瑞峰镇天池村召开　（县林业园林局供图）

竹编艺术

【概况】 青神竹编经过 3000 多年发展，形成平面竹编、立体竹编、瓷胎竹编等 25 大类、3000 余种产品体系，远销美国、日本、瑞典等 60 余个国家。青神竹编被收录为中国国家级非物质文化遗产，被联合国教科文组织专家称为“竹编史上的奇迹，艺术中的艺术”。2022 年 11 月，青神竹编亮相 2022 卡塔尔世界杯。“青神竹编”获四川十大类地理标志品牌榜样称号。

【竹编企业】 青神县竹编产业园区有小微企业21家、国家林业重点龙头企业2家、竹加工企业31家；发展国内电商，邀请“网红”旗舰店“斑布”开展全网直播带货；邀请马椅子、熊猫大侠等知名带货达人通过抖音、快手、淘宝三大平台直播带货，全年青神竹制品网络销售额达1600万元；深化跨境电商，满竹里公司在成都跨境电商中心建立青神竹编O2O中心，在美国迈阿密与客户共建青神竹制品海外仓。

【竹编研发】青神县竹编产业园区联合北京国际设计周有限公司共同举办“竹与生活”国际（青神）竹产品创意设计大赛，共征集到竹伴手礼、竹家具家居、竹公共设施类参赛作品共计4476件，评选金、银、铜奖等作品90件。2022年，园区新增版权登记11件，截至2022年12月总计拥有版权登记339件。

【竹编传承】在国际竹藤中心支持下，竹藤编织工艺正式被纳入人社部职业大典。竹编大师陈云华获评第八届中国工艺美术大师，成为青神县民间工艺美术领域第一位国家级大师，并入选2022“中国非遗年度人物”100名候选人名单。依托云华竹旅，打造国际竹艺传承培训品牌，2022年共培训印度尼西亚、马达加斯加、缅甸、圭亚那等13个国家和四川、江西、湖南等5个省竹艺人才500余名。

【平面竹编】平面竹编选用本地独有的单竹通过选竹、启篾、三防处理等80多道工序制成的竹丝，纯手工编织的艺术作品；平面竹编代表作《苦乐清凉》《隐形观音》《清明上河图》等曾获得“中国民间文艺山花奖”“四川省巴蜀文艺奖”等殊荣。

【立体竹编】立体竹编是用横切面是矩形的竹丝编织出立体造型的竹编产品，具有艺术造型、观赏价值和实用价值；竹灯罩类有挂灯、台灯、落地灯等规格，圆形、盆式、方形、竹房形等样式30余种；竹编帽类有粗编类与精编类两大类，有竹丝博士帽、女士花帽等20余个品种；竹包装箱（盒）类有月饼盒、腌腊食品盒、水果盒、旅行箱、书箱等；仿生动物类有鸟、牛、熊猫等20余种；“青神竹龙”荣获最长竹编舞龙吉尼斯世界纪录。

【瓷胎竹编】瓷胎竹编，起源于清代中期，其编织技艺具有“精选料、特细丝、紧贴胎、密藏头、五彩丝”的特点。瓷胎竹编在制作过程中全凭双手和特制工具刀进行手工编织，让每根竹丝依胎成形，紧贴瓷面，所有接头处都藏而不露，浑然一体。瓷胎竹编代表作繁多，《融》作为国礼赠送奥地利总理，《一帆风顺》《方圆》《尤物》等先后荣获美国洛杉矶第33届华人工商大展金奖、中国旅游商品设计大赛银奖、巴拿马太平洋万国（国际）博览会特等金奖等奖项。陈岚瓷胎竹编作品水墨陶瓷花瓶，获2022澜眉合作国际设计大赛非遗手工三等奖。张德明获2022四川省旅游商品大赛银奖。

（黄美娴）

竹编产业园区

【概况】青神县竹编产业园区成立于2011年，总规划面积8.6平方公里，核心区位于眉山市青神县青竹街道兰沟村3组，投入资金48亿元，建成“两园三馆两中心三基地”（两园即竹编产业园区与斑布健康产业园，三馆即国际竹编艺术博览馆、熊猫馆和竹里萤光艺术馆，两中心即国际竹文化中心与国际竹会展中心，三基地即竹艺培训基地、竹业研发基地、竹企孵化基地），培育国家、省市级竹编工艺美术大师117名，形成以竹编为主导，竹纸为支撑，竹旅为特色的竹产业发展新格局；获评中国竹编艺术之乡、国际竹编之都、全国首批国家林业产业示范园区、四川省首批特色小镇等40余项荣誉；2022年12月8—12日，举办2022中国国际竹产业交易博览会，邀请到参展商、采购商1000余人，现场成交7368万元，意向成交额5.7亿元，间接带动餐饮、住宿、商超等消费3亿元；2022年，实现竹产业综合产值70亿元。

【基础设施建设】截至2022年末青神县竹编产业园区建有“两园三馆两中心三基地”，配套公共图书馆1个，游客接待中心1个，竹制品交易中心1个，室内体育场馆1个，污水处理厂4个，公共卫生间10处，停车场12个，仓储3个，生产道路20公里，10千伏供电线路3条，日供水1万立方米供水管网60公里。园区内水电气网覆盖率100%。

【项目建设】竹里巷子项目改造老旧农房70户，建成绿地1万平方米，打造老井广场、绚烂花镜、竹林空间、美食巷子等竹景观8处，打造景观沟渠1公里、文化游步道3公里，引进竹里系列餐饮、竹艺、茶艺、民宿、小吃等业态17户，竹里美学馆、

2022年12月8日，2022中国国际竹产业交易博览会开幕 （县竹编管委会供图）

2022 年 8 月 22 日，竹里萤光艺术馆　（县竹编管委会供图）

2022 年 11 月 18 日，竹里萤光餐厅　（县竹编管委会供图）

竹里咖啡馆、竹予晓悦、城南旧事等成为“网红”打卡地。竹里萤光项目总投资 4000 万元，建设面积 4807 平方米，位于国际竹艺城景区核心区，2022 年已建成投用，以科学研究、自然科普、科技互动及四季赏萤为一体，通过光影互动装置和仿真森林环境，分设萤火虫科普馆、四季赏萤厅、萤光艺术厅、萤光主题餐厅等功能区，打造 “竹里萤光”地域特色品牌。竹里院子项目总投资 9000 万元，占地 45 亩，拥有独立度假庭院 8 个，竹艺精品客房 85 余间，竹元素餐饮包间 4 间、早餐厅 1 间、多功能厅 1 间、会见厅 2 间，可同时接待 200 余人住宿、会议和就餐。斑布产业园 20 万吨竹材生物质精炼项目于 2022 年 5 月顺利投运，竹本色生活用纸生产过程达到 4.0 标准，解决就业岗位 1000 个，年产值 20 亿元。

【竹旅融合】 青神县竹编产业园区依托国际竹艺城景区，重点发展竹艺研学、竹旅康养、竹文化旅游、竹美食餐饮等业态，打造竹里院子、竹里巷子、竹里萤光等竹旅 IP，竹编非遗之旅跻身全省十大“非遗之旅”研学线路；与四川省中青旅、眉山假日旅行社等签订合作协议，定期开展研学活动，推出竹旅一日游等网红旅游线路 2 条，统筹竹文化观光类、竹艺体验类、竹文化亲子类 3 大类别活动，制定竹竿舞、竹类科普、竹编体验等子活动菜单 6 项，开展各类竹艺研学活动 300 批次，接待研学人员 5 万人次；亮相 CCTV–1 黄金档节目《山水间的家》，全网累计视频播放量超 1 亿次，话题曝光量超 3.5 亿次。

（黄美娴）

商贸业

国内贸易

【概况】 2022年，青神县内贸流通稳步发展，第三产业增加值实现46.17亿元，增长2.4%，增速居全市第四位。社会消费品零售总额29.87亿元，累计上升1.2%，居全市第六位；批发业增速26.7%，居全市第二位；零售业增速4.2%，居全市第三位；住宿业增速2.5%，居全市第三位；餐饮业增速4%，居全市第二位。

【服务业发展】 青神县编制《青神县“十四五”现代服务业发展规划》和《青神县城市商业网点规划》，推进服务业强县建设；印发《青神县服务业高质量发展三年行动计划（2022—2024年）》，实施“结构优化、主体壮大、消费提振、招优引强、补齐短板”五大行动，推进服务业扩量提质；印发《青神县稳住经济大盘促进特色产业高质量发展若干政策——促进现代服务业高质量发展和电子商务融合发展》，发展服务业行业，做优做强企业；兑现2021年三产发展和电子商务融合发展扶持资金401.12万元；落实新组合式税费支持政策，为服务业企业减税、退税和缓缴税900余万元，帮助企业纾困助活力。

【内贸流通】 青神县新增规上（限上）服务业单位16家，其中商贸单位11家，重点服务业企业5家，分别完成目标任务的110%、125%，全县规模（限额）以上服务业单位61家。

【电子商务】 青神县依托2019年国家级电子商务进农村综合示范项目，推动青神县电商产业发展；培育腊制品、椪柑、火烧木、日用快消品四大特色产业，青神“老丈母腊肉”“邵腊肉”“斑布竹纸”等品牌产品销往全国；发展网店2600余家，电商企业150余家，从业人员4000余人，开展电商培训300余场次，共计培训1.5万人次，带动就业万余人；网络零售额24.58亿元，比2021年增长11.27%，农产品网络零售额8.56亿元，比2021年增长26.45%。

【农贸市场升级改造】 青神县制定《青神县农贸市场达标提升工程三年行动方案》，从2022年至2024年分三年全面改造县城、乡农贸市场；完成城南农贸市场、青竹街道黑龙社区农贸市场、西龙镇龙凤社区农贸市场、西龙镇桂花农贸市场达标提升改造；通过实地调研谋划城东、瑞峰镇、罗波乡3个农贸市场提升改造工作。

【商贸系统安全风险管控】 青神县商场超市、宾馆酒店等商贸企业逾百家，其中大中型商场、超市共6家，宾馆酒店共35家、民宿2家；加大对商贸行业安全工作检查力度，重点检查消防、防汛、食品、燃气安全等领域，全年排查87项安全问题，下发14份整改通知书，约谈场所负责人5人，对查出问题不定期开展“回头看”，确保隐患整改到位，实现商贸行业火灾等事故及财产损失“零报告”；推进可燃气体报警装置安装，鼓励全县酒店、餐饮店天然气用户主动消除安全隐患，实现燃气报警装置设备全覆盖。

【“消费促进季”活动】 青神县全年开展“消费促进季”活动和“约惠青神·乐购生活”金秋眉山消费季2期活动，全县餐饮、住宿、零售、酒店、电器、家装等行业200余商家参与活动，商家覆盖全县7个乡镇（街道），累计约9万人参与消费券发放活动，实现惠民、利民、便民消费；活动期间发放消费券5196张268万元，使用率80.7%，间接拉动全县消费3800万元；依托“掌上青神”手机App、“青神发布”微信公众号、“竹里青神”视频号、“青神融媒”抖音号等新媒体开展宣传，推出消费券宣传文章120余条、宣传视频30余个、张贴宣传海报1500余张，活动推文点击量、转发量60万余次。

（许　倩）

对外经贸

【概况】 2022年，青神县商务局推动外贸提质增量，实地走访外贸企业30余次，协调解决外向型企业非冷链集装箱报备、出口信用保险办理、外事邀请函办理、质检证领取、跨境电商开展等问题；送政策进企业，宣讲市县外贸支持政策，以及进口贴息、出口退税等相关外贸政策70余次；组织外向型企业参加RCEP（区域全面经济伙伴关系协定）贸易规则解读培训，帮助企业学习运用原产地规则，分享RCEP红利；建立外贸企业信息台账，完成外贸企业增量、减量、变量清单；申报眉山市跨境电商产业园项目，四川省满竹里科技有限公司采取跨境电商B2B直接出口方式成功报关，填补眉山市跨境电商B2B直接出口空白；争取省、市外经贸专项资金，鼓励外贸资质企业增加实绩业务量，实现小微外贸企业（年度进出口额500万美元以下）出口信用保险全覆盖。

【营商环境优化】 青神县商务局全覆盖走访外贸企业30余次，提供服务与指导70余次、解决困难20余次，丹甫、水晶水果、凌锐公司入选全省1000户重点培育外贸企业名单，推广宣传外贸企业入驻中国（四川）国际贸易单一窗口；组织3次RCEP贸易规则解读培训和外贸业务培训，提升企业外贸业务水平；组织丹甫科技、水晶水果、云华竹旅等企业参加广交会和进博会，寻求国外订单；以眉山市获批设立跨境电子商务综合试验区为契机，推动四川省满竹里科技有限公司、四川环龙等7家企业布局跨境电商业务，青神县跨境电商从无到有，发展跨境电商业务。1月6日，四川省满竹里科技有限公司以报关单模式申报的“跨境电商B2B直接出口”（监管代码“9710”）货物顺利通关，标志着眉山市实现跨境电商9710业务的落地和眉山市跨境电商9710报关数据零的突破。

【外贸进出口】 青神县进出口实绩的企业7家，全县进出口总额1.34亿元，比2021年下降11.6%。主要出口产品有压缩机、木工机械、各类水果、饲料机械及其零配件、纸（卫生纸、手帕纸、面巾纸）、灯具及照明装置、螺母、竹制厨房用具、金工机械用刀及刀片；主要出口国家有巴基斯坦、印度尼西亚、越南、俄罗斯、阿根廷、马来西亚、泰国、菲律宾、新加坡、美国、瑞典、澳大利亚、丹麦、德国。丹甫科技、水晶水果、凌锐刀具3家企业进入四川省千户重点外贸企业培育工程正式名单（第一批）。

【国际经贸交流】 青神县组织丹甫科技参展131届、132届线上广交会，尝试直播带货；8月26日，2022年黄河流域跨境电商博览会在青岛举行，四川省满竹里科技有限公司参展，展示推介青神竹编产品；11月2日，亚洲国际果蔬展览会在泰国举行，水晶水果参展，拓展东南亚市场；组织水晶水果、云华竹旅参加第五届进博会，帮助企业寻找国外订单；“竹与熊猫”主题展品通过市场采购贸易方式出口，青神竹编亮相2022卡塔尔世界杯；帮助县内境外投资企业德恩精工全驱动股份有限公司（美国）、CPT韩国株式会社（韩国）提升企业境外投资合规经营能力、风险防范能力及涉外纠纷应对能力。

（许　倩）

粮油贸易

【概况】 2022年，青神县认真贯彻粮食安全党政同责制度，严格执行《粮食流通管理条例》《四川省粮食安全保障条例》等法规制度。青神县发展和改革局强化粮油收储，稳定市场供应，全面完成储备目标任务；规范粮食收购，严格执行最低保护价收购政策，保障农民利益，未发现不合格粮食流入口粮市场现象。

【粮食调控】 青神县按照市下达的县级储备粮油任务，全年完成县级储备稻谷3600吨、菜籽油360吨、小包装大米292.5吨、小包装菜籽油29.25吨，100%完成储备目标任务；规范粮食收购，准备好场地、仓房、设备、人员、资金，做好政策上墙、价格上墙、样品上柜、资金到位，全年收购稻谷2503.71吨，保证农民的合法收益和全县粮食生产安全、市场平稳。

【粮食重点项目建设】 青神县发展和改革局推进青神县粮食仓储设施（高标准粮仓）建设项目，项目占地面积32.12亩，总建筑面积9431.15平方米，建设高标准粮食低温平房仓3.06万吨、油料储藏罐3000吨、综合楼2536.74平方米，配套建设辅助用房、油泵房、发油棚、机械棚等相关设施设备用房，2022年完成项目前期工作，包括拆迁、前期立项及工程勘察、工程设计、工程招标等；推进政策性储备监管信息化工作，省级储备粮储备仓库全部具备智能粮库系统，完成新规范接口升级并上传数据，6间仓房完成仓内视频全覆盖、信息化全覆盖；对县国粮公司直属库和西龙库进行维修改造提档升级，2022年完成直属库库区地坪改建、地磅道路改建、拆除危房和老旧房屋维修等，完成西龙库进入库区道路维修、1~4号仓外墙体翻新和天沟防水处理等。

【粮油产业发展推进】 青神县发展和改革局制定《青神县“十四五”粮食安全规划》，明确“十四五”期间全县粮食安全发展的主要目标、重点任务和重要举措，旨在科学全面推动青神县粮食产业高质量发展，最终将青神县建设成为联动川南高质量发展引领区、西部陆海新通道粮食物流展示区、成渝双圈粮食安全保供配套服务区、“天府粮仓”引领示范区。

【疫情期间粮油保供】 青神县增加县级储备应急小包装大米至292.5吨、应急小包装菜籽油至29.25吨，保障全县人民疫情防控期间粮食供应；与四川绿颜农业发展有限公司达成稻谷加工企业协议，如遇突发事件，负责将县级储备稻谷加工为应急大米；将全县范围内符合要求的粮油店加入粮食应急保障体系，指定为应急供应网点。

【粮食安全责任制落实】 青神县把落实粮食安全党政同责作为重大政治任务，全年多次召开县委常委会会议和县委常委会（扩大）会议，专题学习习近平总书记关于保障国家粮食安全的重要论述、习近平总书记来川视察重要指示精神，以及省、市有关粮食安全的法规制度；制定印发《青神县贯彻落实〈地方党委和政府领导班子及其成员粮食安全责任制规定〉责任分工方案》，成立青神县打造新时代更高水平的“天府粮仓”工作领导小组，明确县委、县政府领导班子及其成员履行粮食安全工作责任分工，确定党政主要领导为粮食安全党政同责第一责任人，将粮食安全党政同责工作纳入全县目标绩效考核。

【粮食质量安全监督检查】 青神县粮油检测中心做好政策性粮油入库验收、库存检查工作，在秋粮收购工作中，对入库的粮食进行抽样检测，完成检验检测稻谷188份；按照粮食质量安全监测工作要求，完成产新粮食质量检测，检测样品30份；定期开展库存粮食质量检测，对储存粮食的水分、脂肪酸等诸多因素进行动态监管检测，完成检验检测样品8份。全年完成检测226次。

【粮食和物资日常管理】 粮食日常管理方面，按照《粮食风险基金监督管理暂行办法》精神，县财政在同级农业发展银行开设粮食风险基金专户，实行专户管理；制定《青神县粮食风险基金管理办法》进行账务处理，当年结余的粮食风险基金如数结转到下一年度使用，用于陈化粮价差亏损补贴、消化粮食财务挂账等粮食方面的开支，不挪作他用；2022年县级财政预算安排粮食各类专项资金502.14万元，用于县本级储备粮油和政策性财务挂账，足额保障县本级储备粮油和政策性财务挂账资金，另安排粮食资产管理维护费15万元、粮食监管（检测）专项费用30万元用于粮食安全方面专项经费支出；青神县发展和改革局全年出动40人次开展政策性粮食月查12次，秋粮收购期间出动15人次开展检查5次。物资监管方面，青神县每年根据救灾需要，通过对上争取、财政购买动态充实物资储备，合理调整生活类救灾物资、综合性消防救援应急物资、森林防灭火物资、防汛抗旱物资、危化品事故与矿山事故应急救援物资等各级、各类应急物资储备品种和规模并动态调整；除县级储备外，青神县在7个乡镇（街道）、58个村（社区）建立应急物资储备站（点），前置各类应急物资3.7万余件套，依托区域性中心乡镇（街道）、消防救援站、便民服务中心（点）、村（社区）、基层粮油收储网点等建立综合应急物资储备点，提升多灾易灾和偏远地区救灾物资储备点保障能力；健全应急物资分类、生产、采购（紧急采购）、储备、装卸、运输回收、报废、补充等相关管理规范，建立救灾物资紧急调用和征用补偿机制，县应急局会同县发改局、县财政局联合制发《青神县应急物资管理办法（试行）》，对应急物资的采购、储备、调拨、使用、回收、报废等流程提出明确要求，同时县发改局、县应急局指派3人共同管理应急物资库，建立物资出入库台账、物资出入库登记等制度。

【物资储备】 青神县发展和改革局年初全面清点县级应急物资储备存量，落实36万元应急物资采购计划，备齐备足27类、6451件应急物资；4月，要求各乡镇、街道在摸排汛期风险点的基础上确定应急物资发放点位和对象，安排专人调配发放应急救灾物资棉被1400套、棉大衣1500件、取暖器340个、防汛麻袋7000条等，确保受灾群众生活稳定有序。9月，县国粮公司在全市率先启动秋粮收购工作，全年收购稻谷2503.71吨。

（蒲雯佳）

烟草专卖

【概况】 2022年，青神县烟草专卖局开展月度安全检查13次，周末安全巡查21次，整治安全隐患15处，全年无安全责任事故发生；主动策划、参与制作省级以上新闻宣传作品18篇，制作工作视频10部，其中5部刊登在省级以上平台，2项数字化转型工作经验获国家局门户网站刊载；1名专卖执法人员被县检察院聘为特邀检察官助理，2名专卖执法人员获聘县检察院首届听证员，是全省范围内烟草执法人员参与涉烟案件检察听证工作的首次尝试。

【卷烟营销】 青神县烟草专卖局销售卷烟5296.39箱，单箱均价3.88万元，增幅全市第二，结构提升明显；全年打造一般现代终端119户，其中数字门店52户，户数比9.01%；作为全市创新课题《探索农网数字门店示范终端建设》试点单位，融入地方红色文化、竹编艺术、地方特产等特色，打造2个数字门店示范店，运行平稳、效果良好。

【专卖管理】 青神县烟草专卖局提升数据收集运用能力，全年查获各类涉烟案件25起，查获违法卷烟98.64万支，完成“三烟”查缉年度任务的197.28%，完成假私卷烟查缉年度任务的273.6%；全年平均市场净化率为98.5%，为全市第一；在卷烟市场零售终端试点应用“放心码”，制作发放二维码温馨提示卡580份，实现“全民打假、群众监督”作为传统市场监管手段补充，为数字赋能、专卖监管添新手段；辖区共有持证卷烟零售户582户。（何亚卓）

盐业专营

【概况】2022年，青神县经济和信息化局对商超、农贸市场等重点场所和学校食堂、食品加工企业等食盐使用环节常态化开展执法检查，检查是否严格落实进货查验和台账记录制度，是否从合法渠道购进、销售食盐，维护正常的食盐流通秩序。

【食盐监管】防疫期间，按照省经信厅要求，增加食盐价格监测频次，月监测调整为周监测，确保全县食盐市场的正常秩序。10月，县经信局与县市场监管局成立联合专项检查工作组，开展2022年度食盐市场联合执法行动。

（陈 琪 程艳梅 张学斌）

【碘缺乏病防治】5月15日，青神县卫生健康局联合青神县经信局、青竹街道黑龙卫生院在黑龙场镇开展以“智慧人生健康路，科学补碘第一步”为主题的全国第29个“防治碘缺乏病日宣传活动”，活动现场设立宣传咨询台，对过往群众发放了宣传单及手提袋等宣传资料，深入宣传科学补碘保护人民健康，普及碘缺乏病防治知识。

（严开川）

供销合作社经营

【概况】2022年，青神县供销合作社联合社深化供销综合改革，全额出资成立青神县供销合作社有限公司，与四川做者科技有限公司合作成立了青神县供销科技有限公司；完善制度和管理机制，制定社有企业“三重一大”制度，召开第一届理事会、监事会第二次会议；新建乡镇级基层供销社2个，均被评定为基层社示范社。

【供销综合改革】经政府常务会审议同意，由青神县供销合作社联合社全额出资成立青神县供销合作社有限公司，1月完成注册登记挂牌营业，营业范围涵盖“三农”工作方方面面；8月，下属社有企业青神县供销合作社有限公司与四川做者科技有限公司合作成立青神县供销科技有限公司，主营智慧农业、智慧乡村、智慧文旅；组建乡镇级供销社，建设汉阳镇水府供销合作社和西龙镇供销合作社2个基层社，开展日用品消费、农资、农产品、金融保险等服务，在汉阳镇建成为农服务中心，集生活超市、快递超市、农资超市为一体，2个基层社正常运营；制定社有企业“三重一大”制度，完善社有企业管理体系，践行“三会”制度，10月21日召开第一届理事会、监事会第二次会议；开展农民职业技术培训，培训学员950人次，其中经营管理型——水果种植560人次，专业生产型——柑橘栽培390人次。

【农村社会化服务体系建设】青神县供销合作社联合社在高台镇百家椪柑专业合作社创新构建“农户+合作社+村集体”的“5+4+1”利益联结机制，推广现代农业体系下的柑橘代管增益共享模式，即农户、合作社、村集体以果园、技术管理服务、资金等入股，合作社与农户签订果园全托管协议，果园托管后的产值按农户50%、合作社40%、集体10%的比例分配，实现果园托管面积510亩，壮大村集体经济，促进农民增收。

（许 倩）

2022年11月15日，青神县西龙镇供销社成立（县商务局供图）

2022年12月8日，青神县汉阳镇供销合作社成立（县商务局供图）

2022 年 12 月 8 日至 12 日，2022 中国国际竹产业交易博览会在青神县举办　（县竹编管委会供图）

会展和节会活动

【概况】 2022 年，青神县举办 2022 中国国际竹产业交易博览会，动员、组织企业参加泡博会、农博会、广交会、加博会等各类展览活动，在国际、国内两大市场对青神进行宣传推广、市场推介，扩大青神产品在市场上影响力，打开青神的知名度，广揽市场订单，增加经济效益和社会效益。

【2022中国国际竹产业交易博览会】 12月8—12日，2022中国国际竹产业交易博览会在青神县举办。竹博会期间，举办国际竹产品创意设计大赛、开幕式、中国竹产业峰会、全国竹产业社会组织负责人联席会、竹制品展销、项目参观考察等系列活动。

（黄美娴）

【2022 四川花卉（果类）生态旅游节暨青神县第十二届椪柑节】 6 月 28—30 日，2022 四川花卉（果类）生态旅游节暨青神县第十二届椪柑节——广州会场在广州生物岛举办，青神县组织眉山市水晶水果有限公司、青神县农业发展投资有限责任公司等 9 家企业和 10 余家合作社、家庭农场等新型农业经营主体的特色产品参展，展品包括沃柑、茂谷柑等优质特色柑橘，特色竹编包装、竹编艺术品、原色竹浆纸、西龙茶叶等；通过宣传片、PPT、特色竹编包装、优质晚熟柑橘等推介青神及青神特色产业，从全国视角审视青神柑橘产业，推动青神柑橘产业提档升级，推广青神晚熟柑橘品牌。

（何帅奇）

【2022 年眉山市庆祝中国农民丰收节】 9 月 23 日，眉山市庆祝中国农民丰收节活动在眉山市东坡区太和镇永丰村举行，青神县参展展品有腌腊制品、汉阳花生等特色农产品，提高青神特色农产品知名度。

（许　倩）

【第八届四川农业博览会·成都国际都市现代农业博览会】 9 月 22 日至 25 日，青神县组织四川省青神县云华竹旅有限公司、青神国际竹艺城发展投资有限公司、青神县竹乡人果茶专业合作社、青神东坡丈母娘美食有限公司、四川省青神县鑫隆酒厂 5 家企业参加第八届四川农业博览会·成都国际都市现代农业博览会，展品包括青神的竹编制品、腌腊制品、茶叶等特色农产品，打响青神特色农产品知名度，扩宽市场销售渠道。

【第十三届中国泡菜食品国际博览会】 11 月 27—29 日，青神县组织四川省广农农业科技有限公司、青神县众帮生猪养殖专业合作社、青神东坡丈母娘美食有限公司、四川省绿众食品有限公司 4 家企业参加第十三届中国泡菜食品国际博览会。本次参展旨在促进青神的项目签约、产品签单，扩大青神特色农产品的市场影响力。

2022 年 9 月 23 日，眉山市庆祝中国农民丰收节活动青神展品　（县商务局供图）

旅游业

旅游业发展

【概况】 2022年，青神县文化广播电视和旅游局以创建省级全域旅游示范区为目标，积极融入成渝双城经济圈文旅目的地建设，以岷江旅游经济带为统揽，推动文旅融合、文旅共兴。全年完成固定资产投资9300万元，对上争取资金1076万元，居全市第二名。

【乡村旅游发展】 青神县文化广播电视和旅游局初步完成《青神县全域旅游暨岷江旅游经济带发展规划》《青神岷江文化旅游示范带建设行动方案》《青神中岩风景名胜区中岩寺片区详细规划》等规划编制工作；推进区域旅游合作发展，扩大“大灌区”“大竹海”“大峨眉”川渝文旅发展联盟成果，加强与宜宾、乐山等地旅游部门交流互通，共享文旅发展资源。创建“柑林橘海”为国家AAA级旅游景区，青竹街道兰沟村成功申报为天府旅游名村，青神满竹里“健康”竹木药盒获得2022年四川特色旅游商品大赛铜奖。

【旅游项目】 青神县投资1800万元完成滨河文化公园家风馆及配套设施建设项目；争取到国家文物保护资金500万元、全省智慧广电示范区项目资金300万元，分别用于中岩寺摩崖造像安防工程、青神智慧广电项目建设；计划投资6.8亿元的东坡文化基础设施建设项目有序推进中；完成青神发展馆提升改造并全面投用；启动青神湖旅游度假区——唤鱼新城开发项目前期工作。

【旅游管理与服务】 青神县文化广播电视和旅游局强化文旅市场执法，开展常态化疫情防控，指导业主开展应急演练，推进文旅场所专项整治。按照《四川省旅游景区精细化管理服务质量提升规范》文件要求，对全县景区开展精细化管理服务，细化交通、游览、餐饮、住宿、购物等小项量化标准；抓实“对内注重提品质、对外注重美誉度”工作，促进旅游景区高质量发展；开展游客满意度问卷调查，满意率达90%以上。

【国家A级旅游景区创建】 柑林橘海景区成功创建为国家AAA旅游景区。柑林橘海位于眉山市青神县岷江东岸，总面积3.8平方公里，以“中国晚熟柑橘之乡——青神柑橘”为主题，打造了青神柑橘发展馆、颂橘台、望峨台、邻里百家等30多个景点，景区建有四川省科普惠民共享基地、柑橘新品种展示基地、竹乡人电商示范基地和桔香人家、杏源金水湾、柑橘采摘园等餐饮休闲娱乐区，是一处“旅游+农业+生态”融合发展、助力实现乡村振兴的旅游景区。

旅游景区选介

【概况】 2022年，青神县有国家AAAA级旅游景区2个、AAA级旅游景区2个，全国重点文物保护单位和省级重点文物保护6处，省级风景名胜区1处，三级以上优质资源204处，省级竹林小镇2个，省级森林小镇3个。

【柑林橘海】 景区位于眉山市青神县岷江东岸，总面积3.8平方公里，是以“中国晚熟柑橘之乡——青神柑橘”为主题，集观光、休闲、体验于一体，助力实现乡村振兴的旅游景区。柑林橘海景区由青神县现代农业示范园区管理委员会建设、运营、管理。管委会依托柑林橘海丰富的旅游资源，以市场为导向，统筹规划山、江、文，采取多产业经营模式，主要规划有观光休闲、康养健身、采摘体验等多个项目。景区内有青神柑橘发展馆、颂橘台、望峨台、邻里百家等景点。柑林橘海景区启动建设以来，加大投入基础设施建设，按照国家AAA级旅游景区标准，以及《柑林橘海景区总体规划》进行全面实施。新建、扩建、改建各种专用生态停车场、游客中心、休闲娱乐项目、旅游厕所等，设置导视系统，使旅游功能更加完善，为青神打造一个文化内涵丰富、全景式体验的旅游胜地。

【唤鱼公园】 唤鱼公园命名由苏轼与妻子王弗“唤鱼联姻”的典故而来，占地600余亩，设计形象为太极双鱼，集中展示东坡苏母文化和东坡初恋文化，配套建设老河街商业街区、苏母祠、儿童游乐区、鸾凤台、龙舟看台等建筑。

唤鱼公园的主题文化由与东坡文化相关的贤母文化和初恋文化2个部分组成。贤母文化主要从苏母的角度展示其对苏轼成长的影响。初恋文化以苏轼和王弗“唤鱼联姻”的故事为核心，以苏东坡和王弗的初恋故事为主题，剧本杀、水幕秀等在这里精彩上演。

青神作为这段浪漫故事的发生地，具备着爱情圣地的灵性，挖掘伟大诗人的初恋文化，不但给青神增添了几分诗人的浪漫主义色彩，同时也成为对外宣传东坡文化的一张特色名片。唤鱼公园从“老、破、旧”到“颜值爆表”，成为青神县人气最高的公园。

唤鱼公园还衍生出多种业态，如唤鱼公园古素茶室、唤鱼公园老河街记忆吧、唤鱼公园老河街拾里园火锅、唤鱼公园苏母祠、唤鱼公园民政局婚

唤鱼公园 （县住建局供图）

姻登记处、唤鱼公园儿童游玩区、唤鱼公园国营 709 厂等。另有唤鱼公园水幕电影、合悦里热气球及露营地。

【竹里萤光艺术馆】 每年春夏之交，在青神县兰厂沟的清溪旁、中岩寺的涧道上、黄水凼的竹林间、小三峡的星空下，良好的生态环境滋养了萤火虫的生长繁衍，青神目前已发现萤火虫栖息地 51 处，游客每年春夏都可以在野外欣赏到梦幻的“森林舞会”。

竹里萤光艺术馆是全国第一个集科学研究、自然科普、科技互动以及四季赏萤为一体的萤火虫主题艺术馆。艺术馆以萤火虫为切入点，将萤火虫科普、生态环保科普通过生动的展示、有趣的互动、震撼的视觉体验让人沉浸其中，享受自然、科技的乐趣，从而深刻理解“保护生态环境，就是保护人类自己”。其中四季赏萤馆更是通过科技手段人工控制环境、调控食物链使萤火虫能够在馆内进行世代繁衍，使公众在一年四季 365 天都能欣赏到神秘美丽的萤火虫，从而达到保护萤火虫种质资源的目的。

（罗　琪）

金融业

金融业发展

【概况】2022年，青神县有银行机构5家，设营业网点48个，自助银行18个；有保险机构9家，其中人寿保险3家，财产保险6家；有保险中介机构1家，小贷公司1家，金融机构从业人员1280人。2022年，青神县金融业围绕全县经济工作决策部署，聚焦建设全国特色先进机械制造产业聚集区、乡村振兴、基础设施建设等融资需求，以金融机构信贷考核为抓手，坚持每月金融调度，金融服务实体经济能力不断提高。

【信贷投放】青神县全年各项存款余额净增长19.48亿元，比2021年增速14%，高于全市增速1个百分点；新增贷款投放14.01亿元，比2021年增速17.8%；存贷款增速15.37%，存贷比58.44%。

【保险服务】青神县全年保费收入4.02亿元，较2021年增加0.38亿元，增幅10.47%，全市排名第一；全县政策性农业保险保费规模2495万元，各级财政补贴1765万元，保障金额49087万元，财政资金杠杆放大28倍；全年结案3353件，赔付1187万元，理赔结案率100%；完成三大主粮作物承保面积覆盖率92.09%；将普惠性保险融入地方发展，签单保费1037万元，小额保险、老年保险、关爱保险、居民补充医疗保险覆盖率均排名全市第一。

【金融助农】青神县全年涉农贷款余额61.19亿元，比2021年增加9.34亿元，增速18.23%，涉农贷款加权平均利率4.93%，比2021年下降27个基点，为46个村（社区）33292户村民建立经济信息档案，授信16.60亿元，发放农户小额信用贷款3220户3.21亿元，建成12个银政和银商模式的农村金融综合站，建立覆盖种养大户、家庭农场、专业合作社等新型农业经营主体的信贷产品体系，为新型农业经营主体605户提供信贷支持1.35亿元；向兰沟村发放全市首笔银政担模式村集体经济组织贷款——“强村贷”5万元；青神县人民政府与四川农信眉山办事处签订乡村振兴战略合作协议后，青神县农商银行为青神县人民政府授信150亿元，为百家池村整村授信5000万元，向官厅坝村、桥楼村、百家池村集体经济组织分别授信200万元。

【地方金融管理】眉山市银通小额贷款有限公司新增贷款1529万元，贷款余额7626.96万元，不良贷款余额1146.29万元，不良贷款率15.03%，全年贡献税收35.36万元；8月，四川省地方金融监督管理局注销青神县聚鑫隆典当有限公司“典当经营许可证”，至此该公司已不具备典当经营资格。

【成眉金融对接】青神县财政局积极对接县外银行，争取到成都农商银行眉山分行、成都银行眉山分行、四川银行眉山分行、泸州银行等县外金融机构为青神县国有企业发放流动资金贷款1.72亿元，助推青神县地方经济发展。

【金融服务多元化】青神县有序推进数字人民币试点工作，推进移动支付便民惠民，运用天府信用通、中征应收账款融资平台，做好“蜀信e·贷”“微捷贷”“小微企业线上贷”等金融产品，利用运用大数据、人工智能等科技手段，实现“让数据多跑路，让企业少跑腿”，新增首贷户1761户；运用分险基金和创业担保贷款基金增信措施，利用工业分险基金和创业担保贷款基金发放贷款2025万元；发挥金融顾问作用，利用金融六进契机，为企业制定专属的综合金融服务方案，发放经营性贷款8.8亿元，其中信用贷款余额4.36亿元。

【企业挂牌上市】丹甫环境科技成功进入四川省上市后备资源库，扬邦商砼成功进入眉山市上市后备资源库，宏瑞钢构成功在天府股交中心挂牌上市，宏瑞钢构、广源药业、扬邦商砼3家企业通过规范化公司制改制验收。

2022年5月26日，县财政局组织县内金融机构在城区开展打击和处置非法集资宣传　（县财政局供图）

【非法集资防范与处置】 青神县财政局积极开展非法集资存量案件攻坚工作，青神县实现非法集资存案清零；开展处非专项排查4次、打击和处置非法集资集中宣传2次，乡镇宣传14次。

【金融信息报送与通报】 青神县财政局全年在城区、乡镇开展处非宣传、“金融六进”宣讲20余次，有效提高群众自我保护意识和风险防范意识；积极开展银政企对接，全年新增贷款14.01亿元，为“乡村振兴”、“制造强县”等重大战略落实提供资金保障；邀请证券公司、金融专家组织开展金融宣讲会3场，走访30余家规模以上企业进行政策宣讲，扩大助企政策覆盖面。

（童晓芬）

金融管理

【概况】 2022年，中国人民银行青神县支行指导青神县金融机构完善公司治理体系；全年对县域5家银行机构开展人民币收付质量、央行评级、资产质量、再贷款使用情况等专项业务检查5次，确保县域各银行机构稳健运行；青神县各银行机构存贷款余额与资产规模稳步增长，不良资产率保持稳定，各项经营指标变动均在合理范围内，整体风险可控。

【金融改革】 青神县各金融机构抢抓发展机遇，落实金融改革创新举措，为实体经济发展注入金融活水；健全与LPR（贷款市场报价利率）相适应的内部资金转移定价和贷款定价体系，提升利率定价，下降全县各项贷款加权平均利率，降低市场主体融资成本；围绕重点领域融资需求，推出绿色信贷产品，推广“易信贷”“竹乡贷”“税电指数贷”“强村贷”等金融创新产品，拓宽覆盖领域和市场主体；打造金融宣传教育创新示范，开展金融知识教育，主动参与金融知识进校园志愿服务。

【金融综合管理】 中国人民银行青神县支行联合各方力量共同构筑风险防线，严格执行重大事项报告制度，畅通银行机构和人民银行之间报送、反馈金融风险信息快速通道，维护辖区金融体系安全稳健运行；坚持“守法”与“合规”的底线，管理和监督辖区内银行业金融机构，维护辖区金融稳定，为地方经济发展做出贡献；开展各项核查，促进银行业机构合法稳健经营、健康发展。

【金融风险监管】 中国人民银行青神县支行开展风险监测评估和金融风险分析预警工作，提升风险监测识别和预警能力，开展稳健性现场评估工作，排查重点领域风险。现场核查银行业机构重大事项报告工作，确保严格落实重大事项报告制度；加强对银行机构管理，按照属地原则，做好央行评级结果反馈、风险提示、存款保险费率核定工作；严密防范流动性风险，建立健全风险管理体系，防范和降低流动性风险，确保银行业金融机构资金安全稳健运行；配合县有关部门落实“保交楼”工作，预防区域性群体事件发生。

【反洗钱管理】 中国人民银行青神县支行深化反洗钱联席会议成员单位合作，推动各成员单位落实主体责任，开展各自领域反洗钱工作；推动洗钱罪立案、起诉和审判工作，加强交流和互训，增强侦查、司法机关查办洗钱上游犯罪案件时推动洗钱罪判决的意识，全年协助法院宣判七类上游犯罪案件15起，其中毒品犯罪12起、贪污贿赂犯罪2起、破坏金融管理秩序犯罪1起；加强反洗钱宣传，坚持把反洗钱宣传广泛性和针对性相结合，扩大社会宣传面，重视对特殊群体、行业宣传，做到点面结合。

【金融消费权益保护】 青神县银行机构全年受理投诉19起，办结19起，办结率100%，从投诉类型看，人民币储蓄问题1起、银行卡问题3起、支付结算问题4起、个人金融信息问题7起、其他中间业务问题2起，其他问题2起；各类投诉受理、分办、反馈、回访、调解组织等环节未发现超过规定时限和不符合程序要求情况，所有投诉均根据实际情况甄别投诉请求的实质内容，按照金融消费者投诉、举报、信息公开等不同形式分类处理；中国人民银行青神县支行根据上级行要求结合辖区实际情况指导和督查银行机构金融消费者保护工作，落实金融消费权益保护工作各项制度。

【金融服务“三农”发展】 中国人民银行青神县支行指导各银行业金融机构围绕青神县现代农业园区、脱贫人口等乡村振兴重点领域发挥“分片包干、整村推进”和“银行—村组双向联络员”工作机制作用，开展“整村授信”工作，开展“送码入户、一键贷款”专项活动，落实金融支持乡村振兴战略；推动县域普惠金融发展，开展农村地区“迅通工程”，创建搭载电商物流功能的“银政”类、“银商”类农村金融综合服务示范站12个，推动“青字头”农产品“走出去”；按照职责推进农业农村优先发展，指导各银行机构支持县域农业园区、新型农业经营主体信贷，在青神县7个现代农业园区投放各项贷款余额1.3亿元，利用乡村振兴农业发展贷款风险分担金发放涉农贷款0.68亿元；

推动社会诚信体系建设，开展“三项评定”工作；全年评定“信用乡镇”1个、“信用村”11个、“信用户”7510户，全县累计评定“信用乡镇”4个、占比57.14%，“信用村”35个、占比60.34%，“信用户”25813户、占比71.27%，完成农村信用体系建设目标任务；完成信用新型农业经营主体评定工作，指导辖内银行机构评定信用省级示范新型农业经营主体611户。

【融资环境优化】 中国人民银行青神县支行建立失信企业定期披露制度，按季度向金融机构通报企业失信名单和企业红名单，建立相应企业奖惩机制，完善失信惩戒机制；加大失信行为披露和惩戒力度，制定配套的政策措施，惩戒失信行为；优化农村支付结算服务，助力乡村振兴，指导银行业金融机构创建具备取款、账户查询、转账、金融知识宣传等基础金融服务功能及便民服务、资讯服务以及电子商务服务的农村金融综合服务示范站12个。

【小微企业金融服务】 中国人民银行青神县支行指导辖内各银行业金融机构坚守服务实体经济定位，细化措施，深挖企业需求，在重点行业和领域取得成效；联合政府职能部门开展融资对接，推动县域普惠金融向纵深发展；全县普惠小微贷款余额15.81亿元，比2021年增加3.39亿元，增速27.3%，其中普惠小微信用贷款余额5.34亿元，普惠小微企业贷款加权平均利率5.07%，低于全县各项贷款加权平均利率0.24个百分点；全县银行机构对个体工商户发放经营性贷款6.48亿元，加权平均利率5.98%，其中信用贷款2.36亿元；为个体工商户减免支付账户提现手续费、降低网络支付手续费等各项费用约100万元；以开展“行长跑流程”活动为契机，深入企业走访，了解企业“急难愁盼”问题，协调银行机构推广适应本地金融创新产品；银行机构把业务开展实际和企业需求相结合，推出了金融创新产品；落实中央1号文件精神，发放大豆玉米带状复合种植专项贷款140万元；发放全市首笔“银政担”模式农村集体经济组织贷款30万元；以“风补”增信+再贷款组合模式发放信用贷款28笔，涉及企业17户，金额1.49亿元；对40户登记失业人员、返乡创业农民工等重点就业人群及2家小微企业等发放创业担保贷款42笔，金额1010万元，率先在全市对20万元以下创业担保贷款免除反担保，42笔贷款无不良贷款；以“银团项目融资包含设备购置贷款”方案向青神县“专精特新”“小巨人”企业——德恩精工集团投放省内首笔制造业领域设备更新改造贷款0.72亿元；发放四川农信（眉山）首笔“税电指数贷”200万元，实现银税合作支持实体经济新突破。

【贷款市场报价利率改革】 中国人民银行青神县支行贯彻落实LPR相关规定，指导辖区各银行机构完善贷款业务系统中相关利率功能；新发放贷款以LPR利率为定价基准，合同选择固定利率的贷款，执行利率以LPR为定价基准加减BP数值确定；选择浮动利率的贷款，执行利率应根据贷款发放日（起息日）前一个工作日的LPR加减BP数值确定，并按照合同约定周期进行调整；遇到LPR利率变化的贷款，客户可选择对月对日调整或每年1月1日利率调整；全年末青神县各项贷款发生额加权平均利率5.3，同比下降22个基点。

（郑　旭）

银行业

【概况】 2022年，青神县有银行业金融机构5家，其中政策性银行1家、国有商业银行2家、股份制商业银行1家、农村商业银行1家；各项存款余额158.7亿元，比2021年增加19.49亿元，增速14%；各项贷款余额92.73亿元，比2021年增加14.01亿元，增速17.8%；有营业网点31个（含邮政代理网点）、在职员工314人（含邮政代理网点）、资产规模184.58亿元。

【货币信贷政策实施】 中国人民银行青神县支行围绕县域经济社会发展战略，引导银行均衡发展，支持县域实体经济；向县委、县政府领导汇报金融支持稳企业保就业、乡村振兴、农村综合改革等货币信贷政策执行情况5次，报送人民银行专报2期，召开金融机构负责人会议3次，对金融机构开展督查指导4次；召开银行业机构负责人会议4次，传达总分行及眉山中支相关工作安排和部署；发放再贷款余额3.23亿元，其中支农再贷款余额2.01亿元，限额使用率100%，加权平均利率4.54%，低于全县各项贷款加权平均利率0.76个百分点；支小再贷款余额1.22亿元，限额使用率99.19%，加权平均利率4.74%，低于全县各项贷款加权平均利率0.56个百分点；办理延期还本付息工具0.16亿元，办理小微减息支持工具1笔，金额4.64亿元；办理普惠小微贷款支持工具2笔，金额3.34亿元，申报激励资金金额排全市第1位。

【负债业务发展】 中国人民银行青神县支行指导辖内各银行机构强

化负债业务管理，从单纯规模管理转为兼顾规模、成本、结构的统筹管理，调节资金来源，优化负债结构；由以存款为中心的管理对象，延伸到覆盖传统存款、同业融资以及大额存单等表内资金来源；青神县各银行机构负债总额为168.94亿元，比2021年增加32.84亿元，增速24.13%。其中，向中央银行借款3.23亿元，比2021年增加0.46亿元，增速16.61%；吸收存款158.7亿元，同比增加19.48亿元，增速13.99%。

【信贷管理】 青神县新增使用人民银行支再贷款0.46亿元、普惠小微企业贷款延期支持工具0.16亿元、普惠小微贷款支持计划3.34亿元、普惠小微阶段性减息支持工具12亿元；各银行业机构优化信贷结构，聚焦普惠小微贷款、民营经济、制造业贷款等6个领域和普惠小微信用贷款等3个方面，完成全年信贷政策目标；推进普惠金融发展的重要决策部署，增强普惠金融服务能力和水平，实现涉农贷款、普惠小微贷款信贷投放目标；发挥利率杠杆作用，增强业务可持续发展能力，达到优选客户、扩大营销、防范风险、提高效益的目的。

【支付结算管理】 中国人民银行青神县支行加强对辖内金融机构账户事后监督工作，督促金融机构严格执行2个工作日内完成小微企业开户审核；实行开户送审工作，对辖内金融机构开立账户的80%实行四色监督机制，确保账户开立合规；打击防范电信网络诈骗，联合县公安局组织金融机构先后三次召开打击治理电信网络新型违法犯罪工作推进会，压实银行业金融机构主体责任，加强对账户可疑交易的监测、识别、分析、预警，提高全县打击治理工作实效；推进“两查一访”工作，对全辖银行业金融机构开展暗访督查工作，确保全辖网点暗访全覆盖，提升全辖账户开立工作时效性、合规性；全年暗访营业网点31家，覆盖率100%；组织全辖银行机构开展支付手续费减费让利工作，按要求进行暗访及客户回访，全年暗访督导对公网点24家，覆盖率100%，回访单位客户45户，针对客户反映问题及时与银行机构沟通，确保手续费减费让利政策落实到位；组织青神农商银行聚焦当前支付服务适老工作的难点、痛点、堵点，围绕制度落实、设施配备、服务管理、业务办理、信息公示和宣传教育六个方面，开展老年人支付服务标准网点建设。

【财政资金与国债管理】 中国人民银行青神县支行办理全县各级次预算收入资金23.43亿元，其中地方公共预算收入10.74亿元；拨付各类财政款40.38亿元，其中地方公共预算支出21.01亿元；办理各类预算收入资金退付2.4亿元；办理更正调库7.3亿元；组织发行储蓄国债（凭证式）1431万元、储蓄国债（电子式）600万元。

【人民币管理】 青神县银行机构收入现金84.57亿元，付出现金84.2亿元；各渠道收缴各类假币425张（枚），金额38490元；协同公安经侦、市场监管等部门开展整治拒收人民币现金、整治违规使用人民币图样行为工作。

【应收账款管理】 中国人民银行青神县支行分层次开展应收账款融资宣传，组成宣讲团，深入产业园区，开展应收账款融资业务培训，解读供应链金融相关政策规定和中征平台操作流程；紧抓省市重点建设项目和重点企业，发展供应链金融，运用好天府信用通、中征平台、动产融资统一登记公示系统和公共资源交易平台等信息渠道，挖掘持有优质应收账款且有融资需求的小微企业；建立应收账款融资半月报制度，按季度召开工作推进会，通报各金融机构和核心企业、重点企业业务开展情况，走访督导措施较少、进度落后机构，将工作成效纳入金融机构年度综合评价考核；全年全县开通中征平台企业用户3户，实现应收账款质押融资4.68亿元。

【央行金融机构评级】 中国人民银行青神县支行对1家法人银行业金融机构开展央行金融机构评级，综合评估银行机构经营管理和风险状况，引导金融机构审慎稳健经营；12月开展现场评估1次，从公司治理、资本管理、资产质量等多个维度，确保银行机构平稳运行。

【存款保险风险评分】 中国人民银行青神县支行按月审核投保机构存款保险数据，按季监测投保机构账户统计表和投保机构运行情况，根据评分结果对投保机构实施差别费率管理和保费核定工作，指导督促辖内1家投保机构按制度要求交纳保费。

【信用体系建设】 中国人民银行青神县支行组织银行机构评定6户“产业园区红名单企业”和7户“产业园区白名单企业”，通过天府信用通平台发布7户白名单企业金融培育任务。全年5户白名单企业通过天府信用通平台获得融资11笔、0.54亿元；有3户红名单企业获得贷款4笔、0.61亿元。全年评定“信用乡镇”1个、“信用村”11个、“信用户”7510户。全县累计评定“信用乡镇”4个，占比57.14%；“信用村”35个，占比60.34%；“信用户”25813户，占比71.27%，完成农村信用体系建设的目标任务。完成信用新型农业经营主体评定工作，指导辖内银行机构评定信用省级示范新型农业经营主体611户。

【“两权”融资渠道畅通】 中国人民银行青神县支行按照职责推进农业农村优先发展，制定金融支持青神县农村综合改革相关文件，开展青神县农村承包土地经营权、农村集体经营性建设用地使用权抵押贷款等创新工作；完善青神县涉农信贷风险分担体系，联合县财政局等部门结合青神县工作开展实际，修订农业产业发展贷款风险补偿金管理办法，撬动银行机构信贷资源；青神县各银行机构推广创新金融产品，发放农村承包土地经营权抵押贷款余额200万元，青神县乡村振兴农业产业发展贷款风险补偿金担保贷款余额0.68亿元。（郑 旭）

交通·邮政

交通规划

【概况】 2022年，青神县交通运输局着眼于构建外联内畅、互联互通的综合立体交通格局，重点谋划“两带两路”高速干道、“一环八射”国省干道、“承北入江”岷江航道、“两纵一连”轨道项目建设，全域构建“七纵两横三连一环”综合干线路网和“三核驱动、多点支撑”综合运输枢纽，加快构建现代化综合交通体系，推动县域经济高质量发展。

【“十四五”交通规划】 11月30日，青神县人民政府印发《“十四五”综合运输发展规划（2021—2025年）》。本次规划重点谋划“两带两路”高速干道、“一环八射”国省干道、“承北入江”岷江航道、“两纵一连”轨道项目建设；全域构建“七纵两横三连一环”综合干线路网和“三核驱动、多点支撑”综合运输枢纽，加快构建现代化综合交通体系，推动县域经济高质量发展；坚持“主攻干道、紧抓航道、打通轨道”，完成天眉乐高速（青神段）“三桥、三线、三互通”建设；连通内外环线，全面建成岷江虎渡溪航电枢纽工程，加速推进G245、S307线城区段；开启“承北入江”航运通道，着力建设好虎渡溪航电，同时提升航道至三级标准，全力推进青神港及配套江湾神木园、中岩景区旅游码头建设；争取成都市域铁路S13线至眉山延伸至青神，青神港至成昆铁路货运专线纳入上位规划，加快融入成德、成眉、成资等市域铁路“月票制”，高铁日客运班次达30班，铁路实现公交化运营新模式；实施农村公路三年行动攻坚方案，争创国家级“四好农村公路”示范县；着力构建“外联内畅、畅乡通村、管养到位、安全便捷、运输高效”的农村交通运输网络；到2024年底，完成路网提档升级工程约197公里、路面改善工程约95公里、全县自然村庄通达工程约170公里，建立公路桥梁隐患整治长效机制，建立权责清晰、保障有力的县乡村三级公路管养机构，配备专职管理养护人员，明确县、乡、村三级农村公路管理养护权力和责任，推进农村公路管理养护专业化、规范化、市场化；深入实施城乡公交一体化，完成青神客运中心枢纽站和乡镇公交首末站改建，调整城区公交1号、2号、3号线路，新开行城区4号线路，新建城乡站亭（牌）96个，开通城区至乡镇主干线7条、支线12条，购置新能源公交车45辆，到2024年基本实现城乡公交一体化；推进“金通工程·天府交邮通”建设，建成县级快递物流仓配中心1个、乡镇级快递物流运营中心7个、村级金通·邮快驿站40个。

2022年5月21日，青神县城乡公交一体化项目启动仪式 （县交通运输局供图）

【青神县乡镇级片区交通运输专项规划】 2022年，青神县完成《青神县乡镇级片区交通运输专项规划》编制工作。规划范围为青神县行政区域，国土覆盖面积为386.8平方公里，包括下辖的1个街道办、4个镇、2个乡。规划对象为青神县全县域农村公路，规划基年为2021年，目标年为2035年。按照中心带动、地理格局和产业关联性，将青神全域划分为2大区、12小区，确定1个中心镇、1个副中心镇、12个中心村。2大区即青神环城特色产业聚集片区和汉阳农旅融合发展片区。

青神环城特色产业聚集片区：该片区以县城城区为中心，西龙镇为副中心，辐射带动四周。对外连通主要依托县城对外通道，片区中心镇与周边片区实现骨架公路合理对接，农村公路对外形成多个出口通道；中心镇对接片区各乡镇通过普通国省道连接，片区各乡镇均有普通国省道相连接，8个村级片区互联互通。最终将椪柑产业园、工业园、竹艺城等经济节点合理串联起来，形成以青神县城为中心的经济内环线，以青神县城为中心向外辐射，形成内通外联的交通干线大格局。

汉阳农旅融合发展片区：该片区以汉阳镇为中心镇，中心镇与周边片区通过岷江一衣带水进行串联，交通上主要依托农村公路通道，4个村级片区互联互通，内部农村公路形成“树叉状”结构。该片区内各种历史和文化旅游资源丰富，分布有中岩寺景区、汉墓岩墓群、汉阳古镇、平羌小三峡等重点景区。通过交通规划可以将各旅游资源有效结合，推动片区休闲旅游产业进一步发展。

交通建设

【概况】2022年，青神县推进虎渡溪航电枢纽工程建设，完成主体工程总量的95%；推进“城乡公交一体化”建设，全县公交覆盖率100%；完成虎渡溪航电大坝至乐青路连接线建设；开展天眉乐高速（青神段）前期工作，启动节点工程虎渡溪特大桥桩基施工；40公里“幸福美丽乡村路”纳入全省公路、水路投资计划管理系统规划库，完成5条约30公里美丽乡村路计划库项目申报。

【天眉乐高速（青神段）】天眉乐高速（青神段）主线长约26.51公里，连接线长约11公里，主线为双向6车道，路基宽34.5米，设计时速120公里；设置3处落地互通（高台互通、南城互通、汉阳互通）、3座特大桥（高台特大桥、虎渡溪特大桥、汉阳特大桥）和1处服务区（白果服务区）；占地约3130亩，房屋拆迁约10.42万平方米、杆管线迁改约226处。截至2022年底，已取得土地预审、可行性研究、初步设计、社会风险评估、虎渡溪特大桥和汉阳特大桥行洪论证、林勘报告、项目核准等相关批文，完成工程“三改”（改路、改渠、改河）和杆管线迁改摸底调查工作，落实4个标段项目临建设施用地约260亩，启动项目驻地、拌和系统、预制梁场等临建施工，完成虎渡溪特大桥88根桥梁桩基浇筑、高台连接线大桥栈桥12跨150米施工和4根桥梁桩基浇筑工作。

2022年10月7日，青神虎渡溪岷江特大桥首根桩基顺利浇筑　　（县交通运输局供图）

【岷江虎渡溪航电枢纽工程】岷江虎渡溪航电枢纽工程是岷江干流（彭山江口至乐山岷江三桥段）六个航电梯级开发中的第四级，上接“张坎梯级”，下衔“汉阳梯级”。坝址位于青神县城区下游3.5公里，左岸为白果乡，右岸为青竹街道。枢纽工程为河床式，坝线全长512.67米，正常蓄水位391米，相应库容3152万立方米，发电引用流量每秒996立方米，额定水头7.2米，坝顶高程396米。四级船闸等级，闸室有效尺度120米×16米×3.5米（长×宽×门槛水深），设计可通航2×500吨级船舶，渠化航道10.3公里。电站总装机容量6.3万千瓦，年利用小时数3927小时，年平均发电量2.47亿千瓦时。虎渡溪航电为三等中型工程，枢纽建筑物从左至右为电站厂房、1孔排漂闸、17孔泄洪冲沙闸、船闸，另有左右岸坝前防洪堤、鱼道、分洪口及上坝公路等。设计工期35个月，工程总投资14.25亿元。8月31日首台机组具备发电能力，10月31日完成2号机组机电安装工作。截至2022年底，已完成土地征收补偿约3500亩，完成搬迁安置11户、24人，全面完成移民蓄水终验；完成分洪口工程、220千伏输出线路、右岸排涝工程、库区堤防工程、鱼道等附属工程建设，主体工程建设完成工程总量的95%，发电厂房混凝土浇筑完成工程量的98%。

【城乡公交一体运营】青神县城乡公交一体化项目列入全县年度十大民生实事。按照“一县一公司”的原则，成立青神县交通投资建设有限公司，实现国有化、公司化经营。5月完成客运站停车场改建，安装充电桩30个。累计投资7000万元，投入新能源公交车48辆，整合原有11辆“金通工程”客运车辆，优化开行城市公交线路4条，实现通车里程51公里；城乡公交线路9条，实现通车里程158公里；乡村支线公交线路4条，实现通车里程78公里；在全县范围内改造、新建63个站牌和126个站亭，开通公交的建制村（社区）占比达到100%，城区实行1元票价，城乡实行2元票价，相比原城乡客运票价，普遍降幅60%~70%。

交通运营

【概况】2022年，青神县有客运车辆145辆、客位2522座，分别由4家客运公司、1家出租车公司开展道路旅客运输；营运货车487辆、吨位6004.16吨，分别由12家货运企业开展道路货物运输。

【公路水路运输】2022年，青神县有客运车辆145辆，全社会客运量695.39万人次，客运周转量26737.99万人公里；货运车辆487辆，货运量655.05万吨，货运周转量27948.75万吨公里。

【公交路线运营】青神县交通投资建设有限公司取得青神县城乡公交一体化30年特许经营权，投入新能源公交车48辆，整合原有11辆“金通工程”客运车辆，改造、新建63个公交站牌和126个站亭，开行城市公交线路4条、城乡公交线路9条、乡村支线公交线路4条，载客量116.27万人次。

【“金通工程”建设】青神县交通运输局实施“金通工程”建设，建成乡村运输“五张网”，青神县7个乡镇（街道）、58个建制村（社区）初步实现乡镇和建制村通公交，通车覆盖率100%，乡镇客运站综合服务功能拓展改造率100%，建制村物流节点覆盖率达100%；开展全省乡村运输“金通工程”样板县创建工作。

交通运输管理

【概况】2022年，青神县交通运输局统筹抓好全县交通行业错峰控流、保通保畅、项目建设、安全生产、行业稳定等工作，加强客、货运企业安全源头监管，指导企业建立安全责任清单，督促企业按照责任清单落实主体责任。汛期组织客、货运企业开展防汛值守，储备应急救援客、货运车辆50辆，保障汛期应急抢险。

【交通运输安全监管】青神县交通运输局开展交通运输安全生产“护安2022”监管执法专项行动、安全生产专项整治三年行动巩固年行动、铁路沿线环境安全专项治理、公路隐患排查治理、燃气和消防安全专项检查，持续推进打非治违专项工作，净化行业安全环境；开展客运行业、驾培机构、寄递物流等重点领域安全检查，出动检查人员2600余人次、执法车辆310余辆次，检查社会车辆4000余辆次，联合公安部门开展非法营运联合执法25次；常态化开展水陆通道安全巡查整治，保证全县道路、桥梁、航道安全；开展交通运输“冬安行动”，统筹全县交通行业疫情常态化防控下的错峰控流、保通保畅、项目建设、安全生产、行业稳定等工作；开展林区内道路排查，处置路面病害，编制林区防灭火道路建设规划；常态化开展在建项目安全隐患排查治理，隐患整治率100%。

【交通隐患排查整治】青神县交通运输局开展水上安全大检查94次，出动检查人员352人次，检查船舶328艘次，查出隐患9个，完成整改9个，开展防汛暨突发事件应急处置大演练1次、水上交通安全知识宣传2次；巡查公路约6900公里，排查公路安全隐患99处，整治99处，整治中新增单柱式标志牌105个、交通警示设施16套、波形护栏反光轮廓标35个、减速标线871平方米，修复损毁交通安全设施9处，路肩墙3处、112立方米，清理塌方257立方米。

【超限运输治理】青神县交通运输局采取独立执法、会同公安部门联合执法方式，主要在岷东大道、锦绣大道、眉青路等重点路段常态化开展超限运输治理，查处超限运输车辆140台、抛洒滴漏车辆77台。全年办理行政案件287件，其中行政处罚案件147件，行政强制案件140件，7件行政赔补偿案件均按法律程序结案。

【交通运输综合执法】青神县交通运输局常态化开展公路巡查，干线公路巡查每天不少于1次，乡村公路巡查每月不少于15次，对安全隐患早发现、早处理。全年出动执法人员1500余人次，治理摆摊设点126次，清除各类路障43处约580平方米，查处损坏路产案件8起并对损坏的路产和附属设施及时恢复；加强公路建筑控制区管理，对不符合规定的建筑不予审批。开展道路客（货）运输企业、汽车维修行业、汽车驾培学校执法监督检查，出动执法人员1032人次，组织检查304次，检查普通货运企业43家次、客运企业21家次、驾驶培训学校34家次、综合性能检测站10家次、维修企业240家次，行政处罚13起，查处汽车维修行业违法经营行为2起。配合县禁毒部门开展寄递行业从业人员、客运驾驶员、驾培人员毒驾检测，检测596人。

【“打非治违”专项行动】青神县交通运输局联合公安部门采取定点执法与流动巡查相结合的方式，在辖区汽车站、高铁站、岷东大道、眉青路、成艺大学周边等重点区域开展执法检查，全年出动执法人员2600人次，出动执法车辆330辆次，检查社会车辆和运营车辆4074辆次。查扣无证营运车辆20辆、违规经营出租车辆14辆，查处违规经营网约车7辆，打击道路旅客运输非法营运行为，保障人民群众平安出行，促进全县道路交通安全生产形势稳定好转。

【交通项目补助资金争取】青神县交通运输局对上争取项目支持，争取到上级补助资金4626.71万元。其中，农村公路建设交通项目资金580万元，成品油税费改革资金25万元，2022年度普通国省道养护工程资金657万元，“四好农村路”省级示范县奖励1000万元，农村公路养护补助资金111万元，2022年第一批交通专项资金117万元，2022年村道安防补助19万元，2020年成品油补助45.73万元，眉山市交通运输局划拨“四好农村路”示范县经费1000万元，检测站电子抓拍系统资金20万元，成乐高速扩容补偿费26万元，2022年农村客运市级补助资金5.6万元，2022年日常养护补助资金80.91万元，二级公路还贷补助资金43.38万元，车购税补助资金746万元，2021年公路水路灾毁应急保障资金50万元，2022年度农村客运补助资金100.09万元。

【交通项目造价监督管理】 青神县交通运输局完成交工检测验收项目4个，分别为青神县2020年漫水桥改造工程、青神县复兴水库扩建项目移民专项交通复建工程、青神县2019年白果乡村道建设项目、虎渡溪航电大坝至乐青路连接线工程。监督在建项目3个，分别为青神县（2022—2024）“四好农村路”建设项目（EPC）、青神县2022年度漫水桥（危桥）拆除重建工程、青神县城区范围内停车场新建项目（二期）。随着先进工艺站拌混凝土、摊铺等先进工艺的广泛使用和原材料质量的提高，各项检测指标稳定向好，4个完工项目质量均合格，3个在建项目质量可控。

【公路工程质量监管执法】 青神县交通运输局严格按照《四川省农村公路质量监督办法（试行）》文件要求开展项目质量监管工作，2022年涉及质量监督的项目中3个已完工，2个在建，县交通运输局主要对涉及项目进行水泥混凝土质量、重要桥梁结构施工质量、建筑原材料、施工工艺、重要或主要工程部位验收5项质量监督管理工作，累计巡视监管50余次，已完工3个项目均顺利通过交工检测，在建2个项目质量安全可控。其中，农村公路项目抽查重要原材钢筋、水泥、沥青的合格率为100%，参与检测的重要或主要的分部工程的合格率为100%，交工检测时重要指标混凝土强度、结构物尺寸、沥青路面压实度、弯沉等重要指标的合格率均为100%。县交通运输局进行公路工程造价管理现状调研，青神县路用大宗材料砂、石、水泥、沥青和钢材的价格较为稳定，波动幅度在10以内。

【铁路沿线安全环境整治】 青神县落实铁路“双段长”安全责任体系，加强路地联动，排查整治铁路沿线外部环境安全隐患，投入20万元对2处47棵危树、1处跨铁路人行桥安全隐患进行整治，当年均完成整治销号。

【“四好农村路”建设】 青神县“四好农村路”建设项目分年度实施，2022年实施部分主要建设内容涉及青竹街道、西龙镇、汉阳镇、高台镇、瑞峰镇、白果乡、罗波乡共计约77公里农村公路提档升级，建设道路27条，路基宽度4.5~7.5米，路面结构形式包括水泥混凝土路面和沥青混凝土路面，并配置相关配套设施。截至2022年底，青神县（2022—2024）“四好农村路”建设项目（2022年实施部分）已全面完工。

【公路养护管理】 青神县交通运输局开展公路小修保养及安全隐患整治，完成G245国道、青关路、乐青路、眉青快速通道等公路边沟清理，清理边沟12600米；维修锦绣大道损坏井盖15个；修复乐青路、井洪路、华青路、青关路、蚕丛大桥等路桥损毁的路肩墙41.6立方米、挡墙136立方米、波形护栏624米，修补路面坑槽644平方米、裂缝2408平方米，新增道路标线5772平方米、警示标志牌152个；完成村道生命防护工程建设，新增波形护栏1631米、警示标志牌12套；完成交通事故易发多发路段整治，在乐青路、岷东大道、成乐高速连接线、眉青快速通道新增警示标志牌99套、路口警示桩60根、监控设施6套、路测车速抓拍器2套、标线795平方米；完成汛期保通保畅，对大雨导致的井洪路、G245国道、青关路、乐青路、眉青快速通道、岷东大道、龙婀路、江白路等公路多处塌方，迅速组织人员和机具对塌方体进行清理，清理塌方约954立方米，清理倒塌竹子和树木470余株。

【海事管理】 青神县交通运输局开展检查86次，出动检查人员299人次，检查船舶244艘次，排查并整改隐患13个；推进风险辨识管控与隐患排查治理双重预防机制建设，开展汛期安全大检查39次、防汛暨突发事件应急处置大演练3次、水上交通安全知识宣传3次；组织乡镇分管领导、企业、船舶业主参加水上交通安全会议，签订《水上交通安全承诺书》；开展船舶突出问题专项整治行动，指导7个乡镇（街道）按要求完成127艘自用船舶船名等标识、标牌喷涂及船舶丈量、年度检验、登记发证、签订承诺书等工作，全县排查出涉砂“三无”船舶1艘、涉渔“三无”船舶9艘，排查出的“三无”船舶全部取缔拆解完毕；检验船舶68艘，其中换证检验12艘、临时检验9艘、年度检验47艘。

（李　倩）

邮政管理

【概况】 2022年，中国邮政集团有限公司四川省青神县分公司以高质量发展为主线，坚持稳中求进，全年总收入完成3396万元，增幅22.95%。重点业务稳步推进，不断发挥邮政优势，延伸服务触角、助力乡村振兴，开展“东坡味，邮到家”专项营销活动，与县交通运输局合作推进“天府交邮通”项目，助力“工业品下乡，农产品进城”配送渠道进一步畅通。打造全省唯一一个以竹文化为主题的高品质有声图书馆——“竹里有声图书馆”，助力全民阅读。截至12月底，中国邮政集团有限公司四川省青神县分公司金融板块、寄递板块、文传板块、报刊收入、渠道板块等重点业务收入均完成既定目标。

【网点布局】 中国邮政集团有限公司四川省青神县分公司有代理金融业务网点7个，纯邮政业务网点1个，普遍服务网点12个；代理金融网点、纯邮政业务网点分布于5个乡镇，普遍服务网点遍布6个乡镇。

【邮政业务】 中国邮政集团有限公司四川省青神县分公司年度业务总收入3457万元，增幅23.64%。代理金融板块（含汇兑）完成收入2381.16万元，完成进度102.6%，同比增幅12.4%；寄递板块完成收入551万元，完成进度217.51%，进度增幅146.2%。文传板块（含函件）完成收入92.06万元，完成进度102.2%；报刊收入完成161万元，完成进度110.2%；渠道（含电商）板块完成收入212.32万元，完成进度90%；机要通信全年收寄202件，投递1901件；收寄、投递合格率均达到100%，保质保量完成《机要内参》收订目标，完成收入21562元。

【邮政安全】 中国邮政集团有限公司四川省青神县分公司建立完善安全责任体系，与各部门、班组、网点及网点与个人签订安全责任书，明确细化各层级、岗位具体责任；制定安全相关的落实规范、应急预案、考核办法等，完善安全检查制度、学习培训制度，推动安全工作制度化、体系化、常态化开展，压实各级安全主体责任；强化员工宣传教育，坚持实战培训演练，提升全员安全意识和应急处置能力；定期开展安防设施检查，排除风险点，确保经营工作安全运行；按照省市公司及县监管部门对新冠疫情防控要求，严格落实疫情防控工作，对进出口邮件和场所全方位消杀，减少邮件污染风险。

【快递管理】 中国邮政集团有限公司四川省青神县分公司推进三级物流建设，全年完成47个“金通·邮快驿站”打造，实现所有片区邮件进村，完成7个中心村邮政村级服务站的建设任务。

【经营发展】 中国邮政集团有限公司四川省青神县分公司开展金融知识普及线上活动，同时开展外拓巡演、金融知识进村下乡、欢乐1分购等线下活动1300余场；开展天府年货、水果项目、菜鸟裹裹、极速鲜、学生档案寄递等专项活动，实现农产品外销，带动农户增收；深化税邮合作，开设便民办税缴费服务窗口，开通7个网点天府·邮驿站，覆盖6个乡镇，实现了让群众在家门口办税。

（王伟男）

城乡建设与管理

城乡规划

【概况】2022年，青神县规划和自然资源局推进“三区三线”（“三区”指城镇空间、农业空间、生态空间三种类型的国土空间；“三线”分别对应在城镇空间、农业空间、生态空间划定的城镇开发边界、永久基本农田、生态保护红线三条控制线）划定工作，工作做法被省自然资源厅作为全省优秀借鉴案例。5月，省自然资源厅组织专家对各市州的乡镇级片区规划成果进行评审，《汉阳农旅融合发展片区国土空间总体规划》代表眉山市参加评审，在21个市州中排名第三。

【国土空间总体规划编制】青神县国土空间总体规划编制工作初步完成“双评价”“双评估”等专题分析，县域部分图纸绘制，中心城区道路交通、用地布局，市政设施等初步方案；科学划定“三区三线”成果；按照耕地和永久基本农田、生态保护红线、城镇开发边界的优先序，划定耕地11.43万亩、永久基本农田10.31万亩、生态保护红线0.3平方公里、城镇开发边界16.66平方公里，成果已经自然资源部审批启用。

【乡村国土空间规划编制】青神县规划和自然资源局推进以片区为单元编制镇（乡）村国土空间规划，完成2个乡镇级片区规划和第一批次5个村级片区国土空间规划编制工作。规划成果先后经过专家评审会、县级专班会审、县国土空间规划编制工作领导小组审议和市级专班审查，于7月向市级专班提交规划成果。

【规划管理】青神县规划和自然资源局主动服务重点项目，完成青神养老服务中心、彩虹医疗产业发展有限公司彩虹健康产业园等13个项目审查和办证工作；严格执行项目规划三级审查制度，全年召开专家会8次，审议议题15个，召开规委会4次，审议议题10个；严把“一书两证”发放关，核发建设项目“一书两证”36本，核准用地面积109.89万平方米、建筑面积27.18万平方米。验收建设工程59项，验收合格率100%。

2022年4月12日，青神县召开汉阳片区规划推进会　（县规自局供图）

城市建设

【概况】2022年，青神县住房和城乡建设局加大城市基础设施建设力度，加快老旧小区改造进程，实施“厕所革命”行动，加强既有住宅电梯增设保障，完成城市建设项目。

【城市基础设施建设】青神县住房和城乡建设局推进滨江新区、城北片区综合开发及基础设施完善。实施城市更新行动，推进城市规模、基础设施、公共服务、城市风貌、城市治理“五大更新”工程。牵头实施城建项目19个（其中市重点项目2个，县重点项目11个），计划总投资约98.7亿元，2022年完成年度投资约19.4亿元，其中投资约1.1亿元建成兴业路一、二标段约2.5公里；投资约2000万元完成城南防洪排涝渠及堤顶路2.9公里；投资约1200万元完成青衣大道综合整治；投资约700万元完成月咡塘体育公园改造。中岩路机械停车楼开工建设。

【“厕所革命”行动】青神县住房和城乡建设局按照城乡规划、土地利用总体规划和《城市公共厕所设计标准》《城市公共厕所卫生标准》《旅游厕所质量等级的划分与评定》等技术规范标准，推进“厕所革命”；建成投用瑞峰镇天池公厕，建筑面积68平方米，配套建设管理用房、化粪池等。

【既有住宅增设电梯】青神县住房和城乡建设局等6个部门印发《进一步做好既有住宅电梯增设工作的实施意见》，优化业主增设电梯动议表决的人数比例，增加相应优抚条款，将既有住宅电梯增设作为民生实事大力实施。全县增设电梯11台，其中9台竣工使用，分别是县规划自然资源局小区1台、县交警大队小区1台、税务小区1台、兰溪花园A区1台、电力公司小区5台；青枫小区2台完成井架焊接。

（汤德林）

城镇与乡村建设

【概况】 2022年，青神县坚持规划先行，加快以人为核心的新型城镇化，做强县城，振兴乡村，发展交通，促进城乡融合一体化发展。

【“省级百强中心镇”建设】 青神县住房和城乡建设局推进中心镇建设工作，委托四川省城乡建设研究院指导中心镇创建命名的规划编制、申报资料编制、项目建设等工作；召集相关乡镇和县级部门安排部署创建工作，成立青神县推进中心镇改革发展工作领导小组；收集整理上报中心镇考核指标佐证资料，参加市级初评；印发《青神县推进中心镇改革发展工作方案》。西龙镇投资807万元完成中心镇建设项目6个，汉阳镇投资1100万元完成中心镇建设项目5个。

【新型城镇化建设】 青神县住房和城乡建设局推进新型城镇化建设，启动城市家具设计工作，优化城市整体设计，把竹编、东坡等文化元素融入城市建设；谋划兴业路三标段、数字市政、全民健身中心等项目，推进滨江新区和城北新区建设；谋划实施城市有机更新行动，推进以县城为重要载体的城镇化建设，提高农业转移人口市民化质量；打造滨江南段堤顶路小游园等“小游园”，沿道路打造兴业路一标段等城市“绿道”，整治护城河，打造护城河半边街特色街区。

【农村饮水保障】 青神县住房和城乡建设局实施全域安全饮水工程，总投资7000万元，完成全县城镇主管网铺设，总长约64公里；5月开工实施青神县第三自来水厂新建项目，总投资约2亿元，建设内容包含新建处理规模为每日2万立方米水厂1座、铺设厂外配水管网3.5公里、增设加压泵站和生物预处理池、改造32.54公里供水主管及配套基础设施等，完成厂区主体工程建设。

【污水处理设施建设】 青神县住房和城乡建设局启动实施投资约1.35亿元的老城区雨污混流管网改造项目，分流改造城区范围内28公里的雨污混流管网，全年完成对老城区雨污水混流管网改造10公里，通过项目实施同步整治6个城区易涝点，改善污水收集与处理率效能。

【农村危房和土坯房改造】 青神县住房和城乡建设局制定危房改造工作方案，组织召开危房改造工作会，对全县161户农村重点对象的C、D级房屋实施改造。改造后的房屋达到抗震设防标准，其中拆除重建的房屋后续使用年限大于30年，维修加固的房屋后续使用年限大于15年。全县161户农村重点对象的C、D级房屋改造工作完成率和群众满意率均为100%。

【房屋安全隐患排查整治】 青神县召开5次专题会议，成立县、乡两级经营性自建房隐患排查整治工作专班，形成由县住建局牵头抓总、乡镇强力推进的工作模式，工作专班召开专题会议34次，组织入户排查1843人次，邀请房屋安全专家和业务骨干分级分类复检733人次，县财政落实房屋质量安全鉴定费200余万元；完成2363栋经营性自建房排查整治及“回头看”工作，对初步排查发现的42栋存在安全隐患的经营性自建房（鉴定为B级经营性自建房27栋、C级经营性自建房14栋、D级经营性自建房1栋），聘请第三方机构鉴定并出具鉴定报告；C、D级的15栋经营性自建房全部落实管控措施，完成集中销号。

（汤德林）

城乡绿化

【概况】 2022年，青神县将绿化建设与景区打造、老旧小区改造、商住开发、景观塑造、功能配套等多种功能相结合，将边角地块打造为“小游园”“微绿地”，沿道打造城市“绿道”。

【公园绿地项目建设】 青神县住房和城乡建设局完成月晖塘体育公园绿地建设，打造文化体育公园，新建绿地1860平方米；实施城南堤顶路工程，将唤鱼公园河堤路延伸至虎渡溪航电处，打造占地约2.6万平方米的边坡绿地。

【城区公共绿化建设】 青神县住房和城乡建设局新增城市“绿道”2条；实施青衣大道综合整治工程，规整青衣大道两侧停车位，优化街边绿化场景，更新绿化隔离带，共新增绿化面积约2400平方米；完成兴业路（一标段）建设，开工建设兴业路（二标段），配套建设“城市绿道”2.4公里，新增街边绿化约6200平方米。

（汤德林）

城乡土地征收补偿安置

【概况】 2022年，青神县根据项目实施需要，于7—11月内完成了青神县客运中心站、青神裕华纺织有限责任公司等5家企业涉及的国有土地及房屋的征收（回购）。（汤德林）

【失地农民社会保障】 青神县规划和自然资源局全年审核上报被征地农民社保人员852人，涉及虎渡溪航电枢纽工程、思蒙河防洪治理、建设路北段延伸道路等项目；清退不符合享受全失地农民生活补贴条件人员486人，当年实际享受全失地农民生活补贴人员8712人。

【土地报批保障】 青神县规划和自然资源局上报建设用地2个批次，保障建设用地120亩。

（鲁 艳）

【国有土地征补】 7月，青神县住房和城乡建设局完成四川省众生房地产开发有限公司位于青神县眉青公路89号的国有土地上房屋及附属物、青神万城绿道公交客运有限公司位于青神县上牛市街134号的国有土地上房屋及附属物的征收工作，均签订协议，共征收土地1.91万平方米，房屋0.58万平方米，征收补偿金额总计0.28亿元。10—11月，根据《国有土地上房屋征收与补偿条例》《四川省国有土地上房屋征收与补偿条例》等法律法规的规定，完成青神裕华纺织有限责任公司位于南城镇工业走廊1号、青神华力塔基热电有限公司位于南城镇工业走廊1号、青神县麒麟塑料有限公司的回购工作，均签订协议，共回购土地8.03万平方米，房屋4.37万平方米，回购金额总计0.61亿元。

（汤德林）

房屋建设

【概况】 2022年，青神县住房和城乡建设局从建筑业、房地产业以及消防审查验收等板块入手，深化行业监管，形成房屋建设和经济发展互相促进的良好局面。

【建筑业发展】 青神县建筑业总产值完成34.5亿元，比2021年增速9.4%，排名全市第二；建筑业增加值增速3.9%；产值留眉比例达60%；完成四川锦泓斌建筑工程有限公司、眉山卓程建设工程有限公司、四川鸿达伟业建设工程有限公司3家建筑施工总承包企业入统工作。

【房地产市场发展】 青神县有注册房地产企业15家，其中3级资质12家、2级资质3家。全县商品房销售面积27.24万平方米，全市排名第三，增速-7%。有11个在建在售项目，其中城区9个，分别是世代学府、九號公馆、万景·进园、万景·峰汇、强盛世家、澜悦庭、万景·中岩广场、万象·绿庭、财富中心，乡镇2个，分别是汉阳湖·忆村（一期）、东山商贸城。有待建项目1个，滨江壹号。全年房地产业贡献率9.3%，其中缴纳城市建设配套费0.33亿元。

【建筑行业专项治理】 青神县住房和城乡建设局制定《关于开展2022年度建筑业企业动态核查及“三包一挂”专项整治排查的通知》，在全县开展2022年度建筑业企业动态核查及“三包一挂”专项整治排查，核查16家建筑企业，发出整改通知2份，查处拖欠民工工资问题2件，分别为青神万景·进园一期项目和青神碧桂园项目。

【房屋勘察设计监管】 青神县住房和城乡建设局邀请地勘方面专家现场见证6个工程地勘作业，勘察单位均按照工程建设强制性标准实施勘察；印发《关于建设工程初步设计审查办事指南的通知》，规范初步设计审查工作；完成25个项目施工图设计文件审查备案工作。

【建筑节能与绿色建筑监管】 青神县住房和城乡建设局开展既有居住建筑和新建建筑节能工作，改造既有居住建筑面积14.07万平方米、1455户，改造内容主要有建筑外墙保温节能改造、屋面渗漏及保温改造、雨污水管网改造、电线网线改造等；对20个新建项目（建筑面积15.5万平方米）的节能、环保和建筑绿化设计提出具体要求，经施工图审查机构审查，出具审查合格报告；将全县工业、科研用地范围内的办公楼、宿舍楼、实验楼及以办公、研发、展示等功能为主的研发楼等（如西南表面处理循环经济产业园综合楼、风险控制应急指挥中心等）全部纳入绿色建筑设计施工。

【消防审查验收】 青神县住房和城乡建设局对特殊建设工程完成消防设计专项审查，均审查合格；对消防工程实施验收备案。

（汤德林）

市政管理

【概况】 2022年，青神县围绕群众反映最强烈、最亟须解决的城市环境短板问题，坚持从小事抓起，从细节管起，引导群众参与到城市管理工作中，为建设环成都最美竹林城市、开放发展的国际竹艺名城贡献综合执法力量。青神县综合行政执法局荣获15项集体荣誉，12人获得市、县表彰。

【环境卫生管理】 青神县综合行政执法局完成城区第二轮清扫保洁和全县生活垃圾收运市场化服务项目，制定新的作业要求与考核办法，提升城区环境质量；建立目标管理、日常管理与社会监督相结合的考评机制，制定《城区清扫保洁及生活垃圾收运作业标准》等管理办法。

【市容环境管理】 青神县综合行政执法局通过专项整治和日常工作相结合，市容环境实行分片区管理。加强对“非法小广告”和“店招店牌”的管理工作。划为五个片区，一个片区对应10个网格，包干整治乱贴小广告，全年印发整治通告2000份，清理“牛皮癣”19000余处，查获违法小广告700余张。清除破损门头广告265幅、墙体破损广告42处、清洗涂涮乱写乱画1800平方米，规范店招店牌137个，市容得以有效提升。

【路灯管理】 青神县综合行政执法局组成路灯巡查检修专班，定期或不定期深入城区主、次干道对路灯及附属设施开展全安全检查，对检查发现的问题，逐一梳理建立问题整改台账，实行动态销号清零管理，确保照明设施清洁美观，城区路灯亮灯率达98%；处理地埋电缆故障点23处，更换故障电缆线1100余米，更换路灯微电脑控制器23台，维修智能路灯控制柜11台，升级智能路灯控制柜4G网络41台维，维修路灯2130余盏；组织专业维修公司维修维护夜景亮化15次，更换灯管、灯带、洗墙灯等2300余米，提升城市形象和品位。

【城管智能化管理】 青神县综合行政执法局整合数字化城管、天网、智慧环卫建立城市管理智能化平台，完善城市管理工作扁平化指挥系统，实现各部门数据融合共享、平台调度，打造“智慧”执法，提升城市管理科学化、精细化、智能化水平，助力“智慧城管”建设。

【城管行政执法】 青神县综合行政执法局持续推进“1573”城市网格化管理工作机制（党建引领融入城市管理，实行五大片区归口管理，统一“七归”城市管理标准，强化三个保障），治理占道经营、非机动车乱停乱放等城市乱象，做好城市管理工作；取缔占道经营7600余处，规范车辆停放1.6万余辆次，拆除遮阳伞篷170个，劝导流动摊点入市经营180余个，行政处罚426人，提升城市市容市貌；推进“地摊经济”，设置城北临时摊区1个，完成城东临时摊区整体搬迁，解决400余人的就业问题。

（吴开萍）

【城市防汛管理】 青神县住房和城乡建设局修订印发《2022年城市防汛抗涝抢险救灾应急预案》；编制《青神县住建局2022年城市防洪排涝应急演练工作方案》，成立10支防汛应急抢险队伍，开展城市防洪排涝应急演练，完成防汛抢险物资储备；总结“6·23”暴雨暴露的问题，梳理10个易涝点位，通过管网重建和老旧小区改造等方式整改完成6个点位；3月和6月，2次集中维护城区雨污水管网、雨水收集口、检查井等市政排水设施，排查整治城区低洼处、易涝点、排水管网、护城河；疏通雨污水管网2.5公里，清掏雨箅子3000余个，更换雨箅子150余口、井盖160余个。

【污水处理管理】 青神县住房和城乡建设局督促污水处理运营单位建立健全各项生产经营，安全环保管理制度，加强运营管理；全县城市生活污水收集处理率提升至96%，全县污水处理厂（站）处理达标排放642.76万吨污水，全县12座污水处理厂（站）达标排放，出水水质达标率100%，设备完好率95%以上。

（汤德林）

2022年8月5日，青神县完成城区清扫保洁和全县生活垃圾收运项目第二轮招标工作
（县综合行政执法局供图）

2022年1月28日，青神县综合行政执法局召开2021年度工作总结会暨“1573”工作总结会议
（县综合行政执法局供图）

教育·科学技术

基础教育

【概况】 2022年，青神县有基础教育学校40所，包括高中1所、初中3所、小学11所、幼儿园25所（含民办10所）。撤并农村小规模学校3所，暂停招生学校3所。在校学生16123人。

【学前教育】 青神县在园幼儿3673人，学前三年毛入园率95%，学前教育公办率达83%、普惠率94.3%。推进省级幼小衔接试点，推进集团化办园，开展入园走访、互动学习、师资培训、交流研讨等活动120余次、共享优质教学资源163件、打造园所主题文化17所，开展集体备课44次、课堂教学展示50人次、学科教研活动39次。民办园年检考核合格园11所、基本合格园3所，下达限期整改通知3份。完成普惠性民办园专项督查和民办园2022—2023学年招生章程备案工作。县幼儿园“家园携手 共促幼小衔接适应教育”获四川省唯一一项全国“家庭学校优质课程”最佳课程称号。县实验幼儿园西龙分园创建为市级示范性幼儿园。

【义务教育】 青神县小学、初中在校学生10685人，正常适龄儿童、少年入学率均为100%，适龄残疾儿童、少年入学率为97%，义务教育阶段巩固率达100%，小学、初中学生毕业率均为100%，15周岁人口文盲率为0，15周岁人口初等教育完成率为100%，17周岁人口中等教育完成率为98%。优化学校布局，推进共同体办学，全面落实“双减”，城乡义务教育一体发展。中考平均分、合格人数占比全市第一，五年级、八年级全市抽考总平分均居全市第二，优质均衡差异系数小学0.42、初中0.27，均达到国家标准。县学道街小学合唱节目《下白雨》获第二届西部国际童声合唱节二等奖，青竹小学作文《中国脊梁》在全国第29届青少年爱国主义读书教育活动中获全市唯一的主题征文小学组一等奖。

【普通高中教育】 青神县在校学生1765人，高中阶段毛入学率95.2%。普高招生596人，职普比约4.9 ：5.1，56人以上大班额全面消除。实施高考综合改革，推进智慧课堂建设，专家指引、校本研修、研用并重，推进普高教育优质特色发展。开展四川省特色办学普通高中创建，完成材料送审和学校答辩工作。高考本科上线418人、重本上线103人；“985”“211”院校录取36人，录取率较上年提高2个百分点。

（王　英）

职业教育

【概况】 2022年，青神县公办中等职业学校1所，全日制在校学生1521人，“订单式”县内输送技能人才451人。民办职业大学1所，全日制在校学生6689人，毕业生2500人，大专毕业生就业安置率90.57%。

【中等职业教育】 青神县中等职业学校继续与成都圣亚技工学校合作办学，深化校企合作、产教融合。推进中高职贯通，对口高职单招（高考）上线率95.9%。新申报“美发与形象设计”“母婴照护”“工业机器人技术应用”专业3个。举办“双选”活动13场。承办全县机械行业技能大赛。探索普职融通，与青神中学联合举办普职融通实验班4个、学生172人。学校获眉山市第13届中职学生综合素质大赛团体二等奖，获单项一等奖14个、二等奖48个。教师获市级中职教学能力大赛一等奖2个、思政录课比赛一等奖1个、班主任能力大赛一等奖1个。学生取得职业技能等级证书160人，获中职国家奖学金1人。

【成都艺术职业大学】 成都艺术职业大学青神校区设建筑工程学院、文化与管理学院、体育学院、城市学院、航空与旅游学院5个学院23个专业，其中，本科专业5个、专科专业18个。在校学生6689人，教职工371人。毕业生2500人，大专毕业生就业安置率90.57%。省级本科大学生竞赛团体一等奖26项、二等奖112项，个人一等奖15项。推进成艺青神校区扩建扩容扩招。成都艺术职业大学青神校区二期项目8月29日签约，12月20日开工。

（王　英）

项目建设

【概况】 2022年，青神县教育和体育局对上争取各类项目资金约7000万元，实施教育体育项目9个，新建校舍约9000平方米，维修、改造校舍面积约3.3万平方米。

【公办幼儿园建设】 投入资金297万元，实施青神县实验幼儿园教学楼维修及功能室改造项目。投入资金128万元，改造南城、青竹等中心园校舍，并购置教玩具设备等。全面完成青神县幼儿园2021年校舍改造项目续建任务。

【青神县学道街小学校舍改造项目】 完成学道街小学原青神中学校区教学楼改造并投入使用。投入资金约800万元，启动青神县学道街小学校校舍改造及运动场改建项目（一标段）。

【青神县实验初级中学校10千伏配电工程项目】 投入资金90万元，实施青神县实验初级中学校10千伏配电工程，新装变压器一台。

【青神县初级中学校运动场改建项目】 投入资金99万元，实施青神县初级中学校运动场改建项目，拆除、重做运动场塑胶地面约3700平方米、篮球场周边硅PU面层约280平方米、排水沟清淤约400米，已竣工投用。

【青神中职校基础能力提升工程项目】 投入资金5000万元，启动四川省青神中等职业学校基础能力提升工程，完成新建综合楼和宿舍楼主体施工，竣工投用改造教学楼、阶梯教室、宿舍楼等。

【教育信息化建设】 青神县推进"互联网+"智慧教育，采购多媒体教室设备162套、电脑120台，建设信息技术教室2间、中心机房1间，完成市级智慧教育示范区和县学道街小学"数字化示范校"申报工作；开展四川省中小学教师信息技术应用能力提升工程2.0培训，参加培训1197人，线上、线下培训完成率99.9%；推广应用国、省中小学智慧平台教育教学、课后服务资源，全县教师网络学习空间开通率达到100%、城区学生达到60%以上；引入成都七中初中教学资源供全县初中学校使用，推送县级资源1万余件；教师参加四川省教育教学信息化大赛获得省级二等奖1件、三等奖5件。

（王　英）

师资建设

【概况】 2022年，青神县印发《青神县教育人才引进培育支持措施》。全县有在职教职工1343人，其中，专业技术岗位1316人、工勤岗位27人；专业技术岗中，正高级教师6人（占比0.46%）、高级教师403人（占比30.62%）、一级教师677人（占比51.44%）、二级教师196人（占比14.89%）、三级教师16人（占比1.22%），未评专业技术职务18人（占比1.37%）；研究生11人（占比0.84%）、本科（含双专科）871人（占比66.19%）、专科427人（占比32.45%）、中师5人（占比0.38%）、中师以下2人（占比0.15%）；补充中小学教师13人、高层次教育人才6人、校医和校医辅助岗9人。推进"县管校聘"，深化教师轮岗交流，跨校竞聘51人、交流教师112人。2所学校获评首批省级教师教育实践基地学校（全市5所）；青神县实验幼儿园被评为四川省2022年度"三八红旗集体"。

【师德建设】 青神县教育和体育局全覆盖"开门评议"，构建学校、教师、学生、家长和社会多方参与师德监督体系，坚持失德"一票否决"，获评师德考核优秀等次275人，师德培训年人均10学时以上；评选表彰各级各类先进教师129人，嘉奖248人、记功27人；9月9日，召开"县委教育工作会议暨庆祝第38个教师节会议"，表彰优秀教师代表11人，走访慰问优秀教师代表53人。

【师能提升】 青神县实施县本级培训项目4个，校（园）本培训项目184个；深化成眉教师同城发展，重点推进初中语、数、外和小学语、数5个学科教师专项培训；组织参加"国培""省培""市培"421人次；"眉州名师大讲坛"线下培训4期、培训400余人次，在线培训2期、培训教师500余人次，开发在线课程20余节；开展中小学办学共同体、办学联盟红（青）蓝结对赛课活动，促进教师专业发展，办学共同体内送教培训500余人次；开展新教师专业素能考核和第二期集中培训，评选优秀学员24名。

【教师职称评审与资格认定】 青神县教育和体育局规范职称晋升和岗位竞聘管理，畅通激励通道，晋升正高级讲师1人、高级教师41人、中级

2022年11月9日，眉山市学校党组织书记培训班学员实地参观学习青神学校党建工作经验和做法　（县教育和体育局供图）

教师53人，正高级教师竞聘三级岗位1人、不受岗位结构比例限制晋升岗位40人；严格教师准入和资格注册条件，受理教师资格认定申请71人，认定通过56人，教师定期注册26人。

（王　英）

招生考试

【概况】2022年，青神县教育考试中心组织高考1次、中考1次、自考2次、成考1次、大学英语四六级考试2次、计算机等级考试2次等学历及非学历考试，组织严密规范，考风考纪良好，考试平稳安全。

【普通高校招生考试】普通高等学校招生考试（以下简称普通高考）报名772人，其中，文科438人、理科334人，参考732人。对口高职报名102人，参考21人。普通高考本科上线418人。其中，重本上线103人（含艺体4人）；一般本科315人（普通本科232人、艺体本科83人）。普通高考本科录取347人，其中重本81人、一般本科266人；专科录取375人（含单招40人）。对口高职专科录取86人（含单招81人）。

【成人高校招生考试】全国成人高考报名298人，参考278人（专升本129人、高起专149人），上线265人（专升本140人、高起专125人），录取270人（专升本126人、高起专144人，降分录取5人）。

2022年重点高校（重本）录取青神县生源一览表

表8

姓 名	科 类	层次	院校名称	专业名称
杨春莉	理工	重点	成都理工大学	电子信息类
秦 迟	理工	重点	四川农业大学	园艺
文言鑫	理工	重点	西南交通大学	工商管理类
韦佳豪	理工	重点	西南交通大学	物流管理与工程类
李雪	理工	重点	西南交通大学	计算机类
宋晨曦	文史	重点	东南大学	政治学与行政学
程清杨	理工	重点	华中农业大学	外国语言文学类
张海琪	理工	重点	华中农业大学	环境科学与工程类
刘轶凡	理工	重点	北京林业大学	林学类
曹俊杰	理工	重点	中国矿业大学（北京）	矿物加工工程
郑福鸿	理工	重点	上海大学	电气类
周子为	理工	重点	西南财经大学	外国语言文学类
王昊	理工	重点	东华大学	材料类
许瀚月	文史	重点	对外经济贸易大学	思想政治教育
陈镜宇	理工	重点	四川大学	药学
张清	理工	重点	四川大学	工科试验班（食品健康与安全）
宋馨楠	理工	重点	华北电力大学（保定）	计算机类（计算机）
蒋明亮	理工	重点	电子科技大学	计算机类
魏兴	理工	重点	四川大学	计算机科学与技术（中外合作办学）
邵恒瑞	理工	重点	四川农业大学	食品质量与安全
王俊森	理工	重点	四川农业大学	草业科学
严浩庭	理工	重点	四川农业大学	电气工程及其自动化
朱翊菲	理工	重点	四川农业大学	农学
王鑫	理工	重点	四川农业大学	环境科学
肖伽利	理工	重点	四川农业大学	信息与计算科学
毛文杰	理工	重点	长安大学	电子信息类
张衍荣	理工	重点	中山大学	物理学类
任馨	理工	重点	江苏科技大学	应用统计学
向军	理工	重点	四川师范大学	公共事业管理
陈浩东	理工	重点	武汉理工大学	机械设计制造及其自动化

续表 8

姓 名	科 类	层次	院校名称	专业名称
刘智豪	理工	重点	西南科技大学	土木类
曹玉婷	理工	重点	中南林业科技大学	环境科学与工程类
李寒梅	理工	重点	青岛大学	护理学
邵万康	理工	重点	沈阳航空航天大学	航空航天工程
文佳杰	理工	重点	沈阳航空航天大学	飞行器制造工程
夏美婷	文史	重点	西华师范大学	地理科学类
王琦翔	文史	重点	西华师范大学	地理科学类
黄家宇	理工	重点	桂林理工大学	计算机类
袁园	理工	重点	西华师范大学	行政管理
涂迅	理工	重点	西华师范大学	外国语言文学类
高琪阳	理工	重点	浙大城市学院	计算机类
袁孝康	理工	重点	西华大学	自动化
罗思源	理工	重点	西华大学	机械类
王海旭	理工	重点	成都理工大学	计算机类
葛沂鑫	理工	重点	西华大学	物联网工程
吴俊杰	理工	重点	西华大学	工程管理
帅雨欣	文史	重点	西华大学	工商管理
邹艳	理工	重点	西南医科大学	精神医学
张文宵	理工	重点	成都大学	食品科学与工程
梁耀心	理工	重点	成都信息工程大学	信息安全
谭妙棋	理工	重点	成都信息工程大学	金融工程
陈伟杰	理工	重点	成都信息工程大学	信息安全
徐姜勤	理工	重点	成都信息工程大学	财务管理
帅梓恒	理工	重点	成都信息工程大学	电子科学与技术
宋超雨	理工	重点	南昌大学	生物科学类
宋欣雨	理工	重点	西南大学	食品科学与工程类
鲁柯邑	文史	重点	西南石油大学	会计学
曾雨婵	文史	重点	西南石油大学	思想政治教育
覃媛琪	理工	重点	大连交通大学	车辆工程
万年妹	理工	重点	福建师范大学	数学与应用数学
周思盈	理工	重点	河南工业大学	材料科学与工程
童灿希	理工	重点	四川轻化工大学	过程装备与控制工程
江何	理工	重点	深圳大学	信息与计算科学
肖诚炜	理工	重点	西南石油大学	自动化类
李玉强	理工	重点	西南交通大学	智能制造工程
郑欣媛	理工	重点	上海理工大学	经济管理试验班
罗权	文史	重点	成都大学	网络与新媒体
何爱嘉	文史	重点	成都信息工程大学	财务管理
吴云	文史	重点	成都信息工程大学	中国语言文学类
余婉	文史	重点	成都信息工程大学	会计学
章琪琪	理工	重点	成都理工大学	环境科学与工程类
黄仲森	理工	重点	西南医科大学	临床医学
刘志辰	理工	重点	西南石油大学	材料成型及控制工程
苟鑫磊	理工	重点	西南石油大学	土木工程
侯佳星	文史	重点	四川轻化工大学	会计学
帅阳	理工	重点	成都信息工程大学	数学类

续表 8

姓 名	科 类	层次	院校名称	专业名称
李旺	理工	重点	成都信息工程大学	电子信息工程
李林灿	理工	重点	四川农业大学	农业机械化及其自动化
高敏	文史	重点	四川师范大学	汉语言文学
沈子意	理工	重点	四川轻化工大学	国际经济与贸易
曹智杰	理工	重点	河北师范大学	建筑环境与能源应用工程

【高等教育自学考试】 高等教育自学考试社会型新生注册 23 人。报考 1945 人、4463 科次，参考 3366 科次。社会型考生毕业 2 人（本专科各 1 人）。

【非学历考试】 成艺大学青神校区学生参加英语四、六级考试 1474 人，其中英语六级 286 人、四级 1188 人；计算机等级考试 1321 人。

（王 英）

教育改革

【概况】 2022 年，青神县教育和体育局贯彻落实中央、省委、市委、县委深化改革决策部署，印发《青神县"十四五"教育体育事业发展规划》《加快建设高质量教育体系提升教育质量三年行动方案》《青神县教育人才引进培育支持措施（试行）》，完成"成德眉资同城化教育改革创新试验区""跨区域职教资源共建共享机制创新试点"和"教育评价改革试验区"改革任务，深化教育体育改革，扩规模、提质量、创品牌，推进教体事业高质量发展。青神县被评为"眉山市教育工作先进集体"，青神县教育和体育局被评为"四川省体育系统先进集体"。

【共同体办学】 青神县教育和体育局印发《关于调整学校办学共同体工作的通知》，开展学科作业共享、线上教研、课堂教学展示、教师送培送教、教师红蓝结对等活动；开展共同体考核，优秀共同体3个、合格共同体2个，优秀成员学校11所、良好11所、合格10所，优秀个人13名；县学道街小学、县初级中学分别被评为省、市"义务教育共同体领航学校"。

【"双减"工作】 青神县教育和体育局印发《进一步减轻义务教育阶段学生作业负担和校外培训负担的实施方案》《加强校外培训机构管理的通知》等文件。推行"5+2"模式（每周 5 天开展课后服务，每天至少开展 2 小时）课后服务，设置作业辅导、社团项目 259 个；建立督查考核机制，将"双减"和"五项管理"纳入中小学校督导评估考核和校长绩效考核，强化责任落实；完成教育部课后服务信息化试点任务（全省仅 2 个），县实验小学工作经验《科技赋能课后服务，助力"双减"精准落实》被《中国教育报》刊载，县学道街小学工作成效《劳动教育大比拼，助力双减进行时》在中国教育电视台播出。

【教育对外开放与合作】 青神县融入成渝地区双城发展，推进成德眉资同城化教育，引进优质教育资源，推动教育高质量发展。青神中学成为四川大学"优质生源基地"学校，继续与嘉祥外国语学校、德阳中学、友谊中学等学校共享优质教育资源，利用网络直播，开展教学研讨、专题讲座等，推行"同步"教学。四川青神中等职业学校继续与成都圣亚技工学校合作办学，与宜宾职业技术学院签订中高职衔接联合办学协议，建立多元育人模式。县实验小学与成都行知小学、县实验幼儿园与成都金牛区机关第三幼儿园结为友好学校。受邀参加省、市名师（名校长）工作室线上线下教育教学研讨、专题讲座、专项培训等活动 150 余人次。

（王 英）

教学科研

【概况】 2022 年，青神县教研中心有学科教研员 20 人，其中兼职教研员 4 人。学科工作室 13 个，其中 2022 年新组建中小学心理健康教育、信息科学学科工作室 2 个。中小学 9 个学科工作室送教 340 余节。教育科研课题成果获省级阶段性成果一等奖 1 项、二等奖 1 项，获市政府特等奖 1 项、一等奖 2 项、二等奖 8 项。青神县教育和体育局、青神县教学研究中心、青神中职校被评为眉山市教育科研先进集体。

【课程改革】 青神县教育和体育局落实教育部 2022 年新颁布课程设置方案，加强课程管理，全县学校开齐、开足、开好课程。开展全县中小学教师新课标、新教材培训 4 次，各学科教研员组织学科教师开展新课标解读研讨活动40多次，参加培训学习教师500多人。开展全县性中小学课程展示活动2次，辐射教师200余人。

【教学管理】青神县教育和体育局加强教学过程管理，开展全县中小学教学常规巡查4次，组织全县中小学教学质量监测2次，召开全县教学质量检测分析会2次，开展全县中小学贯彻落实市、县教学工作会情况督查。

【教学研究】青神县教育和体育局依托2个学前教育集团、2个小学办学共同体、1个中学办学联盟开展全县教师专题培训51次，组织全县中小学、幼儿教师参加省教科院网络教研培训800余人次。召开县内学科教研会30余次，中小学课程展示2次，开展“教学大比武”、“精品课”遴选、思政“优质课展评”等活动，通过课堂观摩、课后研讨、专题讲座等，提升教师分析解读课标（教材）能力。教师获得眉山市课堂教学大比武活动一等奖1个。

【课题研究】青神县教育和体育局立项省级教育科研课题2项、眉山市心理健康教育科研重点课题1项、一般课题6项。在研省级重点课题1项、一般课题2项，省级乡村教育发展专项课题1项、成德眉资雅乐阿职业教育联盟重点课题1项，眉山市教育科研资助金重点课题2项、一般课题10项，眉山市“眉州名师”培养对象专项课题10项，“双减”背景下课堂教学改革专项课题8项。省、市级课题结题4项。眉山市2022年小课题成果评选获一等奖3项、二等奖1项，三等奖2项。青神中职校《基于非遗传承的竹编特色校本课程开展策略》被四川省教科院推荐参加2022年教育部举办的国家级教学成果奖评审。（王　英）

依法治教

【概况】2022年，青神县教育和体育局印发《法治宣传教育第八个五年规划（2021—2025年）》，聘请常年法律顾问1名，全县学校法治副校长（法治辅导员）配备率达到100%；21家非学科类校外培训机构100%纳入省平台管理；被评为眉山市第七届“学宪法讲宪法”系列活动优秀组织单位。

【依法行政】青神县教育和体育局推进行政权力事项改革，完善部门权责清单，下放乡镇事项7项，网上认领配置事项70项，依申请类服务事项网上可办率100%，全程网办率达90%；推进“互联网+”监管模式，落实“四川教培”平台和全国校外教育培训监管与服务综合平台监管，依法规范校外培训机构行为；停止学科类机构审批，注销3家；所有非学科类校外培训机构100%纳入省平台管理，实现在管理平台家长端“彩虹钥匙”进行缴费、购课、消课、退费等。

【法律进机关】青神县教育和体育局落实法律顾问制度，聘请常年法律顾问1名。设置“法律进机关”宣传专栏1个，制定《青神县教育和体育局机关2022年学法计划》，开展“宪法宣传周”活动；机关干部学法20余次，人均撰写学法笔记近1万字；参加国家工作人员学法考试优秀率100%。

【法律进学校】青神县加强校园法治文化建设，开设《道德与法治》课程，全县学校法治副校长（法治辅导员）配备率达到100%；开展“三月法治宣传月”、主题班（队）会、法治书画比赛等法治教育活动，通过国旗下讲话、校园广播站、LED显示屏、墙报橱窗和教职工会（微信群），开展法治宣传教育；学生参加市级“学宪法讲宪法”比赛获二等奖2名、三等奖3名；12779名中小学学生参与宪法卫士知识竞赛平均分88分；推进禁毒工作宣传教育，落实“全民禁毒集中宣传月”，青骄课堂禁毒知识竞赛学校参与率100%，及格率93%。

（王　英）

学校安全

【概况】2022年，青神县校园安防建设实现6个100%，10所学校完成食堂食品安全智能化管理系统建设，安装食堂燃气报警、阻断装置34套；率先在全市遴选5名专职消防员担任校外消防辅导员；承办眉山市防溺水应急演练，创建眉山市防震减灾科普示范校1所、县级平安校园（幼儿园）14所；青神县教育和体育局被评为青神县安全生产党政同责先进集体、食品安全先进集体。

【安全教育】青神县教育和体育局开展消防、交通安全、实验室安全和防地质灾害、防溺水等学校安全专项整治，专题宣传80余场次，发放、推送安全信息5万余条，演练60余校次。

【安全管理】青神县教育和体育局抓实常态化疫情防控，压紧压实防疫责任，落实“挂校包校”，完善学校“两案九制”，增强校园应急处置能力；推进学校安全清单制管理，编制落实安全责任清单1700余份，公示校园食品、消防安全承诺34份，开展校园岗位安全承诺1700余人，公办学校食品安全员和食品安全总监配备率达到100%；实地督查整治结合，治理校园安全风险隐患179处；探索实施校外安全分类监管，建立学生校外安全管理台账1.7万多份，学生校外分类管理率达100%。

（王 英）

教育扶贫

【概况】 2022年，青神县实施励耕计划，帮扶困难教师6名。资助、救助学生（幼儿）1.88万余人次，共计1140万余元，全县无学生因家庭贫困失学辍学。青神县教育和体育局选派汉阳镇文新村驻村第一书记1名、结对干部96名，入村调研指导7次、"走访慰问"4次、"大排查"2次，落实帮扶资金2万元，捐赠帮扶物资约4万元，争取资金7万元修建"空竹"运动场；牵头接受四川省巩固拓展教育脱贫攻坚成果同乡村振兴有效衔接工作后评估，参与市、县脱贫攻坚"回头看"大排查两轮督查，接受乡村振兴实绩考核、省定民生实事督查，均无整改问题。

【学生资助】 青神县减免幼儿保教费517人，义务教育阶段实施"三免"10678人、补助家庭经济困难学生1594人、实施农村义务教育学生营养改善计划2879人，普高免学费560人、助学金560人，中职减免学费1138人、助学金295人、中职特别资助33人次，教育扶贫救助基金救助1758人次，家庭经济困难本专科学生特别资助46人、生源地信用助学贷款138人。

【"校对校"结对帮扶】 青神县深化"校对校"结对帮扶，推进"校联体"建设，对口帮扶藏区学校6所。选派援藏教师援彝教师、挂职管理人员12名，接收跟岗学习、挂职锻炼和短期培训教师15人，全年送培送教10余场次，开展工作坊研修10次，手拉手心连心活动10次，惠及师生近1000人。

（王 英）

科学技术

【概况】 2022年，青神县科技工作围绕县委、县政府重点工作和全年工作目标任务，深入实施创新驱动发展战略，完成各项工作任务，为青神经济社会发展提供有力科技支撑。深化创新服务平台建设，提升科技成果转化能力，有国家高新技术企业14家，占规模以上工业企业26%。

【科技金融保障】 青神县经济和信息化局组织民众日化申报省级债权融资补助项目1个，争取资金3万元。

【科技平台建设】 青神县新增5家国家高新技术企业、1家国家"专精特新""小巨人"企业、2家市级企业技术中心；全县有国家高新企业14家、国家"专精特新""小巨人"企业4家、省级企业技术中心6个、省级工程技术研究中心2个、省级工业设计中心1个、产学研一体化的"大学生创业园"1个、省级博士后创新实践基地1个、省级竹材生物质精炼技术工程实验室1个、省级技术创新示范企业2家、省级科技成果转移转化示范企业4家、省级农业科技示范园区1个。

【科技人才引育】 青神县推动产教融合，支持企业利用资本、技术、知识和管理等要素，与四川工程职业技术学院等建立校地、校企合作，共建"智能制造学院"，每年定制培育技术骨干近百人；3人入选天府万人计划，庄继海入选市级创新型企业家和蒋林入选市级创新型人才，德恩精工谢龙德入选四川省通信管理局工业互联网专家库专家。全县中高级管理人才约985人，专业技术人员2240人，兑现2021年工业人才补贴62.4万元。

【科技项目实施】 青神县有省市科技项目8项，立项5项，到位项目资金420万元；组织企业申报2023年科技创新类项目7项，其中创新产品2项，科技中小企业债券融资补助4项，重大研发项目1项。完成科技中小企

2022年7月12日，眉山市"科技活动周"启动仪式在青神举行 （县经信局供图）

业备案 8 家，完成目标任务 114%。

【科技成果转化】 青神县完成科技成果评价 5 个，累计完成省级科技成果鉴定 31 项，获得省级科技进步奖 9 项，市级科技进步奖 7 项，实现技术转让交易登记 1147.5 万元。环龙新材料的《一种以竹为原料制备的高得率高性能竹纤维材料及产业化应用研究》获省级科技进步奖 3 等奖。

【科技为农服务】 青神县经济和信息化局成立晚熟柑橘、茶叶、生猪等 7 个农业技术巡回服务小组，对全县特色产业村开展农业技术培训、技术指导和巡回服务工作，开展农业产业扶贫工作；开展各类技术培训、现场会、科技赶场指导 42 次，指导培训农民 1500 多人次；示范推广生草栽培、绿色防控、水肥一体化等新技术 3 项，推广明日见等新品种 4 个，建立大豆玉米带状复合种植示范基地 1 个；培养科技培育示范户 10 户、本土科技人才 15 人，社会化服务组织 5 个，培育四川环龙新材料有限公司等 11 家企业成为市级农业产业化重点龙头企业。20 个法人科技特派员和 100 个自然人入库四川省科技特派员备案系统。

（陈　琪　程艳梅　张学斌）

气象监测

【概况】 2022 年，青神县气象局落实县委、县政府和市气象局党组的决策部署，立足“质量提升年”活动，以完善预警信息传递机制、推进气象项目建设等工作为抓手，推进青神气象事业高质量发展。青神县气象局获 2022 年度全市气象部门目标考核先进集体和气象科技服务工作先进集体。

【气候特点】 青神县全年气温偏高，降水偏少，日照偏多。年内影响全县的气象灾害主要为高温、干旱、暴雨、霜冻等。年平均气温 18.6℃，较历史平均气温 17.4℃偏高 1.2℃；年极端最高气温 41.3℃，较多年极端最高气温 39.3 ℃偏高 2℃；年极端最低气温 0.3℃，较多年极端最低气温 −3.6℃偏高 3.9℃。年总降雨量 995.5 毫米，较多年平均 1050.4 毫米偏少 5%。年总日照数 1169.9 小时，较多年平均 1074 小时偏多 8.9%。

【气象现代化建设】 汛期前，青神县气象局根据江河流域和地质灾害分布情况，完成两个区域自动站地址变更、4 套气象监测预警补短板项目六要素区域自动站建设。推进“眉山市晚熟柑橘智慧气象数字果园试验基地”建设，完成高低温试验温控室安装，并通过项目实施完成眉山柑橘本地化应用平台建设，编制晚熟柑橘农业气象周年服务方案，建立晚熟柑橘农业气象灾害指标，形成晚熟柑橘高低温气象灾害风险区划报告。

【人工影响天气作业】 青神县人工影响天气办公室密切关注天气变化趋势，抓住有利时机，开展 15 次人工增雨作业，取得明显成效，为推进农业生产、缓解旱情、防范森林火险灾害隐患等提供气象保障。

【灾害性天气预警】 青神县气象局牵头建立暴雨红色预警信号全网发布机制，与眉山市其他 5 个区县及乐山市、井研县、夹江县气象部门建立上下游、左右岸、干支流、毗邻联防联控机制，汛期发布气象信息快报 10 期、雷电黄色预警信号 12 期、大风蓝色预警信号 4 期、暴雨预警信号 6 期、高温橙色预警信号 6 期，开展复杂天气“叫应”服务 12 次，发送气象短信约 83 万条。6 月 23 日青神发生强降雨天气过程，各乡镇、街道根据气象建议紧急转移安置 140 人，全县无一人伤亡。

【气象科普宣传】 青神县气象局在“3·23”世界气象日、“5·12”全国防灾减灾日等关键时间节点开展气象防灾减灾知识宣传 3 次，向群众发放气象科普宣传手册 5000 余册，为群众讲解暴雨、冰雹、雷电、大雾等各类气象灾害基本知识和防灾减灾技能。通过“千乡万村气象科普行”活动和全县科技示范基地农技推广培训会，组织专家对全县晚熟柑橘种植大户开展气象灾害防御应对措施科普。联合县应急管理局开展全县气象信息员培训，培训专业人员 79 人，推进“多员合一”基层气象信息员队

2022 年 8 月 25 日，青神县气象局开展人工影响天气作业　　（县气象局供图）

伍建设，有效提升全社会防灾意识和避险自救能力。

【气象安全检查】 青神县气象局及时更新全县易燃易爆、危险化工场所监管名录，对自身监管的20家易燃易爆场所进行防雷安全专项执法检查，排查问题隐患，建立检查整改清单，并录入全国防雷减灾平台和“互联网+监管”平台，与眉山市气象局执法支队联合开展执法检查，不断巩固执法成果。

【气象服务】 青神县气象局全年发送决策服务短信95万余条，制作气象服务材料120期、节假日专题天气预报69期、农业气象旬（月）报34期、农用天气预报34期，组织对123家企事业单位的374幢建筑进行防雷定期安全检测，对20家、103幢新房开展防雷技术服务及竣工检测。

（付红霞）

文化·体育

文化事业发展

【概况】2022 年，青神县文化事业稳步发展，文化活动丰富多彩，群众参与性强，传统文化多种多样，文艺名家、乡土文艺能人充分发挥其作用，为全县基层文化事业的发展添砖加瓦。全县公共文化服务场所全部免费和错时延时开放。

【基层公共文化建设】青神县有 7 个乡镇（街道）综合文化站，总面积约 4000 余平方米。每个综合文化站配备 300 多平方米的文化活动广场，设有排练厅、阅览室、培训教室、多功能厅等文化活动功能室，增加音响、乐器、服装、道具、体育器材等文体用品；电子阅览室配备四台电子阅览设备；文艺队伍常态化开展文化活动。全县有村（社区）综合性文化服务中心 58 个，每个中心有统一的标牌标识，制度完善，有至少 200 平方米的文化活动广场，设有多功能活动室、文化宣传栏、文化器材、电子阅览设备、文艺队伍，常态化开展文化活动。

【优秀传统文化传承】青神县有省级非遗瑞峰端午龙舟节，市级非遗青神牛儿灯、青神钱枪舞，县级非遗瑞峰南派花灯表演艺术、青神川剧锣鼓艺术、青神唢呐艺术等，为青神文化事业发展锦上添花。青神县继续开展“青神文艺名家”培育工程，不定期开展文艺名家下乡培训活动 10 余次，制定文艺名家考核制度；建立群众文艺队伍 70 余支，培育文艺骨干 1200 余人、文艺指导员 40 余人、乡土文艺能人 20 余人。

【文化市场综合执法】青神县文化广播电视和旅游局加大文化旅游市场安全巡查力度，开展各类专项整治行动，强化文化旅游市场监管，规范文化旅游市场秩序。全年共出动执法检查人员 1932 人次，检查各类文化、旅游经营场所 1020 家次，开展联合检查 32 次，召开经营业主学习培训会 12 次；处理眉山市党务政务服务热线平台投诉、咨询件 26 件，按时办结率 100%。

【“扫黄打非”行动】青神县制定《2022 年全县“扫黄打非”行动方案》，深入开展“净网行动”“清源行动”“秋风行动”“护苗行动”“固边行动”等系列专项整治行动；组织开展查堵政治性有害出版物、印刷复制发行监管、校园周边文化市场专项检查等系列专项行动，确保全县出版物市场和文化市场安全稳定。全年出动检查车辆 20 余台次、出动执法人员 120 余人次，检查各类经营场所 42 家次，开展联合执法检查 6 次。

专业文艺

【概况】2022 年，青神县有作家协会、美术书法家协会、民间文艺家协会、音乐舞蹈家协会、体育舞蹈协会等 8 支文化艺术协会；有 10 余支城区文艺队伍，58 支乡村文艺队伍，12 名文旅能人。青神县文化馆下设有中岩艺术团、中岩少儿艺术团等培养文艺人才的专业队伍。

【文艺演出】青神县文化广播电视和旅游局与眉山市歌舞剧院、成艺大学合作，以本土红色文化为基础，创作了文艺舞蹈《面向党旗永生》，在眉山市首届文艺新作大赛中获得二等奖；原创歌曲《游天府》在眉山市首届文艺新作大赛中获三等奖；在竹里巷子开展“周周耍巷子”活动，全年 12 场；组织县中岩艺术团、县竹韵旗袍艺术团参加在瑞峰镇天池村举办的萤火虫观赏季央视直播晚会。

群众文化

【概况】2022 年，青神县文化广播电视和旅游局开展“周周耍巷子”“书香青神全民阅读”“送文化下乡”等群众文化活动，打造“乡村春晚”“文化惠民乡村行”“戏曲进校园”“党群集中活动日”“竹乡大舞台”等品牌文化活动。青神县文化馆开设成人舞蹈、成人合唱、成人书法美术、少儿书法美术、成人手工等艺术公益培训课程。

【图书馆建设】青神县图书馆继续实行免押金身份证办卡，所有外借室、阅览室、电子阅览室等全部实现免费开放，保证每周 7 天、每天 8 小时开放，为方便少儿读者将少儿阅览室的时间调整为早上 10 点开馆、晚上 8 点闭馆；新购图书 1 万余册，征订报刊 130 余种。全年服务各类读者 7.2 万人次，外借书刊读者 5.1 万人次，书刊流通 7.15 万册。新设立图书阅读服务点 7 个。县图书馆微信公众平台推送信息 230 条、智府平台推送信息 117 条，点击量 11 万人次。

【文化馆建设】汉阳图书馆订购报刊 14 种，藏书 2.3 万册，全年接待读者 1.81 万人次，外借图书 0.41 万册，所有图书借阅全部实行免费开放。青神县文化馆举办展览 26 次，组织公益性讲座 28 次，组织竹乡大舞台、元宵节迅游活动、庆“八一”

警民联欢会等品牌节庆活动。

【**群众文化活动**】青神县文化广播电视和旅游局组织开展“4·23”世界读书日宣传系列活动、线上青·悦读分享活动和暑期好习惯养成线上阅读打卡活动；组织参加眉山市“世界读书日”经典诵读比赛获二等奖。全年开展阅读宣传活动10场次；开展各类文化活动、培训、讲座、展览200余场次；开展送文化下乡和戏曲下乡活动20余场；开展文化惠民活动10余场，惠及群众1万余人；开展戏曲进校园、进乡村活动4场，受益师生4000余人。

文化遗产保护

【**概况**】2022年，青神县有非物质文化遗产项目40项，其中国家级非遗项目青神竹编1项，省级非遗项目青神捻条画艺术和瑞峰端午龙舟节2项，青神传统杆秤制作技艺等市级非遗项目6项，青神老腊肉制作技艺等县级非遗31项。有非遗传承人60名。其中，国家级传承人1人（陈云华），省级传承人4人（殷超、吴践堂、张德明、陈岚），宋美湖等12人为市级传承人，陈波等43人为县级传承人。

【**文物安全管理**】青神县文化广播电视和旅游局健全文物安全巡查制度，落实田野文物看护人员，全年无文物安全事故发生。

【**考古发掘**】青神县文化广播电视和旅游局配合四川省考古院、四川大学等单位开展石窟寺专项调查、白井干渠项目文物调查、复兴水库扩容文物保护等工作，配合眉山市文物局开展《眉山市文物保护规划》《眉山市三苏遗迹遗址保护规划》编制工作。

【**文物保护项目管理**】青神县文化广播电视和旅游局组织编制彭家大院、佛爷山摩崖造像和玉蟾寺摩崖石刻3处市级文物保护维修方案，组织编制《中岩寺摩崖造像渗水病害治理前期勘察研究项目计划书》《中岩寺摩崖造像及题刻本体保护前期勘察研究项目计划书》等5个中岩寺文物保护项目计划书和设计方案，组织编制并评审《瑞峰崖墓群保护规划》《中岩寺摩崖造像保护规划》。争取到国家文保资金500万元，用于开展中岩寺摩崖造像安防工程建设。

【**文物保护单位管理**】青神县文化广播电视和旅游局每季度巡查一次国家级文物保护单位和省级文物保护单位，每半年巡查一次市、县级文物保护单位，每年巡查一次未定级文物保护单位。落实田野文物责任人清单，省级以上文物保护单位公示文物安全责任人名单和联系方式。

【**非遗申报**】青神县文化广播电视和旅游局组织开展四川省第六批省级非遗项目申报工作，青神县传统杆秤制作技艺进入公示程序；组织开展市级以上非遗传承人2021年度考核评估和青神竹编保护单位年检工作，组织传承人参加省文旅厅举办的各类培训活动，推荐申报杜松柏为四川省乡村文化和旅游能人。青神舞龙等5个项目被列为青神县第七批县级非遗项目。陈云华入选2022四川非遗年度人物，进入2022全国非遗年度人物公示程序，被评为第八届“中国工艺美术大师”。眉山市首批“川字号”特色劳务品牌“青神竹编”传承人陈岚上榜中国劳动保障新闻网全国劳务品牌形象代言人展播活动。

【**非遗宣传推广**】青神县文化广播电视和旅游局组织开展“非遗过大年文化进万家”线上推广宣传活动、“欢乐闹元宵”非遗展示展演和非遗美食免费品尝活动、“5·18”国际博物馆日、“文化和自然遗产日”宣传推广活动，组织非遗项目配合遇见青神媒体采风活动；组织青神竹编参加2022年“文化和自然遗产日”四川省非遗宣传展示遂宁主会场系列活动暨第三届四川非遗购物节启动仪式，推荐申报的“青神竹编紧贴振兴抓传承促发展”入选四川省非遗助力乡村振兴成果展；组织青神竹编参展共建巴蜀文化旅游走廊重大活动启动仪式非遗展、重庆四川党政联席会议第五次会议主题活动展区非遗展，组织青神竹编等优秀非遗项目参展四川省文化和旅游宣传推广活动。

【**四川农村生产生活遗产申报**】汉阳棒棒鸡入选第二批四川农村生产生活遗产名录。

【**重要文物保护活动**】观音岩摩崖造像、佛爷山摩崖造像和玉蟾寺摩崖石刻被眉山市人民政府批准公布为眉山市第五批市级文物保护单位。青神县文化广播电视和旅游局开展中岩三苏文化调研、国家非遗馆藏品征集工作，完成市政协《眉山文史》青神传统手工业采写工作，向省文旅厅、省文物局上报《青神县水域沿岸及水下遗址遗迹调查报告》《全国名碑名刻文物遴选推荐及碑刻石刻文物资源摸底调研》等材料。

【**青神钱枪舞**】钱枪舞又名钱杆舞、打莲箫，青神钱枪舞的重要道具钱枪由竹竿、铜钱、彩条制成，表演时“载歌载舞”以莲枪拍打舞者身体手腿腰肩等多处部位，边打边唱。因其唱腔优美、套路新颖、步伐独特、气势磅礴深受百姓喜爱。经过几百年的发展，青神钱枪舞已融入了新的现代艺术内容，成为青神人们生活的重要组成部分，也是春节或喜庆活动时的必演节目，和秧歌、花灯、龙灯、腰鼓等一样在群众中广泛流传。2022年青神西龙、瑞峰等镇都有十余只钱枪舞队，表演者有上百人，年纪最小的十几岁，年纪最大的有80多岁。

【青神川剧锣鼓艺术】 青神川剧在清代和民国初期就盛名远扬，1930年青神就成立了声永俱乐部，20世纪50年代初期正式成立了青神川剧团，在本地和四川各地巡回演出，开展川剧表演活动，因此青神素有“戏窝子”之称。早年间，由于青神交通便利、经贸繁荣，给民间戏曲活动提供了发展的有利条件，吸引了蜀中众多的川剧名角来此献艺，“川班子”“灯班子”也多在青神开展戏曲演出活动。川剧锣鼓乐器有鼓板、签子、小鼓、二鼓、大锣、小锣、大钹等，表演形式分大场面和小场面，由司鼓担任指挥，有完整的曲牌、套路，声音洪亮、节奏明快、风格独特，富有极强的艺术魅力，深受群众喜爱。

【青神阴米】 阴米，俗称阴米子，是一种由糯米蒸熟后阴干的一种米，也是流行于我国南方的一种传统的滋阴温补食品，具有补中益气、健脾养胃、止虚汗之功效，对食欲不佳、腹胀腹泻有一定缓解作用。阴米通过发酵可以降低其糖含量，从而适合糖尿病患者、体重过重或其他慢性病如肾脏病、高血脂的人食用。过去，青神人只要家中有人生小孩坐月子，都会早早的准备几斤或是几十斤阴米，加红糖、鸡蛋一同做成阴米粥供产妇食用，因其口感香糯、甜而不腻，能补气血、温脾养胃、营养丰富，也是青神家喻户晓的一种传统健康美食。其制作工艺包括选米、浸泡、笼蒸、晾干等，成品可以长期保存，独具地方特色，深受群众喜爱。

档案工作

【概况】 2022年，青神县档案工作围绕县委、县政府中心工作，夯实档案基础业务建设，创新工作举措，稳步推进各项工作有效开展。青神县档案馆荣获2021年度全市档案工作先进集体称号，青神县脱贫攻坚档案工作荣获全市脱贫攻坚档案验收优秀等次。6月20日，县档案馆完成新馆搬迁和投运工作。

【档案接收征集】 青神县档案馆开展档案征集工作，接收文书档案10506卷39852件、实物档案78件，并在接收实体档案的同时将电子档案及目录一并接收进馆，接收JPG文件683869页、PDF文件64040个、各门类电子档案容量883GB。

【档案资源开发利用】 青神县档案馆依托馆藏资源，完成《档案工作令汇集》编印，收集19部档案工作令8.3万余字，编印成书30余册；初步整理完成1963年青神县档案馆成立以来的档案工作大事记；积极为各机关单位编史修志、工作查考、经济建设和广大市民维护合法权益提供档案服务，为县文化旅游投资有限公司查阅拷贝照片档案236张用于文化旅游宣传，为四川环龙新材料有限公司查阅拷贝原青神西龙纸厂历史照片档案39张作为其公司文化展陈；全年接待机关、团体、企事业单位和个人查档6635人次，调阅档案42533卷（件），出具档案证明4150份，跨馆异地查档利用48人次，撰写档案利用典型事例12条。

【档案信息化建设】 青神县档案馆持续推进“存量数字化，增量电子化”战略，核查清点馆藏档案数量、积存零散档案状况、重点档案数量等情况，建立完整档案资料“明细账”；开展馆藏档案现有电子目录清理普查，校验档案数据文件50956件，校验扫描文件550459页，文件著录标引54211条，修改档案管理服务系统文件目录错误369条，推进馆藏档案编目准确、整理规范、数据安全、调阅方便。

【档案法治建设】 青神县档案馆秉持“事业发展、法治相伴”原则，切实抓好新修订档案法的宣传普及和贯彻实施。利用“6·9”国际档案日、宪法宣传周、“八五”普法宣传行动等关键时间节点，通过推送公益短信、播放档案法宣传视频等方式开展档案法宣传；对县财政局、汉阳镇、青发展集团、青神中学校等10个立档单位开展档案行政执法检查；宣传贯彻《村级档案管理办法》，指导各乡镇、街道等38个村社落实村级档案管理制度。

【民生档案管理】 青神县档案馆以服务民生为重点，抓好婚姻、退役军人、土地确权等民生档案工作，截至2022年底，累计接收婚姻档案46598卷，同时实现电子信息化管理；加强事关民生的组织、人事、劳动、工业、农业、知青等档案工作，及时进行科学整理，方便广大人民群众查阅利用。

【重大活动和项目档案管理】 青神县档案馆制发《关于做好学习宣传贯彻习近平总书记来川视察重要指示精神文件材料收集归档方案》《2022年中国国际竹产业交易博览会档案资料收集归档工作的方案》，指导做好会节活动档案资料收集归档工作；指导岷江虎渡溪航电枢纽工程、青神县复兴水库扩建工程、西南表面处理循环经济产业园生产区建设项目一期等17个省、市级重点项目完成档案登记备案工作。

【档案安全管理】 青神县档案馆采用实地检查及电话询问等方式，了解各立档单位汛期档案安全情况，收集2022年档案安全自查情况56份，排查问题18个，指导督促相关单位按时整改到位；要求各单位切实加强档案日常安全管理工作，树立“万无一失、一失万无”理念，坚决杜绝档案安全隐患，全面做好档案防火、防盗、防有害生物等档案“九防”工作，确保国家档案资源安全。

【档案规范化管理】 青神县档案馆开展园区、乡镇（街道）、县级部门档案室规范化指导工作，指导53个立档单位完成2021年度档案事业统计调查工作，指导各乡镇、街道修订完善档案分类类目、归档范围和档案保管期限三合一制度及备案工作；开展全县档案工作人员专业技能调查摸底，组织开展档案管理人员业务培训，全年培训档案专兼职人员176人次、开展讲座7期。

【档案宣传教育】 青神县档案馆围绕“喜迎二十大·档案颂辉煌”主题，开展2022年度“6·9”国际档案日系列宣传活动。组织档案人员和社会公众参加百馆联动“打卡我心中的档案馆”、千人读档、万人观展等主题活动；参与成德眉资红色珍档暨成都市第二届馆藏珍档评选活动，青神县档案馆提供的参赛作品“五星酒瓶”入选20件红色珍档；推进档案宣传进村入户，通过发放档案宣传文创产品等形式向广大群众宣传档案工作，对群众普遍关心的婚姻、房产、林权等民生档案查询事宜认真讲解；开展新档案馆建设投运情况专题报道，发布《“高颜值 多功能”青神县档案馆新馆全面升级》《青神县档案馆民国档案〈盟机失事案卷宗〉》专题报道，并在“竹里青神”“青神融媒”等多个视频号发布相关宣传视频。

（张斯寒）

史志工作

【概况】 2022年，青神县党史和县志编纂中心全面完成市委、市政府对区县党史和地方志目标考核任务和省、市史志系统各项交办任务。《红色西山——青神革命斗争史纪实》（视频）获2016—2020年全省党史部门优秀科研成果奖。《青神年鉴（2021）》《中共青神县委执政实录（2020）》《青神备征录》获得四川省第二十次地方志优秀成果奖。

【党史征编】 青神县党史和县志编纂中心到省、市专题学习党史编纂工作，形成编纂方案、编纂大纲，启动《中国共产党青神历史》（第三卷）编纂工作，完成初稿编纂；适应县委新要求，调整优化《中共青神县委执政实录（2021卷）》大纲，完成编纂出版工作。完成省委、市委执政实录编纂供稿工作。完成上报抗美援朝运动史实资料、全面建成小康社会四川实践等资料。

【志鉴编纂】 青神县党史和县志编纂中心首次与方志出版社合作，依托其专业优势，从书籍的风格设计、结构板块、图文内容等方面，对《青神年鉴（2022）》高标准审查质检，实行全彩印刷，提升书籍质效；建立健全基础资料年度征集与季度征集相结合的工作机制，为年鉴等书籍编纂打下基础；发挥行业管理作用，推进《中共青神县委办公室志》《中共青神县委宣传部志》《汉阳场社区志》完成编纂；完成《眉山市志》以及省、市年鉴等书籍编纂供稿工作。

【旧志抢救整理】 青神县党史和县志编纂中心推进旧志整理、点校工作，出版发行《青神备征录》；借助专家力量完成《青神县志（嘉靖版）》整理和点校工作。

【史志课题研究】 青神县党史和县志编纂中心建立史志工作人才库，组织县内12名史志人才开展研讨活动；谋划“十四五”时期党史和地方志工作，制发“十四五”发展规划；开展“知党史、晓地情”调研活动，形成《地方志服务乡村振兴战略研究》课题调研报告；开展红色遗址普查，完成登记84个、精选上报14个；完成毛慈影、傅治明、曹孝生等革命人物涉机要交通史料文物整理上报。

【史志宣传教育】 青神县党史和县志编纂中心服务县委宣传工作大局，组织史志干部深入机关、乡镇、村社开展党的二十大精神、习近平总书记到四川视察重要指示精神、省第十二次党代会精神集中宣讲12场次，受众500余人；发挥红色西山革命教育基地、青神县发展馆、三线记忆馆、村史馆等史志阵地作用，开展史志宣教活动；配合县委宣传部等部门，《文旅局长说文旅》《老邵聊青神》等节目提供史料，增强史志影响力；参与“两办”《创新与亮点（2021）》书籍编纂和排版设计工作；全年上报史志文化稿件76篇、编发史志信息28篇，被“方志四川”采用1篇、“史志眉山”微信公众号采用7篇；《红色西山——青神革命斗争史纪实》（视频）获2016—2020年全省党史部门优秀科研成果奖。1

月21日，在2022年全省地方志工作会上，青神旧志点校工作受到省地方志办主要领导肯定；4月25日，省委党史研究室莅青调研，肯定青神县充分挖掘红色资源、讲好红色故事和党史阵地建设工作。

【史志阵地建设】 青神县党史和县志编纂中心完成市史志馆青神部分的文图和实物展陈，展示青神党史和地情文化；争取80平方米办公用房，形成独立的史志室和档案室，推进史志藏书整理和登记，积极对外提供阅览服务；为国家方志馆以及四川农业大学、重庆大学、四川大学等8所高校赠送《青神县志》《青神年鉴》等书籍7类、150余册；全年交换县志95册，年鉴54册（其中获“全国优秀年鉴奖”20册），优化办公室档案储存柜和装修史志资料室；在全县已建成的6个村史馆设置史志书籍专区，赠送书架和50余套书籍，其中高台镇百家池村、罗波乡宝镜村村史馆获省、市授牌；完成红色西山革命教育基地申报中共四川省委党史教育示范基地的资料申报工作；争取到省委党史研究室莅临青神调研，推荐西龙镇龙凤社区成为眉山市唯一的全省党史“七进”示范点备选地。

（王 燕）

传媒事业发展

【概况】 2022年，青神县有广播电视播出机构1个、无线发射台1个、地面数字电视管理机构1个，有线电视传输网络覆盖青竹街道、西龙镇、瑞峰镇等乡镇，主干光缆总长约120皮长公里，同轴传输网约85公里，覆盖用户约2.1万户；建成无线地面电视主基站1个（白果乡穆家埂）、补点站5个，无线地面数字传输数字节目40多套，覆盖全县90%的农村用户；全县安装“村村通”“户户通”直播卫星用户1.5万余户；应急广播平台播发疫情防控、森林防火等各类信息3000余条，播发时长730余小时，为疫情防控、森林防火、抢险救灾等工作提供支持。

【广电行业管理】 中国广电网络股份公司青神县分公司扎实开展农村有线电视、无线地面数字电视、“户户通”直播卫星等设备和终端用户维护工作，为广大农村群众电视收视提供优质售后服务，对广播电视贫困用户进行台账化管理；全年出动工作人员110余次，为贫困户解决各类广播电视信号问题160余个，巡查无线发射基站130余次，维修设备17台次；制定《安全播出管理实施细则》《重要播出和节假日安全播出保障制度》《有线电视网络设备、管网安全巡查制度》等安播管理及保障制度，制定《有线电视网络非法插播、干扰应急预案》《安全播出、消防安全、光缆线路抢险、防恐防暴防汛应急预案》等应急预案；做足安全播出保障准备工作，重要保障期间落实领导带班，24小时双人双岗值班制度。

【智慧广电建设】 中国广电网络股份公司青神县分公司于6月试运营广电5G手机号卡业务，9月正式运营广电5G手机号卡业务；加大基础网络建设力度，全面完成光纤到户工程（FTTH）；投资160万元完成融媒体中心制播能力提升工程项目建设，配备航拍机4台、非线性编辑系统9套、4K视频非编设备4套、媒资系统1套、超高清存储设备1套，实现全流程高清采编制作设备的提档升级。青神县文化广播电视和旅游局完成四川省广播电视局智慧广电示范区申报工作，青神县成为全省示范区建设县之一，到位省级建设资金300万元。

（罗 琪）

融媒体

【概况】 2022年，青神县融媒体中心围绕习近平总书记来川视察、党的二十大、省第十二次党代会等宣传重点，开设多个专栏，通过全媒体矩阵平台，多形式开展系列宣传报道；不断拓宽宣传渠道，多个青神相关节目、新闻在中央、省级平台播出，微电影、歌曲mv等宣传产品获得热烈反响。截至12月，青神县融媒体中心在“两微一端”和电视媒体共发布信息超10000条次，在市级及以上媒体上稿480条。

【主题宣传】 青神县融媒体中心开设《学党史悟思想 办实事 开新局》《深入学习十九届六中全会精神》《习近平总书记在四川视察》《牢记嘱托 担当作为 真抓实干 为新时代治蜀兴川再上新台阶贡献眉山力量》《迈步新征程 谱写新篇章——学习贯彻省第十二次党代会精神》《奋进新征程 建功新时代》《大学习大实践大提升》《干部作风整治年》《全力以赴拼经济搞建设》《二十大时光》《学习贯彻党的二十大精神》《四化同步城乡融合 五区共兴——学习贯彻省委十二届二次全会精神》《抗击疫情》《绿色发展冲刺年》《文明青神》《法治青神》等30余个专栏，开展对内宣传报道；“两微一端”（微博、微信、新闻客户端）和电视媒体发布信息超1万条次，其中图文7700余条次，视频1850余条次，制作《青神新闻》249组，电视新闻播出1250余条。

【对外宣传】 青神县融媒体中心协调央视《山水间的家》走进青神，节目在央视一套20:00黄金时间播出，时长90分钟，在全国同时段综艺类节目收视排名第一；党建引领人才工作"萤萤星海点燃竹经济"在《新闻联播》时长2分16秒单条播出，全市联播历史单条第一；稳粮增量、扩面增效典型做法10天内连续3次在《新闻联播》《焦点访谈》播出；《四川新闻联播》关注《眉山青神：下"竹"功夫 践行"两山"理论》时间5分30秒；央视以"春日里的萤萤星海"为主题进行慢直播，浏览量过3000万；在市级及以上媒体上稿计480条，其中央视19条，川台89条。"竹博会"期间，制作创作微电影《我的青春我的竹》，歌曲MV《来青神》《竹里乡愁》等宣传产品40余个，获广泛转发与点赞；邀请巴蜀笑星王宝器来青神拍摄系列小视频6个，网络流量超过400万；相关新闻在《朝闻天下》《正点财经》《四川新闻联播》等中央、省级平台播出；竹产业发展亮点成效在央视新闻频道《24小时》栏目播出，单条特写时长6分19秒；竹博会宣传工作得到市委书记胡元坤肯定性批示。

【节目评选】 青神县融媒体中心组织中心记者参与2022年度眉山市广播电视和网络视听节目季度推优工作，全年四个季度共上送电视类和短视频类参评作品42件，主要有电视新闻长（短）消息、专题、播音与主持作品、电视文艺作品、电视公益广告以及网络视听类的精彩短视频、网络公益广告等方面作品，作品内容涉及青神发展成就、乡村振兴、社会主义核心价值观、生态、文明、民生、人文等，入围15件作品；其中优秀短消息《春耕时节：玉米大豆套种促农增产增收》，优秀长消息《青神姐妹编织的月桂叶片即将发往冬奥会现场》，优秀原创歌曲节目《来青神》，精彩短视频《竹编冰墩墩》《我的青春我的竹》5件作品获优秀作品奖项，其余入围的10件作品获提名奖。

【新媒体建设】 青神县融媒体中心做强两微一端媒体平台。实现用户数量稳步增长；"两微一端"以及"青神融媒"抖音号、"竹里青神"视频号等五个新媒体平台累计用户23万人次，占本地常住人口比例为136%；其中"掌上青神"App下载量21万次，注册账号7万人，占本地常驻人口比例41%；完成平台改版更名，新版"掌上青神"App在全市率先上线；完成微信公众号更名，将"锦绣青神"更名为"青神发布"。

【媒体活动】 青神县融媒体中心开展第七期《阳光问廉》，向大众宣传廉洁、诚信的社会风尚；完成"消费促进季"第五、六期消费券直播活动，鼓励民众增加消费，促进市场流通，刺激经济增长；参与完成央视萤火虫直播等活动50余场次，增强新媒体影响力。

（祝　品）

体育事业发展

【概况】 2022年，青神县推进体教融合，实施固本行动，推动全民健身；58个村（社区）健身设施覆盖率达到100%，游泳、信鸽、棋类等单项体育协会15个，体育产业快速发展；三级社会体育指导员培训70人次；开展国民体质监测3800人，三项综合总合格率93.5%；全年体彩销售1040万元；四川省橄榄球训练基地落户青神；青神中学女子橄榄球队获2022年全国青少年U系列英式7人制橄榄球冠军赛女子学校俱乐部组冠军。

【体育设施】 青神县新建月呷塘体育公园1个、县级健身中心1个、乡镇健身中心1个，建成公共篮球场3个、新建足球场1个，配备更新公共体育设施器材，新增或更新村、社区、公园体育健身设施10套、健身步道10公里。

【学校体育】 青神县深化体育教学改革，实行"健康知识+基本运

2022年11月19日，2022年眉山市首届城市绿道轮滑马拉松比赛在青神县竹林湿地公园举行　（县教育和体育局供图）

动技能 + 专项运动技能”学校体育教学模式；开展学校阳光体育活动，保证每天 1 小时校园体育活动，师生共同参与不少于 30 分钟大课间活动；成立田径类体训队、球类体训队和武术、跆拳道等各类竞技社团 70 余个，组建体育和艺术课外活动兴趣小组 200 余个；每期组织开展全校性运动会 1 次，单项比赛 2 次以上；举办青神县第十三届师生运动会中小学生比赛；学生体质监测优良率 56%。

2022 年 11 月 20 日，青神中学女子橄榄球队夺得 2022 年全国青少年 U 系列英式 7 人制橄榄球冠军赛女子学校俱乐部冠军
（县教育和体育局供图）

【群众体育】 青神县开展三级社会体育指导员培训 70 余人次，开展群众性体育赛事活动 12 次，免费开放公共体育场馆和学校体育场馆 3.5 万人次；以椪柑节为主题举办农村运动会，举行老年骑游、棋类（桥牌）赛、迎新年体育嘉年华长跑、岷江抢鸭子暨冬泳比赛等全民健身活动近 50 项。县游泳协会获眉山市游泳比赛冠军，县老体协获眉山市乒乓球比赛团体第一。

【竞技体育】 青神县代表团参加 2022 年眉山市中小学生运动会，获金牌 8 枚、银牌 2 枚、铜牌 3 枚，小学、初中女子足球队双双夺冠；参加第十四届省运会单项比赛，7 人获金牌 5 枚、银牌 4 枚、铜牌 2 枚，月华艺术培训学校体育舞蹈获第三名。

【橄榄球队队伍建设】 12 月 20 日，四川省体育局、眉山市教育和体育局、青神县人民政府三级签订《共建联办四川省橄榄球项目优秀运动队协议书》。优化橄榄球队队伍，有橄榄球运动员 45 人，其中，男队 28 人、女队 17 人。在全市学校推广普及橄榄球，小、初、高中开设橄榄球特色课程，开展系统训练。青神中学女子橄榄球队获 2022 年全国青少年 U 系列英式 7 人制橄榄球冠军赛女子学校俱乐部组冠军；青神中学杨奕欣、唐敏参加全国高水平运动员体育招生考试分别被北京体育大学、上海体育学院录取，杨奕欣获全国橄榄球专业成绩第一名。

（王　英）

卫生健康

卫生健康事业发展

【概况】 2022年，青神县卫生健康局聚焦人民健康，专注改革创新，扎实开展卫生健康工作，青神县始终保持为疫情低风险地区。年末，青神县卫生健康局下辖各级各类医疗卫生机构183个。其中，医院6所（县级医院2所、民营医院4所），基层医疗卫生机构174个（卫生院7所、诊所40个、卫生室126个，社区卫生服务中心1个），公共卫生机构3个（疾病预防控制中心1个、卫生执法监督机构1个、妇幼保健院1所）。全县有编制床位1229张，实际开放床位1326张；有卫生人员1545人，其中卫生技术人员1197人；有执业（助理）医师463人，注册护士663人；每千常住人口有卫生技术人员7.13人，每千常住人口执业（助理）医师数达2.76人、注册护士3.95人、医疗机构床位数7.89张。

【医疗联合体建设】 青神县制发《青神县深入推广福建省三明市深化医药卫生体制改革经验实施方案》，推进紧密型县域医共体建设。探索医保支付方式改革，持续探索试行“一个总额、一个账户、共同监管、超支不补、结余留用”医保支付改革；以县域医疗信息一体化平台为支撑，实行医共体内“镇检测、县诊断”远程诊疗模式，开展远程诊疗服务39016人次；实施乡镇医生签约服务为主、县级医生技术指导为辅的慢病特色管理模式；结合医疗卫生两项改革“后半篇”文章，设置建制卫生院（社区卫生服务中心）7家、地名卫生院1家，撤并南城卫生院和河坝子卫生院；以汉阳镇中心卫生院为基础，打造县域医疗次中心。

【药品供应保障】 青神县卫生健康局落实公立医疗机构药品“零加成”销售，持续保障国家医保谈判药品和带量采购药品配备使用，进一步降低药品价格；执行国家基本药物制度，坚持基本药物主导地位，鼓励民营医疗机构采购和使用国家基本药物；抓好短缺药品监测，加强精麻药品管理，持续推动药品在临床的合理应用。

【医疗卫生行业监管】 青神县卫生健康局推行“双随机、一公开”监督抽检，监督抽检38家，抽检完成率、总结报送及时率和准确率100%；落实行业综合监管，加强部门协同和联合惩戒，办理行政案件7件，行政罚款1万余元；对全县180余家医疗机构和医疗从业人员执业行为、资质、服务态度等开展监督，推动医疗机构依法依规执业；完成4家二级医疗机构医疗废物在线监测。

【基本公共卫生服务】 青神县以青神医院集团为载体，以高血压、糖尿病为突破口，组建10支县级家庭医生服务团队，实行“三色三级”销号分级管理的慢病个性化管理模式，实现医防融合“防、治、管、康”慢病管理。推进家庭医生签约服务，个性化服务包签约5433人次，县级专家入户随访300余次，常住人群签约率52.5%；高血压、糖尿病患者签约率分别为98.95%、98.94%，其中基本公共卫生、乡村振兴监测对象、计生特扶等重点人群签约率86.71%，患者满意度98.46%。

【医疗卫生设施建设】 青神县人民医院实施提标扩能项目建设，加强胸痛、卒中、创伤三大中心2000平方米业务用房建设。青神县卫生健康局利用中医院北区医疗区改造新冠肺炎救治亚定点医院，设置350张床位，购置呼吸机、血氧仪、除颤仪、心电监护仪等设备，保障对新冠肺炎患者的医疗救治。

【卫生信息化建设】 青神县卫生健康局完成青神县区域信息一体化平台项目立项，拟建设区域信息网络，统一信息系统，实现县、乡、村信息共享和区域协同；制定卫生系统大规模核酸检测信息化保障应急预案，完善四川省核酸检测信息系统管理，确保大规模核酸检测工作顺利进行；抢抓“十四五”时期加快数字化发展机遇，加快推进互联网向IPv6平滑演进升级，推进IPv6规模部署和应用。青神县医疗机构接入医疗“三监管”平台比例达100%。

2022年9月22日，县卫健局开展服务百姓健康行动大型义诊活动　（县卫健局供图）

【卫生行政审批】 青神县卫生健康局推进“放管服”改革，围绕简政放权、优化服务、放管结合、依法行政，实施“综合审批、多证合一”，完成各类行政审批事项前置条件清理；修订办事指南，通过门户网站、办事窗口等平台公开公示；开展“八五”普法、“法律七进”等法治宣传教育活动，按时报送法治信息。加强执业资质审批，医疗机构、医师、护士电子化注册完成率100%，办理依申请服务类事项485件，所有符合条件行政许可审批业务均在时限内完成，提前审批率100%，窗口满意率100%。

【卫生宣传教育】 青神县卫生健康局通过电视、短信、LED屏等途径开展疫情防控科普宣传，累计在电视台播出新闻、公告、宣传片450余条次，通过短信、微信微博等平台发布1000余条次，制作拉挂横幅宣传标语80余条、宣传板报100多张，发放防控知识宣传资料2万余份；开展健康宣教服务活动，组织医务专家赴社区、乡镇开展义诊、赠医送药活动，普及健康常识、疫情防控知识；开展“中国医师节”“世界卫生日”“老年健康宣传周”等主题日系列宣传活动10余场，发放健康教育宣传资料3万余份。

【健康扶贫】 青神县卫生健康局加强健康扶贫政策宣传，落实过渡期内“四个不摘”要求，执行“先诊疗后付费”“一站式”即时结算政策，脱贫监测对象县域内住院和慢性病门诊维持治疗医疗费用个人支付占比控制在10%以内；开展慢病管理工作，截至2022年底，高血压、糖尿病患者签约率分别为98.95%、98.94%，脱贫监测对象家庭医生签约率100%；推进防返贫监测集中排查，实行部门数据信息共享，全年推送“因病返贫”农户风险信息13批97人次；统筹使用卫生扶贫救助基金，截至2022年底，累计救助2083人次，累计支出162.38万元，累计结余337.62万元。

医政管理

【概况】 2022年，青神县卫生健康局推进疫情防控医疗救治，不断健全完善应急医疗救治体系。加强全员核酸检测能力建设，建成核酸检测实验室5家；持续推进医疗卫生体制改革，稳步提高医疗质量，深化改善医疗服务行动，推进医疗行风建设，统筹做好健康扶贫医疗救治、征兵体检、优质护理、重点专科建设、二级生物安全实验室建设等重点工作。

【食品卫生安全监测】 青神县卫生健康局加强食品安全监测能力建设和风险评估，强化食品安全风险监测，增强发现异常病例/异常健康事件的敏锐性，构建食源性疾病监测长效机制，促进各哨点医院不断提高自身监测水平，食源性疾病哨点医院病例上报信息366例，完成全年任务数101.7%。

【医疗机构监管】 青神县人民医院启动三级乙等医院创建工作并参加国家三级公立医院绩效考核。开展胸痛、卒中、创伤中心建设，进一步提高医疗服务水平。利用青神县医院提标扩能项目对急诊科进行改造，已完成并投入使用。青神县人民医院纳入国家“千县工程”，拟定《县医院综合能力提升方案（2022—2025年）》，着力从人才引进、学科建设、服务环境改善等方面全面提升。

【医疗质量监管】 青神县卫生健康局调整完善县级质量控制中心专家库，充分发挥20个县级医疗质量控制中心作用，开展质控督导90余次，组织培训26次，确保医疗质量安全。

【医疗技术监管】 青神县卫生健康局调整完善《医疗技术临床应用管理制度》，落实资格审查及授权制度，规范各项医疗技术审批程序，规范开展新技术新业务。

【医疗费用监管】 青神县卫生健康局加强医疗费用监管工作，定期对医疗机构费用增长情况进行监测，对医疗费用增长不合理的医疗机构进行约谈并要求立即整改。受疫情影响，与2021年相比，全年全县医疗总收入增长2.7%、医药收入下降0.6%、门诊人均医药费用增长6.2%、住院人均医药费用下降3.7%。

【医疗废物监管】 青神县卫生健康局将医疗卫生机构医疗废物分类收集、贮存、转运纳入院感管理，落实申报登记制度；结合新冠肺炎疫情常态化监督检查、国家“双随机”抽查及日常监督检查，联合县生态环境保护局开展医疗废弃物专项整治，推进在线监管，4家二级医疗机构接入医疗废物在线监管平台。全县医疗机构医疗废物分类收集率100%，使用专用包装物及容器率100%，医疗废物均交由有资质的单位集中处置，全年安全处置医疗废物87.83吨，处置率100%。

【医疗重点专科建设】 青神县成功创建市级临床重点专科1个（呼吸内科）；推进市级临床重点专科重症医学科立项创建。

【医疗卫生职业健康管理】 青

神县开展尘肺病防治攻坚行动，成立以县政府县长任组长的青神县尘肺病防治攻坚工作领导小组，印发《青神县尘肺病防治攻坚行动实施方案》，将28家企业纳入攻坚治理；加强职业病防治体系建设，落实青神县人民医院为青神县职业健康体检机构。

【医师资格技能考试】 青神县卫生健康局全年公招和考核招聘卫生技术人才18名，比2021年增长28.6%，医疗机构自主招聘77人，招募公共卫生特别服务岗28人；争取上级卫生技术骨干进修培训和全科医生转岗培训2人；落实对口支援工作，选派1名优秀医疗卫生人才赴金川县开展对口支援"传帮带"工作，下派17名中、高级职称人员下基层开展"传帮带"；鼓励专业技术人员参加继续医学教育、学历教育和职称晋升考试，继续医学教育覆盖率100%；完成全科医生转岗培训、骨干全科培训、助理全科医生培训人员选派任务，参加住院医师规范化培训100%。

【医疗卫生安全与保障】 青神县卫生健康系统顺利完成各类会议、活动医疗救治保障任务342次。

【卫生应急管理】 青神县卫生健康局加强县、乡两级疫情监控和网络直报、突发公共卫生事件直报管理，每月对传染病及突发公共卫生事件进行分析和风险评估；制定完善相关专项应急预案，调整充实专家咨询委员会和卫生应急队伍，持续加强县级2个卫生应急物资储备库建设，结合新冠肺炎疫情防控开展卫生应急演练，提升处置能力。

【医疗纠纷处置】 青神县13家县乡公立医疗机构、10家个体诊所、9家村卫生室参保医责险，建立医疗风险分担、医疗纠纷调处和医疗风险防范机制。

【医疗服务改善】 青神县以青神医院集团为载体，以高血压、糖尿病为突破口，组建10支县级家庭医生服务团队，实行"三色三级"销号分级管理的慢病个性化管理模式，实现医防融合的"防、治、管、康"慢病管理。全县家庭医生签约服务工作有序推进，个性化服务包签约5433人次，县级专家入户随访300余次，常住人群签约率52.5%；高血压、糖尿病患者签约率分别为98.95%、98.94%，其中基本公共卫生、乡村振兴监测对象、计生特扶等重点人群签约率86.71%，患者满意度98.46%。乡镇卫生院、社区卫生服务中心门急诊人次比2021年增长11.76%。

疾病预防控制

【概况】 2022年，青神县疾病预防控制工作围绕"健康青神"建设，全面提升疾病防控能力。全县居民健康素养水平26.06%；人均预期寿命78.03岁，高于全省平均水平；甲乙类传染病报告发病率保持较低水平，持续巩固血吸虫病消除成果；持续推进新冠肺炎疫情防控工作，确保青神县持续保持为低风险地区。

【传染病防控】 青神县卫生健康局推进传染病防治工作，全县传染病报告率98.84%，甲乙类传染病发病率207.98/10万（无甲类传染病），比2021年下降10.87%；每月开展传染病及突发公共卫生事件风险评估，开展疫情简报分析。

【艾滋病防控】 青神县卫生健康局进一步优化艾滋病防治"三线一网底"工作模式，艾滋病扩大检测率30.3%，抗病毒治疗覆盖率93.58%、治疗成功率96.86%，无艾滋病母婴传播，艾滋病防治知识宣传知晓率90%以上，挡获卖淫嫖娼人员检测率100%。

【血吸虫病防治】 青神县卫生健康局持续巩固血吸虫病消除成果，全面完成监测工作等任务。查螺261.25万平方米，灭螺62.17万平方米；查病0.83万人次，扩大化疗300人次。

【结核病防治】 青神县卫生健康局推进结核病防治新型服务体系建设，强化耐多药结核病防治，落实学校结核病防治措施，报告肺结核患者和疑似肺结核患者总体到位率100%，成功治疗率97.44%，耐多药筛查率100%。

【糖尿病防治】 青神县卫生健康局推进糖尿病防治工作，居民规范化电子健康档案覆盖率82.06%，糖尿病患者规范管理率87.77%。

【狂犬病防治】 青神县卫生健康局利用宣传栏、LED屏、宣传单等载体开展狂犬病防控知识宣传，促进犬伤患者及时到医疗机构处置伤口和主动免疫，全年全县犬伤就诊1919人，犬伤患者伤口处理1919人，接种疫苗1919人，接种狂免23人。

【职业病防治】 青神县卫生健康局开展职业病危害专项治理行动，摸排全县存在粉尘、化学毒物、噪声危害因素浓（强）度超标且从业人员10人及以上的工业企业18家，逐一建立监管对象档案资料，完成率100%；围绕职业危害治理开展涉害企业监督执法，重点巡查以粉尘、噪音为主要危害因素企业40余户次，对问题单位下达《卫生监督意见书》3 份。

【慢性病和地方病防控】 青神县卫生健康局加强慢病管理，推进健康生活方式行动，培训全民健康生活指导员 208 人，创建健康单位、健康食堂、健康社区各 1 个；实施减盐、健康骨骼等专项行动，推进心脑血管疾病监测、全人群死因监测、肿瘤随访登记、儿童伤害监测等工作。

【精神障碍患者管理】 青神县卫生健康局进一步完善精神卫生综合管理协调机制、健全服务管理体系，全县在册严重精神障碍患者管理率 98.57%、规范管理率 94.28%，服药率 97.69%、规律服药率 88.24%，完成 4 例患者长效针剂入组治疗任务，各项指标均达到省、市目标要求。

【免疫规划管理】 青神县卫生健康局持续巩固免疫规划成果，开展数字化预防接种门诊建设，实施预防接种证查验工作，免疫规划疫苗报告接种率 99% 以上，医疗机构产科乙肝第一针和卡介苗接种率均为 99% 以上。

【卫生监测管理】 青神县卫生健康局开展饮用水监测工作，枯、丰水期饮用水监测率 100%，农村乡镇饮用水监测覆盖率 100%；完成食品风险监测和学校卫生、放射卫生、职业卫生监测等任务；开展学生近视及其他重点常见病和健康影响因素监测与干预。

【传染病和疫情管理】 青神县所有建制乡镇卫生院及以上医疗机构均实行网络直报，县疾控中心落实专人负责疫情信息管理、监控，指导全县医疗机构按照《传染病信息报告管理规范（2015年版）》开展传染病报告。全县全年报告甲乙类传染病 345 例，报告发病率 207.98/10 万，比 2021 年下降 10.87%，发病数居前五位的分别是梅毒、乙肝、肺结核、丙肝、艾滋病；报告丙类传染病 244 例，比 2021 年下降 24.66 %。

【突发事件应急处置】 青神县卫生健康局组织开展新冠肺炎疫情流调 360 起，重点人员、重点场所应急核酸检测 776361 份；调查处置手足口病聚集性疫情 6 起。

【疾控基础建设】 青神县坚持以项目建设为引领，推动疾控机构软硬件水平提升。确定青神县人民医院为新冠肺炎定点救治医院，设立负压传染病房 10 间 20 张床位、负压 ICU 病房 2 间、普通 ICU 病床 12 张；建成发热门诊 1 个、发热诊室 2 个、发热哨点 13 个，采购负压救护车 3 辆；建成核酸检测实验室 3 个，日最大检测能力 7.9 万人份；设置常备集中隔离医学观察场所 9 所房间、1369 间；建设新冠病毒疫苗大规模接种点 3 个、常规接种点 11 个，规范配置接种设备设施。

【疾病应急救助管理】 青神县卫生健康局规范患者医疗费用报销（救助）流程，贫困患者医疗费用按照“基本医保→大病保险→倾斜支付→医疗救助→基金救助”流程进行报销（救助）。对符合救助条件的政策目录范围内住院费用按规定给予城乡医疗救助；对患者重特大疾病需要长期门诊治疗导致自付费用较高的患者按有关政策规定给予门诊救助，救助限额、比例、程序按医疗救助政策执行。实行“一站式”即时结算，患者出院时只需结清个人承担部分，切实方便患者就医。

计生管理

【概况】 2022年，青神县卫生健康局推进计划生育服务管理改革，加强与民政、公安等部门实时共享人口信息，依托健康档案云平台，整合比对住院分娩、预防接种、出生医学证明签发等信息，实时更新人口数据，推进计划生育特殊家庭扶助关怀措施落实，全县计生特殊家庭保持长期稳定。

【计生便民服务】 青神县卫生健康局开展计划生育证明事项清理，精简办证材料、优化办事流程，实行特殊情形再生育审批网上办理；推进 3 岁以下婴幼儿照护服务，新建公办托育机构 1 家、街道（乡镇）服务机构 1 家、其他婴幼儿照护服务机构 1 家；托育机构备案 11 家，其中专业托育机构 3 家，开展托育班的公办幼儿园 6 所、私人幼儿园 2 所，托位数达 610 个，每千人口拥有 3 岁以下婴幼儿托位数 3.6 个。

【计划生育惠民政策实施】 青神县卫生健康局梳理计生惠民政策阳光审批流程，组织乡镇（街道）按规范开展 2022 年计生惠民政策享受对象申报受理和乡村两级核查、年审 、初审等工作。全年全县奖励扶助、特别扶助等 5 项计生惠民政策惠及 1.86 万人，兑现资金 2683.26 万元。

【计生特殊家庭扶助】 青神县卫生健康局落实计划生育特殊家庭联系人制度等“三个全覆盖”，确定 3 家特殊家庭就医绿色通道定点医院，为特殊家庭提供“两免四优先”医疗便利服务，并根据自愿原则提供基本公共卫生服务和免费健康体检；落实特殊家庭所在乡镇（街道）、村（社区）联系人，动态掌握特殊家庭情况；协调医保、人社等部门开展代缴城乡基本医疗保险和城乡基本养老保险工作；开展特殊家庭核查审批，确保享受对象资格确认“零误差”，应奖尽奖，应助尽助。

妇幼卫生保健

【概况】 2022年，青神县加强母婴安全保障工作管理，优化妇幼健康服务管理，加强孕产妇和儿童健康服务体系建设，开展妇幼基本公共卫生服务项目，强化母婴保健技术服务指导、监管，积极推进妇女儿童发展纲要实施，稳步提升妇幼健康服务能力。

【妇幼健康服务】 青神县卫生健康局推进妇幼重大公卫项目和民生工程实施，落实农村生育妇女免费增补叶酸项目；实施免费孕期优生健康检查和免费婚前医学检查，孕检人数620对，完成目标任务100%，婚检率96.58%，免费孕前优生健康检查项目任务量620对，完成目标任务100%，农村育龄妇女增补叶酸预防神经管缺陷服用率100%；推进避孕药具工作规范有序开展。

【母婴安全保障】 青神县卫生健康局优化妇幼健康服务管理，全年全县孕产妇住院分娩率100%，孕产妇系统管理率98.84%，儿童系统管理率98.64%，无孕产妇死亡，婴儿死亡率1.05‰，5岁以下儿童死亡率4.21‰。

【新生儿疾病筛查与缺陷防治】 青神县卫生健康局推进新生儿疾病筛查与缺陷防治工作，全年全县新生儿遗传代谢性疾病筛查率99.78%，新生儿听力筛查率99.12%，无HIV感染孕产妇和所生婴儿，梅毒感染孕产妇及所生儿童梅毒治疗率100%，无艾滋病母婴传播发生。

【农村妇女“两癌”免费筛查】 青神县卫生健康局推进农村妇女“两癌”免费筛查，全年组织4684名城乡适龄妇女开展宫颈癌和乳腺癌筛查工作，完成市定目标任务100.09%。

中医药管理

【概况】 2022年，青神县设二级甲等公立中医医院1所，有省级中医重点专科1个、市级中医重点专科2个。有1所社区卫生服务中心、7所乡镇卫生院建成中医馆，提供至少6类10项中医适宜技术服务；有95%以上村卫生室能够提供中医药服务；有中医类别诊所24个。初步建成以县中医医院为龙头、乡镇卫生院中医馆为支撑、村卫生室为网底、民营医疗为补充的中医药服务体系。

【中医药传承创新】 青神县以创建全国基层中医药工作先进县为契机，以中医适宜技术推广基地为平台，深化乡村两级中医药人员培训考核，全县40余人通过业务培训提升了基层中医药服务能力。县中医医院实施2022年传染病防治能力建设项目，规范设置发热门诊，发挥中医药在新冠肺炎疫情防控中的独特作用。青神县中医医院组织开展服务百姓健康行动大型宣传义诊活动，参与群众230余人，通过发放宣传资料、健康大讲堂、现场提供中医适宜技术服务等，增强群众对中医药的认同感。

【中医药康养发展】 青神县卫生健康局推动县中医医院与县中心敬老院、社会福利院、乡镇敬老院签订协议，开展中医药服务合作，促进中医药与康养产业融合发展。

【中医药服务能力提升】 青神县卫生健康局落实县级公立中医医院绩效考核各项指标，推动县中医医院传染病防治能力建设，启动市级中医重点专科创建，完成3所乡镇卫生院中医馆内涵建设项目，基层中医服务量稳定在45%以上。

【中医药人才培养】 青神县卫生健康局开展年度中医强基层“百千万”行动，组织省市专家团队开展医院坐诊带教，安排县级医师开展村卫生室联村帮扶，举办适宜技术推广培训暨基层中医药适宜技术竞赛，持续提升基层医疗机构中医药人员理论水平和服务能力。

（严开川）

医疗保障

【概况】 2022年，青神县医疗保障局履行新时代赋予医疗保障工作的新职责，推进医共体支付方式改革、城乡居民参保、医保经办服务、基金监管等重点工作，提升参保群众获得感、幸福感、安全感。

【医保支付方式改革】 青神县医疗保障局加大在医共体实行“总额付费、结余留用、超支不补”的医保支付方式改革力度，实行县域参保人员医保总额打包付费管理、探索推进按病种结算管理办法、做实家庭医生签约服务、实行乡镇卫生院与村卫生室医疗保障一体化管理，促进医共体成员单位构建责任、管理、服务、利益共同体；实施“三病”（高血压、糖尿病、痛风）家庭医生签约服务，惠及患者1.22万人，支付基金420余万元，缓减“三病”患者住院频次和个人承担的医疗费用；实行医共体内分级诊疗制度，医共体县级医疗机构下转基层卫生院超500人次，提升群众就医满意度；为“两病”（高血压、糖尿病）患者提供门诊用药保障服务，完成“两病”认定21630人，完成全年目标任务；开展中医日间康复病种治疗按病种付费工作，包括腰椎间盘突出症、颈椎病、膝关节病、肩周炎、面神经麻痹、急性腰扭伤、肱骨外上髁炎7类，明确医疗机构与患者按定额收费，不设起付线，具体定额标准参考全市医疗机构DRG（疾病诊断相关分组）同类病组（种）的治疗费用确定；以尿毒症透析患者为突破口，探索按人头按单次透析费用限额标准实施门诊透析收付费改革，医保支付比例由原来的82.3%提高到92.1%，透析患者的次均费用由原来的820元下降到680元，降幅达17%。

【城乡居民医疗保险】 青神县2022年城乡居民基本医疗保险参保15.35万人，城乡居民基本医疗保险基金收入14191.8万元，支出15507.28万元，享受待遇6.09万人。

【职工医疗保险】 青神县2022年职工基本医疗保险参保2.02万人，其中，在职职工1.58万人，退休人员4463人。职工基本医疗保险基金收入4541.89万元，支出4371.2万元，享受待遇1.95万人。

【生育保险】 青神县生育保险参保1.35万人，其中女性6137人。生育保险基金支出199.48万元，享受待遇171人。

【医保待遇】 青神县城乡居民基本医疗保险待遇支付惠及参保群众6.09万人次，支付基金10576.25万元；职工基本医疗保险待遇支付惠及1.94万人次，支付基金5303.13万元；生育保险待遇支付惠及171人，支付基金199.8万元；落实特困、低保、监测对象医疗救助待遇惠及0.87万人，支付资金607万元；落实监测对象兜底支付822人次，支付资金54万元。

【医保基金监管】 青神县医疗保障局开展以“织密基金监管网，共筑医保防护线”为主题的医保基金监管集中宣传月活动，加强医保政策宣传；督促定点医药机构自查问题22个，追回违规违约基金63.83万元；抽调人员，组建专班，开展全覆盖检查，以核查病人身份、费用情况、票据情况、诊疗项目收费情况、抽查药械进销存等为重点，查处定点零售药店刷卡销售保健品等违规违约行为；处理存在违约行为医药机构38家次，追回医保基金10.29万元，收取违约金28.2万元；开展县域基本医疗保险参保人员死亡情况核查，核查信息1800余条，已死亡人员按照政策要求暂停医保，清理62名死亡人员违规享受待遇情况，涉及违规待遇112条，追回资金1.1万元。

【药品集采】 青神县医疗保障局完成11批次国家、省际联盟药品和耗材集中带量采购工作，涉及合同金额203.75万元；参加国家组织的第六批胰岛素集中带量采购，改变报量和分配量，合理安排采购周期，胰岛素合同签订后平均降价37.96元，平均降价幅度48.81%，降价最高达到107.96元，降价幅度高达72.47%，降低糖尿病患者用药负担。

【医保信息化建设】 青神县医疗保障局严格按县级事项经办要求制定服务流程和事项办事指南，在部门门户网站进行公示；开展国家医保新平台上线工作，对全县97家定点医药机构开展上线后续工作指导，确保网络正常运行，确保日常保障工作顺利。

【国家谈判药品政策落实】 青神县医疗保障局将谈判药品和高值药品纳入基本医疗保险、生育保险药品目录乙类范围；按照医疗保险用药分类管理原则，分为单行支付、高值药品和纳入现行乙类药品两种模式进行分类管理，其中，国家谈判药品中价格昂贵、用药人群特定、用药指征明确的单行支付124种药品和18种高值药品备案管理，实行“双通道”供药制度；将国家谈判药品中价格相对较低、保障供应渠道畅通的160种药品纳入现行乙类药品管理范围；参保人员发生的单行支付药品费用不计起付线，由基本医疗保险统筹基金直接按比例支付，职工医保支付比例70%，城乡居民医保支付比例60%，年度最高支付限额职工医保不超过每人15万元、城乡居民医保不超过每人12万元，计入基本医疗保险年度封顶线累计。

【医保便民服务】 青神县医疗保障局优化经办服务，推进医保经办就近办，让“信息多跑路，群众少跑腿”；推进网格化医保服务，推行医保服务下沉，医保网格员使用“网格E通”App办理医保参保登记、查询、参保信息变更、政策宣传、欺诈骗保举报等业务；利用“公共服务系统”“医疗保障信息平台”审核上传办理业务等，让老百姓在家门口即可办理医保业务；针对参保登记、异地就医备案、门诊慢特病病种待遇认定、医疗费用报销等老年人办理的高频事项，通过电话备案、窗口备案、网络备案等渠道办理，借助医保电子凭证“亲情账户”功能，实现授权代理，方便老年人子女、亲友通代办相关业务；县域18家医疗机构均可使用电子医保凭证结算、跨省直接结算；将38家行政村卫生室纳入医保定点，构建“县—乡—村”一体化模式，实现一体化管理。

【疫情防控医保服务】 青神县医疗保障局做好疫情防控医疗物资保障及新冠疫苗及接种费用保障工作，支付新冠疫苗费136.44万元，支付8.83万人次（按每人10元标准支付）接种费88.31万元；严格落实确保“一月准备量”制度，压实物资储备，与防疫相关部门紧密联系，做好物资采购，根据重点行业、重点部门、重点乡镇、街道常态化防控工作实际需要，做好相关物资的调配、发放；发放医用外科口罩54.05万只、免洗手消毒凝胶1617瓶、红外额温枪489个、隔离衣4842套、医用防护服1.19万套、医用护目镜392副、N95口罩4.58只、防护面屏5248个、一次性帽子15640只、75%酒精（每桶10升）104桶、含氯消毒泡腾片3032瓶、帐篷348顶。

（黄丽夏）

体制机制建设

【概况】 2022年，青神县开展健康主题活动，普及健康知识，提高群众参与度，增强宣传教育效果，启动省级健康县创建工作，确定创建健康场所点位186个，居民素养水平达到26.06%。

2022年4月8日，县卫健局开展纪念爱国卫生运动70周年暨第34个爱国卫生月活动　（县卫健局供图）

【医养结合机构建设】 青神县有医养结合服务机构1家，开展养老服务、纳入医保定点；有医养结合养老床位100张、医养服务人员3人。

【健康教育促进】 青神县卫生健康局开展居民健康素养水平监测，通过制定方案、抽样、培训、现场调查、问卷录入、数据分析等措施，完成社区、乡镇、机关企事业单位、学校等10个监测点440份问卷监测。

【爱国卫生管理】 青神县卫生健康局分析《国家卫生城市和国家卫生县标准》（2022版）修订情况，形成分析报告；对建成区农贸市场、公共场所卫生情况等开展督查，制发创卫督查问题反馈通知并督促整改；组织召开创卫阶段性工作推进会，组织开展卫生示范街道、示范商户、示范小区、示范学校、示范企业、示范机关“回头看”督查；启动省级健康县创建工作，制发《青神县创建省级健康县工作方案》，推进健康学校、健康医院、健康机关、健康村（社区）等健康场所建设。

【爱国卫生宣传】 青神县卫生健康局组织开展纪念爱国卫生运动70周年暨第34个爱国卫生月活动、控烟宣传活动，推进无烟党政机关建设、病媒生物防制、城乡环境卫生综合整治工作，发放宣传资料6000余份。

【病媒生物防制】 青神县卫生健康局制定《青神县2022年病媒生物防制工作实施方案》，开展以环境治理为主、药物防制为辅的病媒生物防制工作，完成青神县创建国家卫生县城病媒生物消杀招投标，于4月和10月分2次在县城建成区7.89平方公里和外延线2公里范围内开展病媒生物防制药物集中“除四害”消杀活动，投放“灭四害”药物5000公斤，安放毒饵盒1000余个，安装诱蝇笼700余个，覆盖104个小区、63个单位、3个农贸市场、5所学校和近200条背街小巷；指导各单位、社区开展病媒生物滋生地调查，排查重点场所，消除病媒生物滋生环境，切断传染病传播途径。

（严开川）

社会民生

人口管理

【概况】 2022年，青神县公安局继续推进户籍制度改革，零“门槛”全面放开城镇落户限制，938人转为城镇居民落户城镇。青神县年末常住人口16.79万人，城镇化率48.18%，其中城镇人口8.09万人，乡村人口8.7万人。户籍总户数68214户，户籍总人口18.81万人。

【户籍制度改革】 青神县公安局严格落实省厅户籍管理多项便民服务措施和公安部居民身份证异地受理、挂失申报、丢失招领三项制度；增设落户承接方式，增设社区集体户，用于承接无合法固定住所、无近亲属家庭户、无单位集体户等人员落户，符合落户条件人员可依次选择在合法固定住所、近亲属家庭户、单位集体户、人才集体户、社区集体户申请落户。

【微户政管理】 青神县公安局落实公安部交管局部署的便民利企6项新措施和深化公安交管“放管服”改革优化营商环境12项措施，落实证明材料联网核查免提交和缴费支付电子化，推行一证办、一窗办、网上办、异地办、就近办；为避免疫情期间人群聚集提升交叉感染风险，依托“互联网＋微户政”平台，对不必要当面办理的户籍业务全部实行网上办理；川渝两地户口迁移全面实现跨省“一站式”办理，凡符合户口迁移政策和迁入地落户条件且相关资料手续齐全的，不再为申请人出具户口准迁证，不再要求申请人到迁出地办理户口迁移证。全年办理户口迁移业务1411人次。

【居民身份证管理】 青神县公安局按照《中华人民共和国居民身份证法》相关规定以及《居民身份证申领原因代码》信息标准，区别不同申领原因，准确填写居民身份证申领原因；为严防冒用、盗用他人居民身份证行为发生，严格落实领取新证交回原证规定和居民身份证丢失招领制度。全年办理二代身份证7330张，制作临时身份证1470张，相关业务咨询1万余次。

【无户口人员户口登记】 青神县公安局按照国务院、公安部、省公安厅关于无户口人员登记户口工作的各项要求，对辖区内经公安机关摸排的线索以及群众主动申请入户的无户口人员信息进行逐一分析，针对不同类无户口人员分类施策，按程序为16人补录户口。

应急管理

【概况】 2022年，青神县应急管理工作平稳推进，完成自然灾害风险普查，开展自然灾害综合风险普查成果纳入国土空间规划典型地区试点工作，夯实应急基础，修订应急预案，补齐应急管理能力短板，建设应急救援队伍，构建应急管理长效机制，妥善应对处置各类突发事件，为县域经济高质量发展提供安全保障和稳定环境。

【应急值班制度落实】 青神县应急管理局严格执行24小时领导带班、值班人员在岗值守的应急值守制度，严守值班值守工作纪律，做好突发事件应急处置；与各乡镇（街道）、县级重点部门联系协调，建立标准规范值班值守体系，形成密切协作、相互配合、齐抓共管“大应急”合力。

【应急信息报送与预警监测】 青神县应急管理局完善突发事件信息报告制度，建立与气象、林业、水利、公安等部门信息共享机制，拓宽信息获取面，破解信息获取渠道单一、时效性不强等突出问题，提升应急统筹协调指挥能力；落实会商研判制度，气象、应急、规划自然资源、水利部门联合会商12次，发布预警信息到村到户到人。

【应急预案与实战演练】 青神县完善预案体系，修订完善《青神县气象灾害应急预案》《青神县防汛抗旱应急预案》《青神县暴雨洪涝巨灾应急预案（简本）》等多个灾种预案50个；组织、指导和督促防汛（地灾）、森林防灭火、消防、工贸行业演练108场，参演人数近1万余人次，达到“检验预案、完善准备、锻炼队伍、磨合机制、科普宣教”应急演练目的和效果。

【应急救援队伍建设】 青神县应急管理局加强“一主两辅”应急救援队伍建设，建强消防救援力量，消防救援力量61人（其中干部文员11人、专职消防队50人）；强化乡镇（街道）应急队建设，建立7支乡镇（街道）应急队、58支村（社区）应急分队750人；建立青衣社区和麻柳社区两支社会救援队90人；建立军地救援合作机制，常备武警救援力量80人、民兵应急连120人；建立青神县应急救援专家库，主要包括医疗救援、防汛抗旱、地质灾害等21个行业（灾害）领域专家55名，充分发挥专家队伍在安全生产、减灾救灾和应急救援方面技术支撑和决策参谋作用。

【应急宣传教育】 青神县应急管理局结合“全国防灾减灾日”“国

际减灾日”等时间节点，开展防汛减灾科普、科普应急救援知识、教导自救互救技能宣传，设置咨询台20个，摆放宣传展板30个，向群众发放宣传单（册）8万余份，印有宣传知识手提袋和扇子1万余个；各乡镇（街道）在辖区通过户外屏播广告、展板、发放宣传资料同步开展宣传活动14次；县级宣传部门通过“两微一端”等新媒体，开辟宣传专栏2个，提升全县干部群众防灾减灾、自救互救的意识和能力。

【突发事件应对处置】 青神县以县应急委办名义印发《关于做好突发事件信息报送工作的通知》，规范突发事件信息报送工作内容、程序和时限，增强突发事件和紧急敏感信息报送工作政治敏锐性和工作责任感；把信息报送工作作为一项重要工作来抓，坚决杜绝迟报、漏报、谎报、误报和瞒报等现象发生。

（尹小龙）

安全生产监管

【概况】 2022年，青神县安全生产形势稳定，发生各类生产安全事故4起、死亡4人（其中道路交通事故3起、死亡3人，工贸行业生产事故1起、死亡1人）。

【安全生产责任制】 青神县贯彻落实国务院“十五条”硬措施，细化54项具体贯彻落实措施，分解111项具体工作任务；组织对7个乡镇（街道）、15个部门贯彻落实情况进行专项督查，发现问题57个，全部完成整改；开展安全生产专项巡察，成立机动巡察工作组3个，对重点部门、园区、乡镇（街道）开展为期2个月的安全生产专项巡察，发现问题783个，发出交办函68份，督导相关单位全部整改闭环。

【安全生产风险防控】 青神县应急管理局开展安全生产大检查，对20个重点行业领域开展隐患排查治理，累计检查企业426家次，发现问题隐患680处，全部整改到位；开展重点行业领域专项整治，道路交通领域侦破逃逸案15起，打击处理58人，查处各类交通违法行为27252起；排查整改高层建筑重大火灾风险隐患问题177处；工贸行业“百日清零”专项行动整治粉尘防爆等14家重点企业32处隐患；自建房专项整治落实15栋C、D级经营性自建房管控措施；城镇燃气安全专项整治完成4257个隐患问题整改销号；建立安全生产“三员点名”制度，在工业企业、危化企业、建筑施工等6个重点行业领域、62个点位分别落实首席安全官、工种安全员和行业包保员182名；建立工作制度，落实指纹打卡考勤，常态化监管重点行业。

【安全生产标准化建设】 四川省德胜新型建材有限公司、眉山市民威林产制品有限公司和中石油四川眉山销售分公司青神通源加油站、中石油四川眉山销售分公司青神龙女加油站、眉山市佳程燃气有限责任公司、中石油四川眉山销售分公司青神青竹加油站通过三级标准化复评验收。

【危险化学品和烟花爆竹安全监管】 青神县应急管理局抓好危险化学品和烟花爆竹生产经营单位检查执法工作，全年累计检查危险化学品烟花爆竹生产经营单位71家次，下达问题整改通知书10份，排查问题隐患50余条，行政处罚2.8万元；以县安委会名义印发《青神县危险化学品安全风险集中治理工作方案》，成立青神县危险化学品安全风险集中治理工作领导小组，健全风险防范化解工作机制，消除事故隐患、防控安全风险；全覆盖检查全县26家烟花爆竹零售店，全年检查烟花爆竹经营单位83家次，督促完成隐患整改32条；对加油站进行全面考评检查，全县14座加油站全部达到三级安全生产标准化水平。

【安全生产行政审批】 青神县安全生产行政审批事项41项，分别为：危险化学品经营许可证新办证1家；危险化学品经营许可证延期换证2家；危险化学品经营许可证变更换证4家；烟花爆竹经营（零售）许可证延期换证26家；生产安全事故应急预案备案8家。

2022年8月10日，安全监管人员对四川钛丰汽车零部件制造有限公司开展安全生产检查

【安全生产执法监察】 青神县制定年度执法计划，明确12家企业为2022年监察执法对象，制定“2022年青神县安全生产执法检查计划表”，将12家企业纳入每月工作安排中，按照计划时间开展执法检查；聘请省级安全专家参与监察执法，共同为企业“会诊把脉”，全年聘请专家4人次，派出执法人员89人次，对39家次企业开展执法检查，发现问题隐患138处，立案13起，下达执法文书48份，处罚金额29万元。

【安全生产文化建设】 青神县应急管理局开展安全宣传“五进”活动，变“要我知安全”为“我要知安全”，营造全社会关注、全民参与良好氛围；结合安全生产月深入企业开展安全生产宣传；按照安全宣传“五进”工作方案推动，明确宣传重点，细化宣传安排；依托“竹里青神”开设安全生产、防火、防汛、减灾专题专栏，向群众宣传科普必备安全知识100期，提高群众安全意识和思想重视程度；在安全生产月、防汛减灾、森林防火等重要时段，联合融媒体以综述报道、消息通信等多种形式推出系列报道，全年对外发布安全宣传“五进”稿件50余篇。

【安全生产宣传】 青神县应急管理局开展安全宣传教育、火灾、地震等群众性应急演练和以安全为主题的社区演出；结合每季度举办一场“居民安全小课堂”，围绕防火、防爆、防中毒、防事故等安全知识，倡导安全、健康生产生活方式；开展“减轻灾害风险，守护美好家园”主题宣传活动，发放各类防灾减灾宣传资料3000余份，自然灾害综合风险普查宣传资料5000余份；印制安全学习资料、《安全行为规范手册》，按需开展安全宣传教育，解决以往安全宣传内容与基层需要衔接度不够问题，提升企业、职工、学生、群众的安全素质，推进安全宣传“五进”活动开展；统筹发挥安办、防办、森防指办作用，开展安全生产月宣教活动10场，开展防汛应急演练143场次，开展森林防灭火演练8次，参与人员2万余人次。

（万　兴　赵梓骥　江沂骏）

防灾减灾救灾

【概况】 2022年，青神县未发生较大及以上森林火灾，无因森林火灾导致的人员伤亡事故，未出现其他因灾死亡事故。

【防灾减灾救灾机制完善】 青神县调整完善县减灾委员会、县防汛抗旱指挥部、县抗震救灾指挥部等成员单位，组织修订《青神县防汛抗旱应急预案》《青神县多灾种叠加应急预案》《青神县自然灾害救助应急预案》等应急预案，督促指导各乡镇（街道）、县级各部门修订各类应急预案50个，明确各单位职责分工、理顺各类突发事件响应机制和应急处置措施等；落实会商研判，每月县减灾委办召集应急、气象、水利等重点部门开展自然灾害风险分析研判，每月发布1期风险分析报告，为全县防灾减灾救灾工作提供决策依据。

【灾害应急处置能力提升】 青神县应急管理局推进“一主两辅”基层应急救援队伍建设，组建县、乡、村三级应急救援队伍81支1800余人，组建2支共90人的社会救援队伍；开展防汛应急演练、地震应急综合演练等，全年防汛应急演练143场次、3892人次参与，全年指导学校、医院、供电、通信等重点行业领域开展地震应急演练42场次，提高应急处突能力。

【救灾物资保障】 青神县应急管理局采购51.6万元的救生艇、马达、沙袋、抽水泵等防汛设备、物资，前置乡镇（街道）、河心洲岛应急物资4.7万余件套，价值200余万元。

【综合减灾示范社区建设】 青神县应急管理局指导青竹街道青衣社区创建“全国综合减灾示范社区”；9月28日，向青竹街道调拨500个家庭应急包用于提升家庭减灾能力；高标准建设迎检点位4个，包括社区微型消防站、社区防灾科普宣传点位、锦绣小区消防示范点；排查整改社区隐患4处，升级建强60余人的社会应急救援队伍，配备装备物资300余件，提高社区综合减灾能力水平。

【水旱灾害救援】 青神县全年开展防汛应急演练143场次、3892人次参与，其中县级防汛应急演练2次，300余人次参与，提高应急处突能力；全县储备防汛麻袋、防汛编织袋1.7万条、救生衣1980件、各类照明灯具310台、橡皮艇4艘、冲锋舟9艘、抽水泵52台、发电机33台。

【地震与地质灾害救援】 青神县应急管理局全年开展防震减灾宣传教育21场次，发放宣传资料4500份，开展各类地震应急演练42场次；完成全县29个抗震救灾指挥部成员单位、7个乡镇（街道）及水、电、气、通信等重点行业地震应急预案编制，首次实现全县地震应急预案全覆盖；完成白果地球物理台升级改造，青神县城南小学校创成市级防震减灾科普示范学校；检查地震预警终端、地球物理台、强震台、烈度台、AT地震多分量监测系统、地震宏观观察点等16次，发现问题并排除故障5次，确

2022年1月20日，2022年森林火灾应急处置“双盲”演练在汉阳镇文新村开展　（县应急管理局供图）

保各监测设备正常运行，监测数据连续并上传。

【火灾防治管理】 青神县财政投入700余万元，组建一支50人森林防灭火专职扑救队，前置汉阳驻防点辐射汉阳、瑞峰、罗波3个重点乡镇；为县消防救援大队购置配备登高平台消防车1辆，为各乡镇（街道）购置配备微型消防车8辆。

【防汛减灾】 青神县落实防汛“一对一”包保责任，全县7个乡镇（街道）明确包保县级领导13人，58个村（社区）明确乡镇级领导53人，村（社区、组）干部403人，全县包保80889户；应急、水利、规划自然资源、气象实行联合会商研判机制，科学研判雨情发展趋势，研究提出应对工作措施，发布6期预警信息。严格落实“三避让，三撤离”刚性要求（“三避让”是指主动避让、提前避让和预防避让；“三撤离”指的是危险隐患点强降雨时撤离、隐患点发生异常险情时撤离、对隐患点险情不能准确判断时撤离），做到“应转必转、应转尽转”，全年转移群众1728户4595人次，解救被困群众6人，投入应急抢险力量2332人次、车辆277台次，全县群众无伤亡。

【汛期防洪】 青神县与县内流域上游东坡区、仁寿县、夹江县、井研县4个区县签订防汛减灾联防联控机制合作协议，乡、村两级签订联防联控机制合作协议32个，确定合作内容责任人和联络员，确保信息共享，做好“上游下雨、中游吹哨、下游开跑”；确定以行政首长负责制为核心的县、乡、村三级防汛责任人231个，并逐一签订防汛抗旱责任与任务承诺书，明确23座水库水电站“三个责任人”和29个山洪灾害危险区“三类责任人”，将责任人名单向社会进行公示，接受社会监督。

【防灾减灾救灾宣传】 青神县减灾委办在“5·12”全国防灾减灾日、“10·13”国际减灾日期间组织开展宣传活动，向群众发放各类防灾减灾宣传资料3000余份，涉及人数3000余人次；指导各乡镇（街道）结合自身防灾减灾特点，通过挂横幅、发传单、讲知识等方式开展乡镇级宣传7场，发放宣传资料15000余份，增强群众防灾减灾意识，形成防灾减灾宣传社会氛围。

【灾害信息员队伍建设】 青神县7个乡镇（街道）、58个村（社区）均设置灾害信息员AB岗，全县灾害信息员134名，全覆盖开展灾害信息员培训。

（刘学明　葛睿琪　唐天兴　尹小龙）

消防救援

【概况】 2022年，青神县消防救援大队围绕防范化解重大安全风险、应对处置各类灾害事故的重要职责，紧盯高层建筑、商业综合体、工贸企业等高风险领域，以消防安全治理体系和治理能力现代化建设为主线，跟进青神县经开区扩区产业蓄势突破、竹艺竹业特色产业加快成势、乡村振兴新兴业态不断增多等实际，强化风险研判、严格执法要求、狠抓隐患治理，全县继续保持无较大以上火灾事故的良好势头。

【队伍建设】 青神县消防救援大队贯彻落实党的二十大精神，强化专职队伍党组织建设，依托乡镇（街道）党（工）委完成专职队伍党组织建立事宜，提升党员发展和管理基础；推进队伍正规化建设，通过省消防救援总队正规化达标创建验收，提高“以队为家”的工作认同感和工作责任心；提升应急救援专业化水平，配备55米登高平台消防车，依托总队采购基本防护装备、特种防护装备、通信器材近500件套，依托地方部门补充完善森林、水域等专业化队伍装备，充实灭火救援装备，启动智能接处警系统建设。

【火灾防控】 青神县消防救援大队开展青神县环城特色产业聚集片区和汉阳农旅融合发展片区消防专项规划编制，汉阳镇片区中心消防站建设纳入县发改建设规划库；推动县政府出台《青神县“十四五”消防事业发展规划》，统筹分年度实施全县27个村（社区）微型消防站建设，第一阶段14个站完成建设任务，为非主

2022 年 11 月 10 日，青神县消防救援大队召开校外消防安全辅导员聘任仪式暨消防安全管理培训会 （县消防救援大队供图）

2022 年 5 月 14 日，青神县消防救援大队在岷江河开展水上救援 （县消防救援大队供图）

城区的村（社区）配备 8 辆微型电动消防车和森林灭火装备；依托民生工程和老旧小区改造，为独居老人安装联网式感烟火灾探测器 400 个，改善辖区消防安全基础环境；开展冬春火灾防控、冬护民安专项行动、消防安全大检查专项治理等 10 余项整治行动，办理行政处罚案件 88 起，查封 15 家、“三停”7 家，罚款 20 万余元，销案整治 1 家县级挂牌重大火灾隐患单位，全县火灾形势持续稳定。

【练兵备战】 青神县消防救援大队提升应对灾害处置技战术水平和实战能力，深化练兵举措，完善考评机制，实行月考核、季分析、半年“回头看”，将考核成绩与骨干选拔、专业培训、评优评先、绩效管理相挂钩；强化执勤备战，全年开展实战演练 52 次，“六熟悉”（熟悉重点部位、熟悉建筑结构、熟悉道路水源、熟悉火灾危险性、熟悉灭火救援措施、熟悉重点单位灭火处置预案）工作 104 次，修订完善重点单位预案 60 份，辖区内重点单位覆盖率达到 100%；抓实专业队伍建设，分岗位、分层级、分专业开展全员岗位大练兵活动，先后选派 12 人参与班长骨干、驾驶学员、安全员、无人机飞手、电工技能培训，专业培训率达到 30%，提升森林、水域队伍专业化水平；接警处置各类灾害事故 230 起（其中火警 78 起，抢险救援 43 起，社会救助 109 起），出动队伍 232 队次，出动车辆 317 辆次，出动人员 1620 人次。

【宣传教育】 青神县消防救援大队开展“全国防灾减灾日”“安全生产月”“11·9”消防宣传日、消防宣传“五进”活动等宣传活动；全民消防学习平台超额完成注册人数，人均学习积分长居全市第一；添置 VR、AR 设施和电气线路试验台等体验设备提升县消防科普教育基地教育基础；依托片区中心镇消防站开展网格员、微型消防站训练演练 30 余次；10 名专职消防队员成为“校外消防安全辅导员”；联合县应急局、县林业和园林局、县融媒体通过“竹里青神”视频号开设视频专栏，全年播放消防知识、森林防火宣传片 60 余期，成为消防知识宣传新阵地。

（王　滔）

劳动就业

【概况】 2022 年，青神县人力资源和社会保障局出台《青神县技能人才引培工程实施办法》《青神县工业企业招工引才扶持办法》，破解用工难题，稳定用工；通过线上线下招聘系列活动开发岗位扩宽就业渠道、开发公益性岗位、加大重点群体就业帮扶力度等措施，全年实现城镇新增就业 2293 人、失业人员再就业 489 人、就业困难人员就业 340 人、城镇登记失业率控制在 3.01%。

【就业促进】 青神县人力资源和社会保障局开展就业专项活动，鼓励农民工就地就近就业，发放宣传资料7万余份，举办线上线下招聘活动64场次，提供岗位1632个次，达成就业意向1356人次；认定环龙新材料公司为“就业帮扶基地”；建成高校毕业生就业见习基地11个，提供就业见习岗位118个；为各类服务对象提供精准就业创业援助，动态托底安置245名脱贫劳动力、退捕渔民等重点群体在公益性岗位就业；帮扶175名就业困难人员实现灵活就业；通过“退捕+补偿”“就业+管理”“社保+补贴”三措施促进有劳动能力的127名退捕渔民转产就业率100%；为高校毕业生提供300余个公招岗位，对162名离校未就业高校毕业生开展电话回访、政策宣传、岗位推荐等服务，实现就业率98%以上；支出就业创业补助资金463.08万元，惠及各类就业帮扶对象1148人次；支出职业技能提升行动专账资金261.12万元，惠及劳动者7217人次；支出失业保险金426.55万元，惠及失业人员155人、企业职工7185人。全年实现城镇新增就业2293人、失业人员再就业489人、就业困难人员就业340人、城镇登记失业率控制在3.01%。

【创业促进】 青神县人力资源和社会保障局选树夏雪平、郭倩等10名返乡创业人员为青神第二批“青神创业名星”；组织420名大学生参加SYB创业培训；组织“四川省满竹里科技有限公司”作为省级“大学生创业创新赛”类别项目参加2022“大创慧谷”大学生创业创新大赛暨数字经济人才创业创新大赛，荣获总决赛三等奖；持续实施“青创计划”，为符合条件的高校毕业生提供资金支持；邀请省、市创业专家开展巡诊指导，面对面辅导20余家企业定制个性化招聘方案、建立合理薪酬制度和绩效考核制度，解决企业创业过程中的疑点难点；落实10万元补贴资金，积极筹备省级孵化园创建工作；扩大创业担保贷款经办银行范围，在全市率先取消反担保限制，鼓励各类劳动者自主创业，为2家小微企业提供370万元担保贷款，为40名自主创业人员发放645万元创业担保贷款，兑现贴息46.78万元，发放大学生创业补贴6万元，拨付创业培训补贴48.96万元。

【高校毕业生就业】 青神县人力资源和社会保障局为高校毕业生提供公开招聘公务员、选调生、中小学教师、事业单位工作人员、高层次和紧缺专业技术人才、疫情社区排查防控社工岗、公共卫生特别服务岗、“三支一扶”服务等岗位300余个；鼓励企业吸纳高校毕业生就业，为企业发放一次性扩岗补助6.6万元；高频率举办就业专项活动，利用成都艺术职业大学就业平台、智联招聘等平台，开展线上招聘10场；通过就业信息网、“青神就业”公众号等，发布招聘信息700余条，提供岗位3400余个；组织毕业生参加“2022届高校毕业生全国网络联合招聘活动”“国聘活动”“蓉漂人才荟”“教育部24365就业公益直播课”等活动，助力高校毕业生求职；开发见习基地和实训基地，建成高校毕业生就业见习基地11个，提供就业见习岗位118个；对教育部门移交的162名离校未就业高校毕业生，采取电话回访、就业政策宣传、提供招聘信息、推荐岗位等，实现就业率98%以上。

【大学生创新创业引导】 青神县人力资源和社会保障局鼓励毕业年度高校毕业生参加就业技能培训和创业培训，推荐大学生创业者参加全省创业提升培训，组织420名大学生参加SYB创业培训，搭建平台扶持创业；组织“四川省满竹里科技有限公司”作为省级“大学生创业创新赛”类别项目参加2022“大创慧谷”大学生创业创新大赛暨数字经济人才创业创新大赛，荣获总决赛三等奖；持续实施“青创计划”，为符合条件的高校毕业生提供资金支持，发放大学生创业担保贷款90万元、困难大学生创业补贴6万元。

【“制造强县”用工保障】 青神县人力资源和社会保障局出台《青神县技能人才引培工程实施办法》《青神县工业企业招工引才扶持办法》配套政策，组织招引各类人才和顶岗实习学生900余人，兑现各项补贴60万元。以建设全省人才工作先行区为抓手，围绕“智汇青神，人才共培”主题，赴省内外高职院校开展“青神人社联企服务进高校活动”，向高校师生介绍青神县情和产业发展情况，解读青神招工引才政策；与吉利学院、四川工程职业技术学院等13所高校在校企科技转化、工学交替、顶岗实习、订单式培训、大师工作室等方面达成合作意向，实现校政企“多赢”；推广“高校教学+企业实践”“校企双导师”模式，德恩精工等企业与眉职院等3所院校建立合作，订单式培养人才269人。对重点企业缺工进行动态管理服务，开展联企服务“一包一”行动，“点对点”服务56家工业企业，为规上工业企业招引人员584人次；组织50余家企业开展线上线下招聘活动64场次，提供岗位1632个，达成就业意向1356人次。

【援企稳岗】 青神县人力资源和社会保障局以“免申即享”方式实施稳岗返还、扩岗、留工补助等惠企政策，为249家企业兑现纾困补贴308.96万元，惠及企业职工6931人次；对特困行业、扩围行业、受疫情影响的中小微企业三类行业类型实施阶段性缓缴社会保险费政策，为10家企业成功办理缓缴，缓缴金额404万元；发放失业保险金415人次、63.1万元，代缴基本医疗保险82人、17.96万元，为69人发放失业补助金5.98万元；持续开展职业技能提升行动，组织138名企业职工开展车工、钳工、电工技能培训，为254名企业职工发放技能提升补贴26.51万元；为2家小微企业提供担保贷款370万元，兑现贴息11.3万元。

【就业创业培训】 青神县人力资源和社会保障局实施以劳务品牌培训为主要内容的农民工实用技能培训，组织开展汽车维修、中式烹调等培训212人；持续开展职业技能提升行动，组织138名企业职工开展车工、钳工、电工技能培训，组织22名农村转移就业劳动者、脱贫劳动力等重点就业群体开展保育员培训，组织成都艺术职业大学420名大学生开展创业培训。

【化解劳资纠纷工作】 青神县人力资源和社会保障局坚持“刚性执法、柔性调解”理念，全年受理劳动争议案件152件，调解案件138件，调解成功率90%以上，为群众挽回经济损失982万元。

【农民工欠薪制度保障】 青神县人力资源和社会保障局印发《青神县全面落实根治欠薪制度的告知书》《全面落实根治欠薪制度提示函》，建立“日排查、周督查、月调度”机制，强化根治欠薪责任；坚持“属地管理、分级负责，谁主管、谁负责”原则，按照“源头治理、预防为主、防治结合”要求，依法落实市场主体责任和乡镇、街道属地管理、行业部门监管、社会协同监督责任，推行“清单制+责任制+销号制”工作模式，实现在建项目与农民工劳动合同签订率100%、银行代发工资率100%、实名制管理率100%。

【欠薪专项检查】 青神县人力资源和社会保障局会同行业主管部门组成联合执法检查组，对县内用人单位工资支付情况开展督导，落实农民工工资与工程款分离、工资专用账户、实名制管理、总包代发、工资保证金、维权信息公示等根治欠薪核心制度；全年处置各类案件179件，帮助300余名劳动者追讨工资1000余万元，累计检查用人单位103户次，发出劳动保障监察限期整改指令书61份，均在规定期限内整改到位。

【欠薪执法和维权】 青神县人力资源和社会保障局会同行业主管部门开展联合执法，通过“双随机、一公开”“飓风行动”和“春风行动”专项行动，对13家生产经营性企业遵守劳动保障法律法规情况开展执法检查，重点对砂石厂、砖厂、商超等企业是否存在强迫智力残障人士劳动、是否存在违规超时加班等劳动用工违法行为进行检查和抽查，发现8处问题，向2家问题企业发出限期整改指令书；立案处理4起集体欠薪案件，指导4起集体争议通过仲裁程序处理，依法维护劳动者合法权益。

（邹艳菲）

社会保障

【概况】 2022年，青神县民政局持续强化养老服务保障，全面落实社会救助兜底保障功能和临时救助政策，加强流浪乞讨人员救助管理，聚焦“一老一小”等特殊群体，开展一系列关爱行动。

【社区养老服务综合体建设】 青神县民政局积极对接省市资金，持续完善基础设施，在环城片区建设眉山市养老服务中心青神区域中心，力争打造全市区域性养老机构标杆；通过盘活闲置资产、改造社区活动室、建设日间照料中心等方式，布局多个综合式、门口式、嵌入式养老服务站点；建成助老餐厅3个、城区养老服务点2个、农村养老服务分中心3个、农村养老服务点15个，城市15分钟养老服务圈基本形成，农村三级养老服务体系逐步实现全覆盖。

【城乡低保保障】 青神县民政局充分发挥民政部门在脱贫攻坚中的兜底保障作用，守住脱贫攻坚最后一道“防线”，做到应保尽保、应救尽救。2022年历经两次调标后，青神县农村低保保障标准由每月450元提高到每月520元；城市低保保障标准由每月630元提高到每月700元。截至12月底，青神县有城乡低保5003户6331人，累计发放城乡低保金2446.6万元。

【特困人员供养】 青神县民政局将符合条件的1336人纳入特困救助供养范围，集中供养318名，其中集中供养失能、半失能特困人员136名，占全县失能、半失能特困人员的76%；逐步提高特困供养标准，城市特困人员供养标准由每人每月820元提高到每人每月910元，农村特困人员供养标准由每人每月590元提高到每人每月680元；全年发放特困供养金1084.7万元，发放特困人员护理补贴2168人次、35万元。

2022年12月，眉山市养老服务中心青神区域中心主体落成　（县民政局供图）

【临时救助】 青神县民政局落实临时救助政策，对遭遇意外伤害、重大疾病或其他特殊原因造成家庭支出较大、基本生活受到影响的建档立卡贫困户、低保和特困等对象，及时给予临时救助，全年累计救助 258 人次，发放临时生活救助资金 23.6 万元；建立县、乡镇（街道）、村（居）委会上下联动的 24 小时全天候救助服务机制，及时为流浪乞讨人员提供救助服务，全年救助生活无着的流浪乞讨人员 16 人次。

【残疾人关爱行动】 青神县民政局不断录入完善全国两残信息系统，推进残疾人两项补贴定期复核、随机抽查制度不断完善，持续推动审定、发放和监督管理工作正常运行；全年为 4333 名重度残疾人发放护理补贴 371.5 万元，为 2652 名困难残疾人发放生活补贴 372.4 万元。

【老年人关爱行动】 青神县民政局试点政企合作老年助餐补贴机制，对老年人用餐每餐补贴 2 元至 3 元，以每月不高于每人 75 元标准给予补贴，惠及全县 2000 余名老年人；按照不超出 2500 元 / 户的标准对困难老年人家庭的起居室地面、厨卫设施、出行通道、水电隐患等进行适老化改造，改造完成 120 户。

【儿童关爱行动】 青神县民政局发放孤儿和事实上无人抚养儿童养育金45.67万元，支付市儿童福利院代养金7.23万元。实施“福彩圆梦孤儿助学工程”，资助孤儿大学生和中专生3人，资助金额3万元。通过政府购买服务，在全县5个村4个社区实施留守儿童和困境儿童“快乐小东坡——眉好童村”“快乐小东坡——家庭童乐”两个关爱项目，开展活动30次，惠及儿童1300人次；实施困境儿童宜居改造15户，改善困境儿童生活、学习条件。

【困难群众关爱行动】 青神县民政局执行价格临时补贴和一次性生活补贴政策，发放价格临时补贴 66.02 万元、城乡低保对象一次性生活补贴 59.2 万元、特困供养人员一次性生活补贴 17.6 万元。

（黄奕新）

【社会保险】 青神县人力资源和社会保障局明确“特困行业、扩围行业、受疫情影响的中小微企业”三类行业类型，设置阶段性缓缴社会保险费工作专窗，开展人社系统联系服务企业“一包一”行动，为 10 家企业办理社会保险费缓缴，缓缴金额 404 万元；全面实现 V3.0 系统办理养老保险审批，为 1200 余名参保人员办理退休手续和领取基本养老金手续；缩短工伤办理流程，减少认定时间，办理工伤 160 件，辅助伤残鉴定 82 人次；为 31000 余名城乡居民退休人员每月人均调资 10 元，为 20000 余名企业退休职工每月人均调资 85 元，为 2400 余名机关事业单位退休人员每月人均调资 263.25 元，发放城乡居民养老待遇 6129 万元、企业职工养老待遇 46866 万元、机关事业单位养老待遇 14969 万元，养老金发放率 100%，及时发放工伤待遇 606 人次 589 万元。全县城乡居保参保 92834 人，城镇企业职工养老保险参保 27577 人，工伤保险参保 23731 人，失业保险参保 13384 人。

【社保基金监管】 青神县人力资源和社会保障局成立领导小组和工作专班，建立社保基金高风险台账，针对问题台账开展专项整治和整治“回头看”，推进风险问题整改销号；紧盯社保基金监管信息系统，根据部省级反馈疑点数据，定期和不定期开展线上和现场监督，处置网络预警 2 条，对全省风险防控子系统需核查的 179 条疑点数据核实整改并反馈；发挥社会保险基金社会监督员力量，落实《青神县社会保险基金社会监督员工作实施细则（试行）》，科学规范监督工作，确保全县社会保障事业持续健康发展。

（邹艳菲）

住房公积金管理

【概况】 眉山市住房公积金管理中心青神管理部负责青神县职工住房公积金缴存、提取、贷款的记录和审批工作。2022 年，青神县住房公积金正常缴存人数 9628 人，缴交单位 263 个，累计住房公积金归集余额 4.5 亿元，住房公积金贷款余额 3.59 亿元。

【住房公积金新政策实施】5 月，眉山市住房公积金阶段性支持政策出台，截至 12 月底，眉山市住房公积金管理中心青神管理部对受疫情影响的 177 名租房职工提高租房额度，提取公积金 209.81 万元，对受疫情影响不能正常还贷的 48 户贷款户不做逾期处理；通过“线上 + 线下”方式，宣传报道灵活就业人员参缴政策，不断提高政策知晓率和关注度，截至 12 月底，转入灵活就业人员账户数 883 户，新增灵活就业人员开户数 17 户；对城镇老旧小区改造、既有住宅增设电梯、住宅专项维修资金续筹等可申请提取住房公积金。截至 12 月底，支持缴存职工既有住宅增设电梯提取住房公积金 4.73 万元。

【住房公积金缴存】 青神县全年新增开户单位 14 家，净增 7 家，新增开户人数 1375 人，净增 582 人，缴存额 1.73 亿元。年末，青神县住房公积金累计缴存总额13.84亿元，比2021年年末增长14.24%；缴存余额4.57亿元，比2021年年末增长11.51%。

【住房公积金提取】 青神县全年提取住房公积金12176.29万元，占当年缴存额70.57%，柜台办理提取870笔，网络自助办理提取31276笔。住房消费提取9791.4万元，其中，购建房提取1870.34万元，还贷提取7346.12万元，租房提取574.94万元；非住房消费提取2384.89万元，其中，离退休提取1832.41万元，终止劳动关系销户提取168.51万元，其他提取383.97万元。

【住房公积金贷款】 青神县全年发放个人住房贷款138户、4458.7万元，比2021年下降29.35%；累计发放个人住房公积金贷款3206户、7.13亿元，贷款余额3.59亿元。

【住房公积金管理与服务】 眉山市住房公积金管理中心青神管理部根据中心授权，执行、完成辖区内住房公积金归集和使用计划，不断扩大住房公积金制度受益面，不断提升公积金管理和服务水平，为服务全县经济建设、推动房地产市场平稳健康发展发挥作用。

（熊　涛）

社会管理

【概况】 2022年，青神县民政局聚焦两项改革“后半篇”文章，加强基层政权建设，不断健全城乡基层治理体系，推动基层治理现代化；引导社会力量参与社会治理，推动全县社会组织健康有序发展。

【两项改革“后半篇”文章】 青神县民政局牵头，以“片区规划”为总牵引推进两项改革“后半篇”文章工作，设立环城、汉阳2个乡级片区和12个村级片区，完成环城片区、汉阳片区规划编制并通过县、市审查；对照“省级百强中心镇”创建指标，实施西龙镇和汉阳镇重点镇建设项目；探索“入股”“托管”“合作”等集体经济发展模式，官厅坝村获批全省合并村集体经济融合发展试点先进村。兰沟村被评为天府旅游名村，亮相10月29日中央电视台综合频道（CCTV-1）晚8点黄金档节目《山水间的家》45分钟。

【地名管理】 青神县民政局开展国家地名信息数据质量建设行动，组织各乡镇对信息库现有地名的类别、名称、罗马字母拼写、位置等基本属性信息进行系统审核修改2770条，解决明显的地名分类错误、书写错误、汉语拼音拼写错误、图上位置标注错误等问题5300余个，确保各分类书写正确、拼写规范、位置准确。

【村民自治】 青神县民政局针对16名村（居）委会干部辞职情况，及时指导、依法开展补选，并按要求对32名正式候选人进行县级联审，把不符合条件人员“挡在门外”。

【基层治理】 青神县民政局开展全国“村级议事协商”试点、省级“乡风文明”试点和县级“青廉村居”试点，高台镇百家池村被民政部评为全国基层群众性自治组织。眉山市社区基金成立工作会在青神召开。争取省级补助资金270万元，整合县级各类资金300余万元开展第二批省级城乡社区治理试点工作，试点社区实现硬件上有改观、软件上有提升、服务上有亮点、场景上有呈现，青竹街道、高台镇等4个试点单位被示范命名。

【行政区域界线管理】 青神县民政局开展青神县与井研县边界联检工作，深入边界线所涉及乡镇、村组实地勘察，就边界勘定后当地干部群众遵守和维护界线、界桩情况进行广泛走访了解，形成联检记录并按程序送审。

【社会组织管理】 青神县民政局坚持“培育发展，管理监督并重”方针，及时清理“僵尸社会组织”，按程序进行注销，并加强民间组织诚信自律建设，促进社会组织健康发展。全年全县新成立社会组织19家，变更4次，注销9家，截至2022年12月共有社会组织126家，其中，社会团体85家，民办非企业41家。

社会服务

【概况】 2022年，青神县民政局聚焦群众关切，汇聚上下资源，协调各方力量，通过开展志愿服务、优化社会组织、壮大社工队伍等措施，推动全县殡葬、婚姻登记、慈善事业等民政基本社会服务稳步发展。

【志愿者社工管理】 青神县民政局推进社会工作服务体系建设，完成县社工总站建设，完成汉阳镇、西龙镇、瑞峰镇3个省级试点社会工作服务站和罗波乡、白果乡县级社工站建设，实现全县乡镇（街道）社工站全覆盖；推进社工人才建设，全年开展社工培训200余人次，报考110人，通过53人；根据省民政厅《关于组织实施新冠疫情社区排查防控社工岗项目的通知》精神，录用17名疫情防控社区排查社工。

2022 年 5 月 20 日，青神县婚姻登记处举办“宋风雅韵 · 缘定今生”宋式集体婚礼　（县民政局供图）

【婚姻登记管理】 青神县建成眉山市首个公园式婚姻登记处，举办宋风雅韵集体婚礼、圆抗美援朝老兵婚纱梦等活动，被人民网、四川卫视等国家级、省级多家媒体报道。青神县民政局全年办理结婚登记 846 对、离婚登记 358 对，补领结婚证 2132 对、离婚证 55 对，结婚登记合格率 100%。

【殡葬管理】 青神县拨付 120 万元资金用于瑞峰刘家场公益性公墓和罗波学堂山公益性公墓提档升级；深化殡葬改革移风易俗，在春节、清明等祭祀活动高峰期持续开展“鲜花换纸钱”活动；加大对农村红白理事会的资金、政策扶持力度，指导农村红白理事会建章立制、规范管理，实现农村红白理事会“有人办事、有地方办事、有章程理事”；落实惠民殡葬政策，全县火化率 99.6%，减免基本丧葬费 1652 人、130.51 万元。

【福利彩票销售】 青神县全年销售福利彩票 1203.1 万元。

【慈善事业发展】 青神县全年接收定向捐赠资金 105 万元，其中市民黄义军个人定向捐赠县住建局 100 万元用于青神县疫情防控隔离点建设，四川省烟草公司眉山市公司定向捐赠高台镇河坝子社区 5 万元用于安装太阳能路灯。四川省慈善总会资助青神县 5 名大学新生每人 5000 元，1 名高中新生 3000 元。眉山市慈善会资助青神县 10 名大学新生每人 3000 元，累计发放慈善助学资金合计 58000 元。

（黄奕新）

老龄工作

【概况】 2022 年，青神县卫生健康局推进老龄事业发展，认真贯彻落实国家、省、市关于实施应对人口老龄化国家战略的决策部署，推进老年友好社区建设，强化医养结合，完成 460 名 65 岁以上失能老年人“健康敲门行动”服务工作。

【推进老年友好社区建设】 青竹街道花园社区成功创建为全国示范性老年友好型社区；高台镇百家池村创建经验做法作为全省代表入选《2021 年全国示范性老年友好型社区典型案例集》。县人民医院成功创建眉山市第一批老年友善医疗机构，白果乡中心卫生院、青竹街道黑龙中心卫生院、汉阳镇卫生院、西龙镇中心卫生院四家医疗机构为青神第一批老年友善医院。

【健康敲门行动】 青神县卫生健康局为 13392 名 60~79 周岁（残疾老年人、计生特扶、城镇农村低保特困）、80 周岁以上的高龄老年人购买意外伤害保险，保险金额 52.9 万元，超额完成市定目标任务；开展健康大讲堂 6 期，开展慢病管理、防范诈骗、老年人中医养生等主题讲座，增强老年人抵制诈骗的能力；增加老年人对中医养生知识的了解，提高老年人养生意识、健康意识。

【医养结合机构建设】 青神县有医养结合服务机构 1 家，开展养老服务、纳入医保定点；有医养结合养老床位 100 张、医养服务人员 3 人。

（严开川）

民生实事

【概况】 2022 年，青神县人民政府办公室发挥民生工程协调小组办公室作用，全面完成省、市下达青神县 105 项民生实事任务和县人大代表票决的十大民生实事；全市首个公办普惠托育服务中心建成投用；开通城乡公交线路 13 条，实现城乡公交一体化运营；教育基础设施及能力提升、10 公里雨污混流管网改造等民生实事完成年度目标任务。

【教育基础设施及能力提升】 完成青神县学道街小学校舍改扩建，新增城区小学学位 600 个。项目于 9 月建成投用。完成青神中等职业学校宿舍楼、综合楼主体工程，学位增至 1500 个。项目于 12 月建成投用。

【0~3 岁托育服务中心建设】 完

成青神县0~3岁托育服务中心及配套设施建设，达到130个托位；为全县0~3岁的婴幼儿家庭提供科学照护、早期教育、儿童保健、健康通道等特色托育服务。项目于9月建成投用。

【城乡公交一体化建设】 开通城市公交线路4条和汉阳、罗波、河坝子、瑞峰、罗湾、丹甫、高台、桂花、天池城乡公交线路9条，投放新能源公交车辆52台，实现城乡公交一体化。项目于5月建成投用。

【眉山市养老服务中心青神区域中心建设】 眉山市养老服务中心青神区域中心建设项目总投资约7000余万元，建筑面积约15600平方米，拟建养老床位300张。项目于12月完成主体工程建设。

【青神县人民医院提标扩能】 完成创伤急救中心、DSA室、胸痛、卒中中心ICU改造。项目于12月建成投用。

【农村道路提档升级】 截至12月底，按照“四好农村路”建设标准，完成光辉村通组路、黄莺岭村道、罗湾村村道、X105瑞剑路等80公里农村公路提档升级改造。

【“3+25”镇村便民服务中心（室）改造升级】 截至11月底，完成3个乡镇（街道）便民服务中心和25个村（社区）便民服务室升级改造。

【老城区雨污混流管网改造】 完成成艺路、栖霞路、红桥巷、外西干道路段改造约10公里。项目于11月建成投用。

【城镇老旧小区改造】 截至12月底，完成86个老旧小区改造，综合整治小区管网、路面及周边道路，优化停车位，增设电梯，配套相关文化体育设施。

【关心关爱特殊群体】 截至12月底，提供法律援助咨询服务1699人次，提供法律援助案件服务165件，法律服务平台提供服务1500人次。资助白内障患者实施复明手术累计完成104例，累计完成困难残疾人家庭无障碍改造88户。组织开展各类补贴性职业技能培训792人，组织开展劳务品牌培训累计212人。完成麒麟社区邻里中心、五更桥社区、建华社区、游滩社区党群服务中心改造；完成罗波乡龙泉村、高台镇安家坝村养老服务分中心和瑞峰镇杨柳漕村养老服务点建设；爱邻厨房、夕阳驿站助餐点建成投入运营；按照“一户一策”改造方案，完成15户困境儿童宜居改造。县内高血压管理11254人，已签约管理11026人，签约管理率97.97%；糖尿病管理4563人，已签约管理4450人，签约管理率97.52%。

（黄浩宇）

生态环保

国土资源保护

【概况】 2022年，青神县土地资源面积3.87万公顷。其中，耕地1.29万公顷，园地0.55万公顷，林地1.14万公顷，草地0.01万公顷，水域及水利设施用地0.32万公顷，城镇村及工矿用地0.34万公顷，交通运输用地0.09万公顷，其他土地0.13万公顷。主要国有自然资源类型为土地、森林、矿产、水等。

【土地报批】 青神县规划和自然资源局全年上报建设用地3219亩，其中批次建设用地119亩，独立选址建设用地3100亩，批回建设用地2803亩，其中批次建设用地555亩，主要保障簧门北街市政道路建设工程项目、青神县现代农业园区科研基地建设项目和经开区扩区项目用地；独立选址建设用地2248亩，主要保障复兴水库扩建工程（青神境）项目建设用地和成乐高速扩容（青神段）项目建设用地。

【土地出让】 青神县规划和自然资源局严格贯彻执行上级关于土地市场建设的各项方针政策，强化土地有形市场的职责和功能，科学编制《青神县2022年土地储备计划》，有偿收储国有建设用地使用权4宗19.27亩；严格执行土地出让招拍挂制度，加强市场分析、科学经营，100%实行净地出让41宗2831.59亩，实现土地出让价款收入70886.99万元；划拨土地28宗，面积892.75亩。

【土地利用改革】 青神县深入推进“亩均论英雄”园区评价工作，青神经开区在全省97个省级以上工业主导型园区评价中排名26。组织弹性年期出让工业用地1宗，面积0.44亩，价款5.28万元，出让年限40.5年。开展工业用地“标准地”改革工作，制发《青神县人民政府办公室关于印发〈青神县推行“标准地”改革工作实施方案〉的通知》，开展环境影响评估、水资源论证报告、安全评估、矿产资源压覆评估、地质灾害评估五项区域评估，制定项目行业准入、亩均税收、能耗总量等控制性指标，组织土地供应3宗479.29亩，为全面推行工业用地“标准地”供应奠定了基础。

【地籍管理】 青神县规划和自然资源局完成全县2021年度国土变更调查工作；稳步推进全县农村“房地一体”登记工作，完成外业测绘58606宗、权籍调查54128宗及权调成果的公示、改错，完成登记发证263宗，数据库建设及数据整合41837宗，全面建成“一张图”数据库。

【矿山生态修复】 青神县规划和自然资源局加快编制《青神县矿产资源总体规划（2021—2025年）》，推进规划公示、征求意见、召开听证会等工作；开展全县在建矿山生态修复方案编制，建立全县在建矿山生态修复数据库。

【耕地保护】 青神县规划和自然资源局严格贯彻落实制止耕地“非农化”、防止耕地“非粮化”工作要求，及时遏制耕地净流出趋势；积极开展“田长制”工作，以片区小网格为单元，设置县、乡、村三级田长和“四员”（网格员、农技员、执法员、监督员）620名，形成“横到边、纵到底，网格化、全覆盖”的耕地保护监管格局，确保耕地保有量和永久基本农田保护面积不减少、质量有提升，粮食生产能力不降低；编制完成2022年耕地进出平衡方案，确保2022年度耕地为净流入；坚持项目用地预审制度，不符合规划的一律不予通过；办理用地预审与选址意见书8宗面积924.34亩，单独办理用地预审9宗面积1294.36亩；处置批而未供土地1926亩，闲置土地处置完成率100%；全面清理整治批而未用撂荒地，复垦复耕5宗536亩；全面完成青竹街道（原南城镇）土地整理项目建设，项目总投资1191万元，实现新增耕地275亩；积极开展土地整理项目自查整改，投入201万元完成8个土地整理项目整改，实现新增耕

2022年12月9日，青神县召开全县耕地保护推进会议暨2022年县田长制全体会议 （县规自局供图）

地260.3亩；制发《青神县城乡建设用地增减挂钩项目实施办法》，开展汉阳镇、瑞峰镇、西龙镇、罗波乡城乡建设用地增减挂钩项目调查摸底，申报的《罗波乡城乡建设用地增减挂钩项目实施方案》已通过四川省自然资源厅立项。

【地质灾害防治】坚决落实“三个避让”和“三个紧急撤离”刚性要求，针对全县25处地质灾害隐患点落实监测员73人。严格落实24小时值班值守和动态巡查监测要求，全县全年及时组织转移受威胁群众1195户1993人。大力推进地质灾害综合防治体系项目建设，完成地质灾害隐患点销号27处，减少受威胁群众694人，完成目标任务的100%。

【不动产统一登记】青神县规划和自然资源局以进一步优化营商环境为目标，创新开展“一把手”走流程体验服务，着力解决不动产登记中的堵点难点，进一步优化不动产登记流程，全面实现“一窗受理”“一站式”办理；深化“126”办理模式（“126”：补证换证、婚内析产、离婚分割登记、注销登记、异议登记1小时办结；变更登记2小时办结；首次登记、转移登记6小时办结），全力确保查封登记、注销登记、查询业务、异议登记1小时办结，变更登记2小时办结，首次登记和转移登记6小时办结，提高了群众和企业满意度；积极推进互联网+不动产登记，实现不动产登记全市通办；与县农业银行、农商银行和邮储银行签订协议，实现抵押登记不见面；加强与县级相关部门、乡镇（街道）协调沟通，积极探索解决遗留问题的办法，破解群众“登记难”问题。全年办理不动产权登记业务15580件，妥善解决处理遗留问题30余件。

【土地执法】青神县规划和自然资源局坚持对违法违规用地行为保持高压态势，开展农村乱占耕地建房下发疑似问题图斑摸排上报工作、影响消防安全的违规搭建排查工作、城镇燃气安全排查整治工作、临时用地批后监管工作、2021耕地保护专项督察反馈问题整改工作、成都平原耕地保护专项整治行动反馈问题整改工作；积极开展土地矿产卫片执法工作，严查违法用地；全年开展动态巡查94次；加强土地供后动态监管，完成开工巡查36次，竣工巡查69次；办理违法案件17件，收取罚没收入90.61万元；全面完成2022年自然资源部省下发卫片图斑320个、3383.39亩核查，经核查无违法用地。

（鲁 艳）

森林资源保护

【概况】2022年，青神县森林面积18876公顷，森林覆盖率48.8%；森林蓄积105万立方米。竹林总面积20万亩，竹林面积呈增长趋势，助力碳达峰、碳中和战略目标，生态环境不断优化。以绿化全川青神行动深入实施绿满青神，建设国家森林城市。

【国家森林城市创建】按照国家森林城市建设相关要求，青神县林业和园林局在做好国家森林城市迎检工作的同时，有序推进提升期工程项目建设。巩固提升创建期已有成果，做好资料查漏补缺，开展国家森林城市评价指标专项调查和评估；发放创森宣传资料7000余份，制作创森纪念品8000份；根据《四川省青神县国家森林城市建设总体规划（2019—2028年）》，细化落实提升期规划目标任务，有序推进提升期“六大工程”和“三大活动”项目建设，全面完成109项年度目标任务，建设市级森林村庄2个，森林单位1个。

【天然林保护工程实施】青神县林业和园林局编制《青神县2022年天然保护修复森林管护实施方案》，落实33名森林管护人员，确保全县20.57万亩林地得到有效管护。实施集体公益林生态效益补偿1.23万亩，按照四川省惠民惠农财政补贴项目资格审批平台要求，进行线上线下公示和审核，通过眉山市惠民惠农财政补贴资金“一卡通”资金发放平台兑现到农户个人账户，完成资金兑现

2022年3月23日，县林业园林局开展青神县2022年全民义务植树（竹）活动 （县林业园林局供图）

19.64 万元。

【绿化全川青神行动】 青神县抓住春季植树造林时机，有序推动造林绿化工作，全年完成中幼林抚育 1 万亩、新育苗面积 50 亩、四旁植树 40 万株、义务植树 30 万株 10 万人次，完成率 100%。

（黄尹姝）

【古树名木管护】 青神县切实加强 40 株古树（1 株一级古树，4 株二级古树，35 株三级古树）的保护和管理工作。充分利用网络、电视、电台、报刊及各类新媒体，及时向社会发布古树名木保护信息，大力宣传保护古树名木的重要意义，鼓励社会各界、社团组织和个人捐资建树，认管认养，勤养擅护；各乡镇、街道按照古树属地管理原则和权属情况落实管护责任人，责任人再与县林业和园林局签订年度管护责任书，领取管护补贴，按要求落实日常管护，全年兑现管护补贴资金 1.35 万元；对全县统计在册的古树进行统一挂牌保护，完成古树隐患排查和核实认定，指导开展树体支撑加固、病虫害防治、枯枝剪修等管护，并定期在四川省统一的古树名木管理系统，对古树名木的生长环境、生长情况、保护现状等信息进行维护更新。

（陈建如）

【野生动植物保护】 青神县林业和园林局把宣传工作作为野生动植物保护工作的重要抓手，充分利用媒体、网络平台、展板、标语等多种形式开展野生动植物法律法规知识宣传。积极开展“爱鸟周”“世界野生动植物日”及《中华人民共和国湿地保护法》宣传活动，在中岩寺、乡镇场镇等重点区域进行宣传，发放宣传资料 3700 余份；强化野外野生动物常规监测，设立 10 个监测线路，落实监测责任人，定期开展线路巡查，有效防止疫情传播；对野生动物驯养繁殖场所和餐馆、酒店等经营场所进行检查，检查市场和各餐馆、酒店的菜单、冷藏柜、厨房是否存在贩卖野生动物现象；对违反《野生动物保护法》，非法猎捕、交易、运输、食用野生动物的行为严肃查处，共出动执法人员 120 人次，巡查农贸市场、花鸟市场、苗木市场 10 余次，餐馆“农家乐”45 家。

（李　松）

【森林防火】 青神县强化森林防灭火宣传教育，充分利用小喇叭、LED 屏、宣传车等传统方式和手机公益短信、微信、“掌上青神”App 等信息化手段，大力开展森林防灭火宣传，营造良好社会氛围。青神县林业和园林局、青神县消防救援大队联合加强对县森林火灾专业扑救队、义务扑火队、巡山护林员的技能培训、应急演练，开展专业培训 4 次，实战演练12次，采购森林防火物资30余万元。

（余　磊）

矿产资源保护

【概况】 2022 年，青神县的矿种有砂金、建筑用砂石、砖瓦用页岩和砖瓦用砂岩 4 种。青神县制定并实施矿产资源开发利用年度规划（方案），加强对矿产资源开采、矿区环境保护等进行监管，有效推进全县矿产资源的合理开发利用。

【矿产资源开发利用】 青神县境内采砂规划河段全长 42 公里，规划可采区总长 15.81 公里、禁采区总长 23.28 公里、保留区 2.91 公里，规划划分可采区 3 个，规划采砂场 8 个，规划采砂场范围内砂砾石资源总量 653.51 万立方米，规划期控制采砂总量 411.5 立方米，年平均控制采砂量 82.3 万立方米，年度总采砂不超过 21.36 万立方米。青神县水利局按照《岷江干流眉山市青神县段河道采砂规划报告（2021—2025 年）》编制的《2022 年度岷江青神县段河道采砂实施方案报告》通过省市评审，完成年度采砂任务。建立健全河道采砂监管巡查机制，对全县涉砂河流实行班子成员分工包干制，由班子成员牵头负责日常巡查和突击暗访工作，切实将水行政主管部门行业日常监督管理责任落到实处。通过日常巡查、联合执法和采取航拍辅助监管等方式，及时发现并处置 3 起非法采砂案件，其中 2 起行政处罚 18.75 万元，追缴砂石价款 0.75 万元，另 1 件移交县公安机关调查办结；发现并处置工程建设违规取用砂石 2 起，责令整改恢复，补缴财政收入 14.92 万元。青神县规划和自然资源局按照开发利用方案，加强对县内矿山企业合理开发利用资源的监督，对矿业权人开采和矿山地质环境治理、土地复垦情况进行重点监管。

【矿区环保】 青神县 7 个矿山中有 4 个全面完成矿山生态修复，剩余 3 个矿山矿业权到期，开采区进行闭坑修复。青神县规划和自然资源局开展全县在建矿山生态修复方案编制工作，建立起全县在建矿山生态修复数据库。

（鲁　艳）

水资源保护

【概况】 2022 年，青神县年均降雨量 995.5 毫米，比多年平均偏少

8.6%，年降水总量约3.85亿立方米，天然地表流量2.23亿立方米，比多年平均偏高0.4 %。

【水土保持规划实施】 青神县全年治理水土流失面积11.43平方公里，超额完成省、市下达治理任务。实施青神县罗波乡龙泉项目区水土流失综合治理项目，项目批复总投资570.89万元，其中，中央资金400万元，地方配套资金170.89万元，治理水土流失面积11.43平方公里，项目于9月16日开工建设，12月上旬全面完成建设任务。成功创建青神县天河沟国家水土保持科技示范园。争取资金，积极创建国家水土保持示范县。

【重点水利工程建设】 青神县水利局完成复兴水库扩建工程建设，扩建后的水库正常蓄水位430.5米，设计灌溉面积4.2万亩，日供水能力5万立方米，供水人口约14万人。完成岷江右岸青神县黑龙大堤高石坝堤防工程建设，整治加固堤防3.22公里。启动岷江左岸青神县高台镇女儿渡堤防工程建设。

【河湖管理保护】 青神县高位推动河湖长制工作，强化河湖管理保护保障措施，抓实河湖综合管护，开展基层河湖管护“解放模式”试点推广，全县河湖水质和水环境持续改善。岷江青神段水质连续两年稳定达Ⅱ类，思蒙河、金牛河、粤江河、沙溪河水质达Ⅲ类，3个国、省考核断面水质优良率100%，均达到省、市目标要求。

【“河湖长制”体系建设】 青神县全境属长江流域岷江水系，主要有1江、5河、32溪流，总长303公里，县境内流域面积386.8平方公里，水库23座，构成了比较完善的区域小水系。纳入河长制管理的河流（水库、渠系）共86条（座），其中县级15条（座），乡级71条（座）。青神县水利局（青神县河长办）根据工作变动情况，适时对县、乡、村三级河长及部分县级牵头联系部门进行了优化调整，明确县级河长25名、乡级河长61名、村级河长105名，落实县级牵头部门15个，巡河员、保洁员247名。

【水资源利用】 青神县全年农业灌溉用水4930.66万立方米，工业用水547.16万立方米，公共供水管网817.55万立方米，重要江河湖泊水功能区水质达标率为100%。

【水资源管理】 青神县水利局按最严格水资源管理的总体要求，以水资源开发利用控制、用水效率控制和水功能区限制纳污“三条红线”管理为着力点和抓手，落实最严格的水资源管理制度。严格取水许可管理，对全县取用水户进行全面清查，规范取水许可证审批管理和水资源论证工作，完善取用水户档案资料和水资源纳税人信息征管台账，促进用水计量设施安装和水资源费（税）征收；新办取水许可证5户，核定地表水957.6万立方米、地下水20.5万立方米，配合税务部门征收水资源税约180万元，完成规模以上取水户在线计量监测。

【节约用水】 青神县水利局推进节水载体建设，成功创建1个省级节水企业，完成20个机关节水型单位创建并通过县级验收，开展2023年县域节水型社会达标建设县申报工作。

【饮用水水源地监测保护】 青神县水利局严格落实《青神县饮用水源保护管理办法》，制定《青神县复兴水库饮用水水源地突发环境事件应急预案》，加强集中式饮用水水源污染事故应急反应、污染源监控、水质监测、应急物资等方面能力建设；按照《眉山市饮用水水源保护条例》规定，在复兴水库饮用水水源地一级保护区设置隔离防护网、防护墙、界桩、

2022年10月10日，复兴水库扩建工程四标段隧洞镇墩尺寸复核 （县水利局供图）

2022年11月30日，眉山市河湖长制实施五周年宣传工作总结暨“走进乡村（社区）”宣传活动在青神县举办 （县水利局供图）

交通警示牌、宣传牌，安装安全监控平台，实行封闭式管理；每周对一级保护区隔离网进行2次以上巡查，及时修复破损的隔离网11处；扎实开展复兴水库“清河、护岸、净水、保水”四项行动，落实24小时值班值守，坚持每天清除库区沿岸垃圾、打捞水面浮渣杂物，日均清理量近1吨；开展专项联合执法行动，重点查处向水体排放污染物的行为，加大保护区内农业面源污染治理，禁止使用农药，推广有机肥替代。复兴水库饮用水水质长期稳定在Ⅲ类，个别指标已达到Ⅱ类标准，水质标准持续改善。

【水土保持监管】 青神县水利局以“天地一体化”平台为重要抓手，采取遥感监管、现场监督检查和书面检查等方式，开展全覆盖水土保持监督检查60余次，核查生产建设项目30余个。全面完成2020年和2021年遥感监管查处项目的整改销号，对2022年遥感监管认定查处项目开展督察。优化审批方式，严格执行“双五”标准，审批水土保持方案14个，审批率100%，督促生产建设项目建设单位自主验收报备14个。

【水利普法宣传】 青神县水利局利用法制宣传月、“世界水日”、“中国水周”、“12·4”国家宪法日、党群集中活动日等进行水法律法规知识宣传，同时通过多媒体、微信等多种形式开展宣传，全年发放宣传资料3000余份、宣传画报80余份、宣传纪念品240余件，接受群众现场咨询300余人次，为有效保护水利工程安全、供水安全、优化水环境、规范水事秩序和全面推进节水型社会建设创造良好氛围。

【水务综合执法】 青神县水利局以河湖管理、水资源、水体保持专项执法为重点，检查河湖岸线保护利用、涉河建设项目管理、采砂管理、河道清障、水资源保护、水利工程保护和水土保持等法律制度的贯彻落实情况，组织开展河湖（水库）全覆盖执法检查和现场排查，进行登记造册，全面掌握河湖（水库）涉水活动、取用水户情况等。全年出动人员200人次，开展各类巡查检查82次，立案查处案件1件，罚款4.9万元。

【水电站下泻生态流量】 青神县水利局完成小水电全面退出整改并销号；对青神汉阳电站生态下泻流量监管和进行巡查，确保青神县生态下泻流量达标。

（胡思敏）

环境保护

【概况】 2022年，眉山市青神生态环境局贯彻落实党的二十大精神、习近平生态文明思想和习近平总书记来川视察重要指示精神，打好污染防治攻坚战，全县生态环境质量稳步改善。

【蓝天保卫战】 青神县打好大气污染防治攻坚战，推动全县空气质量持续改善。县委、县政府主要领导、分管领导主持召开“蓝天保卫战”誓师大会、大气污染防治工作推进会、调度会等18次，县政府常务会议每月听取大气污染防治工作推进情况汇报；聚焦大气污染防治开展专项督查，发出督查通报23期，发现问题159个，整改159个。

【生态环境建设】 眉山市青神生态环境局推进污染防治攻坚，消除重污染天气，$PM_{2.5}$平均浓度为30.9微克/立方米，全年空气优良天数330天，优良率90.4%，空气质量综合指数3.45；改善全域流域水质，岷江青神段水质持续稳定在Ⅱ类，3个国、省考核断面水质优良率100%，县级及乡镇集中式饮用水水源地水质达标率100%，治理52个行政村（含涉农社区）生活污水；土壤环境风险管控有效；农作物秸秆综合利用率92.68%，畜禽粪污综合利用率94.6%，主要农作物化肥农药使用量持续五年负增长，重点建设用地安全利用率100%。

【饮用水水源地规范化建设】 眉山市青神生态环境局在复兴水库及乡镇集中式饮用水水源保护地设置隔离防护网、防护墙、界桩、交通警示牌、宣传牌并加强监管；完成《眉山市集中式饮用水水源条例》后评估工作，拟定《关于贯彻落实眉山市集中式饮用水水源地保护条例工作情况的报告》，每季度对复兴水库开展水质监测，对乡镇集中式饮用水水源地（河坝子水厂、瑞峰天池水厂）每半年开展1次监测，监测结果均达标，定期在政府网站公示数据；每季度对复兴水库开展“双随机”巡查，重点查处向水体排放污染物行为，确保饮水安全。

【环保政策法规实施】 眉山市青神生态环境局贯彻执行生态环境保护法律法规和方针政策，每年向青神县人大常委会报告年度环境状况和环境保护目标；加强环境行政执法和刑事司法相衔接，依法严厉打击环境违法行为；规范行政执法行为，提升依法行政水平，加强案件的审议和监督管理，确保环境行政案件办理合法、公平、公正和公开；执行行政处罚自由裁量权制度、听证制度和行政复议制度；开展生态环境损害赔偿案件线索排查，落实生态环境损害赔偿制度改革工作要求。

【土壤污染防治】 眉山市青神生态环境局推进土壤污染防治行动，防范化解土壤污染风险；监管土壤污染重点风险源，督促指导全县3家土壤污染重点监管企业开展隐患排查和自行监测工作；开展2022年建设用地安全利用核算，地块安全利用率100%；推进工业固废资源综合利用，实施危险废物申报备案制度，完成2022年管理计划备案企业144家，完成2021年企业危险废物年报122家；守牢疫情防控底线，落实疫情防控环境监管责任，加强对涉危企业和集中隔离点现场检查，累计指导转移涉疫医疗废物120.83吨。

【大气污染防治】 眉山市青神生态环境局抓好工业污染源治理，淘汰落实好工业企业废气管控，推进79家重点企业进行绩效升级，德胜建材获批市2022年重污染天气重点行业（第一批）环保绩效C级企业，硕达机械B级、四川丹甫C级企业待公示，石花机砖厂通过C级技术核查，子辉铸造、众鑫盛已提交升级申请；强化移动源管控，落实中心城区货车管控和分流绕行，严查货车抛洒滴漏及冒黑烟等问题，完成601台柴油货车尾气抽测，达标率99.83%，完成30台非道路移动机械抽测，达标率为100%；督促建筑工地落实“六不准”“六必须”“六个百分百”；开展为期1个月的餐饮油烟专项整治行动，全县油烟净化装置安装率达96.4%；推进面源整治，落实重污染天气应急管控措施，加强城市精细化管控，安装道路高杆喷淋系统9套、喷雾系统52套。

【水污染防治】 眉山市青神生态环境局实施小流域治理专项行动，对重点小流域水生态环境问题开展现场检查和暗访，全面压实属地乡镇（街道）治水责任；开展入河排污口排查整治，完成186个入河排污口方案编制、台账建立、溯源排查、问题整改等工作；协同推进河湖长制工作，印发思蒙河“四张清单”；夯实项目实施，抓好项目包装入库，合理规划使用中央、省下达生态环境保护专项资金和一般债券，推进水污染防治项目包装入库评审，完成3个生态保护修复工程项目调整入中央库；梳理和排查全县8000余口农村生活污水治理设施运行情况，督促第三方、属地乡镇（街道）履行好监管责任，全县52个行政村（涉农社区）农村生活污水得到有效处理。

【环境监测管理】 眉山市青神生态环境监测站开展环境治理监测、测管协同监测、污染源监督性监测、机动车尾气监测等工作，利用自动监测站数据资源，加强数据统计与分析，为生态环境保护决策提供科学依据；完成全县15条河流（湖、库）及其支流70个断面，20座水库，城市和乡镇集中式饮用水水源地，城市区域声环境质量和城市道路交通噪声，企业废水、废气、固废等方面日常监测；完成4家涉磷企业、5家涉磷污水处理厂专项监测，完成80次环境应急及测管协同监测，及时公示并做好预警；岷江干流水质平均值达到Ⅱ类标准，支流断面水质持续保持在Ⅲ类标准；城市集中式饮用水水源地复兴水库和乡镇集中式饮用水水源地（河坝子村、天池村）水质均符合相关功能水体标准限值要求。

【环评审批】 眉山市青神生态环境局做好环评审批服务，贯彻落实国家“放管服”改革及优化营商环境要求，对重点项目实行提前介入，提供“保姆式”服务，协助斑布园区取得项目环评，配合西南表面处理中心等重大项目办理规划环评和项目环评审批手续，全年共审批环评项目3个；完成眉山市开展2021年23个典型行业排污许可证质量复核和2022年25个典型行业排污许可证质量审核整改工作。

【污染物总量减排】 眉山市青神生态环境局按照“十四五”减排规划，推进大气和水减排；2022年氮氧化物、挥发性有机物、化学需氧量、氨氮四项减排量通过生态环境综合调度平台上报省生态环境厅核查。

【辐射环境管理】 眉山市青神生态环境局加强核与辐射安全监管，确保全县辐射环境安全；完成19家核技术利用单位辐射安全隐患排查，对发现的60余个问题，逐一移交整改，并开展现场核查；19家核技术利用单位，均按要求办理《辐射安全许可证》；依托“4·15”国家安全教育日、“6·5”世界环境日等契机，开展核与辐射安全宣传教育；在网站发布宣传科普知识15条，利用23个单位LED播放宣传标语，发放宣传单350余份，张贴宣传海报250余张，接受群众咨询190余人次。

【工业固体废物堆存场整治】眉山市青神生态环境局会同县规划自然资源局核查全县范围内非煤矿山，县域内非煤矿山已全部关闭。

【危险废物管理处置】 眉山市青神生态环境局完善危险废物环境重点监管企业清单，对4家重点产废企业危废管理抽查评估考核；办结危险废物转移联单446单，指导转运处置危险废物432.96吨，涉疫医疗废物120.83吨。

【环保企业管理】 眉山市青神生态环境局实施“日查+夜查”“人防+技防”全天候全方位监管模式，对全县82家重点企业开展“一对一”

精细化管理和帮扶指导，督促企业严格落实主体责任；指导四川丹甫环境科技有限公司（涂装C级）、眉山银合机械有限公司（涂装C级）、四川省德胜新型建材有限公司（陶瓷C级）、四川省硕达机械有限公司（铸造B级）4家企业完成绩效升级。压实排污单位主体责任，转变环境监管方式，指导11家企业完成安装用电监控，切实提高监管效能。

【环境监管执法】 眉山市青神生态环境局优化执法服务，坚持包容审慎监管理念，梳理正面清单，落实无事不扰和首违不罚，丰富“非现场”执法手段，健全完善非现场监管执法体系，加大对重点流域、重点区域和重点行业、建设项目、饮用水水源地的监察力度；全年开展环境执法检查300余次，出动执法人员1300余人次，巡查企业现场发现并责令整改环境问题170余个，立案查处环境违法行为6件，其中查封1件，查处金额约15.85万元；办理信访投诉件310件，案件按时办结率100%。

【环保宣传】 眉山市青神生态环境局开展习近平生态文明思想“进农村、进学校、进企业、进社区”活动并发放宣传资料；4月2日，中央广播电视台对青神县萤火虫保护工作进行长达2小时的直播，浏览量444万余次，当晚的话题“#四川出现萤火虫星海美景#”登顶微博热搜，话题内容曝光总量超过3200万次；4月5日和4月7日，CCTV-17和CCTV-13分别先后关注报道青神生态环境保护工作；4月9日，CCTV-1《新闻联播》以《四川：特色产业点亮乡村经济》为题，报道青神萤火虫经济和生态保护工作，时长2分13秒；12月10日，新华社总社音视频部在《生物多样性公约》第十五次缔约方大会期间向全球播发我国致力生物多样性保护系列作品，其中《新华视点丨多样生物 多彩四川》以三分之一的篇幅报道青神县生物多样性保护工作，全球点击量近百万，省、市生态环境部门官方微信号转载，全网点击超百万。

【中央、省环保督察反馈问题及信访交办件整改】 眉山市青神生态环境局夯实督察整改政治责任，推进中央、省环保督察反馈问题及信访交办件整改落实，县委常委会会议、县政府常务会议先后23次研究生态环境保护工作；以县委、县政府名义印发《青神县第二轮中央生态环境督察报告整改实施方案的通知》，细化分解26条整改措施，明确整改目标、整改措施、时限要求，形成“限期整改、销号闭环”工作机制；县环督办每月拍摄环境暗访片，曝光突出生态环境问题，拍摄暗访片11期，曝光并交办问题72个，发出交办函33期，全部整改完成；每月对“12345”“12369”环保投诉办理情况开展“回头看”，督导责任部门抓好问题整改，回访核查“12345”“12369”环保投诉278件；完成由青神县牵头销号的4个第二轮央督反馈问题、1个央督反馈问题和第二轮省督反馈问题。

【规模化畜禽养殖粪污利用】 青神县印发《青神县“十四五”畜禽养殖污染防治规划》，强化畜禽养殖污染治理，加强畜禽养殖场监管和粪污资源化利用；健全“三回一巡”“一场一档”“一包一”等监督管理制度，开展畜禽污染培训，推行粪污和养殖尾水还田、种养循环、绿色发展，93家畜禽养殖规模场粪污处理设施配套率100%，畜禽粪污综合利用率94.6%；开展秸秆禁烧宣传，农作物秸秆综合利用率92.68%，废旧农膜回收利用率90.47%，农药包装废弃物回收率87.1%；《创新“333”管理模式 高效回收农药包装废弃物》入选全国农业绿色发展典型案例。

【生活垃圾无害化处理】 青神县生活垃圾按照户分类、镇收集、县转运、市处理模式进行收运处置，全年运收处置量约3万吨，垃圾无害化处置率100%。

（吕莉莉）

乡镇·街道

青竹街道

【概况】 青竹街道囊括原青城镇、原黑龙镇、原南城镇、西龙镇原钟家山村和光辉村，是青神县政治、经济、文化中心。青竹街道东靠岷江，北与东坡区思蒙、松江、永寿三镇毗邻，城区范围系岷江冲积平坝，属鸿化堰腹心灌区，南属城郊接合部。2022年，青竹街道辖区面积75.2平方公里，总户数31695户，户籍人口89343人，常住人口10.23万人，辖11个行政村、12个社区、158个村（居）民小组。获评全省基层治理示范单位、全国依法治理创建活动先进单位；兰沟村获评全国乡村旅游重点村、乡村文化振兴省级样板村镇；花园社区获评全国示范性老年友好型社区。

【重点项目建设】 兴业路一标段、虎渡溪航电、城市排涝渠、虎渡溪大坝到青乐路连接线、竹里院子三期等项目建设完工；完成竹里巷子二、三期房屋改造80户；完成立白智能家居产业园，成艺大学二期，盐关社区6、7组等项目拆迁工作，拆除房屋370余栋，提供用地1100余亩；推进天眉乐高速虎渡溪特大桥、冲天槽整治、牯牛山220千伏线路及110千伏线路建设；开展彩虹健康产业园、斑布产业园后续遗留问题处置，拆除房屋9栋。

【工业产业发展】 青竹街道新入规模以上企业4家，辖区内规模以上企业46家，其中园区内27家、园区外19家；全年规模以上企业产值105亿元，营业收入90.7亿元，实现税收1.8亿元，实现利润4.5亿元。

竹里稻香（2022年） （青竹街道供图）

【特色产业】 青竹街道申报创建青竹粮经复合现代农业园区为市级粮油现代农业园区，完成园区一标段项目建设，扩建生产便道1.5公里，整治沟渠1.5公里、新增水稻栽种面积960亩；推进竹里稻香项目建设，改建生产便道7公里，整治沟渠2公里，栽种水稻855亩；推广林下种豆，新增栽种面积1922亩，全年种植2季，平均每亩增收300元；推广实施大豆玉米带状复合种植，栽种面积3000余亩，平均每亩增收400元；桥楼村、季时坝村带状复合种植基地多次接受省、市、县各级调研考察。

【乡村振兴战略实施】 青竹街道出台《关于人居环境整治工作考核办法》，采取月通报、季考核的形式传导压力、促进工作开展；推进“拆、收、改、栽、画”五字工作法，做美宜居乡村颜值，季时坝村、桥楼村、光辉村为2022年人居环境整治示范村；拆除违建500余处、2万余平方米，风貌改造431户，硬化道路9.5公里，黑化路面10公里，新建修缮沟渠30公里，改造污水631户，改造厕所697户；兰沟村成立集体经济组织，依托竹产业发展优势，通过承接劳务服务挣佣金、股份合作分股金、盘活闲置宅基地赚租金等方式，村集体经济突破100万元；光辉村、程家嘴村、季时坝村分别争取中省财政集体经济扶持资金100万元与县青惠农投公司合作，投资粮食作物、特色蔬菜种植和产品销售；程家嘴村争取县农业农村局农机社会化服务扶持项目130万元，购买农机8台投入村集体经济发展；光辉村争取县农业农村局盘活利用闲置宅基地项目资金150万元，腾退宅基地2户，流转宅基地1户；桥楼村争取县农业农村局扶持项目资金155万元，建设冻库。

【文化旅游】 青竹街道发挥综合文化站和下属南城分站、黑龙分站的站点作用，开展科普教育和群众性文化体育活动，结合传统节日举办“庆元宵”“颂中秋”“丰收节”等文化活动13场；兰沟村持续推进竹旅融合发展经验和两山价值转化经验，先后获《共富路》、四川卫视《新闻联播》、《四川党的建设》杂志报道，央视一套大型文旅探访节目《山水间的家》走进兰沟村；兰沟村被评为第二批天府旅游名村、2022年乡村文化振兴省级样板村。

【基础设施建设】 青竹街道设立农村劝导员17名，交通安全文明劝导员43名，发动农村“两站两员”、网格员、村民志愿者等排查交通隐患、开展综合治理；排查整治道路安全隐患点21处，安装交通安全警示牌3个、凸透镜7面、减速带3条；投入230余万元用于养老设施建设；完善物资局小区养老助餐点位、育艺街C区、粮食局小区3个社区养老服务站点设施建设；打造程家嘴村养老服务综合体，形成“一站多点”养老服务网络；向2883名60岁以上老人提供居家养老服务，服务包括多样化、多层次的助餐、助洁、助医、助浴等；发挥农家书屋、村级文化活动室作用，引导群众开展活动，规范管理、发展壮大文艺队伍。发现、检查、监督、管理、保护辖区内文物遗产，宣传文物保护知识；保障青神中学校整体搬迁、县实验幼儿园分园建设项目用地，完成成艺大学二期项目拆迁工作；成立青少年之家1个，未成年人保护站1个、打造未成年人保护点23个，建立社区亲子园2个，小区0–3互助会9个，打造“社区家长学校”“社区公益亲子早教”等教育服务平台，开展活动60余场，服务家庭500余个、8000余人次；完成青衣社区、麒麟社区、红桥社区、白塔村、程家嘴村、新光村、兰沟村、光辉村、桥楼村、季时坝村、柳溪村、黑龙社区12个村（社区）便民服务站和青竹街道便民服务中心“三化”建设，创建省级“示范便民服务中心”。

【社会民生】 青竹街道落实创业就业扶持政策，新增就业800余人，吸引农民工返乡就业600余人；建成黑龙片区、南城片区2个养老服务综合体，完成2645名老年人居家养老服务；修建鸿化堰、黑龙壕2座漫水桥，修补10余处农村公路；花园社区“爱邻厨房”养老助餐模式先后被新华社、“学习强国”平台关注，花园社区被评为全国示范性老年友好型社区、四川省城乡基层治理便民服务型社区。

【新冠疫情防控】 青竹街道发挥“吹哨报到”作用，建立县级部门、街道、村社区共建共治体系，实行疫情防控网格化管理；组建疫情防控工作专班，坚持班子成员挂片，街道干部守点。

【脱贫攻坚成果巩固】 青竹街道完成2万余户排查工作，对11类重点人群进行2次全覆盖入户排查，新增监测对象25户；实施医保帮扶工作，所有脱贫户（监测帮扶对象）人群100%参保，100%享受待遇；完成涉农社区697户农户厕所改造，39户脱贫户（监测对象）厕所改造；开发公益性岗位79个，将符合条件的脱贫户（监测帮扶对象）纳入公益性岗位中，脱贫人口年人均纯收入14425元；村容村貌提升1000余户，建设“四小园”500个，建设美丽庭院示范村落3个，完成路灯照明工程200组。

2022年，青竹街道光辉村开展退草还耕工作　（青竹街道供图）

【环境保护】 青竹街道成立秸秆禁烧工作督查组，悬挂禁烧标语60幅，张贴公告200余份，提醒函400余份，发放禁烧告知书1.4万余份；摸排老眉青路企业（作坊）28家，其中涉气18家，停业整改2家；完成城区周边道路硬化，在城区20个点位安装楼顶喷雾装置；完成竹里稻香项目区农村生活污水治理管网工程主管网建设，建成机电一体化处理设施3个，提升泵站3座；排查兰沟村及五更桥社区乡镇污水厂主管网管线损坏1处、排查提升泵站17座，完成损坏电机管线修复及更换26台；排查玻璃钢降解池2983口、砖砌联户处理池17口，完成问题整改；落实巡河工作，乡、村两级河长运用“成德眉资巡河”App巡河3760余次，上报问题289次；开展清河、护岸、净水、保水四项行动，清理河面垃圾、漂浮物、水浮萍150余吨，清理河岸垃圾30余吨，清理河流长度160余公里，参与人数950余人次。

【耕地保护】 青竹街道严格执行田长制，整治乱占耕地卫片图斑38宗，涉及监测面积61.69亩，清退草坪3456亩；完成耕地保护3.98万亩、水稻种植1.68万吨、大豆种植1.5万亩目标任务，桥楼村、季时坝村玉米大豆套种新模式三登央视《新闻联播》，被央视、四川卫视等多家媒体报道；打造粮油现代农业园区，新建高标准农田870亩，新增耕地275亩，退园还耕200亩，实施原南城区片区土地整理项目，改造沟渠1.5公里，新建道路14公里。

【基层治理】 青竹街道优化“街道吹哨、部门报到”机制，完成86个老旧小区改造任务，建成24个新时代文明实践站（所），花园社区打造便民服务型社区、青衣社区打造社会组织参与型社区；建成青竹街道社工站1个，组建各类志愿者服务队伍30余支，培育社会组织15个，链接社会慈善资源10余个，招募社区工作者27人，17人取得社会工作职业资格证书；完成13个村（社区）亲民化改造，建成4个邻里中心、11个村微阵地；在青衣社区试点五类小区（城中村城乡接合部自建房、开放式小区、单位小区、商业小区、安置小区）分类治理模式，在涉农村（社区）推进村级“片长制”改革，在凤阳社区、文林社区试点开展“楼栋微网格建设”。

（张乐欣）

西龙镇

【概况】 西龙镇位于青神县城以西3公里，与东坡区思蒙镇、夹江县新场镇相邻，地势西高东低，为丘兼坝。辖区面积67.53平方公里，辖龙凤社区、观金社区2个社区，新农村、桂花村、金花村、万沟村、长池村5个行政村，48个村（居）民小组，常住人口1.47万人，户籍人口2.05万人。锦绣大道和成乐高速青神连接线横贯东西，成绵乐高铁纵穿南北，思蒙河由北向南流经全镇。2022年，西龙镇入选“省级百强中心镇”候选镇，获“市级现代农业示范园区”“市级实施乡村振兴战略先进乡镇”称号；创建四川省乡村振兴示范村1个、四川省乡村治理示范村1个、省级“六无”平安村1个、市级“七无”平安村2个。

（罗　楠）

【“省级百强中心镇”建设】 西龙镇编制《国土空间规划》和《中心镇建设专项规划》；成立“西龙镇创建中心镇工作领导小组”，建立县级部门与中心镇联系制度，梳理形成《西龙镇百强中心镇命名申报建设任务清单》《西龙镇创建“省级百强中心镇”工作考核指标清单》；形成《西龙镇“十四五”期间中心镇建设项目清单》，涉及基础设施类、公共服务类、环境风貌类、产业聚集类四大类20个项目；争取设置片区综合行政执法中队，主动认领“权力下发清单”157项，推动“扩权赋能”，实现“一员多岗”“一专多能”；西龙镇便民服务中心获批首批省级“示范便民服务中心”。

（牛　锐）

【工业产业发展】 西龙镇有工业企业31家，其中规模以上企业1家。西龙镇对上争取政策支持，在企业遇到新冠疫情防控、用水用电等困难时，帮助企业解决难题；协助企业夯实基础管理，指导企业正确对待税收等，提高企业守法经营、按章纳税意识；帮助企业开展安全隐患排查和整改，推动企业平稳有序发展。西龙镇全年工业总产值1.63亿元。

（魏　杰）

【特色产业】 西龙镇推广林下种豆、收荒种粮等增加粮食产量经验，持续壮大畜禽特色养殖，瀚海农业百万蛋鸡项目、德康现代化高标准母猪自繁养殖场投产；水稻规模扶持2236.39亩，大豆玉米带状复合种植646.67亩，生猪出栏2.5万头；依托红色西山革命教育基地，深入挖掘红色文化和茶文化，提升“红色西山”“茶语原乡”“思蒙河滨河景观带”农文旅品牌影响力；在万沟村建成使用全市集识茶、采茶、制茶、研学于一体的综合茶体验基地；出台《西龙镇集体经济发展激励奖励试行办法》，构建一村一策、一村一产业、一村一项目、一村一示范点、一村一工作组“五个一”机制，成立全市首家镇级供销合作社，创新探索农村集体土地所有权利益分享、项目资金拨改投、公共服务项目经营、闲置宅基地盘活、低效公有资产再利用、撂荒地代管代种等多元发展模式，全镇村集体经济收入超10万元的村占比71%。

【乡村振兴战略实施】 西龙镇成立由镇党委书记任组长的乡村振兴工作领导小组，建立乡村振兴工作定期研究制度，召开乡村振兴工作专题会议18场次；制定出台“1+N+1”制度政策，《2022年村（社区）“两委”目标绩效考核办法》中“乡村振兴”分值占比提升至40%；新建黑化西山路、瑞西路等农村道路7.93公里，整治沟渠7.4公里，全镇建成高标准农田19299亩；推进田长制工作，出台《西龙镇撂荒耕地管理办法》，乡村振兴考核综合动态监测耕地净流入537亩，排名全县第二；围绕“拆、收、改、栽、画”，分季度确定“破局、新居、邻里、足迹”农村人居环境整治主题，提出“五十操作宝典”（十尺之内无荒地、十平之间花满园、十处家居有序摆、十时之内无异味、十里乡间共乡情），评选“西龙镇农村人居环境整治示范户”“西龙镇农村人居环境整治‘五美’家庭”，示范带动群众自发参与农村人居环境整治；在全县农村人居环境整治考核中，西龙镇荣获第一、第二季度的第一名；龙凤社区探索“一核三邻”治理模式打造的共享菜园，系全市首创，被四川电视台乡村频道专题报道，吸引市内多个乡镇学习；核实各级平台推送的风险线索211条，纳入监测对象11户，完成71户危房改造，新增低保178人，代缴、补助医疗保险1498人，落实公益岗位79人，推送就业信息宣传43条；定期开展老年人慰问和儿童关爱走访。盘活改进桂花卫生院，解决4000余名群众普通疾病就诊问题；完成雨污分流管网铺设、公共厕所修建和龙凤农贸市场提升建设项目，建成全县最大的场镇公共停车场；深化公共法律服务，做好矛盾纠纷排查化解，调解矛盾纠纷 132 件，成功 131 件，成功率 99%；成功处置《阳光问廉》反馈的违法建设、完成农村建新未拆旧等难点领域综合执法，拆除违规建筑 5000 平方米，拆除建新未拆旧宅基地 21 处、16.7 亩。

（肖　洪）

【文化旅游】 西龙镇制定《宣传文化活动方案》，形成由镇党政综合平台牵头，镇其他部门或村(社区)、企业事业单位配合的工作机制，形成以妇女主任（妇联主席）、退休教师以及各学校音乐、舞蹈教师为主的群文队伍；发挥文化资源共享作用，邀请演艺名人、专业人员、专家、能人现场指导文化工作；投资 70 万元建设西龙镇全民健身中心，加强文体设施建设，丰富群众文化活动和精神生活；在“六一”、端午、中秋、重阳等节日期间组织广大群众开展文化专场活动，弘扬孝老爱亲、尊老爱幼、家庭和美等传统美德或时代新风，覆盖群众 600 余人次；创作情景剧、乡村歌曲、集体舞等作品 20 余个，送红色文化进校园 3 次，开展坝坝舞活动，参与农村家庭生日祝福、婚礼庆祝等活动，引导健康文明生活方式。参加县上举办的专题文化活动，其中红色西山艺术团获四川省第二届乡村振兴大赛比赛、全县广场舞演出第一名；开展党的二十大精神宣讲 20 余次。结合“两新三大”活动暨“干部作风整治年”工作，开展主题征文比赛、演讲比赛、知识竞赛等活动，丰富干部群众文化生活，推动科级干部领办停车场等项目 10 个，村级党组织领航粮油园区等产业 7 个，干部领办沟渠疏通、路灯安装等实事 647 件。

（帅　威）

【基础设施建设】 西龙镇强化基础设施建设，建成大型公益性停车场1个，占地面积5800平方米，车位107个；新建公共卫生间1个；新建水塔1个，满足约150户饮水；新修沟渠1200米，维修、加固山坪塘4口；新建农村水泥道路1150米，改、扩建农村道路1820米，黑化农村道路10公里，完成西三路建设、西龙场镇污水管网提升改造、桂花及龙凤场农贸市场新（改）建、龙婀路加宽等。

（何　迪）

【社会民生】 西龙镇推动镇村便民服务体系建设，完成新建村级便民服务室 2 个，落实儿童宜居改造 3 户，未成年服务点覆盖全镇；城乡居民医疗保险、养老保险参保率均在 95% 以上；加大社会救助力度，发放救助慰问金 448.5 万元，惠及困难群众 834 人；发放残疾人生活补贴 52.176 万元、护理补贴 43.829 万元，免费发放辅助器具惠及61名残疾人。

【新冠疫情防控】 西龙镇落实疫情防控措施，修订完善疫情防控应急处置工作预案，组织开展专题培训10次、应急演练7次；推动“乙类乙管”政策落地；坚持实行“四级包保”机制、“五包一”服务，全力保健康、防重症，确保疫情平稳转段，保障人民群众生命安全和身体健康。

（杨苑樱）

【脱贫攻坚成果巩固】 西龙镇推进巩固拓展脱贫攻坚同乡村振兴有效衔接工作，对标“两不愁三保障”、饮水安全等方面，落实防止返贫动态监测帮扶机制，派驻驻村工作队定期开展走访，落实帮扶措施，解决贫困群众就医问题 1085 人；易地扶贫搬迁 83 人；通过介绍入企务工、扶持自主创业、公益性岗位安置等后续帮扶上岗就业 391 人，教育扶贫救助基金救助 28 人；完成防止返贫动态监测和集中排查走访农户 1716 户，对 11 类重点人群排查 1198 户，新增监测对象 11 户；完成 71 户危房改造，新增低保 178 人；全镇脱贫户、监测户无返贫现象。

（肖　洪）

【环境保护】 西龙镇落实“河长制”工作要求，通过水质监测、实地摸排等方式对思蒙河及支流沿岸开展“大排查”，分类建立问题清单，制定整改台账，逐项化解销号；坚持村民自治与法治、德治结合，推进水污染防治、农业面源污染和畜禽养殖粪污治理、秸秆禁烧、森林防火等工作，推进环保法治化入脑入心；主动协调行业部门，开展联合执法，妥善

2022 年，西龙镇工作人员查看思蒙河汛前河道整治情况　　（西龙镇供图）

解决跨地域、跨部门等其他各类环保问题；实施生态环境违法行为举报奖励制度，畅通群众举报渠道，对问题线索查证属实的给予现金奖励，促进全民参与环保；利用“世界水日”“环保宣传日”等节点，发放宣传单，组织志愿活动，提升公民生态文明意识。

（易　思）

【耕地保护】　西龙镇落实粮食安全责任，推进退林还耕、退园还稻，拆除建新未拆旧宅基地等工作，完成年度耕地保护党政同责考核任务；全年国土综合动态监测耕地净流入537.15亩，位列全县第二；出台《西龙镇撂荒耕地管理办法》，建立撂荒地整治动态销号台账，完成撂荒地复耕3.01亩。　（牛　锐）

【基层治理】　西龙镇建立“镇主要领导—镇分管领导—平台负责人”管理层级，同时实行平台内干部“AB岗”，培养复合型多能型干部；梳理属地事项清单和乡镇权责清单，建立“平台部署—专人牵头—干部合作—完成反馈”闭环管理模式；对阶段性重点工作，组建工作专班；打造170平方米标准化便民服务中心，设置4个综合窗口，围绕198项便民服务事项承接，整合分类为党建、农业、计生、民政、林业等审批服务、咨询服务、便民服务63项，对医疗、建房、开店等32项群众常办事项进行“一件事一次办”流程再造，印制《办事指南》，对便民服务事项办理要件全面公开；对外服务类事项全部纳入便民服务中心，以“立即办和后台转相结合”原则，能够立即办结的立即办结，不能立即办结的后台流转审批；组织33名镇干部取得行政执法证，统筹现有镇干部及畜牧、住建等派驻站所执法力量，构建5名干部专职负责、镇内持证干部兼职、县级片区综合执法力量协作的“常职＋兼职＋机动”三方联动机制，增强执法力量，形成工作合力；依托镇村组及“片长”力量，并联现有天网等信息化载体，打造综合执法监督信息系统，完成全镇首例违建拆除案件执法；将全镇划分为162个治理片区，构建“镇、村、组、片”四级治理体系，将原村组分散于基层各条线的人员进行重组重构，整合原网格员、残联专委、巡山护林员等163个辅助岗位，选拔部分村组干部、原辅助人员、离任干部等担任162个片区片长；打造微阵地103个，发挥阵地集中优势，将片区内议事、科教、服务、活动等全部纳入阵地开展，引导上级部门、商家商户等宣传推广进入阵地；梳理片区治理事项，建立党的建设、平安稳定、社会服务、自然资源、应急防范、生态环境6大类、35项事项清单，健全片长联动响应机制，解决问题、诉求等47件。

（帅　威）

瑞峰镇

【概况】　瑞峰镇隶属于四川省眉山市青神县，青神县县城以南10公里，辖区面积45.9平方公里，辖3个村、1个社区，有33个村（居）民小组，4993户13946人。辖区横跨岷江，青关路、青乐路分别从河东、河西穿境而过，有中岩风景名胜区、德云寺、汉墓群、大小牧猪池、萤火虫栖息地、竹海基地、龙舟、牛儿灯等自然和人文资源。2022年，瑞峰镇被市委、市政府评为“党管武装工作先进集体”；杨柳漕村被市委、市政府评为“乡村振兴战略示范村”。

【特色产业】　瑞峰镇培育特有竹种“斑布一号”，建成竹苗示范基地0.08万亩、竹基地2.5万亩，其中高产0.46万亩，农民每年人均增收0.47万元；建成省级现代竹产业示范基地，承办2022年全市竹林品种改良现场大会；擦亮特色农业，做好种粮产业结构调整，引导龙头企业带动培育新型职业主体；紧抓特色奶产业，引导涛哥哥一、二牧场进行智能化平台和无疫小区建设，打造“粮—饲—畜—粪—果”循环示范地；弘扬东坡文化，依托“牛儿灯”等民俗文化开展“中岩研学”旅游，推动文旅融合产业发展。

【乡村振兴战略实施】　瑞峰镇完成林果套豆2216亩、豆玉套种1000亩，粮食播种面积1.44万亩、产量0.65万吨，分别超任务5.76%、

瑞峰镇涛哥哥奶牛厂　（瑞峰镇供图）

2.35%；能繁母猪存栏量 0.14 万头，生猪出栏量 1.83 万头；建成露营地、村民和村集体合资民宿等项目结合，引导业主开发竹宴、生态宴，推广中岩特色烤全羊，满足游客多元需求；打造竹里萤光旅游目的地，吸引央视以“竹＋萤火虫”为主题直播报道，同时在线观看 1300 万人，点击量 3000 万次；村企合作引进成都朴门学院与村集体成立联合公司，采取企业＋集体＋农户模式，发展订单农业、亲子研学、露营民宿，延长萤火虫经济产业链，打造新型乡村旅游胜地；落实“拆、收、改、栽、画”五字工作法，拆除违建 1026 平方米、清理沟渠 23 公里、绿化美化 2600 平方米、彩绘墙面 680 平方米、安装路灯 116 盏；落实“五美”示范，开展“村庄清洁日”、每月 28 日“家庭整理日”和最后 3 个工作日“环境评比日”，美化庭院 115 户、四小园 55 个，改水改厕 29 户，垃圾费收缴率 100%。

【文旅融合发展】 瑞峰镇依托东坡文化重要承载地优势，常态化举办中岩东坡研学游、东坡游园、萤火虫节、“牛儿灯”等民俗文化活动，打造东坡家风家训示范巷2条，吸引“意公子”讲述苏轼、王弗爱情故事，《东坡地图》栏目组现场拍摄，央视《新闻联播》，央视《味道》《记住乡愁》等栏目组报道，吸引游客10万余人次。

【基础设施建设】 瑞峰镇整治销号存在安全隐患房屋 31 栋，新改建乡道 4.2 公里、村道 19 公里，慈剑路升级改造、杨柳漕村产业环线形成内循环；新建集中供水站 1 座、蓄水池 2 口，维修山坪塘 5 口；全面建成妇女儿童之家、未成年人保护点，新（改）建养老服务分中心 3 个、日间照料中心 1 个，建成村组养老服务点 29 个；创建省级示范便民服务中心、市级便民服务室，新（改）建便民服务中心 1 个、便民服务室 2 个。

【社会民生】 瑞峰镇成立社会工作站，入户走访 480 户，收集需求清单设计服务项目 10 个，累计服务 1.48 万人次；完成低保扩面目标任务，新增城乡低保 46 户、95 人，做到应保尽保；特困人员护理率达 100%，临时救助 58 人、2.82 万元；关心关爱孤儿、困境儿童、残疾人，新办残疾证 420 人，增发资金 80.84 万元；落实高龄老人补贴，适老化设施改造 56 户，发放防寒保暖物资 290 件；完成奖扶 1279 人、特扶 86 人资格年审；推进低保特困、临时救助、“两残”等工作，推进刘家场社区公益性公墓、天池村公益性公墓基础设施和绿化建设等项目，深化殡葬法规宣传，全镇全年火化率 100%。

瑞峰镇干部帮助群众抢抓农时插秧　（瑞峰镇供图）

【新冠疫情防控】 瑞峰镇建立健全镇、村、组、网格员四级网格化管理制度，优化防控措施，重点做好老年人和患基础性疾病群体健康服务。

【脱贫攻坚成果巩固】 瑞峰镇制定针对房屋、收入、饮水等不同主题抽查 7 次、镇内交叉检查 1 次，筛查梳理监测对象、脱贫户等 2056 人，排查整改问题 15 个；统筹县镇村干部 200 余人，点滴式精准帮扶脱贫户 435 户、监测户 62 户，解决问题困难 532 个，户均享受帮扶措施 3 个，落实低保、医保等综合保障率 90%，健康帮扶率 85%，就业帮扶率 72%，脱贫人口人均纯收入 11950 元，比 2021 年增长 22%。

【环境保护】 瑞峰镇抓好第二轮央督及“回头看”反馈问题整改，全面落实河（湖）长制、林长制、路长制；推进全年全域秸秆禁烧、烟花爆竹禁燃禁放、移动源和扬尘源治理等，处罚焚烧秸秆垃圾 5 起；推进天然水域全面禁捕、生活污水治理等工作，清理河岸（道）垃圾 80 余次约 58 吨；推进农药化肥减量控害、危险废物集中收集、畜禽养殖整治等工作。

【耕地保护】 瑞峰镇层层签订土地承包大户耕地保护责任书、各村耕地保护目标责任书 30 余份，压紧压实主体责任；建立健全“凡动土必报告”和动态巡查整改机制，抽调工作人员 3 名，组建日常巡查小组，围绕撂荒地整治、挖塘造园、乱搭乱建等突出违法违规行为，开展日常监管；动态调整田长制工作领导小组名单，落实镇级田长 2 名、副田长 10 名、村级田长 4 名、网格员 33 名、农技员 4 名、执法员 4 名、监督员 4 名，划分片区4个，开展巡田工作。整治复耕撂荒地17.45亩，发现并制止违法占耕地苗头3起、耕地“非农化”2起，涉及耕地1.5亩，实现耕地净流入。

【基层治理】 瑞峰镇提档升级基层治理，构建“行政村党组织—小网格（村民小组）党支部—党员中心户”治理体系；落实片长制工作，推行社工服务体系建设试点“4+N+2”工作法（通过集中服务、点位服务、上门服务、互助服务4种服务模式和组织N种活动形式，精细化服务好“一老一小”两类人群）；自觉接受人大和社会监督，办理人大代表议案建议4件，信息公开10件，制发督查通报12期，处理投诉举报2件；推进“平安青神”“法治青神”建设，强化矛盾纠纷调处工作，排查出各类矛盾纠纷106件，化解矛盾纠纷106件，卷宗41件，其中疑难纠纷5件、重大疑难纠纷1件，受理率100%，调解成功率100%。

（王佳威）

罗波乡

【概况】 罗波乡位于青神县以南，距离青神县城20公里，幅员面积49.6平方公里，辖5个村、1个社区，36个村（居）民小组，2022年末总人口1.43万人，人口密度每平方公里288人，耕地面积986公顷，是典型的农业乡镇。境内有青乐路、罗新路、龙娴路3条县、乡道路，一江一河四库七沟；有成绵乐城际铁路穿境而过，岷江汉阳航电站落户于此。

【重点项目建设】 罗波乡实施全县第一个城乡建设用地增减挂钩项目，完成项目安置区选址和前期外业调查工作。

【农业园区建设】 罗波乡利用在青乐路—官西环线建设西坝粮经复合园区、宝镜种养循环园区、龙泉沿江农旅产业园区、新桥粮经复合园区，示范带动稻药、稻蔬、林下种豆、玉米大豆复合种植等优势产业。

【工业产业发展】 总投资6000万元的扬邦混凝土生产项目投产盈利，锦桥人造板厂、聚源家具等重点企业生产稳定；全年罗波乡完成工业投入1.1亿元，实现规模工业产值2.95亿元，实现税收收入3000万元。

【特色产业】 罗波乡发展柑橘产业，种植爱媛、春见（耙耙柑）、沃柑等1万余亩，探索“采摘经济”，宝镜村集体经济通过与工商资本合作，建成“山水天香苑”，成为农旅融合新景点。

【乡村振兴战略实施】 罗波乡制定《2022年乡村振兴工作实施方案》，细化分解90项目标任务，层层压实工作责任；探索人居环境“33”模式，搭建“乡督导村（社区）、村（社区）督导社、社督导片长”的“小三级”组织模式，开展“村庄清洁日”“家庭整理日”“最美系列评比日”“三日行动”活动，组织村民开展村庄卫生大扫除和房屋整理“大作战”，评选“五美”（田园美、庭院美、居室美、厨厕美、家风美）家庭。

【文化旅游】 罗波乡开展崖墓、遗址文物保护工作，对庙子山崖墓群、佛爷山崖墓造像、江家山墓群、宝镜遗址、龙虎桥小河边井等重点文物保护单位安排文物保护员进行“点对点”看护，保障文物安全；龙泉村石盘口文化公园投入使用；举办“奋进新征程，建功新时代”主题演讲比赛、“喜迎二十大，欢度丰收节”、“庆祝中国共产党第二十次全国代表大会胜利召开”、庆新春（元旦）公益文艺演出等群众文化活动；发挥罗波生态、区位优势，引入立事达文旅集团投资，融入沿江特色农旅产业示范带。

【基础设施建设】 罗波乡争取“四好农村路”项目7.1公里和农村美好道路项目9.1公里、高标准农田提升整治项目，完成一事一议项目村道硬化2.07公里，整治山坪塘7口、沟渠1公里，金沙坪大桥建成通车；升级改造乡便民服务中心1个，建成便民服务站3个（宝镜村、官斗山村、施家沟村），其中宝镜村、官斗山村创建2022年市级“示范便民服务站”。

【社会民生】 罗波乡加大农村医保、养老保险政策宣传力度，落实

2022年9月24日，罗波乡举办“庆丰收，迎盛会”活动 （罗波乡供图）

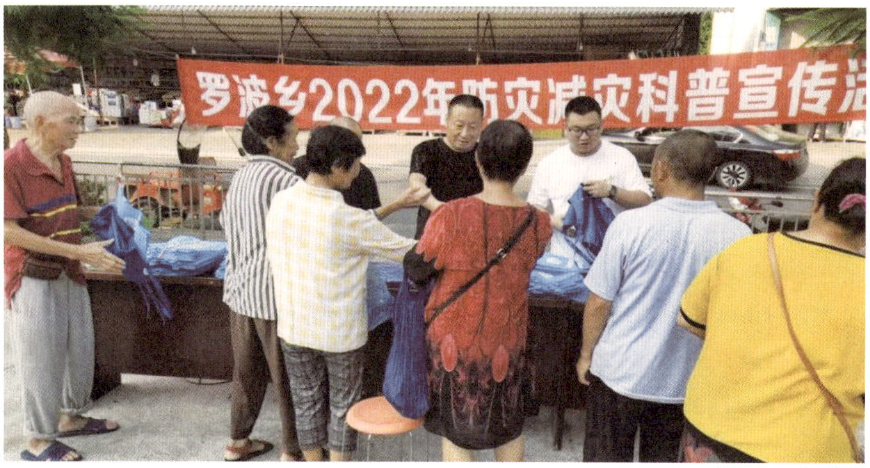

2022年8月16日，罗波乡开展防灾减灾科普宣传　（罗波乡供图）

低保兜底政策，对脱贫户和监测户实行应保尽保；实施民生项目23个，推进土地整理、小流域治理等项目，聚焦适老化服务，完成龙泉养老服务设施项目建设，建成全市第一个社级养老服务机构西坝村石花养老互助服务中心；推进安全生产工作，整改安全生产机动巡查发现的8个问题。

【新冠疫情防控】 罗波乡强化宣传引导，出动宣传车600余车次，发放宣传单8000余份，张贴明白卡1000余张，微信群推送防疫知识3000余条，大喇叭播放500余小时，做到宣传全覆盖；落实落细健康服务，坚持实行"四级包保"机制"五包一"服务等，推动新型冠状病毒感染"乙类乙管"各项工作任务落地见效。

【脱贫攻坚成果巩固】 罗波乡持续巩固"两不愁三保障"、饮水安全等各项脱贫攻坚成果，健全防返贫致贫监测帮扶机制，抓好各村重点监测对象扶持、政策落实、动态管理等各项工作，坚决守住不发生规模性返贫底线，抓实巩固脱贫攻坚成果同乡村振兴有效衔接；制定年度帮扶工作方案，全覆盖联系帮扶337户脱贫户和13户监测户，组织开展6次集中帮扶行动，开展2次脱贫户、监测户、低收入农户、大病户、低保户等11类重点群众1205户集中排查；对接落实"雨露计划"资金3万元、教育扶贫资金11.78万元；开展党员干部与困难群众帮扶结对，完成省级巩固拓展脱贫攻坚成果同乡村振兴有效衔接实地考核评估工作。

【环境保护】 罗波乡推进畜禽粪污治理，建设完善粪污处理设施；巩固长江禁渔成果，加强常态化执法监督；全年农村卫生厕所普及率97.84%，生活污水有效处理率达81.8%，秸秆综合利用率98%，农药废弃包装回收处理率92.45%，病死畜禽进行无害化处理率100%；加大扬尘管控力度，围绕"六个百分百"落实情况，巡查10余次，责令2家企业完成整改；推进餐饮油烟污染整治，11家餐饮经营单位规范安装油烟净化装置；强化秸秆禁烧宣传，悬挂横幅20余幅，张贴通告40余张，发放农民告知书等4000余份，惩处违规用火6起；抓牢"河长制"工作，开展"清四乱"专项行动，打捞河面漂浮物3余吨，清理河岸白色垃圾约0.3吨，清理河道障碍物10余处。

【耕地保护】 罗波乡落实耕地保护制度，坚决遏制耕地"非农化"、防止"非粮化"，建设农业产业环线，合理布局现代农业产业园区，带动形成特色优势产业；深挖粮食生产和耕地保护潜力，有序退草、退园还耕约960亩，复耕撂荒地13.78亩；耕地净流入587亩，居青神县第一。

【基层治理】 罗波乡动员群众参与村级、组级公共事务管理，探索出宝镜村五共众筹、西坝村五治共育、施家沟村一核多员等模式助力乡村振兴，突出自治赋能群众治理、自治赋力村容村貌改善、自治共育文明新风，提升基层治理水平；坚持示范引领，树立干部先进思想，辐射带动群众主动参与，形成"亮一户联十户带百户促千户"的示范效应；以群众需求为导向，发挥群众参与机制作用，推动项目建设、产业发展、环境改善，让更多群众共享发展成果。　（邹利霞）

白果乡

【概况】 白果乡位于青神县岷江东岸，辖区面积82.24平方公里，深丘浅丘纵横，水资源丰富，有复兴水库、官厅水库2座中型水库。2022年，白果乡提档升级"农家乐"，打造旅游路线，为农旅融合注入强劲的新鲜血液，彰显特色产业优势；常住人口1.31万人，户籍总数7838户，户籍人口2.15万人，人口密度每平方公里159.19人。全乡生产总值6.35亿元，比2021年增长11.38%，全社会固定资产投资完成6936万元，完成投资任务，农村居民人均可支配收入2.78万元，增速17.8%。先后获得全市征兵工作先进集体、全市"四好农村路"示范乡镇等21项荣誉称号；虎渡社区荣获省级乡村振兴示范村称号，官厅坝村荣获省级乡村振兴重点帮扶优秀村、省级合并村集体经济融合发展试点先进村称号。

【重点项目建设】 白果乡虎渡

溪航电建成蓄水，复兴水库扩容主体及9公里供水管网、32公里灌溉沟渠全面完工，官厅坝天河沟创建国家级水土保持科技示范园；天眉乐高速（青神段）完成预征土地1208亩，虎渡溪岷江特大桥动工，全线勘察定界、“三改”工程摸底调查全面完成。

【农旅融合发展】白果乡保护性开发“竹里荧光”黄水凼萤火虫观赏点，完成萤杏路等道路提档升级20.8公里；在黄水凼沟内，新增7个带花坛的垃圾桶，放置太阳能萤火虫串灯和裂纹灯，解决游客乱扔垃圾的问题；官厅坝村与四川金象赛瑞化工股份有限公司签订战略协议，推进产业结构调整，对官厅坝村3000亩农产品进行种植技术改造，构建集种养、生产、加工、储存、物流、销售、休闲观光于一体的农业规模化、标准化、特色化产业链。

【特色产业】白果乡种植椪柑4.3万余亩，年产值约3.3亿元；扶持推进椪柑品种改良、线上销售、老旧果园改造，打造甘家沟村优势柑橘良种繁育基地，新建标准果园7个，老果园高换椪柑品种改良1544亩，水肥一体化滴灌系统覆盖1.5万亩，实施椪柑幼树行间和高换椪柑行间种植大豆7084亩，推广绿色防控、生草栽培等生态种植技术；培育国省市柑橘示范合作社10家、家庭农场14个，省市县项目带头人、高素质农民等91人；创建省四星级园区及中国晚熟柑橘出口示范区，柑橘产业线上年销售额4800万元，年总产值约3.3亿元。

【乡村振兴战略实施】白果乡建立“两清单一制度”（乡级责任清单，村级责任清单，班子成员分村结对联系指导制度），开展乡村振兴季度考核，考核结果与评优评先、经费匹配挂钩，开展培训28场次；选配干部12名充实“一办一站一中心”（白果乡乡村振兴办、白果畜牧兽医站、白果乡农业综合服务中心），晋升职级3人，积极发动合作社负责人、产业带头人参与乡村振兴，动态培养后备年轻干部23名；争取资金4131万元助推乡村建设，配合完成环城片区国土空间总体规划和官厅坝村级片区规划；推进“拆、收、改、栽、画”五字工作法，庭院收整1300余户；开展人居环境整治红黑榜评比活动，表彰先进，鞭挞后进；喊响“人人缴费12元，干干净净过一年”口号，激发群众参与乡村建设的内生动力，全年收取常住人口卫生费24万余元，兑现卫生费补助14万余元；探索农村废弃物资源化综合利用新模式，推广农药包装废弃物“1元押金制”回收处置及秸秆粉碎腐熟还田。

【集体经济发展】白果乡盘活水库、荒山、宅基地等闲置资源资产，发动群众集资，撬动社会资本注入，采取“集体+”模式，打造“官厅拾光”乡村民宿、水库垂钓养殖、虎渡“渔樵耕读”体验园、甘家沟集体果园等；与四川金象合作打造3000亩现代科技示范园；全年村级集体经济收入70万元，年收入10万元以上村占比43%。

【文化旅游】白果乡根据虎渡溪战斗历史大事件、渔樵耕读主题小院等元素，在虎渡社区7组打造村史馆；依托村史馆，结合虎渡社区农耕园，开发虎渡社区乡村记忆传习所，可接纳人员在此体验摘新鲜蔬菜、吃柴火饭、喝茶、看露天电影等；利用乡村振兴与巩固脱贫攻坚成果衔接资金修建官厅水库钓台60个、游步道1.5公里，与县餐饮协会合作经营集住宿、烧烤、休闲、钓鱼、徒步、观光等于一体的集体“农家乐”“官厅拾光”，全年垂钓收入17余万元。

【基础设施建设】白果乡争取项目资金3691万元，完成萤杏路等道路提档升级20.8公里、沟渠整治50.52公里、山坪塘（蓄水池）整治20口，完成杨篼子桥漫水桥整治、5个村级便民服务站亲民化改造；开展污水革命、“厕所革命”、垃圾革命“回头看”工作，健全完善农村公共基础设施管护长效机制，全乡生活垃圾收转运覆盖率100%；打造“四好农村路”示范环线，全乡村村通水泥路、社通水泥路100%，户通水泥路率达97%。

【社会民生】白果乡扶贫资助学生123人次、10.71万元；“雨露计划”资助学生77人次、11.55万元；全乡享受农村低保606人、特困239人；为脱贫户、监测户、低保户、特困户等代缴医保3246人，城乡居

虎渡社区乡村记忆传习所　　（白果乡供图）

民医疗保险完成既定任务100%；为低保、特困等困难群体代缴养老保险550人5.5万元；为全乡重度残疾人和困难残疾人发放残疾补贴约108万元；投入27.5万元改造危房11户，保障群众住房安全。

【新冠疫情防控】 白果乡做好常态化疫情防控，推进疫情防控组织宣传等工作，针对全乡220个经营性场所，分别指定“1名挂村领导+1名挂村干部+1名村干部”负责，包片驻点督促落实疫情防控措施，发现并整改问题10余件。

【脱贫攻坚成果巩固】 白果乡落实防返贫动态监测，强化防返贫动态监测，集中开展两次集中排查工作，排查农户7746户、21605人，新增识别纳入监测对象9户、30人；通过公益性岗位兜底就业、低保扩面、养老保险代缴等方式，筑牢防返贫“堤坝”，无漏测失帮，全乡公益性岗位在岗人数207人，脱贫群众收入增速15.53%，股权量化分红10.844万元，受益脱贫户（监测户）139人次。

【环境保护】 白果乡乡、村两级河长累计巡河2200余次，投入资金32万余元，开展集中清河行动8次，打造河岸绿化景观节点3个，打造整洁、干净、优美的河道生态环境；天然水域水质持续稳定在Ⅲ类以上，饮用水水源地水质达标率100%；建立“挂片领导包村、村干部包组、组干部包田块”的联动联防责任机制，加强对辖区内秸秆禁烧、乱排乱放、烟花爆竹禁燃禁放等工作的巡查督促，通过张贴宣传通告、悬挂横幅、电子屏、村组大喇叭等形式加强宣传引导；与环保局约谈1户养殖场，办理环保投诉件15件，办结率100%，群众满意率100%。

【耕地保护】 白果乡坚决遏制耕地“非农化”，防止“非粮化”，通过推进土地流转、撂荒复耕、扩面增产等工作，促进粮食稳产增产，完成粮食播种面积2.03万亩，产量9421万吨，农作物耕、种、收机械化率为84.82%，超额完成年度粮食播种面积和产量任务；完成大豆播种面积1600余亩，其中大豆、玉米带状复合种植面积340.08亩；助推林下种豆7084亩；新增粮油种植大户4户，启动胡坝村600亩粮油园区建设，完成撂荒地整治33宗42.5亩，退园还粮479亩。

【基层治理】 白果乡推行“清风橘力”基层治理品牌，实行“四色五瓣”橘花积分制，切实发挥群众主体作用；开展红黑榜评比、“最美+”等活动，弘扬乡村文明新风，虎渡社区、甘家沟村成功创建省级乡村振兴示范村；深化“椪香聚力”党建品牌，改造“清风橘力”青廉村居阵地，选任片长150名，将治理任务细化到最小单元；通过“四色五瓣”积分制、“橘香人家”转转饭等发动群众自愿参与村庄清洁、家庭整理，户厕整改108户，生活污水得到有效处理，美丽宜居乡村建成率100%。

2022年4月2日，白果乡开展防汛减灾暨森林防火应急演练 （白果乡供图）

【安全生产】 白果乡树牢安全生产底线意识，落实24小时值班值守制度，为80户无人照料独居老人配置烟雾报警器，全覆盖开展燃气安全敲门入户排查，建立乡村两级应急处突队伍8支、应急物资库8个，全年开展森林防灭火、山洪地质灾害避险转移实景演练16次，常态化开展企业巡查。 （孙小琴）

高台镇

【概况】 高台镇位于青神县东北面，距青神县城10公里、辖区面积47.8平方公里，辖6村2社区，50个村（居）民小组，人口约2.2万人。地貌以浅丘为主，森林覆盖率63.9%，岷江、粤江河、沙溪河和岷东大道贯境而过，交通便利、水资源丰富，生态环境良好，孕育椪柑、特种水产、粮经复合三大产业。2022年，高台镇地区生产总值5.1亿元，比2021年增长4.1%；农村居民人均可支配收入24755元，比2021年增长6.1%；全年固定资产投资9938万元，完成目标任务496.9%；创建高台粮油现代农业园区、以综合第一名的成绩创建四川省乡村振兴先进镇，获评眉山市第三批“四好农村路”示范镇、基层平安示范单位、四川省乡村治理示范镇、四川省党外知识分子乡村振兴共建示范基地联系点、眉山市村社联动站精品现场教学点、眉山市助力乡村振兴实践基地，多项改革创新经验国省推广，其中，乡村振兴工作被《人民日报》头版单条报道（2022年12月23日 第01版）、椪柑产业稳产增收登上新华社每日电讯。

【重点项目建设】 高台镇完成天眉乐高速三改工程、杆管线现场调查和预征收工作；完成百家池村以工代赈项目，探索村集体承接实施项目组织模式，实现254名农民就近就业；完成百家池村、诸葛村全域安全饮水、玉蟾寺村分散式供水项目建设，完成安全饮水主管网铺设，保障人民群众饮水安全；完成虎渡溪航电、复兴水库扩容征拆安置等各项阶段性工作任务。

【特色产业】 高台镇抓好粮食生产工作，完成粮食播种面积2.23万亩，产量1.1万吨；完成大豆播种面积1320亩，其中秋大豆600亩，大豆、玉米带状复合种植面积640亩；助推林下种豆3000余亩，探索“柑橘+玉米、大豆、油菜+水稻”粮经复合种植200亩；生猪存栏3.5万头、出栏3.6万头，全面超额完成目标任务；召开全市秋粮生产工作现场会，推进现代农业体系建设，推进省级第二轮土地承包到期后再延长30年试点工作，推动优势特色产业从增产导向转向提质导向，构建现代农业产业体系、生产体系、经营体系，推动一二三产深度融合，创建高台粮油现代农业园区，柑橘现代农业园区入选四川省四星级现代农业园区；全省农业农村改革工作现场会、全省扶持壮大村级集体经济工作推进会到高台镇百家池村实地调研；杨店村《青神县：果农直播卖柑橘 打开销售新渠道》登上四川科技网、玉蟾寺村获评四川省2022年度乡村振兴重点帮扶优秀村。

2022年1月8日，高台镇冯燕霞带领苏母艺术工坊姐妹登上央视《向幸福出发》 （高台镇 供图）

【乡村振兴战略实施】 高台镇推进粮食生产、耕地保护、现代农业体系建设，创建高台粮油现代农业园区；完成全镇8个村（社区）便民服务站“三化”（亲民化、便民化、规范化）建设，群众办事更方便、更舒心；试点四川省农村消费品质量安全守护提升工作；麻柳社区百姓剧场、安家坝村康养中心完成建设并投入使用，诸葛村“长者食堂”多次被新华社报道、居家养老服务模式登上中国国际电视台；百家池村和玉蟾寺村2个扶持村集体经济项目全部完成，取得收益；百家池村作为2022年全省扶持壮大村级集体经济工作（成都片区）推进会参观点位。

【文化旅游】 高台镇依托村级阵地建设项目，把百家池村邻里百家和村史馆、诸葛村长者食堂、麻柳社区百姓剧场、安家坝村康养驿站打造为集宣传教育、文艺娱乐、文化活动、科普培训、乡史展示于一体的文化综合体，开展文化活动60余场，服务群众2万人次；推进文旅融合，开展“百家家风 润泽乡里”主题活动，邀请全国五好家庭冯燕霞讲家风故事，邀请东坡诗社创作诗、词、画近百件，邀请井研非遗农民画艺人到村里创作交流，设计和推动“诸葛学堂”，推进家风家训建设；1月8日，冯燕霞带领苏母艺术工坊姐妹登上央视《向幸福出发》；2月，苏母艺术工坊参与制作北京冬奥会、冬残奥会颁奖花束中的月桂叶片；百家池村依托椪柑产业环线，吸引各地游客体验柑橘采摘“一日乡村游”，结合百家池村椪柑产业发展和农耕文化特色发展乡村民宿旅游。

【基础设施建设】 高台镇推进“四好农村公路”建设，完成新改建农村公路30余公里，新增3条公交线路，畅通联村通组线路，完善农村公路配套功能，改善群众出行；获评眉山市第三批“四好农村路”示范乡镇。

【社会民生】 高台镇试点低保扩面工作，全面清理“死亡保”“人情保”，确保兜底保障不漏一户不落一人；新增低保260余人，低保扩面试点工作进度居全县第一并受到县委主要领导肯定性批示；搭好返乡农民工就近就业桥梁，新增城镇就业160余人；城乡居民医疗保险完成既定任务100%，全面实现医疗有保障。

【新冠疫情防控】 高台镇确定防疫片长167人，实施分类服务，方便就近就快就医，成功应对疫情冲击，保障人民群众身体健康和生命安全。

2022年7月，高台镇助力打造天府粮仓　（高台镇 供图）

【脱贫攻坚成果巩固】 高台镇巩固“两不愁三保障”、饮水安全等脱贫攻坚成果，健全防返贫致贫监测帮扶机制，加强日常返贫致贫风险摸排，坚决守住不发生规模性返贫底线；对全镇农户进行2次返贫致贫风险全面排查，逐户核实、审议，按程序新增监测户9户、20人，每户新增监测对象落实监测联系人，每月跟踪监测对象收支情况、“两不愁三保障”和安全饮水状况；落实低保、城乡居民医疗保险、股权量化、危房改造等措施进行政策帮扶，通过公益性岗位、介绍务工等进行就业帮扶，稳定其家庭收入；高台镇玉蟾寺村被四川省农业农村厅表彰为乡村振兴重点帮扶优秀村。

【环境保护工作】 高台镇推进“拆、收、改、栽、画”五字工作法，全面打造“五美”家庭，安家坝村《四川青神“邻里小院”环保集市开市》登上《中国县域经济报》；采取“政府投资、社区管理、第三方承运”模式，建立“户分类、村收集、镇处理”的废弃物收运处置体系，打造“废弃物资源化利用”乡村样板，巩固“三大革命”成果；完成风貌改造155户、庭院风貌建设115户；全年镇、村两级河长巡河1260余次，投入资金31.8万余元，出动清河957余人次，开展集中攻坚清河行动2次，清除废弃物30余吨，打造沙溪河河岸绿化节点5个；全镇水质持续稳定在Ⅲ类以上，饮用水水源地水质达标率100%，富塘村、安家坝村、河坝子社区沙溪河整治亮点做法受到县委主要领导肯定性批示。

【耕地保护】 高台镇制定《高台镇总体规划》《关于设立田长、“四员”、田长制办公室的通知》，复垦撂荒地19.6亩、退园还耕100余亩，全部用于种植粮经作物，守住耕地红线，坚决遏制耕地“非农化”，防止“非粮化”；百家池村《四川青神县4458亩“草坪田”全部“还粮”》被新华社宣传报道。

【基层治理】 高台镇深化“一核三微”基层治理模式，纠纷调解、信访量持续下降，全年成功化解多宗重访积案，党的二十大、省第十二次党代会期间全镇平稳有序；推广“片长制”试点工作，推选产生片长150名，当好群众“勤务员”“传令兵”；百家池村获评第一批“省级民主法治示范村”、全国先进基层群众性自治组织，高台镇连续3年平安建设群众满意度测评位居全县第一。

（陈　俊）

汉阳镇

【概况】 汉阳镇位于青神县城南23公里，辖区面积22.2平方公里，辖2村1社区，16个村民小组，13个居民小组。全镇生态环境优美、人文历史厚重、旅游资源丰富。2022年，汉阳镇常住人口6000多人，户籍总数3945户，户籍人口1.03万人，全镇生产总值2.17亿元，农村居民人均可支配收入2.48万元，增速6.1%。先后获得“国家级生态镇”“国家级卫生镇”“国家级长吻鮠种质资源保护区”“省级旅游特色镇”“省级百镇建设试点镇”等称号，汉阳场社区被列入“第二批国家级传统村落名录”；通过省级乡村振兴考核考评交叉现场检查。

【特色产业】 汉阳镇建设优质马克斗基地、绿色蔬菜基地，全镇现有晚熟杂柑7000余亩，蔬菜复种面积10000余亩；推行“果树+蔬菜”的套种模式，柑橘产业年产8000吨、产值5600余万元，蔬菜产业年产6000吨、产值4800余万元，促进农民增收。

【乡村振兴战略实施】 汉阳镇坚持实施“拆、收、改、栽、画”五字工作法，改造农村危房16户，整治销号存在安全隐患房屋66户，完成农房建设审批22户，风貌控制率100%；拆除乱搭乱建31处，建成“四小园”42处、“五美”庭院示范户100户，打造示范村落2个；实施产业道路硬化黑化2.43公里，建成四号桥、翻身街等旅游节点3处；新（改）建农村卫生厕所43户，整治问题厕所12户；全面落实河湖长制，推行农户“1元制”付费环境管理制度收费率达91%；盘活农村闲置宅基地和集体建设用地100余亩，持续发展壮大村集体经济，助推农文旅融合发展。

【文化旅游】 汉阳镇抓好国家级传统村落保护开发，建成汉阳场社区史馆，打造非遗文化研学路线，坚持保护传承与挖掘开发相结合，保护、传承和合理利用非物质文化遗产，培育传承人，引导群众走进非遗工坊，了解传承历史文化；完好保存市级非遗文化遗产工坊2个、县级非遗文化遗产工坊1个；推进烟火平原系列项目建设，汉阳粮站综合体项目被纳入青神粮油园区一期三标段建设范围；创建省级乡村旅游重点村，促成汉阳星级“农家乐”与青神星级酒店进行餐饮文化交流，汉阳棒棒鸡等特色美食被CCTV-10（中央电视台科教频道）《原味乡间》栏目专题报道。

【基础设施建设】 汉阳镇改建生态停车场1个，安装太阳能路灯

2022年暑假，汉阳镇开展传统杆秤制作非遗体验研学活动

（汉阳镇供图）

190盏，沟渠加固、硬化3380米，新建垃圾亭25个，打造综合文化站1个，安装道路隐患地点护栏390米、交通安全警示标志21个，排查整治道路交通隐患7处。

【社会民生】 汉阳镇完善社会保障体系，医保、社保参保率100%；推行家院互融、综合养老等居家养老模式，逐步完善居家养老服务体系和社会救助事业体系，完成敬老院提档升级，配套日间照料中心3个；落实救助政策，发放重度残疾人护理补贴、残疾人困难生活津贴、困难家庭临时救助资金106.27万元，解决各类群体的生产生活问题，提升民生保障能力。

【新冠疫情防控】 汉阳镇坚持常态化防控和疫情流行期间应急处置相结合，压实“四方责任”，严格落实片长制，完善指挥调度、医疗救治、监测服务等六大工作体系，分级分类服务“一老一小”等特殊群体，确保实现“压峰”转段、度过高峰期。

【脱贫攻坚成果巩固】 汉阳镇巩固拓展脱贫攻坚成果，开展防返贫监测集中排查，开展2轮防返贫监测集中排查，新识别纳入监测对象3户、12人，做到“应纳尽纳”，全镇脱贫群众收入增速和家庭经营性收入增速均完成目标，通过省级巩固拓展脱贫攻坚成果同乡村振兴有效衔接考核评估工作。

【环境保护】 汉阳镇打好污染防治三大攻坚战，落实河长制、点长制、田长制和林长制，开展秸秆禁烧、河流清污、化肥农药控量减害等工作，农作物秸秆综合利用率92.7%。

【耕地保护】 汉阳镇坚决守住7632亩耕地红线，按时足额发放耕地保护、种粮等惠农资金95万元，补贴面积9397亩，惠及种粮农户4560户，退园还耕32.16亩、撂荒复耕100亩、林下种豆300亩，豆玉复种334亩，粮食种植总面积6653亩，确保粮食安全；推进田长制工作，将目标任务落到村、压到组，设立镇、村两级田长15名、“四员”38名，落实常态巡田、日常监督、考核奖惩等配套管理制度，加强工作指导、业务培训，保护每块田地，全年耕地净流入31.4亩。

【基层治理】 汉阳镇整合镇域综合文化站、新时代文明实践站（所）等阵地，构建“1所3站”两级阵地体系，设置多功能教室、培训室、阅览室和体育活动场地，打造成集宣传教育、文艺娱乐、科普培训、体育健身等多功能于一体的文化综合体；以慧星图书馆、汉阳古戏台为展示场所，组建志愿服务队28支，开设文化讲堂、法治课堂，恢复展示川剧等非遗活动；深化文明村（社区）、文明家庭创建，开展“孝老爱亲星”“勤劳致富星”等“民星”评选活动10余次，促进乡风文明；探索“非遗＋产业”发展模式，依托手工打铁、龙头拐杖、汉阳杆秤、汉阳棒棒鸡等传统手工技艺，开展“我是小小文化传承人”等非遗文化研学活动，创新古镇旅游新业态；畅通“创意—生产—销售”发展链，开拓非遗产品销售渠道，让关注点由传统的保护传承向产业创新发展上拓展，着力点由分散扶持向统筹集聚上转变。

（胡　兰）

特　载

实施乡村振兴战略工作纪实

青神县是全国农村改革试验区，是中央农办三农政策基层联系县，先后获评国家生态文明建设示范区、四川省乡村振兴先进县、四川省改革工作先进县等16项国省荣誉。2022年以来，青神县认真学习习近平总书记关于“三农”工作的重要论述和来川视察重要指示精神，全面落实中、省、市乡村振兴战略部署，以绣花功夫全面推进乡村振兴，各项工作取得显著成效。获评全国村庄清洁行动先进县、四川省县域城乡融合试点县、省级全域旅游示范区，人居环境整治、城乡融合发展等多项工作国省交流。预计全年实现一产增加值13.35亿元，增长4.7%，农民人均可支配收入达2.48万元，增长6.1%，城乡收入比1.72:1。

一、健全工作机制，扛起全面推进乡村振兴重大政治任务。

一是完善领导责任机制，新增巩固拓展脱贫攻坚成果同乡村振兴有效衔接专项工作领导小组，构建27个县领导、76个部门（单位）包保联系52个村（社区）的工作制度。二是全面调研走访，党政主要领导带头开展城乡融合发展、“天府粮仓”建设、巩固脱贫攻坚等专题调研99次，走遍全县乡镇（街道）、村（社区）。三是有力保障要素，依托全省人才工作先行区，设立2000万人才发展专项资金，出台“人才8条”，硕士及以上人才增长4.4倍。累计投入16亿元用于乡村振兴，其中一般公共预算投入5.45亿元、土地出让收入4898万元。

二、胸怀国之大者，抓好习近平总书记关心的三件大事落地落实。

（一）打造新时代更高水平“天府粮仓”特色示范区。召开县委全会研究出台《关于深入贯彻习近平总书记来川视察重要指示精神建设新时代更高水平“天府粮仓”特色示范区的决定》，规划构建“一园两片三区”的粮食生产格局，投入3.5亿元，建设10万亩粮油现代农业园区，探索“1423”稳粮扩面工作法（“1”是指打造10万亩粮油现代农业园区；“4”是指退草还粮、退园还耕、撂荒复种、林果套豆4项举措；“2”是指优化种植模式和种植结构；“3”是指强化组织保障、政策保障、技术保障。），建成1.3万亩粮油高标准种植基地，粮食播种面积达14.1万亩，产量6.8万吨，成为全国首批大豆玉米复合种植农调点。投资3.5亿元的复兴水库扩建工程全面建成，全县农田有效灌溉面积达85%以上。建成“全程机械化＋综合农事”服务中心1个，农作物耕种收综合机械化率为69.89%，增长4.81%。

（二）坚决守住耕地保护红线。落实耕地保护“党政同责”，印发《全面推行田长制的实施意见》，压实县、乡（镇）、村、组四级工作责任，认真开展清理核实，强化耕地用途管制，全面清退5000亩草坪和2000亩低效果园，全部换种高标准水稻，复耕复种撂荒地100.54亩，恢复耕地2100亩。编制《高标准农田建设十年（2021—2030年）规划》，2022年完成5000亩高标准农田建设任务，全县累计建成高标准农田10.53万亩。全面退草还粮扩面实践经验被新华社《内部参考》34期刊载，大豆玉米带状复合种植模式被《新闻联播》《焦点访谈》节目报道。

（三）巩固拓展脱贫攻坚成果。严格落实“四不摘”要求，优化完善防返贫监测工作机制，新增监测对象83户219人。持续落实有效衔接政策，投入7000万元，实施全域安全饮水工程，完成青竹街道等5个乡镇（街道）主管网铺设并实现通水；投入402万元，为161户农村低收入人口改造房屋；投入334万元，为全县低收入人口代缴医保；投入740万元，对2352名脱贫人口进行低保兜底，全县3819户9237人稳定脱贫，人均纯收入达1.3万元，增速15.23%，家庭经营性收入增速11%以上，未发生漏测失帮、返贫现象。

三、深化城乡融合，全面推进乡村振兴和农业农村现代化。

（一）农业产业发展全面提质增效。一是做优现代园区。按照全域覆盖的原则，全县规划建设9个现代农业园区，发挥园区示范引领作用，竹编产业园区创建为全省唯一的国家林业产业示范园区，青神县柑橘现代农业园区升级为省四星级现代农业园区，拥有市级现代农业园区2个，县级现代农业园区2个。二是做特优势产业。投资35亿元的斑布健康竹产业园建成投用，斑布竹纸亮相北京冬奥会，青神竹编走进卡塔尔世界杯，央视一套《山水间的家》栏目探访中国竹编产业第一村兰沟村，成功举办2022年中国国际竹产业交易博览会，竹产业综合产值达到70亿元。投资3500万元，加快推进全国晚熟柑橘产业集群项目，建成西南地区最大单轨运输基地、农产品仓储物流基地，获评“中国晚熟柑橘出口示范区”。制定《青神县促进生猪稳产保价八条措施》，2022年能繁母猪存栏2.36万头，存栏生猪26.75万头，出栏26.21万头。三是做强科技支撑。印发《青神县种业振兴行动实施方案》，完成21个农作物和畜禽遗传资源的调查工作，启动水产养殖种质资源普查，建立粮食新品种品比示范基地、柑橘品比试验园、水产苗种基地。深化与科研院所合作，投入2000万元，建设农业科研中心，建成晚熟柑橘气象研究示范基地。农村寄递物流服务站（点）覆盖80%以上，是全国农村电子商务示范县。

（二）城乡融合发展迈出新的步伐。一是推进基础设施“全域覆盖”。天眉乐高速（青神段）项目开工建设，虎渡溪航电主体完工，第三自来水厂建成投用，新建“四好农村路”80公里，农村水、电、气等普及率达98%以上。推行城乡公交一体化，新投入公交62辆，建制村全覆盖通公交，最远乡镇进城仅需半小时，2元实现全域通。二是推进公共服务“全民共享”。全覆盖完成乡镇和村（社区）便民服务中心“三化”建设，下放145项县级事项权限，推动管理服务职能向农村延伸。深化教师“县管校聘”改革，全县正常适龄儿童入学率达100%，残疾儿童入学率达97%，行政村全覆盖建成未成年人保护点（儿童之家），全市首家公办公营普惠专业托育服务机构建成投用，眉山市养老服务中心青神区域中心项目主体完工。乡镇、村达标卫生院（室）覆盖率均达100%。三是推动基层治理“全民参与”。全域推广“片长制”，构建起“县、乡、村、组、片”五级治理体系；青神县“一领四微”模式在人民网刊登，全国500余名社会科学领域专家学者线上参加在青神县举办的“完善乡村治理体系，促进城乡融合发展”第四届乡村振兴论坛。青竹街道兰沟村、高台镇百家池村被评为全国乡村治理示范村。

（三）和美乡村建设取得新进展。一是全域推广“拆收改栽画”五字工作法。以拆治乱、以收归序、以改提质、以再增绿、以画添彩，实现农村户用卫生厕所普及率97.8%，垃圾和污水得到有效处理的行政村占比达到100%，新打造田园美、庭院美、居室美、厨厕美、家风美的“五美”家庭1000余户，全县美丽宜居乡村达47个，农村人居环境整治工作经验作为全国唯一区县在农业农村部举办的学习习近平总书记关于“三农”工作重要论述培训班交流。二是全面提升农村生态环境。推行“十二分制”，建成乡镇农业废弃物资源化利用中心，农药包装回收率87.1%，农膜回收率90.8%。建成种养循环示范基地3个，畜禽粪污综合利用率94.9%。持续做好天然水域禁捕和水生物资源保护工作，是国家级长吻鮠种质资源保护区。打造最美竹林风景线，是四川规模最大、种类最多的萤火虫栖息地。创新“333”农资管理模式被评选为全国绿色发展典型案例，“特色产业点亮乡村经济”在央视《新闻联播》报道。三是全力推动乡村文化建设。开展文明村镇创建，县级以上文明乡镇和文明村覆盖率分别为100%、96.15%。开展医疗卫生、法律咨询、技能培训、党史宣讲等活动，开展“一约五会”（即村规民约、红白理事会、村民议事会、道德评议会、禁毒禁赌会、孝善理事会）自治组织建设，修订完善村规民约，举办送文化下乡和戏曲下乡活动30余场，百家池村、兰沟村获评省级乡村文化振兴样板村。

（四）农业农村改革贯穿始终。一是盘活农村土地资源。以省级第二轮土地延包三十年试点为契机，大力推广土地延包“113”模式，巩固农村基本经营制度，解决在产业发展中出现的土地碎片化、农民土地进退难等问题，推进适度规模化发展。盘活闲置宅基地和集体建设用地100余处，打造了“邻里百家”、竹里巷子、竹里稻香等新业态。二是构建现代农业经营体系。开展全国农民合作社质量提升整县试点和深化家庭农场和农民合作社带头人职业化试点，探索出“四化四合四保障四位一体”新型经营主体能力提升工作法，培育新型职业农民653人，认定省级示范合作社21个、家庭农场省级示范场22家，家庭农场新建联合社1家。三是坚持集体经济多元化发展。积极探索“3+”集体经济发展模式，即资产入股、资本合作、产业托管等，构建“5+4+1”“7+2+1”利益共享机制，全县新培育集体经济年收入10万元以上的村占比25%，50万元以上的村占比5%。

四川青神经济开发区扩区工作纪实

近年来，青神县坚持以习近平新时代中国特色社会主义思想为指导，完整、准确、全面贯彻新发展理念，抢抓成都都市圈发展机遇，主动融入全市“1+3”现代工业体系，聚焦制造强县战略，全力提振工业经济。2022年11月8日，经四川省人民政府常务会审议通过四川青神经济开发区扩区申请，11月16日四川省人民政府函复同意四川青神经济开发区扩区。

一、基本情况

（一）四川青神经开区发展历程。2006年4月，为落实工业强县发展战略，提升青神县工业经济整体实力，根据《青神县人民政府关于成立青神县工业集中区的通知》，青神县工业集中区正式成立。

2010年7月，根据《青神县人民政府关于青神县工业集中区更名的通知》，“青神县工业集中区”更名为“青神县工业开发区”。

2018年2月，根据《中国开发区审核公告目录》（2018年版），“青神县工业开发区”更名为“四川青神经济开发区”。

2019年，经省政府批准设立四川青神经济开发区为省级经济开发区。

2022年11月，省人民政府函复同意四川青神经济开发区扩区，核准面积调整为306.35公顷，明确要求打造成为全国“专精特新”装备制造基地和全国特色先进机械制造产业聚集区。

（二）四川青神经开区扩区情况。2022年扩区后，四川青神经开区核准面积由152.26公顷调整为306.35公顷。四至范围为：区块一，东至机械大道、南至锦绣大道、西至青竹街道游滩社区、北至青竹街道游滩社区；区块二，东至青竹街道丹黑路、南至青竹街道鸿化村、西至旧眉青路、北至青竹街道丹甫大道；区块三，东至青竹街道黑龙壕、南至青竹街道桥楼村、西至青竹街道鸿化堰、北至青竹街道龙女村。

2022年，四川青神经开区入驻企业140余户，拥有国家高新技术企业14家，国家级“专精特新”“小巨人”企业4家、省级专精特新中小企业6家，国家知识产权优势企业3家，国家两化融合管理体系贯标试点企业2家、省级两化融合管理贯标体系示范企业3家，国家级绿色工厂2个，四川省制造业“贡嘎培优”100户企业1家，省级技术创新示范企业2家，省级企业技术中心6个，省级工程技术研究中心2个，培育上市企业2家。

2022年，全县53户规模以上工业企业实现产值105.07亿元，较2021年增长13.96%；实现营业收入93.3亿元，较2021年增长5.58%，实现税收1.88亿元，利润4.43亿元。

二、扩区工作情况

（一）抓好机遇节点，从大背景上彰显扩区必要性。一是有利于推动成渝双城经济圈建设、打造高质量发展重要增长极。为充分发挥先进制造业的支撑引领作用，四川省将装备制造列入“5+1”现代工业体系，提出建设具有国际影响力的高端装备制造基地，环成都经济圈要与成都形成产业协同配套，重点打造高端装备制造、电子信息产业集群。《成渝地区双城经济圈建设规划纲要》明确提出加快天府新区成都片区和眉山片区融合发展，打造成眉高新技术产业带，并将青神经开区、成眉绿色铸造智慧产业园作为装备制造重点领域纳入规划。表面处理产业是装备制造、电子、汽车、航空航天等产业必要环节，省政府办公厅《关于进一步规范电镀行业发展的意见》要求加快推动专业电镀向电镀集中区集中、工序电镀企业向电镀集中区和工业园区集中，青神经开区是成都都市圈唯一布点区域。通过经开区扩区，有助于提升成都都市圈装备制造产业链竞争力，进一步壮大先进制造业集群。

二是有利于眉山建设全国“专精特新”装备制造基地。2020年，省委、省政府提出推动制造业高质量发展要求，明确眉山在“十四五”期间将重点发展电子信息、机械及高端装备制造等产业，依托青神经开区，聚焦成套设备、关键零部件等领域，加快西南表面处理循环经济产业园等项目建设，培育一批专注细分市场、创新能力强、市场占有率高、掌握关键核心技术的装备制造企业，打造成全国“专精特新”装备制造基地。通过经开区扩区，成眉绿色铸造智慧产业园、西南表面处理循环经济产业园在园区原机械制造产业的基础上，进一步完善机械及装备制造业产业链条，有助于充分发挥青神产业优势，夯实标准传动件、小规格压缩机、木工机床、农牧成套设备等机械及装备制造产业在行业中的优势地位，提升眉山先进制造产业竞争力，成为眉山建设全国“专精特新”装备制造基地重要支撑。

三是有利于提升县域经济综合实力和整体竞争力。县域经济是区域经济发展的底部基础，是支撑“一干多支”发展战略的重要基石。成眉绿色铸造智慧产业园、西南表面处理循环经济产业园将助力青神经开区形成铸造、机械零部件、表面处理、整机生产的完整产业链，大幅提升经济发展总量和竞争力，预计经开区营业收入将以年均25%水平增长。通过经开区扩区，加大经开区建设力度，进一步整合成渝地区特别是成都都市圈区域发展资源，有效解决电镀企业环境突出问题和制造业末端电镀产业配套能力不足问题，让青神成为成渝地区双城经济圈和成都都市圈经济发展不可或缺的一环，为青神打造全国特色先进机械制造产业聚集区奠定坚实基础。

（二）层层把关材料报送，从流程细节上保障扩区工作。2021年8月19日，《四川青神经开区整体性安全风险评估报告》，通过专家评审。

2021年8月30日，中共青神县委政法委员会下发《关于同意〈青神经济开发区扩区工作方案社会稳定风险评估报告〉备案的函》，同意备案。

2021年10月29日，四川省林业和草原局使用林地审核同意书同意青神县2021年第6批次建设用地使用青神县集体林地7.2826公顷。

2021年11月24日，四川省自然资源厅《关于眉山市青神县游滩片区土地征收成片开发方案的批复》同意按法律法规规定和方案组织实施成片开发相关工作。

2021年12月13日，中共四川省委机构编制委员会办公室下发《关于反馈〈关于恳请对四川青神经济开发区管理机构设置情况进行审查的请示〉意见的函》，函件对青神经开区扩区工作无不同意见。

2021年12月7日，四川省住房和城乡建设厅下发《关于青神经济开发区基础设施建设情况的审查意见》，意见显示审查青神经开区基础设施基本完善，土地平整，符合扩区要求。

2021年12月17日，四川省应急管理厅办公室下发《关于对四川青神经济开发区扩区调位有关安全生产情况审核意见的函》，确定青神经开区符合扩区安全生产条件。

2022年1月27日，四川省人民政府下发《关于青神县2021年第6批次建设用地的批复》，同意青神县呈报的建设用地。

2022年3月14日，眉山市水利局出具《关于回复〈青神县水利局关于对四川青神经济开发区扩区区域距离长江干支流合规性进行审定的请示〉的意见》，青神经济开发区扩区合规性请示通过复核。

2022年5月5日，四川省统计局下发《关于核定青神经济开发区主要经济指标的批复》，对青神经开区近三年主要经济数据审定通过，符合扩区要求。

2022年5月13日，四川省生态环境厅办公室下发《关于四川青神经济开发区扩区有关意见的函》，核实青神经开区在生态环境方面总体符合扩区相关要求，支持青神经开区依法依规实施扩区。

2022年7月6日，四川省水利厅下发《关于印发〈四川青神经济开发区规划水资源论证报告〉审查意见的函》，同意通过审查。

2022年7月13日，四川省自然资源厅下发《关于反馈四川青神经济开发区扩区用地审查的函》，核实青神经开区在国土空间规划和土地节约集约利用方面符合扩区要求，支持青神经开区扩区。

2022年7月，报送四川青神经济开发区扩区发展规划。

2022年7月28日，四川省发展和改革委员会下发《关于〈四川青神经济开发区扩区发展规划〉的批复》，原则同意青神经开区扩区发展规划。

（三）持续抓好园区建设，从规划定位上明确扩区未来。“十四五”期间，青神经开区将严格贯彻落实省人民政府的扩区批复要求，按照青神制造业发展规划，全面落实产业转型升级、全面提升制造业核心竞争力，以机械加工、竹纤维产业、日用家居、医药产业等为重点领域，大力推进“一区五园一平台”建设（一区，指四川青神经济开发区；五园，指西南表面处理循环经济产业园、成眉绿色铸造智慧产业园、斑布健康竹产业园、彩虹健康产业园、立白智能家居产业园；一平台，指德恩云造产业互联网平台），打造成为全国“专精特新”装备制造基地和全国特色先进机械制造产业聚集区。

一是以成渝地区双城经济圈建设和成都都市圈建设的重大战略为方向和依托，以成眉绿色铸造智慧产业园和青神经开区在成都都市圈中的重要位置为重点，进行精准和科学的定位。一方面，重点承接成都及周边地区与先进机械制造业、竹纤维产品、医药大健康、日用家居等相关的先进产业和重点企业的产业转移与创新扩散。另一方面，为成都的相关产业，尤其是先进机械制造业提供有力支撑，通过绿色智慧铸造为整个成都都市圈的铸造产能进行配套，支撑其电子信息、装备制造、新能源汽车、先进材料等行业的发展。

二是优化各个园区的内部格局，对一批重大项目和重要产业基地合理布点，进而增强规划的可执行性和现实意义，提高园区内部企业之间的产业关联，形成有效的产业集聚，促进创新集群效应的提升。五园区分别支撑四个重点产业领域，依托成眉绿色铸造智慧产业园、西南表面处理循环经济产业园打造百亿元机械制造业，以先进制造业为龙头创造产业的集聚，提升先进制造业相关的表面处理技术，通过2个产业园的集聚发展，为青神先进机械制造业打造更加立体的产业链和创新生态；依托斑布健康竹产业园积极进行竹材生物质精炼技术开发、竹材生物质全价利用、本色竹纤维产品开发，打造竹产业研究平台，建设集造林、生产、销售和品牌运营于一体的多元化园区；依托立白智能家居产业园大力发展日化家居，以日化家居产品为基础，引进智能家居、绿色日化及相关配套产业项目，进一步提升智能化生产能力，形成办公研发、生产制造、仓储物流三大业态，打造成为西南日化品牌企业培育区，四川日化产业供应链服务基地；依托彩虹健康产业园加快发展医药大健康产业，重点布局医药产业，招引中医药生产企业，医药包装、医药销售、服务企业和中药大健康产业相关企业，进一步完整“生产、销售”为一体的医药产业链条园区，打造符合医药产业集聚化、集约化、规模化的发展规划的一流青神医药项目招商平台和孵化平台。

三是进一步构建和完善产业支撑体系，深挖利用德恩云造产业互联网平台服务功能，建立资产运营管理系统AOM、制造运营管理系统MOM等多个系统，运用德恩云数字化管理和数字经济带动作用，建设通用零部件制造行业服务平台，通过平台赋能为企业提供标识注册、标识解析、数据管理、公共服务及体系接入等服务，实现企业上云1000家以上。提升产业集群和创新集群的成效，更加促进中小企业发展，打造青神机械制造的核心竞争力，实现企业在网络平台的有效协同，促进企业之间的合作和集群，壮大先进制造业的服务体系，巩固青神先进制造业的发展基础。

三、特色亮点工作

（一）高位推动、一鼓作气。把握时任省委书记，省委常委、副省长，省发改委主任等领导莅青调研契机，推动省级相关部门受理扩区发展规划接件和审查工作。主动寻求市委、市政府支持帮助，眉山市市委书记胡元坤，市长黄河、副市长邹汝林等市领导多次向省领导争取支持，多次带队前往省级相关部门汇报争取。青神县成立以县委书记、县长任双组长的扩区工作推进组，组建9个工作专班，坚持县委主要领导每周研究、分管县领导每日调度，每周对接一次省级部门相关处室，快速回应并准确修改完善上报资料，确保扩区工作一鼓作气、有序推进。

（二）抢抓机遇、借势借力。紧盯青神经济开发区纳入省人民政府印发的《成都都市圈发展规划》（第六章第一节专栏9制造业重点领域）的机遇，按照省人民政府《进一步规范电镀行业发展的意见》及“加快推动工序电镀企业向电镀集中区和工业园区集中”要求，加快建设西南表面处理循环经济产业园项目，顺势而为推动青神经开区扩区。同时，积极争取市发改、经信、自然资源、生态环境等部门主要领导带队前往省级有关部门汇报20余次，加快了经济指标、环评论证、土地审查等审批进度。

（三）抓住关键、环环相扣。深入研究扩区调位管理办法，明确扩区工作涉及的9个省级部门20个处室对接对象。系统分析17个扩区要件的内在逻辑，制定详细工作方案，按照时间节点倒排工期，将扩区工作任务细化到具体责任人。县委、县政府主要领导到省发改、自然资源、生态环境等部门对接扩区发展规划、用地审查等要件10余次，相关分管县领导到省统计、水利、住建等部门对接产业指标、水资源论证等事项30余次，做到环环相扣不断档。通过3年多来的努力，青神经开区持续保持无安全、环保、土地违法违规事件和重大土地违法案件，主要经济指标均高于省级开发区平均水平，2022年四川省开发区综合评价考核为优秀，为扩区提供重要支撑。

省级全域旅游示范区创建工作纪实

一、基本情况

2019年，四川省启动省级全域旅游示范区创建工作。至2021年，全省有省级全域旅游示范区47个，其中眉山2个（洪雅县、东坡区）。青神县对照《国家全域旅游示范区验收标准》《四川省全域旅游示范区管理实施办法》认真进行自查评估和整改提升，不断推进文旅项目建设，不断完善旅游基础设施，不断提升旅游服务水平，营造了良好的全域旅游环境。2022年10月，青神县从全省30个创建单位中脱颖而出，以全省第四名的优异成绩成功创建省级全域旅游示范区。

二、主要做法和成效

（一）统一思想，凝聚合力。县委、县政府主要领导亲自挂帅，成立青神县创建全域旅游示范区专项工作领导小组，召开创建工作动员大会，出台《青神县创建省级全域旅游示范区方案》。县人大将创建工作纳入《青神县人大常委会2022年监督工作计划》。县政协专题调研农旅融合发展。建立部门联席会议机制，高标准推进创建工作落地见效。启动县、乡、村三级联动机制，印发创建倡议书，号召全体市民、全县景区、宾馆饭店、行业协会等共同参与，营造创建氛围，掀起创建高潮。

（二）科学谋划，规划引领。高标准印发《关于深入贯彻习近平总书记来川视察重要指示精神弘扬东坡文化推动文旅融合发展的决定》，构建“一代引领、六区串联、全域推进”的文旅融合发展新格局。编制《青神县全域旅游发展规划》《青神县“十四五”文化和旅游发展规划》《东坡文化旅游设施建设项目规划》等文件，全面开启岷江文旅融合发展示范带建设。

（三）项目带动，产业发展。自2019年创建以来，青神县大力推进旅游基础设施建设。建成国际竹产业展览中心，打造竹里巷子、竹里院子等竹里系列IP文旅项目。建成汉阳湖忆村等一批乡村旅游重点景区，打造滨河文化公园，实现公园绕城。全域推进农村人居环境整治，建成美丽宜居乡村46个，城乡面貌焕然一新。累计投入22亿元新建旅游公路68公里，完成成乐高速扩容并设置青神互通，成功创建全省“四好农村路示范县”。

（四）创建品牌，强化营销。竹里院子被评为全省文旅融合示范项目，青神竹编被评为首批天府旅游名品，汉阳棒棒鸡等被评为天府旅游美食，兰沟村被评为国家级乡村旅游重点村和天府旅游名村。举办中国竹产业界最高盛会——中国国际竹产业交易博览会。中央电视台开展青神萤火虫网上直播，浏览量达1.2亿人次，被《新闻联播》近3分钟专题报道。兰沟村为央视大型文旅探访类节目《山水间的家》在四川省唯一取景地，节目在央视一套黄金时间播出，获得一致好评。全省首创“文旅局长说文旅”多媒体宣传，获得省文旅厅高度表扬和肯定，在全省推广。

三、工作启示

（一）创建引领，推动各方面发展。2011年，中共青神县委、青神县人民政府印发《关于推进全域景区化的决定》。至此，青神县始终以全域景区化为目标，坚持“一张蓝图绘到底”，抢抓景区建设，先后建成两个AAAA级旅游景区，为创建奠定了基础。该次创建中，交通部门以旅游标准建设通景公路；农业部门以旅游为标准建设产业园区；水利部门以旅游为标准修建堤防；住建等部门在城市建设中，积极融入特色文化。各部门通力配合使创建获得成功，推进了青神各方面发展。

（二）敢想敢干，没有干不成的事。青神旅游资源并不十分丰富，省级全域旅游示范区创建程序复杂、严谨，包括暗访、资料评分、竞争性陈述三大环节。评选过程中，县文广旅局始终盯住这三个环节：年初开始，针对点位进行逐一整改，各景区安装全域景区导览图，四大景区“个个过关”；收集整理青神县在全域旅游方面的佐证资料5000多页，并精美装订；精心准备竞争性陈述材料，制作PPT，在会场摆放青神特色文创产品，赢得评委青睐。最终，以全省第四名的优异成绩成功创建，其中竞争性陈述环节全省第一。

虎渡溪航电枢纽工程工作纪实

2022年12月，青神县虎渡溪航电枢纽工程（以下简称虎渡溪航电项目）全面完成移民蓄水终验，为实现青神县万亩湖面、具备区间通航条件、提升县城市品质和沿江人居环境、推动县域拥江发展和文旅综合开发奠定了坚实的基础。

一、强业主投资开发之念

为加快推进虎渡溪航电项目前期工作，尽快实现开工建设。2014年，时任县委常委、常务副县长徐琳召集航电指挥部成员单位召开专题会议，总结汉阳航电工作中的经验教训，安排部署虎渡溪航电项目前期工作，积极同业主单位青神金弘能源投资开发有限公司加强对接沟通工作。然而，严峻现实情况导致业主对虎渡溪航电项目投资信念不强。一是虎渡溪航电项目规划装机容量仅4.8万千瓦，发电量约1.9亿度，开发效益特别差。二是项目坝址位于县城下游约3.5公里，对城市防洪排涝要求高。三是航运牵涉到青神岷江大桥的复建，投资额度高，各项经济指标差，系严重亏损项目，银行融资难度大。四是业主前期投资建设完工的汉阳航电项目由于省发改批复的电价没有实现船闸加成加价，省经委和省电力部门安排的发电计划也没有实现满发满供，汉阳航电项目面临运营即亏，年均亏损约1800万元。汉阳航电项目新造地没有行之有效的综合开发方向，无法弥补运营亏损。

时任县委书记黄国清听取情况汇报后给出指示：虎渡溪航电项目区位特殊，其开发建设对青神的城市建设和经济发展都有重大促进作用，我们要解放思想、开拓思路，必须把这个项目干起来，政府对该项目公益投资部分可适当分摊。2014年11月，时任县委书记黄国清、县长胡国民带领相关部门到省决咨委汇报交通工作，初步形成虎渡溪航电项目要优化工程设计，新造土地综合开发弥补投资的思路。一是在青神岷江大桥复建、滨江新区改造、堤防建设等方面思考投资分摊，发改、住建、交通、水利等部门全力争取项目资金。二是交通、发改全力争取岷江中游航电梯阶规划纳入省十三五规划，争取船闸、航道补贴。三是业主优化设计方案，提高装机容量，增加收益，节省投资。四是研究汉阳航电项目造地的开发利用，为后续开发虎渡溪航电项目新造地提供依据。

按照这一总体思路，县政府赓即召集相关部门和业主单位对虎渡溪航电项目范围内堤防、城市防洪排涝、岷江大桥等内容进行了实地踏勘和讨论分析，同业主反复沟通，将分摊协议草拟稿的内容进行了修改。历时5个月，经过与业主方30多次对接沟通，拟定《虎渡溪航电枢纽工程投资分摊协议书》，2014年12月22日下午，县政府常务会研究通过，2014年12月23日上午，县委常委会研究通过，上午11时，县委、县政府在青神岷江会议中心召开青神县虎渡溪航电项目投资签约仪式。同时，时任县委书记胡国民、县长徐琳深入研究汉阳航电项目造地的开发利用，安排相关领导带队外出学习项目造地开发利用经验，多次到省国土资源厅找相关处室和厅领导汇报、沟通、请教，集思广益，最终形成了汉阳航电项目造地的收储、出让方案。2016年11月11日，时任县委书记肖巍主持专题研究通过后按程序办理。

二、破专题审批核准之冰

虎渡溪航电项目前期工作适逢岷江中游规划的航电梯级审批由原来的“电口”改为“航口”及政府解政放权“两个变化”，省内没有相关先例，“两个变化”后，面对“必须审批哪些专题？分别由哪一级审批？程序和要求如何？项目由哪里核准？”等问题，前期工作困难重重。

2015年9月8日，时任县长徐琳召集相关部门，结合在省上咨询情况专题研究虎渡溪航电项目前期工作，将专题分解落实到部门，各部门再次对口衔接。按照《政府核准的投资项目目录（四川省2015年本）》目录中的规定，整理出虎渡溪航电项目走航口可由县发改局核准，核准的前置条件按照法律、法规规定，须完成9个专题的审批。对照国务院办公厅《关于印发精简审批事项规范中介服务实行企业投资项目网上并联核准制度工作方案的通知》，结合各部门对上衔接的情况，列出了拟审批的专题分类表。最后，再次同省市相关部门衔接基本明确了需要审批的23个专题。在“两个变化”的背景下，探索出了虎渡溪航电项目专题审批和核准的办法。2016年6月28日，通过积极对上衔接，虎渡溪航电枢纽工程9个项目核准前置专题审批完成，并取得项目核准批文，其余专题编制审批顺利推进。

三、解项目银行融资之难

按照2016年4月18日审查通过的《四川岷江虎渡溪航电枢纽工程可行性研究报告》，虎渡溪航电项目概算总投资14.25亿元，总库容3152万立方米，总装机容量6.3万千瓦，年利用小时3927小时，年均发电量每小时2.4亿千瓦。虽然项目设计优化后提高了装机容量，但单位千瓦投资2.26万元，单位电能投资5.94元，经济效益仍然很差，不具备还本付息能力，银行融资十分困难，致使虎渡溪航电项目徘徊不前。

2017年4月至9月，在县委部门的指导下，成都新智投资咨询有限公司分别按18年、22年、30年3种合作期限编制PPP实施方案。由于3个方案涉及的政府可行性补缺金额均超过了项目总投资的50%，不能通过物有所值评价和财政承受力评价，评审表明虎渡溪航电项目不适合采用PPP模式推进。2018年12月，经过与省农行多次对接沟通，虎渡溪航电项目采取将项目拆分成枢纽工程和造地综合开发2个项目分别融资。省农行基本同意融资授信7.5亿元，其中航电枢纽工程4.5亿元，综合开发3亿元。乐山立事达实业有限公司于2019年1月21日在青神县依法注册了青神虎渡溪航电开发有限公司（以下简称虎渡溪公司）。2019年7月23日，县政府与虎渡溪公司签订了“四方”转让的补充协议，由虎渡溪公司承继了虎渡溪航电项目开发建设所有事项，并将所有融资材料报送省农行评估审查。2020年6月，省农行贷审会审核通过了本项目的融资组成材料，同意融资7.5亿元。经过政企携手、共同努力，解决了项目银行融资难题。

四、助工程开发建设之力

2019年12月18日，时任县长刘今朝调研交通工作时，在虎渡溪航电坝址现场听取了相关汇报，2020年1月7日下午与立事达实业有限公司董事会主席叶刚在汉阳忆村会谈沟通，双方基本达成共识，春节后正式开工建设，当年完成投资4亿元。县航电办与业主反复沟通，拟定《2020年虎渡溪航电项目主要工作计划》，并按照工作计划协调推进。

快速推进工程建设的关键是征地工作，本项目征地移民安置工作涉及青竹街道办、白果乡和高台镇，需征收补偿各类土地约3500亩，搬迁安置11户，生产安置人口约1122人，以及大量专项设施补偿和复建。在征地和移民搬迁工作中，遇到许多困难和问题，经县领导、部门、乡镇（街道）深入研究、精准发力，征地工作顺利推进。白果乡征地因河滩地的争议、征地补偿款的分配、社保指标的落实等问题，部分群众的思想没有统一，影响“三通一平”、砂石骨料生产系统、混凝土拌合系统和营房等临建施工进场。时任县长刘今朝到白果乡开调度会，协助白果乡进村入户做工作，召开了多次“群众坝坝会”，确保项目如期进场、临建设施如期建成投运。高台镇书记、镇长带领镇、村、组干部、村民代表、党员代表70多人参观工程建设现场和汉阳忆村开发，逐级统一好干部、代表、群众的思想，有力地推进了征地工作。青竹街道办涉及河道问题，时任县长刘今朝、常务副县长邱磊、副县长余俊任高度重视，亲自带队实地踏勘，及时研究解决了冲天槽分洪道设计变更问题。

2020年2月20日，滨江新区段堤防工程开工建设，也标志着虎渡溪航电项目正式开工。2020年10月1日，开展主体工程一枯施工。2021年9月29日，开展主体工程二枯施工。截至2022年底，虎渡溪航电项目已完成土地征收补偿约3500亩，完成搬迁安置11户、24人，完成生产安置1122人，全面完成分洪口工程、220千伏输出线路、右岸排涝工程、库区堤防工程、鱼道等附属工程建设，主体工程建设完成工程总量的93%，发电厂房完成工程量的95%。项目正在按照计划强力推进，确保实现2023年6月3台机组并网发电，2023年8月全面建成的宏伟目标。

青神县老旧小区纪实材料

一、历史沿革

1978 年，中共中央政治局会议上发布了《关于城市工作中加强群众运动的决定》，动员城市居民积极参与城市工作中的各项改革和建设活动。此后，中国城市建设进入了快速发展的时期。

随着城市建设的蓬勃发展，1984 年，四川省也先后发出了两次城市建设动员令，第一次是 3 月发布的《关于大力加强省城市和新城建设的动员令》，这份动员令强调了城市和新城建设的重要性，指出城市建设是经济建设和社会发展的重要内容，是全省现代化建设的重中之重。动员令提出了一系列任务和措施，强调了城市规划的科学性和可持续性，促进了四川省城市化的加速推进、经济社会的发展和城市环境的改善。第二次于 9 月，四川省政府发布了《城市建设动员令》，强调加强城市基础设施建设、提高城市管理水平和城市形象，使城市建成人民群众满意、安全、和谐的城市。

为积极响应四川省城市建设动员令，1984 年 7 月，眉山市政府发布了《关于城市建设实行全民动员的决定》，全城各级干部和广大市民积极参与城市建设工作，促进了眉山市城市化建设的快速发展。

随着党的十五大召开，为实现党和国家提出“三年树形象，五年大变样，齐心协力创辉煌”目标，1998 年，《国务院关于进一步深化城镇住房制度改革加快住房建设的通知》印发，实物分配退出历史舞台，中国城镇住房制度迎来一次根本性变革，市场投资建设商品房的积极性得到极大的释放，住房条件逐步旧貌换新颜，也彻底点燃了人们对品质住房的迫切愿望，住房建设规模大幅增加，迎来了从“蜗居”到“宜居”的历史性转变。同年，时任青神县县委书记孟光安，启动了青神县旧城改造项目，改造分为一、二两期进行，经过两年零 3 个月的努力，旧城改造成绩显著，共涉及城区 12 条街道，1000 多户私房、100 多个单位。拆除旧房面积 10 万平方米，引进县内外 20 多家开发商，新建楼房 100 多幢，建筑面积 20 多万平方米。新增加门市 600 个、新建街道 5 条、拓宽改造街道 8 条，街道面积由 4 万平方米增加到 10 万平方米。全面浇注人行道 65865 平方米、铺设下水道 6504 米、新安路灯 240 盏、新植树木 1500 株。城区面积由 0.69 平方公里拓展为 3.2 平方公里。城市地下水道由 3.5 公里延伸到 11 公里，城市路灯由 75 盏发展到 462 盏，城市供水由 2500 吨 / 日增加到 10000 吨 / 日。县城街道设施配套、功能齐全、宽敞亮丽、具有了浓郁的现代化城市气息。

党的十八大以来，以习近平同志为核心的党中央深刻认识城市在我国经济社会发展、民生改善中的重要作用，提出加快海绵城市建设，消除“城市病”，改善城市人居环境。并在党的二十大报告中强调，“实施城市更新行动，加强城市基础设施建设，打造宜居、韧性、智慧城市”，“采取更多惠民生、暖民心举措，着力解决好人民群众急难愁盼问题”。同时，习近平总书记指出，老旧小区改造是提升老百姓获得感的重要工作，也是实施城市更新行动的重要内容。2019 年，中国将城镇老旧小区改造纳入保障性安居工程。2019 年至 2021 年，全国累计新开工改造城镇老旧小区 11.4 万个，惠及居民 2000 多万户，从“墙面斑驳、线缆散乱”到“立面翻新、绿化提升”，老旧小区旧貌换新颜。

2020 年开始，为深入贯彻党的十九届四中全会精神，落实“以人民为中心”的发展思想，积极顺应人民群众对美好环境与幸福生活的向往，按照党中央、国务院和省委、省政府关于加快推进老旧小区改造的系列安排部署，2020 年 1 月 15 日，眉山市启动了城镇老旧小区改造。

青神县积极响应号召，于 2020 年 5 月 27 日召开城市形象提升两年行动动员大会，后青神县按照市委“南部区域做美一片”要求，按照“城市形象提升两年行动”的既定部署，以创建省级文明城市、全国卫生城市、国家森林城市为抓手，围绕净化、增绿、活水、畅通、光彩、精治，建管并进，提升城市品质，力争到 2021 年年底，树立城市新风貌、塑造城市新形象、展现城市新魅力，不断提升群众满意度，打造形象精致、配套完善、活力尽显的滨江宜居文明城市。

如今，青神县已进入城市更新的重要时期，青神以习近平新时代中国特色社会主义思想为指导，认真贯彻落实习近平总书记关于城市工作论述精神，实施五城联动引领城市更新三年行动，打造东坡初恋、宜居宜业、城乡融合、运动活力、医养结合“五城”，着力建设人文厚重、生态宜居，智慧韧性的“小巨人”城市。

二、亮点经验和具体措施

为全面贯彻中央、省、市关于城镇老旧小区改造的决策部署和工作要求，青神县始终将老旧小区改造工作作为重大民生工程统筹推进，聚焦把握一个实施意见、一组技术标准、一本工作手册、一套数据信息系统、一批试点示范项目“五个一”要求。2020年以来，青神县不断完善工作举措，提炼工作经验，走出了一条青神老旧小区改造道路。

（一）坚持高位推动，健全机制。一是建立定期调度工作机制。将老旧小区改造纳入县委、县政府定期调度事项，建立分管县领导、职能部门、属地乡镇（街道）参与的三级责任制，定期会商研判，重点解决“改什么”“怎么改”“如何管”等重大困难问题。二是建立书记县长督办工作机制。召开老旧小区改造书记、县长督办会议，向县级职能部门、青竹街道交办督办问题任务，县纪委监委、县委督查室一周一督查、一月一通报，确保交办事项全部整改到位。三是建立“七个一”工作机制。严格执行“一个标段一套人马、一周一次专题会议、一周一期推进简报、一天一次现场督导、一小区一份改造清单、一户一份提示回执单、一个施工企业一份量化考核表”工作机制。

（二）坚持靶向发力，调查摸底。做好改造前期调查摸底，广泛征集问题、居民意见，突出改造目标，一是用“三先三再”思路指导老旧小区改造工作的启动，即“先建组织再启动，先聚民智再决策，先改观念再改造”。二是用“四不改”工作原则划定改造前提，即“不统一意见不改；不拆除违建不改；不破墙并院不改；不缴物业费不改”。三是用两种方式收集社情民意。通过入户走访、召开小区坝坝会的方式征集居民意见。

（三）坚持问题导向，量身定制。针对每一个老旧小区的实际情况，青神县采取“一区一策”的提升改造思路，在建的同时加强过程管控，把控工作开展方向的同时提质增效。一是坚持对标梳理清单。组建9支工作队拉网式摸清家底，分类建立“三改一拆”“无违建”“污水零直排”等老旧小区数据档案182份。制发《青神县城镇老旧小区改造实施方案》，梳理7个大类、22个小项，确定管网、墙面路面、绿化、停车场、电梯、体育配套以及物业管理等“6+1”改造内容，彻底解决“乱”“散”“烂”等顽疾。二是坚持“面对面”收集意见。全覆盖召开小区“坝坝会”、小区“夜话”等860余场次，发挥小区老党员、老干部、人大代表、政协委员作用，征求拆违拆围、新增绿地、规划停车位等居民意见980余条，号准老旧小区改造的“需求脉”。三是推出“菜单制”下单。统筹基础类、完善类和提升类3大类别改造，制定雨污分流、水电气分户等改造项目菜单29项，根据居民自主“点菜”下单、勾选改造项目，及时完善并公示改造设计方案和效果图，形成“一小区一方案”。

（四）坚持完善基础，提升功能。“优先解决居民安居问题，补齐小区功能短板。”在老旧小区改造过程中，青神县坚持先基础后完善、先功能后提升，着力在群众最期盼的事上想办法、最迫切的事上下功夫，让居民安居。一是提升基础生活功能。将小区改造与国家生态文明建设示范区、国家卫生县城、国家森林城市、文明县城创建相结合，开展城市更新行动，解决小区内涝、雨污混流、安全饮水等“城市病”。二是提升治理功能。成立小区党支部，构建党组织领导下的居委会、业主委员会、物业服务企业的“四位一体”社区管理体系，组建小区管家、志愿者、党员先锋队“三支”队伍，化解居民难题。三是提升服务功能。建设集便民服务、助老用餐等功能于一体的“邻里中心”，打造“竹里成长社区家长学校”，扎实开展优秀市民、文明家庭等评选活动，进一步增加居民的归属感。凤阳社区“1314”工作法入选全国基层党建优秀工作案例，福家小区红色业委会、国宾城小区红色联盟等相关经验被《四川日报》、四川新闻网等主流媒体宣传报道。

（五）坚持文化浸润，提升内涵。既要“面子”又要“里子”，注重本土特色融入。青神县老旧小区改造，不仅注重“颜值”的改善，更注重“内涵”的提升。从群众直接利益出发，从细微之处入手，通过“微”更新赋予老旧小区更多的功能，让改造后的老旧小区更有文化、有趣味、有品质，也更有温情。打造可视化“微场景”、青神“老八景”等文化场景，保护性修缮黉门巷、古城墙等青神地标性建筑。融入东坡、竹编等传统文化元素，建成城市环游绿道40公里、点状公园绿地6个，打造城市变迁记录地和连片开放式街区。老旧小区改造中，青神县还将社会主义核心价值观，文明健康绿色环保、市民公约居民公约等公益广告融入到“文化墙”中，在小区内设置文明提示语，营造浓厚的文明氛围，潜移默化地将文明新风尚融入居民的日常生活环境。2021年10月，《城市更新·巷往生活——漫步黉门巷，细品老城风韵》一文被腾讯、今日头条等多家头部媒体抓取转发。老旧小区改造的实施，提升了青神知名度，增强了青神辨识度，青神县城市的“面子”更靓、“里子”更实。

截至2022年12月，青神县已实施7个小区老旧小区改造项目，255个小区，涉及7570户、80.39万平方米。

三、改造成效

通过老旧小区改造，“四个提升”成效初显。一是城市品质提升。截至2022年12月，雨污分流管网改造20公里、电力和弱电管线改造约308公里、天然气改造约5200米；水表分户3300户，电表分户300户；安装充电桩390个、健身器材240套，增加车位1200个，提升公共服务配套水平，完善生活功能。放大城市生态优势，利用小区公共空间打造回忆走廊、居民书屋等文化场所25个，依托墙绘营造小区文化氛围。二是安全保障提升。

改造完善小区安防设施，新增门卫岗亭130个、监控设施168套，推进“智慧平安青神”建设，构建起全时监控、全域巡查的安防体系。入室盗窃等治安案件由2021年的5件减少到2022年的2件，下降60%。三是房屋价值提升。以中医院宿舍小区为例，风貌改造前小区内外环境“脏乱差”问题突出，二手住房均价约3000元/平方米，套三住房出租价格约800元/月，且有价无市，存在卖不出租不出情况。通过改造，小区及周边“脏乱差”问题得到彻底改善，公共服务配套不断完善；二手房价格提升到约3500元/平方米，提高16.7%；房屋租赁价格提升到约1000元/月，提高25%。四是治理能力提升。突出党建引领，通过老旧小区改造，组建临时党组织和功能型党支部101个，新成立159个业委会（含连片物业服务），实现老旧小区党支部、业委会、物业实现全覆盖。小区管家、志愿者、党员先锋队齐抓共管有效化解小区问题390余个，居民归属感得到极大提升，营造和谐共荣氛围。

青神县“城乡公交一体化”工作纪实

2022 年 9 月，青神县“城乡公交一体化”项目正式投入运营。该项目通过完善城乡公交基础设施、提高交通路网支撑能力、优化运行线路等措施，规范青神县客运市场秩序，统筹城乡经济社会协调发展，打破城乡二元结构，缩短城乡差距，在全市率先实现城乡公交全域覆盖，塑造了全域公交样板，实现了绿色低碳、城乡一体、安全便捷、“交邮”融合的公交出行服务。

一、强化运营保障，确保一体化规划

（一）创新国有改革。针对青神县客运经营企业多，承包经营散，管理和服务水平差，无法满足城乡居民公共交通出行需求的现状，本着以保障民生为出发点，解决群众出行难的民生问题，2021 年，青神县按照“一县一公司”的原则，在青神县注册成立国有公司—青神县交通投资建设有限公司。青神县交通运输局按程序组织实施特许经营招投标，青神县交通投资建设有限公司中标作为青神县城乡公交一体化项目实施企业，负责城乡公交一体化项目开发建设，聘请有资质的第三方机构对原有客运企业的乡村客运车辆及线路经营权、公交公司和客运枢纽场站采取谈判的形式完成回购，实现了青神县城乡公交国有化改造。

（二）强化资金保障。为保证城乡公交一体化项目有序实施，本着“政府扶持、行业监督、企业经营”原则，项目采取债贷结合方式，申请中央专项债券资金，解决了项目建设资金问题。同时，为切实保障民生项目长效、可持续化运营，项目运营资金执行每季度预拨经营性亏损财政兜底补贴，每个运营年完后的 30 个工作日内，以审计最终核定为准，予以财政全额兜底补助，同步建立健全工作长效机制体制，确保了城乡公交开得起、留得住。

二、提升综合效能，实现一体化布局

（一）完善基础设施。在原客运中心站基础上，基本完成客运中心枢纽站改扩建施工，新建并配置充电桩 30 个，新聘用专职驾驶员 40 名；在全县配置公交首末站 7 个，新能源公交车 48 辆；开通贯穿城区的公交线路 4 条，共计 51 公里，开通覆盖主要乡镇（街道）、社区的城乡公交主干线路 9 条，共计 158 公里；优化 4 条乡村支线公交，共计 78 公里，改造 11 辆“金通工程”小黄车参与城乡公交运营，覆盖全县 58 个建制村（社区）；在全县范围内改造、新建 63 个站牌和 126 个站亭。通过统一规范、服务一流、管理高效和人民满意的基础设施建设，全面实现了城乡公交一体化布局，基本实现全县 7 个乡镇（街道）、58 个建制村（社区）通公交覆盖率达到 100%，乡镇客运站综合服务功能拓展改造率达 100%，建制村物流节点覆盖率达 100%，打通服务群众的“最后一公里”，托起农村人民群众美好“出行梦”。

（二）优化运力配置。优化公交线网布局和站点覆盖率，为市民营造更加舒适便捷的出行环境，将重要商圈、交通枢纽和人员密集区域进行串联，延长公共交通服务时间；根据路网条件和客流出行特征，规划发展定制公交和微循环公交线路，针对学生群体、务工人员开通的公交专班，获得了广大群众一致好评；为满足人民群众出行需求，缩短发车间隙，城区 1 号线采用单循环运行，间隔为 20 分钟 / 班，2、3、4 号线路均采用双循环运行，间隔为 10~15 分钟 / 班，城乡客运班线采用定时发车。

三、倡导“全新”出行，发展一体化服务

（一）践行绿色发展。为深化公交服务供给侧结构性改革，青神县着力构建绿色智能的公交系统。一是批量引进新能源公交车示范运营，累计新增 48 辆新能源公交车，每年替代燃油消耗 500 余吨，大幅降低氮氧化物排放量，有效改善城市环境质量；二是建成一体化和智能功率分配型充电桩 30 余个，保障新能源公交车运营，全面满足纯电动公交车充用电需求。

（二）提升服务品质。改善服务硬件设施，将空调车占比提升到 100%，视群众需求和实际情况灵活调整空调开放时间；强化公益服务属性，5 月试运行阶段，期间票价全免，正式运行后城区公交票价继续保持 1 元不变，城乡公交票价定价为 2 元，与原城乡客运票价相比，普遍降幅 60%~70%；优化特殊群体服务，解决老年人等出行难问题，城区实行 66 周岁以上老年人、现役军人、残疾军人、残疾人凭有限证件免费乘车的惠民政策，城乡实行现役军人、残疾军人携带相关证件免费乘坐政策。截至 2022 年底，设置 3 个公交卡办卡点，进社区、进校区，累计办理公交卡 8000 余张，日均乘车 2500~3500 人次，车票日收入约为 4000~5000 元。

（三）提供个性化服务。通过“互联网 +”赋能，不断发展商务班车、定制公交、社区专线、旅游专线、校园专线、乡村振兴专线、高铁快线等特色公交线路，丰富多彩的公交服务模式为青神县增添了活力和温度。一是打造“城乡公交 + 特色农业”特色融合线路。以解决特色产业主体面临的“物流难”等问题为目标，利用“金通工程”

小黄车和新能源公交车富余运力，为特色产业主体提供邮政寄递、物流配送服务，使得特色农产品出村更加便捷；在晚熟柑橘、茶叶等农产品采摘高峰时段开通采摘专线，调动10余辆小黄车为采摘人员提供点对点接送服务，有效解决群众实际需求。2022年，城乡公交采摘专线累计服务采摘人员2万余人次。二是打造“城乡公交+文化旅游”特色融合线路。依托岷江文化旅游示范带建设，因地制宜开通了青神综合客运枢纽至中岩寺、汉阳古镇等重点景区的旅游专线，保证游客便捷舒适往返；依托城乡公交打造“国际竹编文化专线”“观萤专线”“红色西山革命老区专线”等精品旅游特色线路，为游客提供近郊游、短途游、包车游等个性化定制服务，有效保障乡村旅游目的地便捷高效通达，有力推动城乡公交与青神文旅资源实现深度融合发展。2022年，服务乘客约10万人次。三是针对乡村学生特殊群体，提供“护学公交”专项运输服务，增开学生专班140余趟次，服务学生5700余人次，有力助推了教体事业发展。四是全力做好疫情防控运力保障工作，调集出动车辆763台次，转运和运送涉疫人员7579人次，切实保障了人民群众的生命财产安全。青神县的“城乡公交一体化”已逐渐深入到了经济社会生活的方方面面。

四、助力乡村振兴，城乡一体化融合

坚持以乡村客运提质增效为抓手，不断推进城乡交通运输质量变革、效率变革、动力变革，建立健全覆盖城乡、普惠共享的县、乡、村三级物流体系，建成县级快递物流仓配中心1个、乡镇级快递物流运营中心7个、村级“金通·邮快驿站”40个。一是创新“交通+特色农产品”、“交通+电商”等运营模式，将客运、货运、物流、邮政、电商、教育、旅游等功能跨领域整合，充分发挥乡村客运通达优势，利用城乡公交富余运力空间代运邮件快件，广泛开展县城到乡镇到村组的客车附搭小件快运业务、快递配送服务等，合作线路建制村覆盖率达100%，有效解决了群众出行、物流配送、邮政寄递三个“最后一公里”问题，实现了邮政快递企业降本、乡村客运企业增效的双赢局面。农村物流网络双向畅通、经济高效，农村物流基础设施有效完善，农村物流服务能力和水平大幅提升。二是拓展交通与邮政交邮融合业务范围，在邮政窗口叠加交通运输领域政务便民服务，推动“最多跑一次”或“一次都不跑”，有效满足便民服务需求，进一步助城乡融合走深走实。

青神县新冠疫情防控工作综述

一、持续落实常态化疫情防控措施。规范诊疗发热病人 20917 人，免费 CT 覆盖 3571 人次，免费血常规覆盖 5635 人次（医疗救治由医政负责总结）；持续开展新冠疫情多点监测，开展人员、环境、物品等核酸检测。

二、持续强化疫情防控能力建设。投入 7000 余万元，提升全县疫情防控基础建设。全县建成发热发热诊室 123 间，建成核酸检测实验室 5 家。储备集中隔离场所 9 个、房间 1369 间。县人民医院设立负压传染病房 10 间、20 张床位，负压 ICU 病房 2 间，普通 ICU 病床 12 张。联合相关部门按照 1 个月满负荷运转需求，采购储备防护用品、核酸检测试剂等物资，并适时补充更新。

三、持续加强队伍建设工作。组建流调、核酸采样、核酸检测、医疗救治、心理疏导、院感督查、隔离点驻守等专业队伍共计 1000 余人，接受省、市、县级专家分专业、多轮次培训；以实战演练和桌面推演等方式开展疫情防控应急处置各类演练，促进流调溯源、应急检测、综合防控等能力提升，及时精准、科学有效应对疫情。

四、持续提升医疗救治能力。严格落实发热门诊（诊室）、哨点诊室发热患者就诊规范和流程，收治发热患者 11477 人次。完成亚定点医院改造，设置床位 500 张、监护床位 50 张，由县人民医院托管。固定储备医护人员 60 人，全部纳入“白名单”管理，两点一线开展工作，尽量避免非战斗减员。制定应急状态下特殊人群医疗服务保障工作方案，建立血液透析、肿瘤放化疗、孕产妇等 7 类、16916 人的详细台账并动态更新，满足应急状态下非新冠重点人员医疗服务需求。严格落实院感防控包保责任制，医疗机构内实行院感防控网格化管理。持续加强院感防控培训，组织参加省、市、县院感培训 25 余次，落实院感专家对医疗机构院感防控工作定期开展督查 90 余次。

大事记

1月

1月5日，大英县委书记、遂宁市中国死海旅游度假区党工委书记、二级巡视员胡铭超率大英县党政代表团到青神调研，学习考察青神县产业发展、项目建设、乡村振兴等工作，对青神县强化科技与产业支撑，发展现代化农业予以肯定。

1月7日，青神县2021年第四季度环委会暨国家生态文明建设示范区创建工作总结表扬会在国际竹文化中心召开。会议对青神县第五批国家生态文明建设示范区创建工作和下一步工作作总结部署，对有关先进集体、先进个人进行通报表扬。

1月13日，《2022年四川省重点项目名单》公布，青神县竹艺文化旅游融合发展示范项目、虎渡溪航电枢纽工程、复兴水库扩建工程、青神绿色智能制造特色产业园（一期）、眉山西南表面处理循环经济产业园5个重点项目上榜。

1月14日—20日，青神县在全县范围内开展应对新冠肺炎疫情防控应急演练。

1月14日，由青神县现代农业示范园区管委会组织的2022年柑橘果园冬季管理技术培训会在白果乡甘家沟村6组柑橘果园召开。各乡镇街道分管负责人，全县柑橘种植大户、合作社等农业新型经营主体负责人等100余人参加培训。

1月15日，青神北收费站（原张坎收费站）开通，成乐高速（青神段）正式全面通行。

1月17日，中国共产党青神县第十五届委员会第二次全体会议暨县委经济工作会议召开。会议深入学习贯彻党的十九届六中全会、省委十一届十次全会、市委五届二次全会精神和中央、省委、市委经济工作会议精神，听取和讨论县委书记刘今朝代表县委常委会作的工作报告和党建工作报告；审议通过《中共青神县委关于深入学习贯彻党的十九届六中全会精神巩固党史学习教育成果的决定》和《中共青神县委关于以“双碳”战略为引领推进特色产业绿色低碳高质量发展的决定》。

1月18日—19日，中国人民政治协商会议第十届青神县委员会第二次会议在国际竹文化中心召开。会议审议批准政协主席陈开军代表政协第十届青神县委员会常务委员会作的工作报告，审议批准政协第九届七次全会以来提案工作情况报告。

1月18日，市政府副市长、市公安局党委书记、局长李东武率队对青神县森林防灭火工作开展督导检查。

1月19—20日，青神县第十八届人民代表大会第二次会议在国际竹文化中心召开。大会由县委书记刘今朝主持。县委副书记、县长邱磊向大会作政府工作报告。县人大常委会主任卢明春作人大常委会工作报告。县人民法院院长陈径舟作县人民法院工作报告，县人民检察院检察长周文彬作县人民检察院工作报告。大会书面审查县2021年国民经济和社会发展计划执行情况及2022年计划草案的报告、县2021年财政预算执行情况和2022年财政预算草案的报告、县人民政府关于2021年全县环境状况和环境保护目标完成情况的报告；听取县人民政府2021年度民生实事人大代表票决项目完成情况和2022年度民生实事人大代表票决候选项目有关情况的报告；表决通过县2022年度民生实事项目人大代表票决办法。

1月21日，青神县柑橘现代农业园区入选四川省四星级现代农业园区。

1月22日，青竹街道办荣获“全国依法治理创建活动先进单位”。

1月24日，四川省政务服务和公共资源交易服务中心公布首批省级“示范便民中心”名单，西龙镇便民服务中心获评。

1月26日，中共青神县委常委班子召开党史学习教育专题民主生活会，市委常委、政法委书记杨军一行到会指导，给予肯定。

是日，四川省委农村工作会议宣读了《中共四川省委、四川省人民政府关于表扬2021年度四川省乡村振兴先进市和先进单位的通报》，其中青神县白果乡虎渡社区、汉阳镇文新村被评为2021年度四川省乡村振兴示范村。

是日，青神县被农业农村部、国家乡村振兴局评为2021年全国村庄清洁行动先进县。

是日，中共四川省委全面深化改革委员会办公室发布关于2021年四川省全面深化改革典型案例评选结果的通报，《青神县探索“三个一体化”城乡融合发展实施路径》上榜。

1月27日，青神县党史学习教育总结会议召开，会议学习中央、省、市党史学习教育总结会议精神，宣读党史学习教育市委第七巡回指导组评价意见。

是日，青神县荣获2021年度四川省农村改革工作先进县，同时，青神县柑橘现代农业园区被四川省人民政府命名为四川省四星级现代农业园区。

1月29日，县委书记刘今朝率队调研青竹粮油现代农业园区规划工作。

是日，春节前夕，县委书记刘今朝，县委副书记、县长邱磊一行看望慰问驻青部队官兵、公安干警、消防队员。

是日，县委书记刘今朝率队前往中岩寺、德云寺、瑞峰镇，督导春节期间疫情防控、森林防灭火等工作。

是日，青神县应对新型冠状病毒肺炎疫情工作领导小组会暨春节期间有关事项工作会在国际竹会展中心紫竹厅召开。会议就安全生产、疫情防控、森林防火、消防安全等方面工作作了具体安排部署。

1月31日晚，除夕夜，县委书记刘今朝督导春节期间禁放烟花爆竹、疫情防控等工作，看望慰问电力、公安、医院、县融媒体中心等坚守一线的工作人员。

2月

2月8日，县委书记刘今朝带队调研汉阳片区空间规划。调研组指出，各部门要依据《全省县域内片区划分的指导意见》，按照顺向优化、发展导向、中心聚集的原则进一步优化完善划片成果，将片区划分落实到县国土空间总体规划编制中。

2月9日，青神县委财经委员会第十二次（扩大）会议在国际竹展览中心召开。会议对经济工作作出要求，审议《青神县2022年度经济社会发展主要目标的请示》《2022年全县经济工作要点的请示》等请示。

2月11日，县委书记刘今朝带队调研青神县环城片区国土空间规划。通过听取介绍、实地查看等方式，深入调研虎渡休闲农业带规划、高台镇公共医疗服务体系建设、青竹街道规划、西龙镇“培育城市副中心，创建省级百强中心镇”等情况。

2月16日晚，青神县开展全县燃气器具和使用安全排查检查。

2月17日—18日，省政协副主席杨克宁率队到青神调研邻里百家“有事来协商”平台、椪柑现代农业园区、斑布竹纤维科技馆，通过实地走访、听取介绍的方式，详细了解青神县开展的“有事来协商”“双助”活动等政协特色工作，并表示肯定。

2月21日，青神县召开县委应对新型冠状病毒肺炎疫情工作领导小组会议，传达省、市疫情防控调度会议精神，研判分析疫情形势，安排部署下一步重点工作。

2月22日—23日，省委书记彭清华到青神县调研，先后深入德恩精工、德鑫航空、斑布健康竹产业园、竹里巷子、竹里院子，督促指导做好经济运行、一季度“开门红”、机械产业发展、竹产业发展、两项改革“后半篇”文章、重点项目推进等工作。调研过程中，彭清华书记通过听取汇报、询问情况、现场考察了解情况，给予充分肯定。

2月23日，央视《焦点访谈》关注青神玉米大豆带状复合种植模式。

2月24日，眉山市青神县高效回收处置农药包装废弃物模式入选农业农村部全国农业绿色发展典型案例。

是日，人民日报海外版聚焦青神县《汉阳古镇，从历史走来》。

是月，青神斑布纸、青神县“苏母艺术工坊”编织的月桂叶片，亮相2022北京冬奥会和冬残奥会。

3月

3月1日，全县禁毒工作暨创建全国禁毒示范城市迎检工作会议在国际竹文化中心召开。会议传达学习习近平总书记关于禁毒工作重要指示批示精神，总结2021年全县禁毒工作，安排部署2022年禁毒工作和创建全国禁毒示范城市迎检相关准备工作，相关单位分别作表态发言。

是日，青神县全面启动电动三、四轮车违法上道路行驶专项整治。

3月8日，全市春耕生产、大豆种植现场会在青神县召开。会议贯彻落实省委农村工作会议和全省其他涉农重要会议精神，安排部署全市春耕生产、大豆种植有关工作。市政府副市长宋良勇出席会议。

3月11日，十五届青神县委2022年巡察工作动员部署会在国际竹文化中心召开。会议对2022年县委巡察工作进行安排部署。

3月12日，牯牛山220千伏变电站1、2号主变充电成功，县内第一座220千伏变电站、国网眉山供电公司“十四五”期间第一座220千伏智能变电站正式投入运行。

3月15日，青神县西龙茶叶现代农业园区被评为眉山2021年度市级现代农业园区。

3月18日，青神县军创企业协会正式成立。

3月20日，新华社客户端报道青神县乡村老年食堂送餐到家政策。

3月21日，青神县召开2022年河湖长制工作推进会。会议组织观看《2021年长江经济带警示片（四川部分）》《2021年四川省第二轮暗访督查发现典型问题汇报片》，通报2021年河湖长制工作取得的成效，安排部署2022年河湖长制工作。

是日，青神县召开2022年第一季度环委会暨“蓝天保卫战”誓师大会。会议传达学习眉山市“蓝天保卫战”誓师大会精神，通报青神县大气环境质量情况，并安排部署下一步工作。

3月22日，青神县青少年宫获得四川省青少年宫协会2021年度“先进集体”荣誉称号。

3月28日，青神县以“奋进新征程、建功新时代”主题开展“大学习大实践大提升”活动动员大会召开，以现场直播形式开到各分会场。

3月29日，四川省农业农村厅发布《关于全省合并村集体经济融合发展试点先进县（市、区）、先进村名单的公示》，青神县白果乡官厅坝村获评先进村。

是日，青神多部门联合深入辖区

商铺、网吧、超市等场所，集中清理整治向未成年人销售电子烟行为。

3 月 30 日，眉山市首批社区慈善基金启动仪式暨青神县花园社区慈善基金捐赠仪式在青神县举行。

4 月

4 月 8 日，青神县在中岩广场组织开展“文明健康、绿色环保”主题科普宣传和义诊活动。

4 月 9 日，由中国农业大学人文与发展学院联合中国农业大学人文与发展学院·青神乡村振兴研究院联合举办的第四届乡村振兴青神论坛在我县国际竹文化中心开幕。本次论坛以“完善乡村治理体系，促进城乡融合发展”为主题，采取线上线下相结合的形式，专家、学者围绕乡村问题以及乡村振兴战略的实施方案展开深入学术讨论。

4 月 14 日，青神县在第七个全民国家安全教育日组织开展国家安全主题宣传活动。

4 月 15 日，经过专家评审、网络投票和综合评审三个阶段，“遇见·青神”摄影、小视频大赛摄影类和视频类各评选出一等奖 1 名、二等奖 2 名、三等奖 3 名、优秀奖 5 名、网络人气奖 5 名。

4 月 18 日，青神县退役军人事务局被评为 2021 年度全省退役军人事务工作先进单位。

4 月 21 日，青神县召开省级全域旅游示范区暨天府旅游名县候选县创建动员大会，部署相关工作。

是日，县委农村工作会议暨两项改革“后半篇”文章工作推进会召开，会议传达学习中央、省委、市委相关工作会议精神，宣读 2021 年乡村振兴先进集体和先进个人名单和乡村振兴实绩考核结果、考核等次，安排部署 2022 年“三农”工作和两项改革“后半篇”文章工作。

4 月 24 日，青神县 2022 年平安青神建设领导小组第一次全体会议暨市域社会治理现代化试点工作领导小组会议在国际竹展览中心召开。会议传达学习相关会议、文件精神，听取 2022 年一季度政治安全社会稳定防邪工作情况报告、2022 年一季度信访工作情况报告等。

4 月 28 日，青神县召开庆祝“五一”国际劳动节暨劳模座谈会。

是月，央视 CCTV-17《中国三农报道》栏目播出“关注四川青神：萤火虫‘星海’点亮夜空”。

是月，央视 CCTV-13《新闻直播间》栏目播出“关注青神人才发展产业 助力乡村振兴工作”。

5 月

5 月 6 日，四川省体育局局长罗冬灵一行实地调研青神水上运动中心建设、全民健身设施补短板项目规划以及青神中学橄榄球项目开展情况，要求打造高水平水上运动特色基地，整合优质专业资源，共建运动队和训练比赛基地，推动橄榄球项目在全省普及推广。

5 月 12 日，青神县在瑞峰镇中岩村举行 2022 年防汛地震地质灾害应急抢险救援演练。

5 月 15 日，青神县苏母艺术工坊手工编织专业合作社成立大会在青神县青竹街道青衣社区邻里活动中心举行。

5 月 17 日，青神县人民政府与四川省农村信用社联合社眉山办事处签订乡村振兴战略合作协议。

5 月 21 日，青神县 12 条公交线路试运行，分别是城市公交 4 条线路和新开通城区至汉阳、高台等客运主干线 8 条城乡公交线路，青神县实现城乡公交全覆盖。

5 月 24 日，省体育局副局长陈兴东率队到青神调研体育项目开展工作。调研组一行先后来到青神中学校、四川水上运动训练中心，通过听取介绍、实地查看、现场观摩，了解了橄榄球运动项目和水上运动训练中心项目发展情况，并给予肯定。

5 月 26 日，青神县青竹街道钟家山，省重点项目——斑布健康竹产业园一期工程正式投产。

5 月 30 日，青神县召开落实稳住经济大盘工作会议，传达贯彻中央、省、市相关会议精神，安排部署青神县二季度经济运行、金融工作、项目建设、对上争取等工作。

5 月 31 日，青神县传达贯彻省第十二次党代会精神大会在国际竹文化中心召开。会议传达学习省第十二次党代会精神及省委十二届一次全会精神，总结过去五年治蜀兴川各项事业发展成就，分析四川发展所处的历史方位和时代背景，提出未来五年全省工作的总体要求和奋斗目标，部署了“五位一体”建设和党的建设重点任务。

6 月

6 月 1 日，青神县在中岩广场开展 2022“六五环境日”共建清洁美丽世界主题活动。

6 月 6 日，2022 年青神县年轻干部“蹲苗培养计划”专题培训班开班。

6 月 8 日，省政协副主席祝春秀率队到青神调研“长牙齿”耕地保护硬措施工作落实情况。县委副书记、县长邱磊，县政协主席陈开军等县领导，以及相关部门负责人陪同调研。调研组一行先后来到高台镇百家池村和青竹街道新光村、桥楼村、光辉村、竹里巷子等地，通过现场查看、听取介绍、互动交流等方式，详细了解青神县落实耕地保护和“1423”稳粮增产工作法、农村综合性改革试点试验项目、粮经轮作模式、退草还粮、田园乡愁农耕体验文旅融合项目、竹旅融合项目等特色工作推进情况，并表示肯定。

6月15日，县委农村工作领导小组2022年第二次全体会议在国际竹展览中心召开。会议传达学习《四川省促进生猪稳产保价七条措施的通知》等文件精神，审议《关于做好2022年全面推进乡村振兴重点工作的意见》《青神县实施乡村振兴战略先进乡镇（街道）和示范村（社区）考评办法（试行）》等。

是日，青神县林长制全体会议在国际竹展览中心召开。会议传达学习了习近平总书记关于林业工作的重要论述以及中央、省、市林长制工作相关文件和省、市林长制全体会议和相关文件精神，通报全县林长制工作推进情况，审议通过《青神县林长制运行规则（试行）》《青神县林长巡林工作制度（试行）》等制度，安排部署下一步重点工作任务。

6月26日—28日，2022年四川省农村改革工作培训会在青神举办。培训会分为现场教学、培训开班、专家授课、分组讨论四个阶段。培训开班仪式上，省委农办专职副主任、省农业农村厅副厅长、党组成员毛业雄出席并讲话，眉山市副市长宋良勇出席并致辞。与会人员先后到青神县柑橘现代农业园区、百家池村“邻里百家”、白果乡甘家沟村农业废弃物资源化利用回收站、竹里巷子等地，调研青神县综合改革概况、城乡融合发展模式、“三制四平台”农资信用体系、盘活闲置宅基地等情况。

6月29日—30日，“智兴天府博创未来”2022年四川省博士后联谊交流走进眉山青神活动在青神顺利举行，四川省人社厅向青神县人社局授牌“四川省博士后智力服务示范基地”，标志着青神县成为全省博士后智力服务示范基地。

6月29日，省妇联副主席杨卉率队到青神调研家庭家风家教工作。调研组一行先后来到苏母祠、竹里巷子，通过现场参观、听取介绍、互动交流等方式，详细了解青神县开展家庭家教家风工作情况。

是日，市委副书记、市长黄河赴青神县白果乡官厅坝村宣讲习近平总书记来川视察重要指示精神和省第十二次党代会精神，黄河详细了解青神县及官厅坝村学习贯彻习近平总书记来川视察重要指示精神和省第十二次党代会精神有关情况，与当地党员干部和群众一道，交流心得体会、共谋乡村振兴、共话发展大事，对官厅坝村粮食生产、村集体经济发展、基层治理、乡村振兴等工作提出具体要求。

6月30日，省人大常委会委员、城环资委主任委员梁伟华率队到青神开展《四川省岷江流域生态环境保护条例》立法调研，详细了解青神县境内岷江流域生态环境保护工作开展情况。眉山市人大常委会副主任、东坡区委书记廖小宁，副市长宋良勇陪同调研。调研组一行来到唤鱼公园，通过看现场、听汇报等形式调研青神县生态环境保护工作，了解青神县岷江流域面源污染治理、支流水生态保护、通航能力建设等情况。青神县就全县岷江流域整体水质和唤鱼公园生态净化功能及城市污水处理、岷江流域生态保护工作等情况进行汇报。

是月，青神县新建综合档案馆投入使用。

7月

7月4日，青神县召开防汛减灾、安全生产、疫情防控等底线事项专题会暨平安青神建设百日提升行动动员部署会议。会议听取全县防汛减灾、安全生产、疫情防控、地质灾害防治、大气污染防治攻坚战、信访稳定等底线事项工作开展情况汇报；传达学习平安眉山建设百日提升行动动员部署会议精神，并安排部署平安青神建设百日提升行动。

7月5日，县委书记刘今朝率队专项督导青神县贯彻落实习近平总书记来川视察重要指示精神情况和省市重点项目建设进度。他强调，全县上下要贯彻落实好习近平总书记来川视察重要指示精神，深入实施创新驱动发展战略，坚持科技创新、人才引进和科技成果转化并重，坚定不移推进制造强县。

7月7日，青神县举办县级领导干部和科级主要负责同志读书班专题讲座。

7月8日，青神县城乡基层治理攻坚大会召开。

7月11日，青神县召开扫黑除恶斗争常态化工作推进会，会议传达贯彻近期中央、省、市关于扫黑除恶斗争工作的安排部署，进一步压实各行业领域工作职责，切实维护全县社会治安大局稳定。

7月13日，农业农村部种植业管理司一级巡视员朱恩林率调研组来到青神县，开展大豆玉米带状复合种植除草剂使用情况专题调研。省农业农村厅二级巡视员肖祥贵，市委常委、市政府副市长赵金霞，县委副书记、县长邱磊陪同调研。调研组对青神县大豆玉米带状复合种植工作给予肯定。

7月15日，国家市场监管总局质量监督司司长刘敏到高台镇调研农村消费品质量安全守护提升试点工作。

7月17日，县委应对新型冠状病毒肺炎疫情工作领导小组2022年第9次工作会议在国际竹展览中心召开。

7月27日，青神县十五届县委财经委员会第三次（扩大）会议召开。会议审议《青神县2022年1—6月预算调整方案（草案）的报告》《青神县2022年1—6月预算执行情况的报告》等请示。

7月28日，青神县召开2022年第三季度安委会暨防汛减灾工作会。会议传达学习习近平总书记来川视察重要指示精神，李克强总理对防汛抗旱工作重要批示精神，全国、省、市安全生产电视电话会议精神，研究安排部署下一步工作。

7月29日，中共青神县委工作会议召开，深入学习贯彻习近平总书记来川莅眉视察重要指示精神，认真落实省第十二次党代会和省委、市委工作会议部署要求，总结研判上半年工作，研究部署下半年工作。

7月31日，2022年县政府第三次全体会议在国际竹文化中心召开，会议深入学习贯彻习近平总书记来川视察重要指示精神，认真贯彻党中央、国务院重要决策部署，全面落实省第十二次党代会精神、省委工作会议、省政府第十次全体会议、全省经济运行分析会议、市委工作会议、市政府第二次全体会议和县委工作会议部署要求，分析研判当前形势，总结上半年工作，安排部署下半年重点工作。

是月，青神县市场监管局牵头，对集贸市场在用电子秤开展强制检定。

8月

8月1日，县政协召开第十届常委会第四次会议暨妇幼保健能力提升专题协商会议。会议专题学习习近平总书记来川视察重要指示精神和省第十二次党代会精神，传达学习省委工作会议精神、市委工作会议精神及县委工作会议精神，学习中共青神县委办公室印发的《关于加强和改进新时代县政协工作的七条措施》，审议政协第十届青神县委员会第四次常务委员会议题（草案）及有关人事事项，开展《妇幼保健能力提升》专题协商，就青神县政协下半年协商计划落实、“助力巩固脱贫、助推乡村振兴”专项活动、协商平台建设、“奋进新征程、建功新时代”大学习大实践大提升活动、疫情防控等工作进行安排部署。

8月4日，复兴水库供水工程通水，正式向全县人民供水。

8月16日，青神县召开防汛减灾、森林防灭火专题工作会。会议传达学习省委、省政府和市委、市政府主要领导批示和省、市防汛减灾、森林草原防灭火工作会议精神，通报全县近期天气情况及未来天气趋势，听取防汛抗旱、森林防灭火工作情况，安排部署高温极端天气下的防范应对工作。

8月25日，青神县召开旱涝急转应对工作专题会议，传达市旱涝急转应对工作专题会议有关精神，分析研判当前防汛减灾形势，安排部署全县旱涝急转应对工作。

是日，由青神县关工委主办的“助学成才、圆梦大学”助学金发放仪式在青神中学讲学厅举行，35名困难学生共获5万元助学金。

9月

9月1日，青神县城市公交、城乡公交正式运行。

9月2日，县委书记刘今朝率队调研苏母祠建设情况。刘今朝强调，青神是东坡文化的重要承载地，要坚持传承创新、融合发展，深入挖掘时代价值，积极开展活化利用，推动东坡文化在融入时代和社会进步中传承创新；要擦亮东坡初恋地品牌，把青神竹文化融入苏东坡精神，要开展高质量课题研究，要加强组织领导，形成传承和弘扬东坡文化的强大合力。

9月4日，青神县各乡镇开展全员免费核酸检测。

9月9日，青神县委教育工作会议暨庆祝第38个教师节会议在国际竹文化中心召开。会议传达贯彻市委教育工作会议暨庆祝第38个教师节会议精神，宣读表扬通报并为受表扬的优秀教师代表颁奖。

9月19日，市人大常委会副主任肖巍率队到青神调研思蒙河河长制工作。调研组一行先后来到西龙镇污水处理站、西龙镇万沟村村委会，认真听取对西龙场镇生活污水治理和万沟村治理、富源牧业环保治理情况的汇报，查看污水处理系统、在线监测室和污水处理池、设施设备运行情况，对思蒙河流域面源污染治理、支流水生态保护等情况进行了解并做现场交流。

9月21日，青神县“庆丰收 迎盛会·2022年青神县庆祝中国农民丰收节暨为农惠民三下乡三到户三慰问活动”在高台镇举行。

9月22日，全县扶持壮大村级集体经济工作推进会在县农业农村局召开。

9月25日，青神县“童心飞扬”

红领巾志愿服务队成立，项目启动仪式暨第一次主题培训在青神县少促会活动中心举行。

9月26日，四川省人民政府学位委员会同意成都艺术职业大学新增为学士学位授予单位，环境艺术设计、数字媒体艺术、工程造价等10个专业新增为学士学位授予专业，成都艺术职业大学成为四川省首所正式取得学士学位授予权的职业本科高校。

9月27日，市政府副市长戴林莉来到青竹街道慰问百岁老人、老党员和空巢老人。

9月28日，青神县安委会2022年第四次全体成员（扩大）会议暨国庆节和党的二十大期间安全工作会议在国际竹展览中心召开。会议贯彻落实习近平总书记关于安全生产的重要指示精神，党中央、国务院和省委、省政府决策部署，深刻汲取近期事故教训，分析面临的形势任务，进一步安排部署全县国庆假期、党的二十大期间安全防范重点工作。

9月29日，中共青神县委十五届四次全体会议举行。全会深入学习贯彻习近平总书记来川视察重要指示精神，认真落实省第十二次党代会、省委工作会议和市第五次党代会、市委工作会议决策部署，审议通过《中共青神县委关于深入贯彻习近平总书记来川视察重要指示精神建设新时代更高水平“天府粮仓”特色示范区的决定》和《中共青神县委关于深入贯彻习近平总书记来川视察重要指示精神弘扬东坡文化推动文旅融合发展的决定》。

是月，青神县市场监管局开始开展秋季校园及周边食品安全专项检查。

10月

10月10日，青神县“决战四季度 大干一百天”冲刺推进会在国际竹文化中心召开。会议传达学习省委书记王晓晖对眉山“9·29”疫情防控工作的重要批示精神、全省经济运行调度电视电话会议精神、全市“决战四季度、大干一百天”冲刺推进会议精神，研究部署全县深入推进“九拼攻坚行动”，锻长补短、精准聚焦，奋力冲刺四季度，实现全年决胜收官。

10月11日，县政协召开第十届常委会第五次会议暨养老服务工作协商会议。会议专题传达学习了四川省委办公厅印发的《关于加强和改进新时代市县政协工作的实施意见》，传达学习县委十五届四次全会精神；听取县政府关于“持续推进乡村振兴战略”工作情况和2022年政协提案办理情况；审议政协第十届青神县委员会第五次常务委员会议题（草案），审议了有关人事事项；开展“青神县养老服务工作”专题协商。

是日，青神县委人才工作会议暨创建全省人才工作先行区推进会在国际竹文化中心召开，评选首届“青神县杰出人才奖”获得者5名。

是日，青神县“奋进新征程、建功新时代”大学习大实践大提升活动总结大会在国际竹文化中心召开。县委书记刘今朝强调，全县各级各部门要深入学习贯彻习近平总书记来川视察重要指示精神，大力发扬“快准严细实”的工作作风，让“追求卓越、做小巨人”的新时代青神精神在全县蔚然成风，以实际行动迎接党的二十大胜利召开。

10月12日，2022年青神县新任科级领导干部培训班开班式在国际竹文化中心举行。

10月13日，中共青神县委宣传部、青神县文学艺术界联合会主办，青神县书法美术家协会、青神县摄影家协会承办的“喜迎党的二十大——书画摄影艺术展”在中岩文苑开展。

10月16日上午，中国共产党第二十次全国代表大会在北京人民大会堂隆重开幕，青神县各机关企事业单位、乡镇、街道的党员干部群众通过广播、电视、网络等多种形式认真收听收看大会开幕。

10月18日，青神县干部招商引资能力提升专题培训班在国际竹文化中心举行。

10月25日晚，青神县传达学习党的二十大精神大会在国际竹文化中心举行，县委书记刘今朝主持大会并讲话。他强调，认真学习宣传贯彻党的二十大精神，是当前和今后一个时期全县的首要政治任务。全县各级党组织要深刻领悟“两个确立”的决定性意义，切实增强“四个意识”、坚定“四个自信”、做到“两个维护”，自觉把思想统一到党的二十大精神上来，把力量凝聚到实现党的二十大确定的各项任务上来，坚定推动党的二十大决策部署在青神落地生根，奋力谱写中国式现代化进程中青神发展新篇章。

10月26日，县政府召开党组（扩大）会议，传达学习党的二十大精神和省委、市委、县委部署要求，研究贯彻落实意见。

10月29日，CCTV-1综合频道《山水间的家》走进兰沟村，探访中国竹编第一村。

11月

11月4日，县委书记刘今朝率队，

赴四川大学、电子科技大学公开引进高层次人才。

11月10日，2022四川省文化和旅游发展大会召开，兰沟村获评第二批天府旅游名村，四川省青神县云华竹旅有限公司获评四川省“金熊猫”奖先进集体，青神县文化广播电视和旅游局局长余瑶获评四川省“金熊猫”奖先进个人。

是日，四川省第二届乡村文化振兴魅力竞演大赛眉山赛区活动在青神县红色西山广场开赛。

11月12日，青神县乒乓球协会正式揭牌并对外开放。

11月20日，青神中学女子橄榄球队获2022年全国青少年U系列英式7人制橄榄球冠军赛女子学校俱乐部组冠军，为继2021年5月后再次问鼎。

11月22日，青神县召开法治政府建设工作推进会，会议传达学习省市法治政府建设工作电视电话会议精神和《习近平法治思想学习纲要》，通报2022年法治政府建设工作开展情况。

11月25日，青神县退役军人事务局举行首批拥军联盟签约授牌仪式，与14家市场主体签订了《青神县拥军联盟合作协议书》。

是日，青神县开展消防车通道、电动车管理联合执法检查行动，重点检查电动车、私家车违规停放以及私拉乱接电源线和“飞线”等现象。

11月28日，眉山市首届文艺新作大赛举行，青神县舞蹈作品《面向党旗永生》荣获二等奖。

是月，青神县启动2022年“才汇青神”招才引智月活动，县领导带领相关部门和企业负责人前往四川大学、电子科技大学、西南交通大学等985、211高校开展招才引智推介活动。

是月，2022年眉山市首届城市绿道轮滑马拉松比赛在青神县竹林湿地公园落幕。

是月，青神竹编艺术品《国宝图》作为国礼赠送给东帝汶总统奥尔塔。

12月

12月2日，青神县乡村振兴实绩考核推进会在国际竹会展中心召开。县委书记刘今朝强调，要坚决把乡村振兴战略摆在首要位置，引领乡村振兴取得新进展，农业农村现代化迈出新步伐。

12月5日，青神县被四川省文化和旅游厅评为第四批省级全域旅游示范区。

12月6日，市委常委、统战部部长鲁力率队到青神县督导党的二十大精神学习宣传贯彻工作，以及污水处理、食品安全等工作。县委书记刘今朝等陪同或参加座谈会。鲁力对青神县学习宣传贯彻党的二十大精神工作给予充分肯定。

12月9日，2022中国国际竹产业交易博览会在眉山市青神县国际竹产业展览中心开幕，本届竹博会以“竹子联通世界 创享低碳未来”为主题，由国际竹藤组织、国际竹藤中心战略合作，中国轻工工艺品进出口商会、中国竹产业协会共同主办，四川省林业和草原局、眉山市人民政府联合承办。境内外政务嘉宾、专家学者、协会商会负责人、专业采购商、投资商和参展商等400余人参会。

12月15日，兰沟村获评2022年乡村文化振兴省级样板村。

12月29日，青神县十八届人民政府第29次常务会议召开。会议传达学习了中央经济工作会议、省委经济工作会议精神，研究贯彻落实意见。

12月30日，县委书记刘今朝率队开展2023年元旦节前全县安全生产工作和新冠疫情防控工作检查，要求相关职能部门统筹抓好疫情防控和安全生产等各项工作，深入排查整治各类安全隐患，营造安全祥和的节日环境。

12月31日，全县疫情防控工作会议召开。会议强调，要深入学习贯彻习近平总书记重要指示精神，全面落实国、省、市相关决策部署，进一步完善机制、优化举措、提高效率，扎实抓好新阶段疫情防控各项工作，确保平稳转段和社会秩序稳定。

是月，四川省司法厅授予80个司法所第三批省级“枫桥式司法所”称号，青神县司法局青竹司法所入选。

附　录

人 物

党政军机关及其工作部门、直属企事业单位领导名录

◎ 青神县县领导 ◎

中共青神县委员会

书　记：刘今朝
副书记：邱　磊
　　　　袁利民（5月离职）
　　　　黄　勇（7月任职）
常　委：屈　凌
　　　　陈　亮（11月任职）
　　　　田　波
　　　　廖长明
　　　　魏　斌
　　　　陈其军
　　　　张志源（12月离职）
　　　　刘　卓
　　　　黄　丽（女）
　　　　杨　威

青神县人大常委会

主　任：卢明春
副主任：曾晓宇（女）
　　　　彭志军
　　　　郑学敏（女）

青神县人民政府

县　长：邱　磊
副县长：屈　凌
　　　　张志源（12月离职）
　　　　陈　亮（11月任职）
　　　　李域高
　　　　杨燕强
　　　　余俊任（11月离职）
　　　　万红缨（女）
　　　　梁　颖（女）
　　　　向煊锋
党组成员：滕文学（2月离职）

政协青神县委员会

主　席：陈开军
副主席：涂成钢
　　　　李仕贵
　　　　刘勇义
　　　　尹永刚

青神县人民法院

院　长：陈径舟（女）

青神县人民检察院

检察长：周文彬

◎ 青神县各组织机构领导 ◎

中共青神县纪委监委

县纪委书记、县监委主任：田　波
县纪委常务副书记、县监委副主任：
　宋美林（3月任职）
县纪委副书记、县监委副主任：
　宋美林（3月离职）
　郑　玉（女）
县纪委常委：罗亚君（女，1月离职）
　　　　　　胡同强（1月任职）
　　　　　　杨　军
　　　　　　文　学
　　　　　　李　娟（女）
县监委委员：罗亚君（女，1月离职）
　　　　　　杨　军
　　　　　　张　祥
　　　　　　李星世

第一纪检监察室
主　任：呼友红

第二纪检监察室
主　任：文　学（4月离职）
　　　　王　阳（12月任职）

第三纪检监察室
主　任：吴　聪（1月任职）

第四纪检监察室
主　任：张　祥（1月离职）
　　　　刘　颖（女，1月任职）

信访室
主　任：赵宇凡（女）

案件审理室
主　任：梅　波（3月离职）

组织部
部　长：杜冬梅（女）
机关党委书记：刘巧茹（女）
党风政风监督室主任：刘一江（女）
案件监督管理室主任：刘哲妍（女）

青神县人民法院

常务副院长：杜　晋
副院长：曾　楠
政治部主任：杨　洪（3月离职）

执行工作局
副局长：高利斌（2月任职）

审管办
主　任：鲁春燕（女）

司法调解中心
主　任：詹 斌

青神县人民检察院

检察长：周文彬
常务副检察长：郑文博
副检察长：胡　建
　　　　　刘　君（女，7月离职）
党组成员：何明中（9月离职）
　　　　　陈　刚（9月离职）
政治部主任：赵建宏（女）
专职委员：陈　刚（9月任职）
　　　　　兰　金（9月离职）
派驻汉阳检察室主任：陈　艳（女）

县委办公室

主　任：李仕贵
副主任：张　良（8月离职）
　　　　万　臣
　　　　郑　淼（女）
　　　　赵飞龙（9月任职）

机关党委书记：李　伟（9月离职）
王晨昂（10月任职）
纪检监察组组长：徐　斌
县目标绩效服务中心
主　任：邓德军
副主任：周智顺
程　栋（8月离职）
李彦彬（8月任职）
县委保密机要局
局　长：郑　淼（女）
专职密码督察员：
段燕群（女，11月离职）
方紫稷（11月任职）
县电子政务内网服务中心
主　任：王晨昂（10月离职）
县外事工作办公室
主　任：万　臣（9月离职）
赵飞龙（9月任职）
县档案局
局　长：张　良（8月离职）
万　臣（9月任职）

县人大常委会各委室

办公室
主　任：郑　亮
副主任：袁　倩（女）
法制与监察司法委员会
主任委员：宋明元
副主任委员：葛磊
经济委员会
主任委员：王会君（女）
预算委员会
主任委员：刘　涛
农业与农村委员会
主任委员：兰晓东
副主任：陈　勇
（7月提名任职，11月任职）
城乡建设环境资源保护委员会
主任委员：汪品元
副主任：王正斌（2月提名，3月任职）
社会建设委员会
主任委员：胡仁国
人事代表工作委员会
主　任：游　文
副主任：张　婷
（女，2月提名，3月任职）
研究室
主　任：万　琼（女）
副主任：刘媛媛（女）

县政府办公室

主　任：刘建林
副主任：鲁成洪
钟　滔（9月离职）
高　敏（10月任职）
张小娟（女）
机关党委书记：白蜀卉（女）
纪检监察组组长：李海嘉（女）
县政府信息服务中心
主　任：宋美志
副主任：温　婧（女）
李　松

县政协各委室

秘书长：余卫红（女）
党组成员：肖　郁
办公室
主　任：张　良
副主任：刘巧林（女）
提案委员会
主　任：张　苗
副主任：陈　斌（10月任职）
经济科技委员会
主　任：方　青
副主任：吴永安
农业和农村委员会
主　任：姜兴云
副主任：徐　强（1月任职）
学习文史委员会
主　任：石仿琴（女，8月任职）
教体医卫委员会
主　任：苏绍云
民宗法制群团委员会
主　任：佘成昆
政协委员联络工作服务中心（青神籍在外人士联络工作服务中心）
主　任：刘桥军（8月任职）
副主任：饶金勇（女，8月任职）
资源环境委员会
主　任：唐　容（女）
副主任：黄　川（12月任职）

县委组织部

部　长：杨　威（9月任职）
常委副部长：毛星燕（女，3月离职）
彭章勤（3月任职）
副部长：游晓艳（女）
胡光勋
罗超英（女，12月离职）
张　聪（女，2月任职）
唐　阳（12月任职）
部务委员：张　志
罗小兵（12月任职）
罗婉鑫（女）
机关党委书记：
涂　欢（女，2月离职）
何嘉梦（女，2月任职）
纪检监察组组长：熊倩玉（女）
县委党员干部现代远程教育中心
主　任：张　志（11月任职）
副主任：郭先勇
县流动党员服务中心
主　任：刘　鸥（女，12月离职）
郑婉璐（女，12月任职）
县人才发展服务中心
副主任：刘桥军（7月离职）
黄张翔（7月任职）

县委宣传部

部　长：黄　丽（女）
常务副部长：宋杰林
副部长：郑　斌
刘丽娜（女）
钟　滔（9月任职）
部务委员：陈泓西（女）

县委统战部

部　长：陈其军
常务副部长：刘炼刚
副部长：王　飞
涂　英（女）
李昕欣（女）
部务委员：何陈昊（9月离职）
刘琼穗（女，11月任职）

县委政法委

书　记：廖长明
常务副书记：宋志全

副书记：陈　勇（7月离职）
王丽容（女，7月任职）
政治部
主　任：田春丽（女）
法学会
会　长：廖长明（兼）
党组书记：宋志全（兼）
专职副会长：石仿琴（女，7月离职）
梁振宇（7月任职）
秘书长：黄友虎
党组成员：张　雷
县矛盾纠纷多元化解协调中心
主　任：廖长明（兼）
常务副主任：宋志全（兼）
专职副主任：王秋艳（女）
县社会治安综合治理中心
主　任：何　容（女）
副主任：王　鹏
县委编办
主　任：游晓艳（女）
副主任：沈江萍（女）
梁煜梓（7月任职）
电子政务中心主任：罗　慧（女）
县直机关工委
书　记：杨　威
常务副书记：张　聪（女，2月离职）
罗姝毅（女，2月任职，12月离职）
罗超英（女，12月任职）
专职副书记：任秋桔（女）
纪工委书记：吴秀梅（女，2月任职）
县委巡察办
主　任：胡同强
副主任：罗志清
县委老干部局
局　长：张　聪（女，2月任职）
县发改局
局　长：苏　雨
副局长：刘　竣
詹彦清
陈思宇（7月任职）
纪检监察组组长：
吴　山（12月离职）
石卓亚（女，7月任职）
总经济师：徐庆娥（女）
县项目协调服务中心
主　任：张云雾（7月离职）
朱陈曾（女，10月任职）
县经信局
局　长：贾靖宇
副局长：刘德平
总经济师：罗晓刚
县节能监察中心
主　任：李　勇（11月离职）
县机械产业研究服务中心
主　任：贾靖宇
副主任：罗晓刚（7月任职）
何　柯（3月任职）
县教体局
局　长：杨　宏（3月离职）
兰志祥（3月任职）
副局长：辜志华
杨　平
纪检监察组组长：徐富华（7月离职）
杨亚梅（女，7月任职）
县进修校
校　长：龚志平（9月离职）
程　栋（9月任职）
县公安局
局　长：李域高
政　委：徐建忠
常务副局长：彭　力
副政委：陈　洁
文胜军
副局长：刘　勇
王　坚
驻局纪检组组长：吴　山
刑事侦查大队
大队长：毛燕鹏（2月任职）
政治安全保卫大队
大队长：陈　楠（女，2月任职）
县民政局
党组书记：李　科
局　长：李　科
副局长：罗志勇
潘钦坤（1月离职）
贺　勇（7月任职）
县敬老院服务中心
主　任：何秋芳（女，3月任职）
县司法局
党组书记：余亚非
局　长：潘　雯（女）
副局长：刘文霞（女）
陈友权
政治处主任：周丽芬（女）
县财政局
局　长：彭章勤（3月离职）
黄　颖（女，3月任职）
副局长：张超（1月离职）
辜志军（12月离职）
杨　军（女）
余　刚（1月任职）
总会计师：徐巍
局机关党委书记：胡琴（女）
县投资评审中心
主　任：吴　进（3月离职）
文　英（女，7月任职）
县国库集中支付中心
主　任：吴　进（3月任职）
县金融国资局
主　任：刘　波
副主任：陈晓庆（女）
车　刚
县人社局
局　长：徐　鹏（2月离职）
毛星燕（女，2月任职）
副局长：曾晓红
帅　鹏
县社会保险事务中心
主　任：李学利
县就业服务中心
主　任：王　强
县农劳服务中心
主　任：陈　艳（女）
县劳动人事争议仲裁院
院　长：宋建宏
县规划和自然资源局（10月13日，“青神县自然资源局”更名为“青神县规划和自然资源局”）
局　长：徐　鹏（4月任职）
黄　颖（女，4月离职）

副局长：潘正强
杨群星（女）
机关党委书记：陈晓梅（女）
县不动产登记中心主任：刘　刚
土地储备中心：郑　军
县规划服务中心主任：刘巍然
眉山市青神生态环境局
局　长：汤田计（9月离职）
张世洪（9月任职）
副局长：余世春
刘　影（女，3月任职）
生态环境监测站站长：
鲁　欢（3月任职）
县住建局
局　长：刘永生
副局长：兰昌平（9月离职）
黄义容（女）
刘　庚（9月任职）
机关党委书记：曾　怡（9月离职）
伍玉群（女，9月任职）
驻纪检监察组组长：林军
总工程师：伍经纬
县房地产服务中心
主　任：张　译
县交通运输局
局　长：陈　骏
副局长：黄　川（11月离职）
黄世伟
罗　平
刘红艳（女，11月任职）
机关党委书记：杜燕玲（女，9月任职）
总工程师：谭　超
县公路养护服务站
站　长：刘炼强（9月免职）
县重点交通工程推进服务中心
主　任：赵萍祥
县交通运输综合行政执法服务中心
主　任：刘　平
县航电办
主　任：彭建中
副主任：余　涌
县水利局
局　长：刘　欣
副局长：魏志明
王建勇（10月任职）
机关党委书记：任　茜（女）
总工程师：王建勇（10月离职）
符晓敏（女，10月任职）
县防汛抗旱保障中心
主　任：邵建武
县河湖服务中心（河长办）
主　任：帅　庆
县砂石资源开采服务中心
主　任：杨　莉（女，3月任职）
县复兴水库饮用水水源保护中心
主　任：高　强
县农业农村局
局　长：饶　舜
副局长：童　苗
余　伟（12月任职）
机关党委书记：魏玲慧（女）
纪检监察组组长：张　勇
总畜牧师：尹琦佳（女）
总农艺师：陈建六
县委农办
专职副主任：王文娇（女，12月任职）
县“味在眉山”食品产业推进服务中心
主　任：徐海涛
县乡村振兴发展服务中心
副主任：黄　亮（女）
席利娟（女）
县商务局
局　长：李　燕（女）
副局长：林　涛
朱　峰（9月任职）
县投资促进服务中心
主　任：彭　娟（女）
副主任：张无为
陈江艳（女，9月任职）
县现代服务业促进中心
主　任：杨　静（女）
副主任：宋海燕（女）
县供销合作社联合社
主　任：辜素芬（女）
副主任：冯　刚（11月离职）
颜红梅（女）
县文广旅局
局　长：余　瑶（女）
机关党委书记：曾令正
副局长：黄　莉（女）
陈晓云（女，10月任职）
中岩文物风景名胜区服务中心
主　任：彭　利（3月任职）
县卫健局
局　长：陈爱中
副局长：刘　瑶（7月任职）
杨旭东
机关党委书记：刘　瑶（5月离职）
王　智（5月任职）
县卫生和计划生育监督执法大队
队　长：李卫祥
县老龄服务中心
主　任：高　敏（10月离职）
李华英（女，10月任职）
副主任：李勐燃
县疾控制中心
主　任：张学祥

县退役军人事务局
局　长：雷栋奎
副局长：阳和平
周兴奎
县退役军人服务中心
主　任：尹东升
县应急管理局
局　长：陈建英（女）
副局长：魏志刚
陈　洪
帅其林（9月离职）
郭　锐（10月任职）
机关党委书记：郑建友
县应急保障中心
副主任：伍　翔
县应急管理综合行政执法大队（2022年7月由县安全生产监察执法大队更名）
大队长：郭　锐（10月离职）
韦建军（10月任职）
县森林防火保障中心
主　任：董树全
县防震减灾服务中心
主　任：郑建波

县审计局
局　长：陈　治
副局长：冯小辉
罗亚君（女，2月任职）
总审计师：杨　锐（女，7月离职）
颜　熙（女，7月任职）
经济责任审计服务中心
主　任：颜　熙（女，7月离职）
张云雾（7月任职）
县市场监督管理局
局　长：刘　炯
副局长：蹇翠华（女）
颜　清
刘友谊
纪检监察组组长：罗文祥
食品（药品）安全总监：王琪
党组成员：罗志江
总工程师：孙　林
机关党委书记：
伍玉群（女，9月离职）
孙　勇（9月任职）
县统计局
局　长：徐洪刚
副局长：胡　军
宋文斌
总统计师：陈思宇（7月离职）
孙　敏（9月任职）
青神县普查中心
主　任：王玉辉（女）
县信访局
局　长：邹　建
副局长：曾　键
欧建英（女）
县信访群众疏导调解中心
副主任：倪 艳（女）
县群众工作中心
主　任：任佳锌（女）
县医疗保障局
局　长：章　伟（5月离职）
罗姝毅（女，9月任职）
副局长：朱　琳（女）
李　玲（女）
医疗保障服务中心
主　任：孙　宇

县行政审批局
局　长：李艳祥（9月任职）
副局长：王学平
陈　瑜
县政务服务和公共资源交易服务中心
主　任：蒲　隽
副主任：徐　建
张菊梅（女）
县综合行政执法局
局　长：杨勇建
副局长：周江东
机关党委书记：廖敏丽（女）
城市环境综合服务中心
主　任：苏成云
副主任：余　涌
罗　毅
县林业和园林局
局　长：张　旭
副局长：李　伟
帅　华
总工程师：段承龙（7月任职）
总园艺师：万芯巧（女）
县竹产业研究服务中心
主　任：张志威（7月任职）
县总工会
主　席：陈其军
常务副主席：林　刚
副主席：李　莉（女）
工人俱乐部
主　任：涂建平
共青团青神县委
书　记：阳佳秀（女）
副书记：李　晶（女，兼）
王　粞（女，8月任职）
县妇联
主　席：刘迎春（女）
副主席：杨　芳（女）
县科协
主　席：滕　薇（女）
副主席：邓子辉
县工商联（商会）
主　席（会长）：刘勇义
党组书记：王　飞
副主席（副会长）：王　飞

赵　斌
刘　芳（女）
县残联
理事长：费永军
副理事长：段　平（女）
县文联
主　席：郑　斌
专职副主席：何韦霞（女）
县社科联
主　席：郑 斌
县红十字会
会　长：陈其军
党组书记：涂　欢（女，3月任职）
常务副会长：刘旭明
监事长：张　超
秘书长：张　欢
县委党校
校　长：杨　威
常务副校长：张建华
副校长：郑春艳（女）
李晓一（12月离职）
县公务服务中心
主　任：黄　霞（女）
副主任：魏娇玲（女）
宋美平（女）
县档案馆
馆　长：魏艳琼（女）
副馆长：刘黎红（女）
县史志编纂中心
主　任：徐　红（女）
副主任：杜燕玲（女，9月离职）
曾　怡（9月任职）
县机关服务中心
主　任：邵利英（女）
副主任：杨　洁（女）
王　霞（女，10月任职）
眉山市住房公积金管理中心青神管理部
主　任：杨　慧（女，7月离职）
廖　飞（7月任职）
县融媒体中心
主　任：郑　欢
副主任：李彦彬（9月离职）
李　雪（女，9月任职）
总编辑：帅　艳（女，9月离职）

李梦瑶（女，9月任职）
总工程师：张 趣（9月离职）
县税务局
局 长：吴 涯（11月离职）
詹 静（女，11月任职）
副局长：彭纪江（8月离职）
刘 刚
冷杰宇（3月离职）
钟庆平（女，8月离职）
徐德祥（8月任职）
纪检组组长：李本超
县气象局
局 长：杨 磊
副局长：徐 曼（女）
方 敏（4月任职）
四川青神经济开发区管委会
书 记：唐 阳（12月离职）
刘 卓（12月任职）
副书记、主任：刘超英（女）
专职副书记：梁煜梓（女，7月离职）
副书记兼纪检监察工委书记：
金 鑫（女，9月任职）
副主任：刘 庚（9月离职）
蒋彬权
何陈昊（9月任职）
项目促进部部长：王志学
规建部部长：郑廉刚（7月免职）
安全监管部部长：兰林义
党群工作部部长：陈 霞（女）
县竹编产业园区管委会
书 记：张 旭
主 任：林 莉（女）
纪工委书记：祝芸雅（女，8月任职）
副主任：陈 斌（9月离职）
张 瀚（9月任职）
邓 欢（女，9月任职）
综合服务部部长：郭剑超（女）
党群工作部部长：
祝芸雅（女，8月离职）
安全生产部部长：杨 均
内审工作部部长：郑 宁（9月任职）
营销合作部部长：张 瀚（9月离职）
冯 刚（11月任职）
产业发展部部长：宋焰红（女）

规划建设部部长：张 趣（9月任职）
县现代农业示范园区管理委员会
书 记：刘 欣（11月离职）
周 勇（12月任职）
主 任：周 勇（12月离职）
徐 婧（女，12月任职）
副书记：何丽虹（女，5月任职）
副主任：王 健（5月离职）
高 敏（12月离职）
蒋 勇（11月任职）
党工委委员：高 强
中国邮政集团青神分公司
总经理：赵庚华
副总经理：何 志
周希全
中国人民银行青神县支行
行 长：宋建新
副行长：鲁成湘
王茂春
中国农业发展银行青神县支行
行 长：龙 龙
副行长：陈 亮
王 红（女）
中国工商银行眉山市分行青神支行
行 长：张 柯（女）
副行长：杨晨曦
中国农业银行青神县支行
行 长：向 昊
纪委书记：高 飞
副行长：刘 坤
行长助理：陈邦艳（女）
四川青神农村商业银行股份有限公司
董事长：郑 里
行 长：胡小军
监事长：张 涛（3月任职）
吴旭春（3月转资深专家）
副行长：王志季
周以万
中国邮政储蓄银行青神县支行
行 长：杨永聪
副行长：苏 丹
中国建设银行青神支行
行 长：丁 乾

人保财险青神支公司
经 理：罗 涛
副经理：文 冉
人寿保险青神支公司
经 理：何 爽
经理助理：许 杰
国网四川省电力公司青神县供电分公司
经 理：夏承续
华龙天然气公司
经 理：鲁 凡
恒辉天然气公司
经 理：江 兵
县烟草专卖局（公司）
局 长（经理）：王 敏
中国移动青神分公司
经 理：黄忠祥
中国联通青神分公司
总经理：赵 钦（10月离职）
侯 丹（11月任职）
副总经理：蒋李进（10月离职）
唐皞诺（10月任职）
中国电信青神分公司
总经理：肖德伟
副总经理：郭佳毅
彭雨竹（女，9月离职）
徐嘉奕（9月任职）
县广电网络公司
经 理：艾 岷

军事机关

武警中队
中队长：韩骏捷（4月离职）
邓明佳（4月任职）
县消防救援大队
大队长：王北纬
教导员：周 毅

国有企业领导

青神发展投资集团有限公司、青神县国有资产经营有限公司
董事长：周久贵
副总经理：郭洪祥

吴方洁
专职党委副书记：王茂军
纪委书记：宋刚
监事会主席：徐炯林
青神县文化旅游投资有限公司
董事长：王　敏
总经理：张　琦
青神县农业发展投资有限责任公司
董事长：李　勇
总经理：郑　林
青神国际竹艺城发展投资有限公司
董事长：周华斌
总经理：何　勇
青神县城市投资有限责任公司
董事长：郭洪祥
总经理：吕　峰
青神城市资源经营有限公司
董事长：刘坤
总经理：胡迪
青神川能水务有限公司（参股公司）
董事长：张文伦
副总经理：徐立波
青神县青衣文化传媒有限公司
董事长：帅　艳（女）
总经理：杨继文
青神县交通投资建设有限公司
董事长：薛　云
青神县人力资源管理咨询有限公司
董事长：商德林
总经理：吴方洁
青神县工业投资有限公司
董事长：周久贵

城区学校

县青神中学
校　长：兰志祥（兼）
副校长：王晓梅（女）
　　陈学兵
　　王志宏
县中职校
副校长：张友波（主持工作）
　　邓光强
县初中
校　长：鲁学年
县学道街小学
校　长：欧　建
县幼儿园
园　长：王志英（女）
县实验初中
校　长：鲁建文
县实验小学
校　长：艾永红
县实验幼儿园
园　长：吴　霞（女）

城区医院

县人民医院
院　长：邓红阳（5月任职）
县中医院
院　长：胡仁杰
县妇幼保健计划生育服务中心
院　长：赵　英（女）

乡镇（街道）领导名录

青竹街道
书　记：王　超
副书记：徐　静（女）
　　宋振兴（9月离职）
　　章　敏（女）
　　殷华清（10月任职）
人大工委主任：赵　洋
主　任：徐　静（女）
副主任：吴方玉
　　张　斌
　　殷华清（10月离职）
　　周　霞（女）
　　张晓冬
　　张依然（女，10月任职）
　　罗升阳（11月任职）
武装部长：吴方玉
纪工委书记：石卓亚（女，7月离职）
　　刘雨浓（7月任职）
组织宣传统战委员：吴　月（女）
便民服务中心主任：刘　实
西龙镇
书　记：任　和
镇　长：王　健
人大主席：杨　林
副书记：廖小莉（女，7月离职）
　　郑　淼（女，7月任职）
副书记兼政法委员：覃　超
纪委书记：雷跃宇（7月离职）
　　汤　莉（女，7月任职）
组织宣传统战委员：
　　刘红艳（女，11月离职）
　　帅　威（11月任职）
武装部长：任启松
副镇长：易　思
　　任启松
　　张依然（女，10月离职）
　　牛　锐（1月任职）
　　杨苑樱（女，12月提名）
便民服务中心主任：王　新
瑞峰镇
书　记：葛亚飞
镇　长：熊　菲（女）
人大主席：黎志红
副书记：熊　菲（女）
　　李淑君（女，10月离职）
　　彭兴湄（女，10月任职）
　　宋小红（女）
纪委书记：刘　俊
组织宣传统战委员：邵　威
副镇长：李　军（10月离职）
　　沈航帆
　　刘琼穗（女，10月离职）
　　赵　丽（女，12月任瑞峰镇党委委员）
　　王　雷（10月提名人选）
　　张翔宇（10月提名人选）
便民服务中心主任：姜　虹
罗波乡
书　记：张世洪（9月离职）
　　李　兵（9月任职）
副书记：李　兵（9月离职）
　　李　伟（9月任职）
　　刘　影（女，7月离职）
　　张　朋（10月离职）

王美娟（女，10月任职）
李　军（10月任职）
人大主席：李华英（女，10月离职）
李淑君（女，10月提名人选，12月任职）
乡　长：李　兵（9月离职）
李　伟（9月提名人选，12月任职）
纪委书记：李　旭
副乡长：罗小兵（12月离职）
宋　诚（9月提名人选，12月任职）
黎雪玲（女）
武装部长：罗小兵（12月离职）
组织宣传统战委员：
张　静（女，10月离职）
宋思意（女，12月任职）
便民服务中心主任：曾晓洁（女）

白果乡

书　记：何　喻（女）
乡　长：吴　磊
人大主席：王丽容（女，7月离职）
廖小莉（女，7月任职）
副书记：吴　磊
龚　飞
马　俊（8月离职）
张　朋（10月任职）
政法委员：马　俊（8月离职）
张　朋（10月任职）
纪委书记：黄　潇（女）
组织宣传统战委员：周小龙
武装部长：魏众县（7月离职）
陈　威（7月任职）
副乡长：魏众县（7月离职）
陈　威（7月任职）
彭兴湄（女，10月离职）
张　静（女，10月提名人选）
罗升阳（11月离职）
伍建波
喻青松（11月提名人选）
便民服务中心主任：张华

高台镇

书　记：王　军（女）
副书记：徐　俊
李小凤（女，10月离职）
赵海燃（10月任职）
镇　长：徐　俊
人大主席：王正斌（2月离职）
李小凤（女，2月提名人选，3月任职）
政法委员：赵海燃（10月离职）
陈　阳（10月任职）
纪委书记：杨亚梅（女，7月离职）
黄艳琼（女，7月任职）
组织宣传统战委员：刘宇波
副镇长：陈　阳（10月离职）
韦　跃
左伟力（3月任职）
胡　磊（11月提名人选）
武装部长：罗　平（1月离职）
左伟力（1月任职）
人大副主席：刘明媚（女）
便民服务中心主任：朱霈露（7月离职）

汉阳镇

书　记：江　涛
镇　长：李佳诚
人大主席：赵飞龙（9月离职）
宋振兴（9月任职）
副书记：李佳诚
王美娟（女，10月离职）
朱　珠（女，10月任职）
政法委员：彭　静（女）
纪委书记：宋　路（女）
组织宣传统战委员：
朱　珠（女，10月离职）
吕　婷（女，10月任职）
副镇长：肖杰峰（12月离职）
邓明业（7月任职）
付　祥（12月任职）
张　静（女）
戚亚群（女）
便民服务中心主任：杨　超
汉阳派出所所长：张奕杰（7月任职）

荣 誉 榜

2022 年青神县获市委（办）、市政府（办）及以上表彰的先进个人一览表

表 9

姓名	工作单位	获奖称号	颁奖单位	颁奖时间
陈业	青神县水利局	全国水土保持工作先进个人	水利部	2022.12
余瑶	青神县文广旅局	2022 年四川省“金熊猫”奖先进个人	省政府	2022.11
郑玉	青神县纪委监委	省纪检监察系统先进个人	省纪委、省监委、省人社厅	2022.4
宋建宏	青神县人力资源和社会保障局	省根治拖欠农民工工资工作先进个人	省农民工工资领导小组	2022.8
韩斌	眉山市青神县就业服务中心	四川省优秀职业指导人员	省人社厅	2022.7
王顾蓉	青神县房屋征收与补偿中心	省住房和城乡建设系统先进个人	省人社厅、省住建厅	2022.12
吴宣	青神县公安局	全省公安机关成绩突出青年民警	省公安厅	2022.5
汪波	青神县公安局	全省公安机关圆满完成中国共产党第二十次全国代表大会安保维稳任务成绩突出个人	省公安厅	2022.11
罗宏刚	青神县人民法院	省法院党的二十大信访维稳安保工作先进个人	四川高院	2022.12
罗琪	青神县人民法院	省法院百名优秀女法官	四川高院	2022.3
陈丽红	青神县人民法院	省法院岗位标兵	四川高院	2022.7
陈建英	青神县应急管理局	省应急管理系统先进个人	省应急管理厅、省人社厅	2022.8
余刚	青神中学校	四川省首届“四有”好老师	中共省委教育工委、省教育厅	2022.9
陈璐璐	青神中学校	四川省优秀中心团委书记	共青团四川省委	2022.4
王飞	中共青神县委统战部、青神县工商联	市“百企联百村助力乡村振兴”工作先进个人	市委、市政府	2022.7
周兴奎	青神县退役军人事务局	市退役军人事务工作先进个人	市委、市政府	2022.7
辜志华	青神县教育和体育局	市法治宣传教育（“七五”普法）先进个人	市委、市政府	2022.7
赵明	青神县西龙镇	市法治宣传教育（“七五”普法）先进个人	市委、市政府	2022.7
韦建军	青神县应急管理综合行政执法大队	市安全生产党政同责工作先进个人	市委、市政府	2022.10
李伟	青神县罗波乡	全市退役军人事务工作先进个人	市委、市政府	2022.7
罗婉鑫	中共青神县委组织部	市统战工作先进个人	市委	2022.7
刘勇	青神县公安局	市统战工作先进个人	市委	2022.7
宋诚	青神县罗波乡	市统战工作先进个人	市委	2022.7
刘宇波	青神县高台镇	市统战工作先进个人	市委	2022.7
王强	青神县人力资源和社会保障局	2021 年度创业就业工作先进个人	市政府	2022.12
陈艳	青神县劳务开发暨农民工服务中心	2021 年度创业就业工作先进个人	市政府	2022.12
欧建	青神县学道街小学	第二批“眉州名师”	市政府	2022.9
艾永红	青神县实验小学	第二批“眉州名师”	市政府	2022.9
陈玲	青神中学	第二批“眉州名师”	市政府	2022.9
黄何	青神县幼儿园	眉山市优秀教师	市政府	2022.9
韩莉	青神中学	眉山市优秀教师	市政府	2022.9
王海燕	青神县学道街小学	眉山市优秀教师	市政府	2022.9
鲁学年	青神县初级中学	眉山市优秀校长	市政府	2022.9
陈红梅	青神县初级中学	眉山市优秀教师	市政府	2022.9
朱虹	青神县教育和体育局	眉山市 2022 年度审计工作先进个人	市委办、市政府办	2022.10
王英	青神县教育和体育局	眉山市“十三五”期间公共机构节能工作先进个人	市委办、市政府办	2022.10
周毅	青神县消防救援大队	2021 年度安全生产党政同责先进个人	市委办、市政府办	2022.10
李军	青神县瑞峰镇	市统计调查工作先进个人	市委办、市政府办	2022.10

姓名	工作单位	获奖称号	颁奖单位	颁奖时间
李伟	青神县罗波乡	全市办公室工作先进个人	市委办、市政府办	2022.10
邓德军	青神县委办公室	市 2021 年度加快推进竹产业高质量发展建设美丽乡村竹林风景线工作先进个人	市政府办	2022.9
刘涵	青神县政府办公室	市 2021 年度加快推进竹产业高质量发展建设美丽乡村竹林风景线工作先进个人	市政府办	2022.9
苏雨	青神县发展和改革局	市 2021 年度加快推进竹产业高质量发展建设美丽乡村竹林风景线工作先进个人	市政府办	2022.9
贾靖宇	青神县经济和信息化局	市 2021 年度加快推进竹产业高质量发展建设美丽乡村竹林风景线工作先进个人	市政府办	2022.9
张旭	青神县林业园林局	市 2021 年度加快推进竹产业高质量发展建设美丽乡村竹林风景线工作先进个人	市政府办	2022.9
祝芸雅	青神县竹编产业园区	市 2021 年度加快推进竹产业高质量发展建设美丽乡村竹林风景线工作先进个人	市政府办	2022.9
刘实	青神县青竹街道便民服务中心	市 2021 年度加快推进竹产业高质量发展建设美丽乡村竹林风景线工作先进个人	市政府办	2022.9
葛亚飞	青神县瑞峰镇	市 2021 年度加快推进竹产业高质量发展建设美丽乡村竹林风景线工作先进个人	市政府办	2022.9
冉艳	青神县人民检察院	眉山市 2021 年度未成年人保护工作先进个人	市政府办	2022.8

2022 年青神县获市委（办）、市政府（办）及以上表彰的先进集体一览表

表 10

获奖单位	获奖称号	颁奖单位	颁奖时间
青神县	乡村振兴先进县	市委、市政府	2022.4.6
青神县人民政府	2021 年度工业发展先进集体	市政府	2022.7.6
青神县人民政府	2021 年度民营经济发展先进集体	市政府	2022.7.7
青神县人民政府	2016—2020 年度妇女儿童工作先进集体	市政府	2022.7.4
青神县人民政府	2021 年度党风廉政建设先进集体	市委、市政府	2022.7.11
青神县人民政府	2021 年度政法工作先进集体	市委、市政府	2022.7.11
青神县人民政府	2021 年度创新驱动发展工作先进集体	市委、市政府	2022.7.11
青神县人民政府	2016—2020 年眉山市法治宣传教育（“七五普法”先进集体）	市委、市政府	2022.7.11
青神县人民政府	2021 年度河湖长制工作、防汛减灾工作先进集体	市委、市政府	2022.7.11
青神县人民政府	2021 年度巩固拓展脱贫攻坚成果同乡村振兴有效衔接工作先进集体	市委、市政府	2022.7.11
青神县人民政府	2021 年度“百企联百村助力乡村振兴”工作先进集体	市委、市政府	2022.7.11
青神县人民政府	2021 年度双拥工作先进集体	市委、市政府	2022.7.11
青神县人民政府	2021 年度统战工作先进集体	市委	2022.7.11
青神县人民政府	2021 年度加快推进竹产业高质量发展建设美丽乡村竹林风景线工作先进集体	市政府办	2022.9.23
青神县	2021 年度生态环境党政同责工作先进集体	市委办、市政府办	2022.10.2
青神县	2021 年度经济合作工作先进集体	市委办、市政府办	2022.10.2
青神县	2021 年度审计工作先进集体	市委办、市政府办	2022.10.2
青神县	2021 年度统计调查工作先进集体	市委办、市政府办	2022.10.2
青神县	2021 年度信访工作先进集体	市委办、市政府办	2022.10.2
青神县人民法院	全省法院国家赔偿审判与司法救助工作先进集体	四川省高级人民法院	2022.12.30
青神县公安局	全国公安机关执法示范单位	公安部	2022.8
青神县公安局	全省公安机关“严厉打击妨害国（边）境管理犯罪‘獴猎’行动—2022”和“整治重点地区‘三非’外国人突出问题专项行动”成绩突出单位	四川省公安厅	2022.12
青神县教育和体育局	节约型机关	国家机关事务管理局、中直管理局、国家发改委、财政部	2022.10
青神中学校	全国青少年 U 系列英式 7 人制橄榄球冠军赛女子学校俱乐部组冠军	国家奥林匹克体育中心、中国橄榄球协会	2022.11
青神县教育和体育局	四川省第十届中小学生艺术展演活动优秀组织奖	四川省教育厅	2022.6
青神县教育和体育局	四川省体育系统先进集体	四川省体育局、四川省人力资源和社会保障厅	2022.8
青神县教育和体育局	2021—2022 四川教育宣传工作先进单位	四川省教育融媒体中心	2022.10
青神县教育和体育局	2021 年度未成年人保护工作先进集体	市政府办	2022.8
青神县教育和体育局	第七次全国人口普查先进集体	市委办、市政府办	2022.10
青神中等职业学校	2022 年教育体育工作先进集体	市政府	2022.9

获奖单位	获奖称号	颁奖单位	颁奖时间
青神中学校	四川省五四红旗团支部	共青团四川省委	2022.4
青神县学道街小学校	四川省红领巾奖章集体四星章	共青团四川省委、四川省教育厅	2022.6
青神县学道街小学校	“新时代 蜀少年”2021 年四川省青少年文化艺术展演活动“优秀组织单位”	共青团四川省委等单位	2022.7
青神县实验小学校	2022 年度教育宣传工作先进单位	中国网教育频道	2022.12
青神县机关服务中心	“十三五”期间公共机构节能工作先进集体	市委办、市政府办	2022.10.2
青神县机关服务中心	2022 年度全省党政机关办公用房信息统计报告工作先进单位	四川省机关事务管理局	2022.12.30
青神县公安局	全国公安机关执法示范单位	公安部	2022.8
青神县公安局	全省公安机关“严厉打击妨害国（边）境管理犯罪‘獴猎’行动—2022”和“整治重点地区‘三非’外国人突出问题专项行动”成绩突出单位	四川省公安厅	2022.12
青神县档案馆	眉山市档案工作先进集体	市委办、市政府办	2022.10.2
四川青神经济开发区	2022 年全省开发区综合评价考核优秀	四川省发展和改革委员会	2022.9
青神县林业和园林局	竹产业高质量发展建设美丽乡村竹林风景线工作先进集体和先进个人	市政府	2022.9.23
青神县林业和园林局	全面深化改革工作先进集体	市委、市政府	2022.7.11
青神县林业和园林局	四川省第一次森林和草原火灾风险普查工作先进单位名单	四川省林业和草原局	2022.12.12
青神县民政局	眉山市 2021 年度未成年人保护工作先进集体	市政府	2022.8.9
青神县人力资源和社会保障局	2021 年度创业就业工作先进集体	市政府	2022.12
青神县市场监督管理局	2021 年度食品安全党政同责工作先进集体	市委、市政府	2022.10.2
青神县司法局	2016—2020 年四川省普法先进单位	省委、省政府	2022.5.1
青神县统战部	2022 年度统战工作先进集体	市委	2022.7
青神县退役军人事务局	2021 年度退役军人事务工作先进单位	四川省退役军人事务厅	2022.1.10
四川省青神县云华竹旅有限公司	2022 年四川省“金熊猫”奖先进集体	省委、省政府	2022.11.8
青神县消防救援大队	2021 年度防火监督工作先进单位	四川省消防救援总队	2022.3.30
青神县行政审批局	2021 年度 12345 政务服务便民热线工作先进集体	市委、市政府	2022.10.2
青神县委政法委	2021 年度未成年人保护工作先进集体	市政府	2022.8.29
青神县应急管理局	2021 年度安全生产党政同责工作先进集体	市委办、市政府办	2022.10
白果乡	2021 年度征兵工作先进集体	市委、市政府	2022.7.11
白果乡虎渡社区	四川省乡村振兴示范村	省委、省政府	2022.1
白果乡官厅坝村	四川省乡村振兴重点帮扶优秀村	省委、省政府	2022.1
白果乡官厅坝村	全省集体经济合并村集体经济融合发展试点先进村	省委农村工作领导小组办公室、省农业农村厅	2022.4.8
白果人民法庭	全省人民法庭工作先进集体	四川省高级人民法院	2022.12.30
青神县柑橘现代农业园区	入选四川省四星级现代农业园区	省政府	2022.1
高台镇	2021 年度基层平安示范单位	中共眉山市委平安眉山建设暨市域社会治理现代化试点工作领导小组	2022.3
高台镇	四川省乡村治理示范镇	中共四川省委城乡基层治理委员会	2022.6
高台镇	党外知识分子乡村振兴共建示范基地联系点	四川知识分子联谊会	2022.7
高台镇	助力乡村振兴实践基地	民盟眉山市委	2022.8
高台镇	全省基层治理示范乡镇	四川省民政厅、四川省委组织部	2022.11
高台镇麻柳社区、河坝子社区	2021 年度市级“七无”平安村（社区）	中共眉山市委政法委	2022.2
高台镇百家池村	2021 年度全市 4A 级先进党组织	中共眉山市委组织部	2022.3
高台镇百家池村	2021 年度社区统战工作先进单位	中共眉山市委统战部	2022.5
高台镇百家池村	第一批“省级民主法治示范村”	四川省司法厅、民政厅	2022.9
高台镇百家池村“有事来协商”平台	先进协商平台	政协四川省委办公厅	2022.11
高台镇百家池村	全国先进基层群众性自治组织	四川省民政厅	2022.11
汉阳镇人民政府	四川省片区中心乡镇公共文化服务提质增效试点名单	省委宣传部	2022.2.6
汉阳镇人民政府	眉山市 2021 年度市级实施乡村振兴战略先进乡镇	市委、市政府	2022.4.6
汉阳镇文新村	2021 年度四川省乡村振兴示范村	省委、省政府	2022.1.26

获奖单位	获奖称号	颁奖单位	颁奖时间
罗波乡施家沟村	2021 年度市级“七无”平安村（社区）	市委政法委	2022.2.17
青竹街道花园社区	2022 年全国示范性老年友好型社区	国家卫生健康委、全国老龄办	2022.10.24
青神县青竹街道办事处	2021 年全省基层治理示范单位	省民政厅、省委组织部	2022.11.27
青神县青竹街道办事处	2016—2020 全国依法治理创建活动先进单位	中央宣传部、司法部、全国普法办	2021.12
青竹街道兰沟村	2022 年乡村文化振兴省级样板村镇	省委宣传部	2022.11.29
瑞峰镇	2021 年度党管武装工作先进集体	市委、市政府	2022.7.11
瑞峰镇杨柳漕村	眉山市 2021 年度乡村振兴战略示范村	市委、市政府	2022.4.6
西龙茶叶现代农业园区	眉山市 2021 年度市级现代农业园区	市政府	2022.3.15
西龙镇万沟村	眉山市 2021 年度市级实施乡村振兴战略先进示范村（社区）	市委、市政府	2022.4.6

2022 年中共青神县委部分文件一览表

表 11

序号	文件名称	文号	发文日期
1	中共青神县委关于以“双碳”战略为引领推进特色产业绿色低碳高质量发展的决定	青委发〔2022〕1 号	2022.1.30
2	中共青神县委关于深入学习贯彻党的十九届六中全会精神巩固拓展党史学习教育成果的决定	青委发〔2022〕2 号	2022.1.30
3	中共青神县委关于学习宣传贯彻省第十二次党代会精神的通知	青委发〔2022〕4 号	2022.6.18
4	中共青神县委、青神县人民政府关于印发《贯彻落实〈中共眉山市委、眉山市人民政府关于深化和创新城乡基层治理建设高品质美好生活家园的意见〉实施方案》的通知	青委发〔2022〕5 号	2022.6.18
5	中共青神县委、青神县人民政府关于印发《青神县法治宣传教育第八个五年规划（2021—2025 年）》的通知	青委发〔2022〕8 号	2022.9.21
6	中共青神县委关于深入贯彻习近平总书记来川视察重要指示精神建设新时代更高水平“天府粮仓”特色示范区的决定	青委发〔2022〕9 号	2022.10.9
7	中共青神县委关于深入贯彻习近平总书记来川视察重要指示精神弘扬东坡文化推动文旅融合发展的决定	青委发〔2022〕10 号	2022.10.9
8	中共青神县委、青神县人民政府关于印发《青神县法治政府建设实施方案（2021—2025 年）》的通知	青委发〔2022〕11 号	2022.10.26
9	中共青神县委关于认真学习宣传贯彻党的二十大精神的通知	青委发〔2022〕12 号	2022.11.10
10	中共青神县委、青神县人民政府关于表扬青神县国家生态文明建设示范区创建工作先进集体、先进个人的通报	青委〔2022〕1 号	2022.1.7
11	中共青神县委关于省委第一巡视组巡视青神县反馈意见整改落实情况的报告	青委〔2022〕2 号	2022.1.7
12	中共青神县委关于 2021 年生态文明建设和环境保护工作情况的报告	青委〔2022〕5 号	2022.1.11
13	中共青神县委关于 2021 年宣传工作情况的报告	青委〔2022〕7 号	2022.1.13
14	中共青神县委关于 2021 年落实党风廉政建设责任制情况的报告	青委〔2022〕8 号	2022.1.13
15	中共青神县委关于 2021 年统一战线工作情况的报告	青委〔2022〕9 号	2022.1.13
16	中共青神县委关于 2021 年度工作总结和下一步工作安排情况的报告	青委〔2022〕11 号	2022.1.14
17	中共青神县委关于召开县委常委班子党史学习教育专题民主生活会的请示	青委〔2022〕14 号	2022.1.18
18	中共青神县委关于 2021 年加强党的建设落实全面从严治党主体责任情况的报告	青委〔2022〕15 号	2022.1.20
19	中共青神县委、青神县人民政府关于 2021 年精简文件会议情况的报告	青委〔2022〕16 号	2022.1.20
20	中共青神县委关于青神县出席党的二十大代表候选人推荐人选审查结果的报告	青委〔2022〕29 号	2022.1.30
21	中共青神县委关于青神县出席省第十二次党代会代表候选人推荐人选审查结果的报告	青委〔2022〕30 号	2022.1.30
22	中共青神县委关于 2021 年度党建工作情况的报告	青委〔2022〕31 号	2022.1.30
23	中共青神县委关于县委常委班子党史学习教育专题民主生活会情况的报告	青委〔2022〕32 号	2022.2.14
24	中共青神县委关于对部分县委、县政府领导同志分工调整的备案报告	青委〔2022〕33 号	2022.2.16
25	中共青神县委关于吴良超、杨毅 2 名同志晋升四级调研员进行备案的报告	青委〔2022〕34 号	2022.2.17
26	中共青神县委关于实施“青廉工程”深入推进全面从严治党的意见	青委〔2022〕38 号	2022.2.12
27	中共青神县委关于 2021 年法治政府建设情况的报告	青委〔2022〕39 号	2022.2.26
28	中共青神县委关于印发《市委第三巡察组专项巡察粮食购销领域反馈意见整改落实工作方案》的通知	青委〔2022〕41 号	2022.2.28
29	中共青神县委、青神县人民政府关于印发青神县 2022 年度经济社会发展主要目标的通知	青委〔2022〕42 号	2022.2.27
30	中共青神县委关于农业银行金融干部人才助力乡村振兴“千人计划”人员安排的通知	青委〔2022〕43 号	2022.3.1

序号	文件名称	文号	发文日期
31	中共青神县委关于推荐全国“人民满意的公务员”和“人民满意的公务员集体”的报告	青委〔2022〕49 号	2022.3.14
32	中共青神县委关于县委常委班子粮食购销领域专项巡察整改专题民主生活会综合情况的报告	青委〔2022〕52 号	2022.3.8
33	中共青神县委关于印发《以“奋进新征程、建功新时代”主题开展“大学习大实践大提升”活动方案》的通知	青委〔2022〕58 号	2022.3.25
34	中共青神县委关于批转《青神县人大常委会 2022 年工作要点》的通知	青委〔2022〕59 号	2022.3.28
35	中共青神县委关于 2021 年度乡镇（街道）和县级涉农部门（单位）乡村振兴实绩考核结果和考核等次的通报	青委〔2022〕60 号	2022.3.30
36	中共青神县委、青神县人民政府关于表彰青神县 2021 年乡村振兴先进集体、示范乡镇（街道）、村（社区）和先进个人的决定	青委〔2022〕61 号	2022.3.30
37	中共青神县委关于批转《政协青神县委会 2022 年工作要点》的通知	青委〔2022〕62 号	2022.3.29
38	中共青神县委、青神县人民政府关于青竹街道文林社区干部清明节值班情况的报告	青委〔2022〕63 号	2022.4.5
39	中共青神县委关于对部分县委、县政府领导同志分工调整的备案报告	青委〔2022〕64 号	2022.4.14
40	中共青神县委关于确定青神县出席眉山市党代表会议代表的报告	青委〔2022〕69 号	2022.4.24
41	中共青神县委关于表扬 2021 年度统战、群团工作先进集体和先进个人的通报	青委〔2022〕70 号	2022.4.17
42	中共青神县委、青神县人民政府关于表扬 2021 年度“三创一保”、党风廉政建设、全面深化改革、民生等工作先进集体和先进个人的通报	青委〔2022〕71 号	2022.4.25
43	中共青神县委、青神县人民政府关于青神县 2021 年度耕地保护党政同责考评自查情况的报告	青委〔2022〕73 号	2022.2.8
44	中共青神县委、青神县人民政府关于争创天府旅游名县候选县的报告	青委〔2022〕74 号	2022.5.5
45	中共青神县委关于市委第三巡察组专项巡察粮食购销领域反馈意见整改工作阶段进展情况的报告	青委〔2022〕76 号	2022.4.29
46	中共青神县委、青神县人民政府关于青神县党政主要领导干部经济责任审计整改情况的报告	青委〔2022〕77 号	2022.5.12
47	中共青神县委、青神县人民政府关于青神县撂荒地复耕复种情况的报告	青委〔2022〕81 号	2022.6.15
48	中共青神县委关于授予 2021 年度“基层党建十大亮点”称号的通报	青委〔2022〕86 号	2022.6.27
49	中共青神县委关于成立中国共产党青神县人大机关委员会的通知	青委〔2022〕90 号	2022.7.13
50	中共青神县委关于成立中国共产党青神县政协机关委员会的通知	青委〔2022〕91 号	2022.7.13
51	中共青神县委、青神县人民政府关于成立青神县贯彻落实习近平总书记来川视察重要指示精神工作领导小组的通知	青委〔2022〕103 号	2022.6.13
52	中共青神县委、青神县人民政府关于表扬 2021 年度疫情防控工作先进集体和先进个人的通报	青委〔2022〕111 号	2022.8.3
53	中共青神县委、青神县人民政府关于印发《青神县贯彻落实第二轮中央生态环境保护督察报告整改实施方案》的通知	青委〔2022〕113 号	2022.8.10
54	中共青神县委、青神县人民政府关于做好 2022 年全面推进乡村振兴重点工作的意见	青委〔2022〕114 号	2022.8.10
55	中共青神县委关于印发《中国共产党青神县第十五届委员会巡察工作规划（2022—2026 年）》的通知	青委〔2022〕126 号	2022.9.9
56	中共青神县委、青神县人民政府关于给予文学等同志记功、嘉奖的决定	青委〔2022〕137 号	2022.9.30
57	中共青神县委关于青神县规划和自然资源局党组更名的批复	青委〔2022〕159 号	2022.11.21
58	中共青神县委、青神县人民政府关于青神经开区扩区工作情况的报告	青委〔2022〕160 号	2022.11.22
59	中共青神县委关于五届市委第一次巡察工作领导小组会移交有关议定事项办理情况的报告	青委〔2022〕169 号	2022.12.5
60	中共青神县委、青神县人民政府关于青神县 2022 年河湖长制工作开展情况的报告	青委〔2022〕176 号	2022.12.23

2022 年中共青神县委办公室部分文件一览表

表 12

序号	文件名称	文号	发文日期
1	中共青神县委办公室、青神县人民政府办公室关于印发《2022 年全县经济工作要点》的通知	青委办发〔2022〕1 号	2022.2.27
2	中共青神县委办公室、青神县人民政府办公室关于印发《青神县事业单位管理岗位职员等级晋升实施方案》的通知	青委办发〔2022〕2 号	2022.5.25
3	中共青神县委办公室、青神县人民政府办公室印发《关于深化应急管理综合行政执法改革的实施方案》的通知	青委办发〔2022〕3 号	2022.7.18
4	中共青神县委办公室、青神县人民政府办公室印发《青神县重大经济事项决策制度（试行）》的通知	青委办发〔2022〕5 号	2022.7.30
5	中共青神县委办公室关于印发《青神县领导干部任前廉政法规知识测试实施办法》的通知	青委办〔2022〕2 号	2022.1.4
6	中共青神县委办公室关于学习宣传贯彻省委十一届十次全会精神的通知	青委办〔2022〕4 号	2022.1.11
7	中共青神县委办公室关于印发《青神县档案事业发展“十四五”规划》的通知	青委办〔2022〕5 号	2022.1.13
8	中共青神县委办公室、青神县人民政府办公室关于 2022 年领导干部公开接访的通知	青委办〔2022〕6 号	2022.1.13
9	中共青神县委办公室、青神县人民政府办公室关于印发《青神县“冬护民安”消防安全攻坚整治专项行动工作方案》的通知	青委办〔2022〕11 号	2022.1.30

序号	文件名称	文号	发文日期
10	中共青神县委办公室关于印发《健全党内规范性文件管理工作机制（试行）》的通知	青委办〔2022〕12号	2022.1.30
11	中共青神县委办公室关于印发《贯彻落实〈中共中央办公厅关于贯彻落实新发展理念专项督查调研的情况报告〉精神的整改方案》的通知	青委办〔2022〕15号	2022.2.16
12	中共青神县委办公室、青神县人民政府办公室关于印发县委书记、县政府县长、副书记、常委、副县长工作分工的通知	青委办〔2022〕16号	2022.2.16
13	中共青神县委办公室关于印发《青神县开展“干部作风整治年”实施方案》的通知	青委办〔2022〕17号	2022.2.25
14	中共青神县委办公室、青神县人民政府办公室关于修改《青神县县属国有公司“三重一大”决策制度》的通知	青委办〔2022〕20号	2022.3.18
15	中共青神县委办公室、青神县人民政府办公室关于印发《青神县2022年度县属国有企业“三重一大”权责清单》的通知	青委办〔2022〕21号	2022.3.18
16	中共青神县委办公室关于印发《贯彻落实〈中共青神县委关于深入学习贯彻党的十九届六中全会精神巩固拓展党史学习教育成果的决定〉项目责任分工方案》的通知	青委办〔2022〕24号	2022.3.23
17	中共青神县委办公室关于印发《贯彻落实省委书记彭清华莅青视察调研重要指示精神的工作措施及责任分工方案》的通知	青委办〔2022〕25号	2022.3.12
18	中共青神县委办公室、青神县人民政府办公室关于印发《青神县2022年度党政信息工作目标任务和计分标准细则》的通知	青委办〔2022〕31号	2022.4.25
19	中共青神县委办公室、青神县人民政府办公室关于印发县委书记、县政府县长、副书记、常委、副县长工作分工的通知	青委办〔2022〕33号	2022.4.22
20	中共青神县委办公室、青神县人民政府办公室关于表扬2021年度全县办公室保密机要、意识形态（社科工作）等工作先进集体和先进个人的通报	青委办〔2022〕34号	2022.4.19
21	中共青神县委办公室、青神县人民政府办公室关于印发《青神县省级全域旅游示范区创建暨天府旅游名县创建工作实施方案》的通知	青委办〔2022〕35号	2022.5.1
22	中共青神县委办公室、青神县人民政府办公室关于转发《青神县关心下一代工作委员会2022年工作要点》的通知	青委办〔2022〕37号	2022.5.10
23	中共青神县委办公室关于印发《贯彻落实市委书记胡元坤莅青调研指示精神的工作举措及责任分工方案》的通知	青委办〔2022〕38号	2022.5.18
24	中共青神县委办公室、青神县人民政府办公室关于切实加强汛期防汛减灾和地质灾害防治工作的通知	青委办〔2022〕45号	2022.6.26
25	中共青神县委办公室、青神县人民政府办公室关于印发《青神县2022年省市民生实事目标任务分解表》的通知	青委办〔2022〕46号	2022.6.26
26	中共青神县委办公室、青神县人民政府办公室关于印发《青神县2022年度表彰表扬目录》的通知	青委办〔2022〕48号	2022.7.21
27	中共青神县委办公室、青神县人民政府办公室关于开展城乡融合发展等重要课题研究的通知	青委办〔2022〕52号	2022.8.10
28	中共青神县委办公室、青神县人民政府办公室关于印发《贯彻落实省第十二次党代会重要部署责任分工方案》的通知	青委办〔2022〕53号	2022.7.30
29	中共青神县委办公室关于印发《青神县全面深化拓展新时代文明实践中心建设工作实施方案》的通知	青委办〔2022〕54号	2022.8.10
30	中共青神县委办公室关于印发《关于深入学习贯彻习近平总书记来川视察重要指示精神推动实现全年经济社会发展目标任务的措施和责任分工》的通知	青委办〔2022〕55号	2022.8.10
31	中共青神县委办公室、青神县人民政府办公室关于开展“拼搏五个月·夺取全年胜”攻坚行动的通知	青委办〔2022〕60号	2022.9.5
32	中共青神县委办公室、青神县人民政府办公室关于印发《县级领导同志联系指导乡镇级片区、乡村振兴联系点、重点项目分工》的通知	青委办〔2022〕64号	2022.9.13
33	中共青神县委办公室关于印发《2022年政党协商（会议协商）计划》的通知	青委办〔2022〕66号	2022.9.19
34	中共青神县委办公室关于印发《青神县干部能力提升五年行动计划》的通知	青委办〔2022〕68号	2022.9.26
35	中共青神县委办公室、青神县人民政府办公室关于印发《2022年四季度全县主要经济指标目标任务细化分解表》的通知	青委办〔2022〕71号	2022.10.26
36	中共青神县委办公室、青神县人民政府办公室关于县级议事协调机构清理精简结果的通知	青委办〔2022〕75号	2022.11.10
37	中共青神县委办公室关于印发《贯彻落实〈中共青神县委关于深入贯彻习近平总书记来川视察重要指示精神建设新时代更高水平“天府粮仓”特色示范区的决定〉任务清单》等两张清单的通知	青委办〔2022〕78号	2022.11.21
38	中共青神县委办公室关于印发《贯彻落实〈中共青神县委关于深入学习贯彻习近平总书记来川视察重要指示精神弘扬东坡文化推动文旅融合发展的决定〉责任分工方案》的通知	青委办〔2022〕79号	2022.11.21
39	中共青神县委办公室关于印发《党的二十大精神学习宣传贯彻工作督导方案》的通知	青委办〔2022〕80号	2022.11.29
40	中共青神县委办公室、青神县人民政府办公室关于2022年贯彻执行中央八项规定精神情况的报告	青委办〔2022〕83号	2022.12.27
41	中共青神县委办公室、青神县人民政府办公室关于做好2023年元旦春节期间有关工作的通知	青委办〔2022〕84号	2022.12.31
42	中共青神县委办公室关于推进撂荒地整治促进粮食生产的通知	青委办字〔2022〕1号	2022.7.12
43	中共青神县委办公室印发《关于加强和改进新时代县政协工作的七条措施》的通知	青委办字〔2022〕4号	2022.7.27
44	中共青神县委办公室、青神县人民政府办公室关于印发《青神县城乡基层治理攻坚“五大工程”“十大行动”实施方案》的通知	青委办字〔2022〕6号	2022.7.26
45	中共青神县委办公室、青神县人民政府办公室关于全面推行田长制的实施意见	青委办字〔2022〕8号	2022.7.22
46	中共青神县委办公室、青神县人民政府办公室关于组织党员干部下沉基层一线参加疫情防控工作的通知	青委办字〔2022〕9号	2022.9.4
47	中共青神县委办公室青神县人民政府办公室关于印发《青神县目标绩效管理办法》的通知	青委办字〔2022〕14号	2022.9.28

2022 年青神县人民政府部分文件一览表

表 13

序号	文件名称	文号	发文日期
1	青神县人民政府关于推进新时代残疾人事业高质量发展的实施意见	青府发〔2022〕3 号	2022.8.4
2	青神县人民政府关于印发青神妇女发展纲要（2021—2030 年）和青神儿童发展纲要（2021—2030 年）的通知	青府发〔2022〕5 号	2022.10.26
3	青神县人民政府关于印发《青神县“十四五”教育体育事业发展规划》的通知	青府发〔2022〕6 号	2022.11.7
4	青神县人民政府关于印发《青神县“十四五”竹产业发展规划》的通知	青府发〔2022〕7 号	2022.11.9
5	青神县人民政府关于印发《青神县“十四五”消防事业发展规划》的通知	青府发〔2022〕8 号	2022.11.9
6	青神县人民政府关于印发《青神县“十四五”生态环境保护规划》的通知	青府发〔2022〕9 号	2022.11.10
7	青神县人民政府关于印发《青神县“十四五”农业农村现代化发展规划》的通知	青府发〔2022〕10 号	2022.11.11
8	青神县人民政府关于印发《青神县“十四五”水安全保障规划》的通知	青府发〔2022〕11 号	2022.11.14
9	青神县人民政府关于印发《青神县“十四五”应急体系规划》的通知	青府发〔2022〕12 号	2022.11.17
10	青神县人民政府关于印发《“十四五”综合运输发展规划（2021—2025 年）》的通知	青府发〔2022〕13 号	2022.11.30
11	青神县人民政府关于印发《青神县“十四五”文化和旅游发展规划》的通知	青府发〔2022〕14 号	2022.12.12
12	青神县人民政府关于印发《青神县“十四五”现代服务业发展规划》的通知	青府发〔2022〕15 号	2022.12.16
13	青神县人民政府关于印发《青神县“十四五”残疾人保障和发展规划》的通知	青府发〔2022〕18 号	2022.12.26
14	青神县人民政府关于印发《青神县“分类优化扶持粮食生产”实施办法》的通知	青府规〔2022〕2 号	2022.5.5
15	青神县人民政府关于印发《青神县稳住经济大盘促进特色产业高质量发展若干政策》的通知	青府规〔2022〕3 号	2022.5.27
16	青神县人民政府关于印发《青神县集体土地征收拆迁补偿安置办法》的通知	青府规〔2022〕5 号	2022.9.5
17	青神县人民政府关于印发《青神县城乡建设用地增减挂钩试点项目实施办法》的通知	青府规〔2022〕6 号	2022.9.21

2022 年青神县人民政府办公室部分文件一览表

表 14

序号	文件名称	文号	发文日期
1	青神县人民政府办公室关于印发《青神县政府系统值班工作规范》的通知	青府办发〔2022〕9 号	2022.8.29
2	青神县人民政府办公室关于印发《青神县服务业高质量发展三年行动计划（2022—2024 年）》的通知	青府办发〔2022〕10 号	2022.9.20
3	青神县人民政府办公室关于印发《青神县土地二级市场征收出让价款的标准》的通知	青府办规〔2022〕1 号	2022.1.20
4	青神县人民政府办公室关于印发《青神县杰出人才奖评选实施办法》的通知	青府办规〔2022〕2 号	2022.1.28
5	青神县人民政府办公室关于印发《关于支持大学毕业生和技能人才来青创业就业的实施意见》的通知	青府办规〔2022〕3 号	2022.1.28
6	青神县人民政府办公室关于印发《青神县教育人才引进培育支持措施（试行）》的通知	青府办规〔2022〕5 号	2022.11.17
7	青神县人民政府办公室关于印发《青神县支持医疗卫生人才引进的若干措施（试行）》的通知	青府办规〔2022〕6 号	2022.11.17
8	青神县人民政府办公室关于印发《青神县技能人才引培工程实施办法》的通知	青府办规〔2022〕7 号	2022.11.17
9	青神县人民政府办公室关于印发《青神县工业企业招工引才扶持办法》的通知	青府办规〔2022〕8 号	2022.12.1

文 献

青神县人民代表大会常务委员会工作报告

——在青神县第十八届人民代表大会第二次会议上

青神县人大常委会主任 卢明春

（2022年1月19日）

2021年工作回顾

2021年，县人大常委会在县委的坚强领导下，坚持以习近平新时代中国特色社会主义思想为指导，紧扣建设全国特色产业示范县目标和“绿色发展冲刺年”主题，以助推高质量发展为重点，以保障改善民生为根本，主动担当履职、依法规范行权，持续推动人大工作创新发展，为奋力谱写现代化青神特色发展新篇章贡献了人大力量。

一、忠诚担当，在服务大局上同向同步

始终坚持党的领导，切实增强“四个意识”，坚定“四个自信”，拥护“两个确立”，做到“两个维护”，确保人大工作有力有序推进。

*坚持正确政治方向。*全面落实习近平总书记关于坚持和完善人民代表大会制度的重要思想，党的十九届五中、六中全会精神和中央人大工作会议精神，始终保持政治机关鲜明本色。从百年党史中汲取智慧和力量，坚定对中国特色社会主义政治制度的自信、对人民代表大会制度的自信，用党的最新理论成果指导人大工作实践，确保人大工作履职有方向、担当有力量。

*紧跟县委决策部署。*自觉把人大工作置于县委中心工作和全县发展大局中去思考谋划，坚持重大事项请示报告，先后12次向县委请示报告重大事项和履职中的重要问题。依法任免国家机关工作人员95人次，组织意图圆满实现。落实县委决策部署，先后召开常委会11次，听取和审议专项工作报告18个，作出审议意见52条、决定决议19项，开展执法检查、视察和调研26次，确保人大工作重心与全县大局同向同步。

*圆满完成换届选举。*把换届选举作为2021年工作重中之重，在县委的领导下，做到安排部署、舆论宣传、业务培训、责任落实、督促指导“五到位”，学习“十严禁”“四必须”纪律要求、观看警示教育专题片、签订《严肃换届纪律承诺书》、开展谈心谈话“四个全覆盖”，依法选举产生179名县人大代表、338名乡镇人大代表。按时召开县乡两级人民代表大会，县乡两级国家机关领导人员、出席眉山市第五届人民代表大会代表全部满票当选，高标准完成县乡人大换届任务，创造了人大换届工作新佳绩。

二、实干笃行，在强化监督上有力有为

围绕事关全局重点领域、事关民生重点问题，开展正确监督、有效监督、依法监督，为全县经济社会高质量发展献计出力。

*护航经济平稳健康发展。*围绕中心，专题视察彩虹健康产业园、西南表面处理循环产业园、红色西山研学基地等重点项目，助力特色发展、绿色发展。听取和审议持续推进乡村振兴战略、城市形象提升两年行动等工作报告，加快推进实施步伐，助推打造滨江宜居宜业文明城市。常态化监督国土空间规划，维护规划严肃性和权威性。听取和审议计划、预算执行、预算调整、审计及审计查出问题整改等工作报告，及时作出决议决定，确保完成计划、预算执行目标及查出问题整改落实。发挥预算联网监督系统作用，拓展人大监督内容和方式。听取和审议国有资产管理综合报告，促进国有资产更好地服务县域经济发展。

*促进民生事业持续改善。*坚持以人民为中心的发展思想，持续推动民生改善，听取和审议县域医疗卫生共同体建设工作报告，推动加快基本医疗保障制度建设和基层医疗卫生机构综合改革；专题调研柑橘农业保险工作，推动农业保险政策落地落实，扩面增效；专题调研全县农村道路建设，促进实施全县农村公路建设三年攻坚行动形成共识；视察长江流域天然水域退捕禁捕工作，对土壤污染防治法进行执法检查，参与大气污染防治法眉山实施条例立法调研，在推动全县打赢蓝天碧水净土保卫战中彰显人大作为，让人大监督更加贴近民心、体现民意。

*助推法治环境不断优化。*深入贯彻落实习近平法治思想，强化法律法规监督，听取和审议县人民法院、县人民检察院半年重点工作情况报告，推进严格执法、公正司法；听取和审议社区矫正工作报告，助推社会和谐稳定；充分发挥人大执法检查“法律巡视”利剑作用，对英雄烈士保护法、建筑法等6部法律法规贯彻实施情况进行执法检查，确保法律法规正确有效实施。听取和审议备案审查工作报告，全年依法备案审查规范性文件12件，备案审查各乡镇人民代表大会作出的决议、决定18件，有力维护国家法制统一。加强和改进信访工作，办理群众来信来访8件次，推动群众合理合法诉求得到妥善解决。

三、突出主体，在代表工作上常抓常新

加强和改进代表工作，引导和支持代表更好地投身服务大局主战场，当好人民群众代言人。

优化代表履职平台。加强对乡镇、街道人大指导，规范代表联络室运行，积极推进代表之家建设，代表联系选民和群众渠道更加便捷畅通。常态化开展“11·22”代表联系选民日和代表“五个一”活动，收集社情民意169条并形成专题报告，受到县委主要领导肯定性批示。持续开展“我为群众办实事——人大代表在行动”，推动解决问题58个。组织代表初任履职培训，邀请代表列席常委会会议，参加视察、调研、执法检查，不断拓宽履职渠道。

压实代表履职责任。深化民生实事项目人大代表票决制，代表全程参与项目收集、票决、监督、测评，实现民生实事项目“为民做主”到“由民做主”的转变。督战结合，强力推进城南农贸市场改造、城市生活污水处理厂提标改造、老旧小区改造等10个票决项目建设，促进民生事业健康发展。

提升建议办理实效。采取常委会领导挂牌督办、专委会归口督办方式，抓实代表建议办理工作。对全域安全供水、农村道路提档升级改造、汉阳航电枢纽工程尾水段水毁修复等5件建议进行重点督办。听取和审议建议办理工作情况报告，按时办结代表提出的40件建议意见，代表满意率100%。

四、守正创新，在自身建设上从严从实

主动适应新时代民主法治建设需要，不断提升履职能力和工作水平，切实以自身建设新成效推动人大工作新发展。

理论基础不断夯实。将思想政治建设摆在首位，把党史学习教育与加强思想政治教育紧密结合，做到学史明理、学史增信、学史崇德、学史力行，确保学在深处、谋在新处、干在实处。充分发挥常委会党组把方向、管大局、保落实重要作用，坚持党组理论中心组学习制度、会前学法和每月10日机关学习日，认真落实民主生活会、“三会一课”等制度，强化党性锤炼，切实提高人大干部政治素养和履职能力。

作风建设持续深入。认真贯彻全面从严治党要求，严守政治纪律和政治规矩，严格落实“两个责任”，强化“一岗双责”。坚持党管意识形态工作原则，种好责任田，守好主阵地，把握正确舆论导向，弘扬人大正能量。从严从实加强干部队伍建设，制定进一步加强人大机关干部作风建设规定，打造忠诚、干净、担当干部队伍。

制度建设更加规范。修改完善县人大常委会议事规则等7个制度，制定县人大代表和常委会组成人员履职纪律规定，推动人大工作规范化、制度化。扎实开展人大制度理论和民主法治宣传，及时发布工作信息48条，被省人大常委会办公厅表彰为2021年度“宣传人民代表大会制度”工作先进单位。

各位代表，2021年县人大常委会所取得的成绩，是县委正确领导的结果，是全体县人大代表、常委会组成人员精诚团结、接续奋斗的结果，是县人民政府、县监察委员会、县人民法院、县人民检察院和乡镇、街道人大密切配合的结果，是县政协和社会各界大力支持的结果。在此，我谨代表县人大常委会向大家致以崇高的敬意和衷心的感谢！

同时，我们也清醒地认识到，常委会工作还存在差距和不足，主要有：在创新监督方式、增强监督实效、推动问题解决上需要积极探索；在发挥代表作用、拓宽履职平台、提高建议提出和办理质量上需要深化拓展。我们将虚心问计于民，用心提升工作水平，以抓铁有痕的行动、行之有效的办法，答好时代问卷、开好发展新局！

2022年工作安排

2022年，是新一届县人大常委会履职的开局之年，是县委确定的“制造强县突破年”“干部作风整治年”。中央人大工作会议为新时代加强和改进人大工作指明了方向，县第十五次党代会和县委十五届二次全会暨县委经济工作会议，明确了今年和今后一个时期青神发展的目标和任务。县人大常委会将坚持以习近平新时代中国特色社会主义思想为指导，坚持党的领导、人民当家作主和依法治国有机统一，主动服从服务于县委中心工作和全县改革发展大局，不断发展全过程人民民主，更好地发挥地方国家权力机关职能作用，以更加优异的成绩迎接党的二十大胜利召开！

一、以更高站位谋划人大工作，在坚定政治方向上保持定力

全面贯彻落实习近平总书记关于坚持和完善人民代表大会制度的重要思想，深入学习贯彻党的十九届六中全会精神，自觉做“两个确立”的坚决拥护者和“两个维护”的坚定践行者。严格落实向县委请示报告制度，自觉在大局下把准方向，主动在大势中有所作为，立足在贯彻落实重大决策部署上精准发力，突出在推动全过程人民民主上彰显担当，聚焦在密切联系人民群众上发挥优势，切实做到县委工作重心在哪里，人大工作就跟进到哪里，力量就汇聚到哪里，作用就发挥到哪里。做到重大决定体现县委改革需要，人事任免落实县委决策意图，监督重点紧贴县委中心工作，确保人大工作方向不偏、焦点不散、重心不移。

二、以更实举措增强监督质效，在服务发展大局上精准发力

用好宪法赋予人大的监督权，聚焦县委“制造强县突破年”主题，在执法检查、专题调研和审议专项工作报告中，探索建立全链“清单监督法”，着力推动解决制约经济社会发展的突出矛盾和问题。听取和审议国有资产管理、预决算审查和政府债务等工作报告，不断提高财经监督实效；重点视察西南表面处理循环产业园、斑布产业园、彩虹健康产业园等项目，助推青神做强先进制造业；听取和审议建设青竹粮经复合示范区和瑞峰种养循环园区工作报告，推进农业高质高效发展；专题调研省级全域旅游示范区创建工作，助推岷江文化旅游示范带建设。

三、以更宽思路助推民生改善，在绘就幸福底色上扎实有力

坚持以人民为中心的发展思想，聚焦人民群众所思所盼所愿，抓小抓细开展监督。建立“六步六关”票决制，以民声定民生，推动县乡两级民生实事项目人大代表票决制有效实施。专题调研青神县促进三岁以下婴幼儿照护发展工作，推动完善婴幼儿照护服务体系建设。专题调研“十四五”交通区位新优势与县域发展新路径，视察城乡公交一体化、城乡供水一体化推进情况，助力新型城镇化和全域乡村振兴，推进城乡融合发展。听取和审议安全生产工作报告，坚守安全底线，维护人民群众生命财产安全，增强人民群众安全感、幸福感。

四、以更大力度推进民主法治，在深化法律监督上持续用力

深入践行习近平法治思想，将人民代表大会制度优势转化为治理效能。听取和审议县人民法院、县人民检察院半年重点工作报告，着力促进依法行政、公正司法。坚持把信访工作与人大监督有机结合，专题调研全县信访工作，加强信访案件的交办、转办、督办。加强对法律法规实施情况的监督，对森林法、噪音污染防治法、四川省粮食安全保障条例等进行执法检查。听取任命干部年度履职报告，并进行满意度测评，强化干部任后监督。持续对“一府一委两院”和乡镇人大开展规范性文件备案审查，提高审查质量和效率。

五、以更优服务支持代表履职，在发挥代表作用上深挖潜力

探索建立代表建议办理制度“组合拳”，着力提高建议办理质效。坚持提得好、交得准、办得成目标导向，以“办理＋询问”形式督办重点建议；以“点对点”形式对“计划解决”建议和“反复提”建议进行督办；开展代表批评、建议和意见办理情况专题询问，纵深推进人大监督，答好建议办理考卷，确保承诺不落空、难点有突破。全覆盖培训新一届县乡人大代表，提升代表履职能力。做好代表联络室、代表之家规范化建设，拓宽代表履职渠道。继续实行“双联”制度，持续开展“11・22”代表联系选民日和代表“五个一”等活动，丰富代表活动内容，发挥代表关注民情、收集民意、为民代言、推动发展的桥梁纽带作用，激发代表履职热情。

六、以更严要求提升履职水平，在加强自身建设上彰显活力

坚持用习近平新时代中国特色社会主义思想统揽人大工作，深入学习贯彻中央人大工作会议精神，切实增强做好新时代人大工作的责任感和使命感。巩固党史学习教育成果，大力弘扬伟大建党精神，把学习成果转化为指导实践、破解难题、推动发展的具体思路和实际举措。聚焦县委“干部作风整治年”主题，充分发挥人大常委会党组领导核心作用，切实履行全面从严治党主体责任，驰而不息推动作风建设。加强“智慧人大”建设，提升信息化水平，提高常委会依法履职质量和效率。着力“四个机关”定位，做讲政治、勤学习、善作为、重落实、守廉洁的表率，不断丰富拓展人大工作的时代特色和实践特色。

各位代表，青神发展事业疾，不待扬鞭自奋蹄！新征程对新时期人大工作提出了新要求，让我们更加紧密地团结在以习近平同志为核心的党中央周围，在县委的坚强领导下，以更加饱满的政治热情、更加强烈的使命担当，立足新时代、开启新征程、展现新作为，共同谱写新时代人大新篇章，为奋力建设高质量发展的国际竹艺名城、全面开启青神现代化建设新征程而不懈奋斗！

政府工作报告

——在青神县第十八届人民代表大会第二次会议上

青神县人民政府县长　邱　磊

（2022 年 1 月 19 日）

2021 年主要工作

2021 年，在市委、市政府和县委的坚强领导下，在县人大、县政协的监督支持下，县人民政府坚持以习近平新时代中国特色社会主义思想为指导，认真落实党中央国务院、省委省政府和市委市政府及县委各项决策部署，较好完成了县第十七届人民代表大会第八次会议确定的各项目标任务。

一年来，我们抓牢发展第一要务，主要经济指标居全市前列。预计：全县地区生产总值增长 9%；全社会固定资产投资增长 11%；地方一般公共预算收入增长 7.3%；城镇居民人均可支配收入增长 9%；农村居民人均可支配收入增长 10.4%；社会消费品零售总额增长 15.9%。三次产业结构调整为 12.3 ∶ 39.5 ∶ 48.2。

一年来，我们慎终如始抓好疫情防控，外防输入、内防反弹，累计核酸检测 24 万次、疫苗接种 33 万剂，全县始终为低风险区。

一年来，我们加快“进城入圈”，区位优势越发凸显，青神全域纳入《成都都市圈发展规划》；天眉乐高速（青神段）“三桥三线三互通一服务区”[①]完成招标，成乐高速扩容（青神段）及连接线建成通车，青神北互通扩建投用。

一年来，我们追求卓越、真抓实干，产业发展势头强劲。斑布竹产业园即将投产，德恩云造平台开网运营，西南表处、绿色铸造、彩虹健康产业园加速推进；四川丹甫年产值突破 10 亿元。

一年来，我们践行初心使命，民生答卷更加靓丽。城市会客厅唤鱼公园精彩呈现；青神中学整体搬迁，实验幼儿园扩建投用；医共体试点改革经验全省推广，糖尿病、高血压规范管理全省领先。

一年来，我们创先争优，国省荣誉喜报连连。国家生态文明建设示范区首创即成，被中农办确定为全省唯一三农政策基层联系县，成为全国农村改革试验区、全省农村改革先进县、省级“四好农村路”示范县。

一年来，我们主要做了以下工作：

一、推动转型促进升级，特色产业加快成势

*机械产业蓄势突破。*全年实施工业项目 42 个，完成工业固投 30 亿元以上，“一区五园一平台”[②]产业发展格局加快形成。德恩精工、四川丹甫获评全国专精特新“小巨人”企业，环龙新材料、奥信紧固件获评国家级高新技术企业，德鑫航空获评省级服务型制造示范企业，新培育规模企业 7 户。全年规模以上企业产值 90.6 亿元，增长 19.6%。

*竹艺竹业发展壮大。*竹里巷子、竹里院子扩建投用，竹里萤光科普馆完成主体建设。竹编园区成功创建省级现代竹产业园区，青神竹编特色小镇成为首批四川省特色小镇。全年竹产业综合产值 60.7 亿元，增长 25%。

*柑橘产业提质增效。*全国晚熟柑橘产业集群县项目进度全市领先，10 万吨果蔬冷链物流基地产销两旺，新（改）建高标准果园 5000 亩，获评“中国晚熟柑橘之乡”。全年柑橘产业总产值 19 亿元，增长 5.6%。

*现代服务业展现活力。*竹里萤光赏萤季、唤鱼公园水幕秀点亮夜经济，红色西山成为省研学实践教育营地。央视直播走进竹里青神。全年网络零售额超过 22 亿元，增长 33%。预计，全年第三产业增加值增长 11%。

二、加快融合做精品质，城乡面貌焕发新颜

*精致城市初具形态。*投资 7.2 亿元全面推进滨江新区建设，建成竹里梅花等公园；完成城南农贸市场、青衣大道和护城河改造，兴业路开工建设。投资 1.3 亿元改造老旧小区 128 个。实施“五大行动”[③]治理城市乱象，市容市貌明显改善。新增改善性住房 1200 套，城市建成区面积达 8.3 平方公里，城镇化率提升到 48.5%。

*美丽乡村展现魅力。*坚决遏制耕地“非农化”，防止“非粮化”，4450 亩草坪全面清退，新增粮食播种面积 1 万余亩、高标准农田 3000 亩，粮食产量达 6.5 万吨。建成德康生猪养殖项目 201 个单元。投资 6.1 亿元，全域推进美丽宜居乡村建设，农村卫生厕所普及率达 97.8%，生活污水、垃圾有效处理的村达 100%，“拆收改栽画”五字工作法国省交流。省乡村振兴先进县“回头看”考核优秀。

*基础设施不断完善。*虎渡溪航电工程超进度推进，建成“四好农村路”80 公里。推进复兴水库扩建、瓮家坝堤防等水利工程建设，完成城乡一体化供水工程主管网铺设。建成 220kV 牯牛山变电站、210 个 5G 基站。

三、夯实绿色发展本底，环境质量持续优化

*生态环境更加优美。*厚植生态优势，投资 46 亿元，实施生态项目 22 个。完成 1 万吨城市生活污水处理厂提标、3 万吨工业污水处理厂建设。全力推进国家森林城市创建，更新造林 4100 亩，森林覆盖率 48.6%。

污染防治成效显著。整改完成第二轮央督交办件6件，来电来信比上一轮减少15件。持续打好污染防治“三大战役”，空气质量优良率连续三年全市第一；岷江水质30年来首次达到Ⅱ类，金牛河、思蒙河等水质持续稳定在Ⅲ类；主要农作物化肥农药使用量持续减少。

节能减排扎实有效。严格节能审查，严控“两高”[④]项目，青神经开区成功创建省级绿色园区，众鑫盛成功创建市级绿色工厂，完成万元GDP能耗下降和主要污染物排放总量减排目标任务。

四、改善民生增进福祉，人民生活更加美好

社会事业协同并进。实施民生项目146个，全年民生支出11.4亿元，占地方一般公共预算支出65.5%。落实“双减”政策，探索办学共同体“青神模式”，成功创建全国中小学劳动教育实验区，青神中学橄榄球队再获全国冠军。深化医共体试点改革，医疗服务和保障能力大幅提升，患者满意率达96%，母婴安全保障工作连续四年获全省先进。新建县档案馆和30个公共文化体育场所。

社会保障全面加强。城镇新增就业2823人。城乡居民医保参保覆盖率100%，在全省率先开展“县域总控、超支不补、节余留用”医保综合支付方式改革；城乡低保持续提标扩面，发放各类救助保障金3400万元。完成县救助站、残疾人托养中心建设。建成养老服务综合体、站点68个，百岁老人万人比全市第一。完成烈士陵园搬迁，乡村公益性公墓建设“青神模式”全省推广。

社会大局和谐稳定。全面完成“七五”普法，创新“一员多用”[⑤]机制，基层治理能力持续提升。打好禁毒人民战争，成功侦破“12·31”网络犯罪等重大案件。建成县矛盾纠纷多元化解中心，工作经验被《新华社内参》刊发，信访呈现“五降”良好态势。完成全年政府债务化解任务，政府法定债务率维持在绿色区间。建成县应急指挥中心，防汛减灾、森林防灭火等应急能力大幅提升，全年未发生较大及以上生产安全事故和食品药品安全事故。

五、锐意改革开拓创新，发展动能加速释放

深化改革开创新局面。推进闲置宅基地盘活利用改革等4项全国农村改革试点。统筹推进两项改革“后半篇”文章，加快国土空间总体规划编制，全域划分为2大经济片区12个小区。城乡融合发展经验获评全省十大优秀改革案例。深入推进县属国有企业改革，实体化运营能力持续增强。

开放合作实现新突破。全年签约项目26个，总投资70亿元，超额完成招商引资“百日攻坚”任务，入列全市红榜。对上争取各类补助资金11.1亿元、新增债券资金4.5亿元。金融机构新增贷款13.4亿元，贷款余额增速居全市前列，存贷比提高到56.6%。实际利用外资2492万美元。

创新引领迈出新步伐。企业科技创新能力持续增强，科技成果转化率达80%，预计全年企业研发投入达1.3亿元，占GDP比重居全市前列。中桓建工成功申报省级企业技术中心，四川丹甫获评省级科技成果转移转化示范企业。德恩精工荣获中国专利奖优秀奖，环龙新材料荣获四川专利奖一等奖。

六、转变作风提升效能，履职能力不断增强

政治建设全面加强。扎实开展党史学习教育，弘扬伟大建党精神，坚决拥护“两个确立”，增强“四个意识”、坚定“四个自信”、做到“两个维护”，扛牢政府系统意识形态工作责任，不折不扣贯彻落实中央、省、市和县委决策部署。

法治建设深入推进。严格执行重大行政决策程序，落实行政执法“三项制度”[⑥]，加强信息公开，推进行政复议体制改革。认真办理县人大代表批评建议意见40件、县政协委员提案55件，满意率100%。

效能建设不断提升。深入推进基层减负增效。持续实行周六延时和预约代办服务，深化“一网通办”前提下“最多跑一次”改革，推进服务办理“四减”[⑦]，政务服务事项网上可办率100%。

廉政建设常抓不懈。落实全面从严治党主体责任，严格执行中央八项规定精神，大力压减“三公”经费和一般性支出，加强审计监督，持续开展“监督跟着项目走”，纵深推进政府系统党风廉政建设。

国防动员、人民防空工作不断加强。支持工会、共青团、妇联、科协、红十字会等群团组织开展工作。统计、供销、保密、气象、消防、地方志、民族宗教、公益慈善、关心下一代等工作取得新成效。

各位代表，成绩的取得，是县委坚强领导的结果，是县人大、县政协和社会各界有效监督、鼎力支持的结果，是全县干部群众团结奋斗、拼搏进取的结果。在此，我代表县人民政府，向各位人大代表、政协委员、历任老领导、老同志，向全县人民、武警官兵、政法干警、消防指战员，向关心、支持和参与青神发展的社会各界人士表示衷心感谢！

在肯定成绩的同时，我们也清醒地看到，青神在推动经济社会高质量发展方面还存在明显的短板。项目招引难、落地慢，土地、资金、能耗、环境容量等要素制约日趋明显，营商环境仍需优化。城乡发展不平衡较为突出，农村基础设施较差、道路等级较低、公共服务配套较少。政府系统转变作风、担当作为、较真碰硬劲头还不够，创造性解决问题、化解矛盾的能力还有待提升。对此，我们要正视问题、找准差距，认真加以解决。

2022 年重点工作

2022 年是新一届政府开局之年，是县委确定的“制造强县突破年”“干部作风整治年”。县政府将坚持稳字当头、稳中求进，抢抓成渝地区双城经济圈、成都都市圈建设和革命老区振兴发展等重大机遇，加快建设“一名城三示范”[⑧]，以更加优异的成绩迎接党的二十大胜利召开！

2022 年的发展目标：地区生产总值（GDP）增长 7.6% 以上；第一产业增加值增长 4% 以上；规模以上工业增加值增长 10.5% 以上；第三产业增加值增长 8% 以上；全社会固定资产投资增长 12% 以上；地方一般公共预算收入增长 6% 以上；城乡居民人均可支配收入分别增长 8% 和 8.5% 以上；社会消费品零售总额增长 8% 以上。

今年要全力抓好十件大事：

1. 完成青神经开区扩区，拓展机械产业发展空间，确保西南表处产业园（一期）、绿色铸造产业园（一期）招引企业顺利入驻。

2. 办好 2022 年竹博会，以斑布竹产业园的正式投产、竹艺文旅融合项目的全面实施推动竹产业迈上新台阶。

3. 全面开工建设天眉乐高速（青神段）。

4. 实施总投资 5.1 亿元的县城城镇化强弱项补短板建设项目，推进城市有机更新。

5. 完成虎渡溪航电枢纽主体工程建设，实现蓄水发电。

6. 完成复兴水库扩建工程，实现城乡一体化供水和“双水源”安全保障。

7. 实施青竹粮经复合示范区和瑞峰种养循环示范区项目，保障粮食安全。

8. 推进成都艺术职业大学青神校区、青神中等职业学校、青神县学道街小学扩建扩容扩招。

9. 实施县人民医院能力提升项目，增强公共卫生医疗服务能力。

10. 做深做实两项改革“后半篇”文章，推进以片区为单元编制镇（乡）村国土空间规划，重塑乡村经济地理格局。

今年要重点做好六个方面工作：

一、突出制造强县，全力做大做强先进制造业

*在项目竣工投产上实现突破。*定期开展调度拉练，严格“红黑榜”通报。全年实施产业类项目 66 个，完成投资 77 亿元。斑布竹产业园 4 月投产，绿色铸造产业园（一期）8 月首批企业入驻，西南表处产业园（一期）10 月首批企业入驻，彩虹健康产业园 11 月建成投用，立白智能家居产业园 10 月开工。

*在企业培育壮大上实现突破。*实体化运行县工业投资公司，探索建立产业引导基金，深挖本地企业潜能，鼓励数字赋能、技术改造、产能升级，新培育规模企业 7 户。支持青城机械申报国家专精特新“小巨人”企业、四川丹甫申报国家单项冠军企业。持续推进环龙新材料 IPO 进程。全年规上企业产值突破 100 亿元。

*在招商引资攻坚上实现突破。*找准在成渝地区双城经济圈、成都都市圈中定位，推进以企招商、链条招商，主动承接长三角、珠三角、成渝等地区产业转移，重点招引机械加工、成套设备、表面处理等企业，竹建材、竹家居、竹机械等竹企业。全年签约项目 15 个，其中重大项目 3 个，到位资金 51 亿元以上。

*在要素空间拓展上实现突破。*投资 4 亿元完善园区基础设施。深化“亩均论英雄”[⑨]试点，报批征拆土地 500 亩以上，处置批而未供土地 1000 亩以上。大力对上争取，力争中省预算内资金 3 亿元以上、政府专项债券 5 亿元以上；引导金融机构加大信贷投放力度，存贷比突破 60%。强化能耗和水电气等要素争取和保障。

*在创新平台搭建上实现突破。*组建机械产业研究院并实体化运行，机械研发中心建成投用。支持德恩云造平台推广应用，新上云企业 30 家以上。建成人力资源产业园和 100 套人才公寓，用活用好招工引才扶持办法，新引进专业技术人才 300 人；建成中职校实训车间 6 个，订单式输送技术人才 150 人。

二、突出绿色引领，全力培育高质量发展新引擎

*做特竹艺竹业。*加快“斑布一号”良种研究推广。完成竹里巷子（三期）、竹里萤光科普馆等建设，打造竹编特色小镇旅游环线，做大国际竹艺城景区。深化与国际竹藤组织合作，组建竹产业研究院，助力眉山以青神竹编为主题申报联合国手工艺与民间艺术之都，力争竹藤编织纳入人社部职业大典。竹产业综合产值实现 65 亿元。

*做优柑橘产业。*推进晚熟柑橘产业集群县项目，建设农产品深加工园区，创建五星级现代农业园区。加强与中柑所等高校院所合作，培育推广优良柑橘品种500亩以上、改造老果园8000亩以上。完成“中国椪柑”国家地理标志认证，建设柑橘产业出口示范基地，支持高台镇创建全国产业（柑橘）强镇。柑橘产业产值实现19.2亿元。

*做活现代服务业。*完成全域旅游发展规划编制，启动汉阳古镇、粤江水镇建设，打造岷江文化旅游示范带，争创天府旅游名县候选县和省级全域旅游示范区，中岩景区争创省级生态旅游示范区。培育以唤鱼公园、竹里萤光为主的夜展、夜秀等夜经济。积极申办 2022 年世界竹藤大会，办好椪柑节、龙舟节等会节活动。外贸进出口总额 1.7 亿元以上。

三、突出品质提升，全力打造产城文城景城一体的宜居县城

*推进城市建设。*投资7.2亿元，推动片区城市更新，完善城市功能，完成86个老旧小区改造、10公里雨污混流管网改造、城东农贸市场主体工程建设。投资18亿元，完成兴业路及配套水系建设，推进改善性住房建设，启动白果新城综合开发。开展违章搭建、停车乱象、非法电动三（四）轮车等专项整治，创建国家卫生县城。城镇化率提高1.4个百分点。

*完善基础设施。*启动G245经开区段建设，完成80公里“四好农村路”建设。加快推进城乡公交一体化，实现3条乡镇班线公交化运营。完成第三自来水厂主体工程、城乡供水一体化项目建设，加快冲天槽、女儿渡等岷江防洪工程和重点中小河流治理，提升水安全保障能力。实施农村电网改造项目23个，新（改）建5G基站85个、新能源汽车充电桩100个。

四、突出城乡融合，全力建设全国乡村振兴示范区

*产业发展提质。*加快全国农村改革试验区建设。投资5亿元，实施粮经复合、种养循环项目。强化耕地保护措施，建设高标准农田1万亩，确保粮食种植面积13.9万亩以上，粮食总产量6.6万吨。抓好生猪稳产保供，全年生猪存栏12万头、出栏16万头。推进茶叶、蔬菜质效提升。健全农产品质量安全信用体系，提升农业产业现代化水平，争创国家农业现代化示范区。

*人居环境提标。*深入实施农村人居环境整治提升五年行动，深化“拆收改栽画”五字工作法，提标升级厕所粪污处理设施，健全村庄清洁长效机制和生活污水“四统一”⑩管护机制，全域推动农村人居环境提升。启动虎渡溪和汉阳忆村休闲农业带项目，改善沿线环境风貌，打造精品民宿，推进农旅融合发展。

*农民收入提高。*巩固拓展脱贫攻坚成果同乡村振兴有效衔接，健全防止返贫动态监测和帮扶工作机制，确保不出现规模性返贫。加快村级集体经济发展，壮大农民专业合作社，力争全县村集体经济年收入超10万元的村占比25%以上。组建家庭农场联盟，新吸纳农场50户以上。培育新型经营主体200个以上、职业农民50人以上。农村居民人均可支配收入突破2.5万元。

五、突出生态优先，全面深化全国生态文明示范区建设

*巩固拓展创建成果。*实施国家生态文明建设示范区巩固提升五年行动，落实“双碳”要求，严控“两高”项目，加快推动产业升级和能源替代。严格能耗总量和强度“双控”，确保单位GDP能耗持续降低。推行以竹代塑，倡导绿色出行、绿色消费等低碳生活方式。全面落实“林长制”，推进国家储备林建设，森林覆盖率48.8%以上，争创国家森林城市。

*打好污染防治攻坚战。*抓好第二轮央督及“回头看”反馈问题整改，全力打好蓝天、碧水、净土保卫战。全面推进“三源”⑪整治，$PM_{2.5}$浓度控制在30微克/立方米以内，空气质量优良率92%以上；全面强化“三水”⑫共治，巩固长江流域“十年禁渔”阶段性成效，岷江、思蒙河、金牛河等河流水质持续稳定在Ⅲ类及以上；持续推动农药化肥减量，强化危险废物集中收集利用，推动全县土壤环境质量不断提升。

六、突出普惠共享，全力提高人民群众幸福指数

*强化民生保障。*全面落实援企稳岗政策，城镇新增就业1900人以上，城镇登记失业率控制在4%以内。提高城乡低保、特困人员供养标准，强化特困群体兜底保障。建成300个床位的养老服务青神区域中心，推进城乡养老服务设施提档升级；落实三孩生育政策，建成130个托位的青神托育服务中心，支持民办婴幼儿照护机构发展。全面保障妇女、儿童、残疾人权益。

*推进社会事业。*坚持教育优先发展，完成学道街小学、南城小学校舍改扩建，推进中职校基础能力提升工程；全面落实“双减”政策，深化共同体办学改革，办好橄榄球等特色教育，打造“学在青神”。坚持外防输入、内防反弹，科学精准抓好常态化疫情防控；深化医共体试点改革，持续提升县乡公共医疗卫生服务能力。建成月呷塘城市邻里中心和公共文化服务中心。

*完善社会治理。*持续深化“街道吹哨、部门报到”。坚持“三到位一处理”⑬原则，落实信访工作责任制。加强社会治安防控体系建设，常态开展扫黑除恶斗争，严厉打击吸毒贩毒、电信诈骗等违法犯罪行为。持续推进安全生产专项整治三年行动，全面完成自然灾害综合风险普查，做好防汛减灾、森林防灭火、安全生产等工作，确保不发生较大及以上生产安全事故。

各位代表，站在新的历史起点上，我们将加强自身建设，全力打造人民满意政府。我们将坚持把政治建设摆在首位。坚决拥护“两个确立”，增强“四个意识”、坚定“四个自信”、做到“两个维护”。全面贯彻落实中央、省、市和县委决策部署，对重大部署、重要工作定目标、定责任、定时限，做到事事有着落、件件有回音。我们将坚持把依法行政贯穿始终。推进“八五”普法，开展“法律七进”，深化“四治融合”⑭。严格执行重大行政决策程序和行政执法“三项制度”。自觉接受人大法律监督、政协民主监督，主动接受监察监督、社会监督、舆论监督，加强司法监督、审计监督。我们将坚持把担当作为落到实处。贯彻“干部作风整治年”安排部署，落实“快准严细实”要求，持续转变工作作风。推进“放管服”改革，深化工程建设项目审批制度改革，实施重点项目 VIP 全过程服务，持续提升“一网通办”能力。我们将坚持把规矩纪律挺在前面。坚决扛起全面从严治党主体责任，认真履行“一岗双责”，持之以恒纠治“四风”。全面落实意识形态工作责任制。抓好政府系统党风廉政建设和反腐败工作，打造廉洁、高效、干净、担当的干部队伍。

各位代表，昂首挺进新时代，接续奋斗再出发。让我们坚持以习近平新时代中国特色社会主义思想为指引，在市委、市政府和县委的坚强领导下，在县人大、县政协的监督支持下，追求卓越，真抓实干，为奋力建设高质量发展的国际竹艺名城、全面开启青神现代化建设新征程而努力奋斗！

注 释：

①天眉乐高速（青神段）“三桥三线三互通一服务区”：即建设岷江三桥、虎渡溪大桥、汉阳大桥三座跨江特大桥，白果、竹艺大道、汉阳三条收费站连接线，青神东、青神南、汉阳三个落地互通收费站，一个高速服务区。

②一区五园一平台：一区即四川青神经济开发区；五园即西南表面处理产业园、成眉绿色铸造智慧产业园、斑布竹产业园、彩虹健康产业园、立白智能家居产业园；一平台即德恩云造平台。

③五大行动：即环卫保洁大起底行动、市容秩序大清理行动、停车秩序大整治行动、遮阳伞篷大清除行动、路灯光彩大维护行动。

④两高：即高耗能、高排放。

⑤一员多用：即社区网格员要承担好社情民意调查员、矛盾纠纷化解员、政策法规宣传员等多个职能。

⑥三项制度：即行政执法公示制度、行政执法全过程记录制度、重大行政执法决定法制审核制度。

⑦四减：即减流程、减环节、减材料、减时限。

⑧一名城三示范：即高质量发展的国际竹艺名城和全国特色产业示范区、全国乡村振兴示范区、全国生态文明示范区。

⑨亩均论英雄：即以提高“亩产效益”为核心，围绕节约集约用地、节能降耗减排等重点，促进经济增长方式从粗放到集约、从量的扩张到质的提高。

⑩四统一：即推广生活污水处理统一规划、统一建设、统一运行、统一管理模式。

⑪ 三源：即工业源、移动源、扬尘源。

⑫ 三水：即水资源利用、水环境治理、水生态保护。

⑬ 三到位一处理：即群众的合理诉求解决到位、诉求无理的教育到位、生活困难的帮扶到位、行为违法的依法处理。

⑭ 四治融合：即“法治、德治、自治、智治”相互融合。

凝聚共识 担当使命
为建设高质量发展的国际竹艺名城
展现政协新作为

——在政协第十届青神县委员会第二次会议上

青神县政协主席 陈开军

（2022 年 1 月 18 日）

2021 年工作回顾

2021 年是中国共产党成立 100 周年，也是“十四五”开局和“两个百年”奋斗目标交汇之年。一年来，县政协坚持以习近平新时代中国特色社会主义思想为指导，在县委的坚强领导下，深入开展党史学习教育，弘扬伟大建党精神，充分发挥协商优势，努力拓宽协商渠道，全面提升协商能力，不断增强履职成效，全年协商计划提前完成。

一年来，我们共开展协商、调研、视察、座谈 70 余次，撰写提案 58 件，立案 55 件，提案办复率、满意率均为 100%；深入调研，形成《协商专报》7 期；编报《社情民意》37 条，省政协采用 2 条；《青神文史》第五辑顺利编印出版；信息宣传实现新的突破，荣获“2021 年度全省政协宣传思想工作先进单位”。

一、以学习为抓手，筑牢政协政治根基

*注重常态，坚持不懈抓学习。*坚持常态化学习不放松，全年共召开理论学习中心组学习会 7 次、常委会 4 次、主席会 18 次、党组会 20 次，列入学习议题 42 个。重点学习了习近平总书记在庆祝中国共产党成立 100 周年大会上的重要讲话、党的十九届六中全会精神和省委十一届十次全会精神，及时传达学习市、县党代会和其他重要会议精神，进一步增强了政协干部的政治修养，确保了政协工作与县委中心工作同心同向。

*突出重点，扎实有效学党史。*围绕学史明理、学史增信、学史崇德、学史力行总要求，扎实开展党史学习教育。丰富学习形式，除集中领学、个人自学外，组织召开专题组织生活会 1 次、学习心得交流活动 2 次，交流学习心得 42 人次，开展红色经典诵读 31 人次；组织干部职工到红四方面军总指挥部等革命旧址现场学习，集中观看《长津湖》等革命影视作品；开展“我为群众办实事”实践活动，办理群众急事、难事、实事 60 余件，为企业解决项目资金 6500 万元。学党史、悟思想、办实事、开新局收到实效。

*强化党建，全面领导不动摇。*坚持党对政协工作全面领导，落实党组抓党建工作第一责任。积极探索创建政协党建工作品牌，充分发挥委员联合党委和委员界别小组党支部作用，顺利完成政协机关党总支、党支部换届选举；制定政协党组《落实意识形态工作责任制实施办法》，压紧意识形态工作责任；召开严肃换届纪律专题民主生活会，及时传达贯彻上级对换届工作的纪律要求，协助县委组织部、统战部完成新一届委员的协商推荐、组织考察、谈心谈话等工作，营造了风清气正的换届环境，圆满实现换届人事安排。

二、以协商为主业，展现政协履职作为

*围绕中心广泛协商。*2021 年，按照县委批转的《县政协 2021 年工作要点》，围绕文旅融合发展、退役军人事务工作、小流域污染治理、公立医院集团运行、红色西山研学基地、竹里萤光文化园、学道街小学校舍改扩建、残疾人托养中心和农贸市场新建、改建及运行管理等 30 多个议题开展政协常委会专题协商、双月协商、重点视察和民主监督，组织召开社情民意恳谈会，全年向县委政府提出建议意见 120 多条，多条建议意见得到县级相关部门的采纳落实。

*助力发展有力有为。*一年来，县政协积极参与县委、政府中心工作，助推县域经济社会发展。政协主要领导联系园区和项目建设，赴外地招商引资；各位副主席认真履行河长职责，深度参与青神县生态环境巡查、督查，为成功创建国家生态文明建设示范区做出了贡献；深度调研，为解决企业用工难问题建言献策，调研报告得到县政府主要领导签批；在政协委员中广泛开展“助力巩固脱贫、助推乡村振兴”活动，助销农产品 20 余万斤，协调争取资金 3900 万元。

*求真务实勤勉履职。*坚持政协班子成员督办重点提案，对 5 件重点提案办理开展集中民主评议，并开展提案办理“回头看”调研；努力提高文史资料编撰质量，提前 2 个多月编印出版第五辑《青神文史》；高度重视政协双向交流，先后接待了安徽、贵州、湖北、广西等省内外政协考察团 43 批次，组织县外考察学习 6 批次；高质量承办全市首次政协秘书长工作会和市政协“有事来协商”现场会。

三、以基层为重点，延伸民主协商触角

*聚焦民生开展小微协商。*一年来，县政协依托“有事来协商”平台，开展了 16 场次小微协商活动，协调解决了现代农业园区建设、椪柑专业合作社发展、程家嘴村道改造、老年人活动阵地等方面遇到的一些实际问题。现代农业产业园区协商议事会，小流域污染治理协商议事会等 3 件案例入选《眉山市有事来协商经典案例选编》。

*不断拓宽民主协商渠道。*加强青神籍在外人士联络服务工作，依托青神老乡网、青神老家群，每天发布县内动态信息，收集在外老乡建议意见，及时反馈办理情况；先后到西藏、山西、广东等老乡聚集地召开乡情通报会和协商座谈会，在外老乡深受感动；换届时，在每个乡镇（街道）都协商推荐了 1 至 2 名政协委员，为民主协商向基层延伸奠定了基础。

*充分发挥委员工作室作用。*关注委员工作室动态和成效，6 名挂牌工作室委员通过理论宣讲、政策宣传、解疑释惑、扶弱济困等工作，使委员工作室成为宣传政策的媒体，联系群众的载体，为民办事的实体。一批政协委员亮明身份，走到台前，在宣传党的政策、解决群众困难、带动群众就业、捐助贫困群体等方面发挥了积极作用。

四、强化自身建设，展现政协良好形象

*围绕重点抓好宣传。*2021 年，县政协党组更加重视宣传思想工作，信息宣传迈上新台阶。强化全员参与、全员写稿，及时提炼总结政协工作经验和委员参政议政、建功立业风采。全年《四川政协报》上稿 13 篇，同比增长 117%，12 月 16 日第四版整版宣传青神县政协工作，县政协连续四年被评为全省宣传思想工作先进单位。

*提高素质建强队伍。*政协党组始终把提高政协“两支队伍”政治素质和履职能力作为基础性工作来抓。共开展专题政治教育活动 4 次、党员委员支部活动 15 次；着力打造学习型政协机关，组织开展“我爱阅读・书香政协”活动，通过“政协小讲堂”，先后开展政务礼仪、公文写作、公务摄影、提案和社情民意撰写等培训；选派 63 人次参加省市政协以及县上组织承办的各类学习培训，进一步提高了“两支队伍”综合素质。

*严守纪律清正廉洁。*高度重视政协系统党风廉政建设，深入学习党章和系列党规党纪，坚持每季度向县委常委会汇报履行全面从严治党主体责任情况；认真开展四个专项整治“回头看”及意识形态工作专项督查问题整改；严格执行外出考察调研报批制度，自觉遵守考察调研工作纪律；坚持政协“三重一大”事项集体研究制度，主动邀请纪检组同志列席会议参与监督。2021 年，政协系统无一例违规违纪案例。

各位委员，同志们：成绩的取得，是县委正确领导的结果，是全体政协委员共同努力的结果，在此，我谨代表县政协常委会，向所有关心和支持政协工作的各界人士表示衷心的感谢！政协十届一次全会通过了未来五年的工作思路，青神政协的使命已经交到在座各位委员肩上，我希望，也坚信，我们一定能够在县委的坚强领导下，谱写出青神政协新的光辉篇章！

2022 年工作安排

2022 年，是县委确定的“制造强县突破年”“干部作风整治年”。我们将坚定以习近平新时代中国特色社会主义思想为引领，把党的领导贯穿到政协工作的各方面和全过程，大力弘扬“追求卓越，做小巨人”的新时代青神精神，紧紧围绕县第十五次党代会确立的“一名城三示范”奋斗目标，围绕中心工作议政，聚焦民生实事建言，瞄准奋斗目标聚力，在青神现代化建设新征程上进一步展现政协新作为。

一、强化思想政治引领，提升党建水平

*巩固党史学习教育成果。*持续打造学习型政协机关，坚持党组理论中心组学习制度，利用“学习强国”“汇贤学堂”“我爱阅读・书香政协”“政协小讲堂”等学习平台，营造浓厚的学习氛围。结合学习贯彻党的十九届六中全会精神，巩固、深化党史学习教育成果。

*打造政协党建特色品牌。*继续抓好政协委员联合党委和委员界别小组党支部各项工作，筑牢政协坚强的思想政治堡垒；推进政协机关党建工作标准化建设，打造“画好同心圆・建功新青神”政协党建特色品牌，争创“五星级基层党组织”。

*抓实政协纪律作风建设。*从制度建设入手，进一步规范政协机关干部履职行为，修订编印《政协工作手册》；坚持把纪律和规矩挺在前面，认真开展廉政风险排查和纪律作风建设，经常性开展谈心谈话和警示教育活动；压实意识形态工作责任，守牢意识形态主阵地。

二、深入推进协商民主，增强履职成效

*强化协商制度机制保障。*加强与县委办、政府办和县级各部门的沟通交流，科学制订年度协商计划；建立健全议题提出、活动组织、联系沟通、落实反馈机制；引领委员参政议政正能量，保障委员在协商中既畅所欲言、直抒己见，又理性有度、合法依章的发表意见。

*发挥多层协商形式优势。*专题协商更加重视政协常委会与县委、县政府的深度沟通，准确选题和科学论证，努力提出具有全局性和前瞻性的对策建议；“双月协商”更加重视委员与各界群众的广泛联系，从专业角度、技术层面帮助查找不足、剖析原因、厘清工作思路；对口协商更加重视专委会与职能部门的工作对接，勇于提出针对性建议和批评性意见；“有事来协商”更加重视群众民生实事，小切口、多频次，立足解决实际问题；提案办理协商更加重视与承办单位的良性互动，实现委员提、领导督、部门办、社会议、政协评的有机结合。

*注重协商重点内容把握。*根据县委、政府 2022 年工

作安排，重点围绕“一名城三示范”奋斗目标筛选专题议政课题；围绕天眉乐高速、虎渡溪航电工程、宜居宜业城市建设等重点项目视察调研；围绕城乡交通、医疗保健、职业教育、养老服务等民生事项开展小微协商；围绕国家卫生县城创建、大气污染治理、民营经济发展等议题开展民主监督。

三、追求卓越注重实效，延伸履职触角

充分发挥委员主体作用。突出“关注民生、反映民意、为民办事”主题，鼓励委员“进社区、进部门、进企业、进村社”，宣传国家方针政策，广集社情民意，为“双助活动”献计出力；筛选建立新一届“政协委员工作室”，关心、关注、服务县外委员，坚持到在外老乡聚集地开展乡情通报和座谈协商，建立乡镇（街道）委员工作联络站，推进协商民主向外拓展、向下延伸。

不断加大提案工作力度。开展提案撰写培训，高度重视提案督办，推动提案撰写由被动型向主动型转变、提案质量由数量型向质量型转变、提案办理由答复型向落实型转变。继续开展重点提案办理民主评议活动，切实抓好提案办理“办前协商、办中参与、办后跟踪”三个关键环节，确保提案办理实效。

拓宽渠道征集文史资料。坚持文史工作“亲历、亲见、亲闻”原则，调整充实青神特约文史研究员队伍，拓宽文史稿源征集渠道，深入挖掘青神县地域文化、特色民俗、史实史料，真实记录青神重大工程、重大项目、重要事件，继续编撰好《青神文史》。广泛开展读史讲史用史活动，充分发挥文史资料“存史、资政、团结、育人”社会功能。

高度重视政协信息宣传。加强信息宣传，充分展现政协履职作为。坚持机关全员信息宣传工作机制，分解压实目标责任，将政协特色亮点和委员履职成效作为宣传重点，注重宣传时效，提升稿件质量，努力做到全局工作系统宣传、重点工作集中宣传、特色工作深度宣传，确保政协信息宣传工作进入全省先进行列。

四、扎实开展自身建设，提升履职能力

加强政治把握能力建设。加强政协“两支队伍”建设，严明政治纪律，严守政治规矩，切实增强“四个意识”，坚定“四个自信”，坚决拥护“两个确立”，坚定做到“两个维护”，不断提高政治判断力、领悟力、执行力。通过集中学习、专题培训、分组研讨等形式，深刻领会习近平总书记关于新时代加强和改进人民政协工作的重要思想，贯彻落实好中央《关于加强和改进新时代市县政协工作的意见》精神和市政协五届二次全会精神，不折不扣完成县委、政府交办的各项工作任务，确保主责主业不荒废、急难险重不掉队。

加强调查研究能力建设。培养“两支队伍”爱学习、会学习的良好习惯，重视经济学知识、科技知识学习。开展新一届委员履职能力提升培训，尽快做到“懂政协、会协商、善议政”。大兴调研之风，形成人人“谋调研、搞调研、会调研”的浓厚氛围。坚持主席会议成员领衔调研，各专委会服务调研，组织委员积极参与调研，着力在调研深度、质量上下功夫，真正把党委、政府的真实意图、把方针政策的真实意思原原本本地宣传给基层群众，把群众真实想法、把基层的真实情况原原本本地反馈给党委政府。

加强政协机关标准建设。细化政协工作流程，明晰各自工作责任，进一步提高工作效率。逐步适应互联网、大数据、新媒体对新时代政协工作的影响，积极探索网络议政、远程协商、移动履职，为政协工作注入了新的生机与活力。努力改善政协办公条件，提升机关规范化建设标准。

各位委员，同志们！

中国共产党青神县第十五次代表大会，吹响了“追求卓越、真抓实干，奋力建设高质量发展的国际竹艺名城，全面开启青神现代化建设新征程”的冲锋号，也为政协工作指明了方向。希望全体委员凝聚共识，担当使命，为建设高质量发展的国际竹艺名城展现政协新的更大的作为，以优异的履职成效迎接中国共产党二十大的胜利召开！

统计资料

2022年青神县国民经济和社会发展统计公报

青神县统计局

2022年，面对复杂严峻的宏观经济形势、疫情散发多发、极端高温天气等超预期因素影响，全县上下认真贯彻落实中央、省、市决策部署，按照“疫情要防住、经济要稳住、发展要安全”的要求，高效统筹疫情防控和经济社会发展，全力以赴拼经济搞建设，坚定应对各类风险挑战，全年经济稳定回升，持续发展，经济社会和谐稳定。

一、综合

（一）地区生产总值。根据县（区）地区生产总值统一核算结果：2022年，全县地区生产总值103.02亿元，增长2.8%。其中，第一产业增加值13.35亿元，增长4.7%；第二产业增加值43.5亿元，增长2.7%；第三产业增加值46.17亿元，增长2.4%。三次产业对GDP增长的贡献率分别为22.5%、39.5%、38%，分别拉动GDP增长0.6个、1.1个、1.1个百分点，三次产业结构调整为13 ：42.2 ：44.8。

（二）民营经济。全年民营经济增加值60.43亿元，增长2.8%，占GDP比重58.7%，对GDP的贡献率55.8%，拉动GDP增长1.6个百分点。年末工商登记个体工商户12560户，私营企业1929户。民间投资增长29.8%，占全社会固定资产投资比重70.1%。

（三）人口。年末常住人口16.79万人，城镇化率48.18%，其中城镇人口8.09万人、乡村人口8.7万人。户籍总户数68214户，户籍总人口18.81万人。

二、农业

全年农作物总播种面积25.65万亩，增长2.1%。其中，粮食作物播种面积14.29万亩，增长2.0%；油料作物播种面积5.97万亩，增长0.9%；中药材播种面积0.16万亩，增长6%；蔬菜及食用菌播种面积3.82万亩，增长6.4%。

全年粮食产量6.38万吨，下降1.4%。其中，小春粮食产量0.13万吨，增长7.0%；大春粮食产量6.25万吨，下降1.5%。经济作物中，油菜籽产量6898吨，增长4.5%；茶叶产量742吨，增长2.3%；水果产量84934吨，增长6.5%。

全年肉类总产量1.84万吨，增长8.8%。其中，猪肉产量12751吨，增长0.4%；牛肉产量535吨，增长62.1%；羊肉产量164吨，增长42.3%。牛奶产量5796吨，下降0.2%。禽蛋产量5375吨，增长14.5%。生猪存栏下降4.9%，生猪出栏增长7.1%，羊出栏增长41.0%，家禽出栏增长28.6%。

年末，已建成高标准农田10.53万亩，农业机械总动力18.38万千瓦，机耕作业面积1.4万公顷，主要农作物耕种收综合机械化水平89.1%。维修改造提灌机械数173台次，维修改造提灌机械总动力2330千瓦。全年农业生产燃油消耗865吨。

三、工业和建筑业

年末，规模以上工业企业56户，规模以上工业增加值增长3.2%。规模以上工业产销率94.64%，实现营业收入93.32亿元，增长5.1%；实现利润总额4.45亿元，增长2%。

全年建筑业增加值8.74亿元，增长3.9%，建筑业总产值增长9.4%。年末具有资质等级的建筑企业在库16户，增长23.1%；新签合同额66.7亿元，增长71%。房屋建筑施工面积140.0万平方米，增长16.0%。房屋建筑竣工面积75.1万平方米，增长21.5%。

四、固定资产投资和房地产开发

全年全社会固定资产投资增长13.7%。按产业分，第一产业投资下降1.1%，第二产业投资增长18.7%，第三产业投资增长11.6%。按构成分，建筑安装工程类投资增长7.6%，设备工器具购置类投资增长77.8%。

全年房地产开发投资增长0.8%。商品房施工面积73.83万平方米，下降3.2%。商品房销售面积下降7%。

五、国内贸易、对外经济

全年实现社会消费品零售总额29.87亿元，增长1.2%。其中，限额以上企业(单位)实现消费品零售额4.28亿元，增长7.3%。按经营地分，城镇市场实现消费品零售额19.16亿元，增长1.1%；乡村市场实现消费品零售额10.71亿元，增长1.3%。按消费形态分，商品零售21.79亿元，增长1.2%；餐饮收入8.08亿元，增长1.1%。

全年进出口总额1.34亿元。其中，进口额100万元，出口额1.33亿元。外商投资实际到位资金612.56万美元。

六、交通、通信和邮电

全年累计完成旅客运输总量695.39万人次，旅客运输周转量26737.99万人公里；年末境内公路总里程779.716公里，等级公路754.697公里，高速公路2.8公里，乡、村级公路492.875公里。机动车保有量6.97万辆，其中大型车952辆、小型车2.65万辆、新能源汽车保有量22辆。

全年电信业务总量1.68亿元，增长5.5%。固定电话用户4.48万户，增长5.7%。移动电话用户21.63万户，增长13.8%。宽带用户7.94万户，增长10%。

全年邮政业务总量8957.14万元，增长27.8%。快递业务量766.09万件，增长32.6%;快递业务收入3639.71万元，增长53.1%。

七、财政、金融和保险

全年地方一般公共预算收入6.81亿元，增长12.3%;地方一般公共预算支出17.82亿元，增长2.2%。

年末金融机构人民币存款余额158.7亿元，增长14%，金融机构人民币贷款余额92.73亿元，增长17.8%。金融机构人民币住户存款余额134.41亿元，增长14.2%。

年末有保险公司9家，其中，财险公司6家，寿险公司3家。全年保费总收入4.01亿元，其中，产险保费收入约1.4亿元，寿险保费收入约2.61亿元。

八、科技、教体、文化和卫健

全年组织实施市级以上科技计划项目8项，向上争取到位无偿科技项目资金420万元。获得专利申请授权128件。举办科技培训6次，参加科技培训人员300人次。

年末有各类学校32所。其中，幼儿园12所，小学14所，初级中学3所，高级中学1所，中等职业学校1 所，特殊学校1所。各类学校在校学生17962人。其中，幼儿园学生3673人，小学学生7426人，初级中学学生3259人，高级中学学生1765人，中等职业学校学生1839人。各类学校专任教师总数1264人。其中，幼儿园专任 教师228人，小学专任教师512人，初级中学专任教师301人，高级中学专任教师137人， 中等职业专任教师83人。各类学校校舍面积28.52万平方米。

全年举办运动会48场次，参与运动会5000人次。体育协会14个，教育系统体育场地20个。

年末，有文化馆1座，文化站10个，博物馆3座，公共图书馆3座，公共图书馆藏书量14.28万册。广播电视台 1座，有线广播电视用户2.1 万户。公共广播节目、电视节目播出时间分别为0.2万小时和0.47万小时。

年末医疗卫生机构183个，实有床位数1326张。医院卫生机构技术人员1197人。其中，执业医师435人，注册护士534人。门急诊人数94.10万人次，实际占用总床日数34.88万床日，病床使用率75.93%。

九、人民生活、社会保障

全年全体居民人均可支配收入31626元，增长5.1%。城镇居民人均可支配收入42693元，增长4.4%;农村居民人均可支配收入24755元，增长6.1%。全体居民人均消费支出23007元，增长3.5%。城镇居民人均消费性支出29521元，增长2.9%;农村居民人均消费性支出18962元，增长4.1%。

全年参加城乡基本养老保险9.28万人，工伤保险2.38万人，失业保险1.34万人，城乡居民基本医疗保险 15.35万人，城镇职工基本医疗保险1.58万人。发放养老金10.38亿元，失业金1150.43万元，支出城乡居民基本医疗保险待遇1.06亿元，城镇职工基本医疗保险待遇0.53亿元。

全年城镇新增就业0.23万人，失业人员实现再就业489人，就业困难人员实现就业340人，城镇登记失业率3%。组织各类就业、创业培训1166人次，发放小额担保贷款1015万元。

年末城乡低保保障人数6331人，支出保障金0.24 亿元。城乡特困供养人员1336人，集中供养率23.8%。每千老年人口养老床位数27张，老年学校1所。社区服务设施20个，农村社区综合服务设施覆盖率100%,城市社区综合服务设施覆盖率100%。全年销售福利彩票0.12亿元。

十、资源、环境和安全生产

全年水资源总量2.35亿立方米。水库总数23座。水利建设总投资2.22亿元。

年末森林面积1.89万公顷，森林覆盖率48.8%。

全年空气质量优良天数330天，城市空气质量达标率90.4%。PM_{10}年平均浓度52.7微克/立方米，$PM_{2.5}$年平均浓度30.9微克/立方米。

全年各类生产经营性事故4起，死亡4人。其中，工矿商贸事故死亡1人。全年产品质量合格率93.3%。

十一、司法与公证

全年律师代理案件303件，法律援助165件。法院受理案件2423件，结2365件。年末有公证处1家，办理公证业务262件。年末有专职调解人员16人。化解纠纷875件。

注:

1.公报中各项数据为初步统计数据，正式数据以《青神县统计年鉴（2023）》为准。部分数据采取四舍五入收舍小数后，总计与分项合计可能存在尾数差异。

2. 文中表述某个指标“增长”和“下降”,如无特别说明，指的是与上年相比。

3. 公报中林业、渔业、农业机械、交通运输、工商登记、邮政、电信、财政、金融、旅游、对外贸易、保险、教育体育、科技、文化、卫生健康、人民生活、社会保障、资源、环境、安全生产、司法和公证等统计资料来源于相关部门。

4. 公报中地区生产总值、分产业分行业增加值绝对数按当年价格计算，增长速度按可比价格计算。

5. 主要农作物包括水稻、玉米、小麦、油菜。

6. 教育数据未包含高等教育。

索 引

编制说明

一、本索引为《青神年鉴（2023）》的内容分析索引。通过本索引所选的主题词条，可以对具有独立检索意义的完整资料进行检索。

二、本索引按汉语拼音字母（同音字按声调）顺序排列。索引词条用楷体字标明。数字表示该词条内容所在页码。

三、内文中的“大事记”“附录”类目，以及有关图表、随文照片和彩色图片未做索引。

A

B

C

D

E

F

G

H

J

K

L

M

N

P

T

W

Z